HOW CULTURAL INTERMEDIARIES WORK WITHIN THE CULTURAL DIAMOND
カルチュラル・インターメディアリーズが文化ダイヤモンド内でどのように機能するか

文化中介
之於
文化菱形

從日本國立美術館
看臺灣的藝術教育拓展

游逸伶 著

文化ダイヤモンドの視点から日本国立美術館の役割と美術教育のあり方を再考する

　游逸伶先生の著書は日本の国立美術館に関する、私が知る限りでは初めての本格的な研究書である。実は日本においても、国立美術館に焦点を当てた研究書は存在しない。その点において、本書の学術的な意義は、台湾のみならず日本においても極めて高い。

　この研究にあたり游逸伶先生は、米国の社会学者である Wendy Griswold 先生が 1994 年に提唱した「文化ダイヤモンド」という概念を導入している。この「文化ダイヤモンド」とは、「芸術の創造者」と「芸術の受容者」、「芸術作品」「(芸術を取り囲む)社会」の 4 つの要素で構築されるダイヤモンド型の図形で表される。この図が意味することを私なりに整理すると、次のような内容となる。すなわち、もし優れた「芸術の創造者」が存在するとしても、それだけでは文化的な意味は生じない。芸術家が作品を創造し、その作品が公衆に展示され、受け入れられ、経験される必要がある。そのうえで、公衆を取り巻く「社会」がその芸術作品や芸術家に一定の意味を与えることとなる。このように文化の内部と外部の制度が絡まりあって、芸術に文化的な意味が付与されるという理論である。

　そして游逸伶先生は、この「文化ダイヤモンド」を日本の国立美術館のケースに次のようにあてはめてみた。すなわち、「芸術の創造者」に学芸員、芸術家、芸術団体。「芸術の受容者」に文化企業、コミュニケーションメディア、文化的な聴衆。「芸術作品」を美術館の芸術教育と置き換えて、そこに収集、研究、展示、教育普及。「(日本の)社会」に文化政策及び教育政策 法制度、政府機関と配した。そして、これら 4 つの要素を仲介する文化的なプラットフォームとして国立美術館を位置付けたのである。

　この「文化ダイヤモンド」という理論を基盤として、游逸伶先生は膨大な文献及び資料を読み解き、さらに綿密なインタビュー調査を実施し、それを深く解釈することを通じて、日本の国立美術館をモデルケースとして、「文化公共圏における美術館の美術教育モデルの連鎖」という独自の結論を得ている。

　なお、美術館に関する過去の研究のほとんどは、美術館がどのように文化的ま

文化中介之於文化菱形：從日本國立美術館看臺灣的藝術教育拓展
How cultural intermediaries work within the cultural diamond :
The Expansion of Art Education in Taiwan through Insights the National Art Museum of Japan.

たは象徴的意味を構築し、美術作品を再生産するのかに焦点を当てたものであり、美術館の文化的仲介者の役割が美術教育のサイクル構築に影響を与えるプロセスを探求することはほとんどなかった。游逸伶先生は美術教育を先述した「文化ダイヤモンド」に位置付けることによって、美術教育が閉鎖的な体系ではなく、「社会システム」の一つであることを明示した。その意味でも游逸伶先生の研究はとても重要な意義を有していると言える。

そしてこれまでの分析を総合した結論として、文化芸術基本法およびアームズ・レングスの原則に関する日本の文化芸術政策及び教育政策の策定、国立博物館における文化仲介プラットフォームの整備、芸術教育の拡充などに関して、日本の文化政策に対する政策提言を行っている。評者としては、せっかくこれほどの熱量あふれる研究を行ったのであるから、日本への政策提言だけではなく、次の書籍では台湾への政策提言に関する游逸伶先生の意見を全面的に展開していただきたいと期待している。

ところで、游逸伶先生は、日本の国立美術館は、アーツカウンシル・イングランドの「アームズ・レングスの原則」をモデルとして、官僚的権力と専門組織の意思決定を分離したと評価している。一方で、游逸伶先生も指摘されている通り、日本の国立美術館法人はそもそも「トップダウン」で進められたという経緯がある。そして、独立行政法人の事務・事業ができるだけ低コストで効率的に実施されるように促し、財政負担の削減を図ることが重要な目的として位置付けられている。こうしたことから、日本の国立美術館のケースはけっしてバラ色の成功事例ではないと評者は考えている。

最後に、この推薦文を私が執筆するに至った背景について触れておきたい。私は文化政策の研究者であるが、2018年4月から2021年3月までの4年間にわたり、独立行政法人国立美術館の理事を兼務していた。もちろん、2001年4月に独立行政法人国立美術館が設立された時から「理事」という役職自体は設置されていた。ただし、設立から2018年までの間は、国立美術館の館長と、文化庁からの出向者である事務局長が法人の理事に就任することが慣例となっていた。館長が兼務するのではなく、文化庁からの出向でもなく、美術館の外部から理事を選任したのは、私の就任が初めてのことであった。

そもそも独立行政法人において「理事」という役職が設置されたのは、民間企業における監督と執行の分離による経営改革の仕組みを参考としている。具体的には、企業経営に関する意思決定を行う「取締役」と、取締役の決定した方針に沿って現場の業務を遂行する「執行役員」に分離することで、コーポレートガバナンスの強化を図る仕組みである。この考えに従うならば、現場の業務を担う「館長」と、美術館全体の運営に関する意思決定を行う「理事」は分離していなければならず、両者を兼務することは考えられない。独立行政法人国立美術館の経営においては、企業経営に例えるならば、「取締役」と「執行役員」が兼務した状態であったのである。そして、この積年の課題がようやく解消されたのが、2018年の私の理事就任であったのである。

こうした国立美術館における実質的に初代の理事という貴重な経験を踏まえて、私は「ミュージアムの終活（または再生）」(2021年)と題する論考を執筆した。この論考が游逸伶先生の目に留まり、先生のヒアリングを受けることとなり、結果として推薦者にも指名されたという次第である。こうした結びつきが本書という貴重な成果を生み出す背景となったのであるが、本書の刊行を契機として、これからの台湾と日本におけるさらなる美術館研究の発展することを祈念したい。

太下義之（ OSHITA Yoshiyuki ）

京都同志社大学経済学部で芸術学をご指導されている教授
国際日本文化研究センターの客員教授を務めておられる先生
2025年2月 日本・東京新宿にて

從文化菱形視角再思日本國立美術館的角色與美術教育定位

> 本書作者重點翻譯

　　游逸伶老師的著作是首部專門研究**日本獨立行政法人國立美術館**的學術專書。在日本，專門探討國立美術館的研究亦屬罕見，因此本書對臺灣與日本的美術館研究具有重要的學術價值。

　　本書以美國社會學者 Wendy Griswold 於 1994 年提出的「文化菱形」（Cultural Diamond）理論為基礎，探討藝術創作者、藝術接受者、藝術作品與社會之間的相互作用。作者將此理論應用於國立美術館，對應關係如下：「藝術創作者」涵蓋學藝員、藝術家與藝術團體；「藝術接受者」包含文化企業、傳播媒體與文化觀眾；「藝術作品」則指美術館藝術教育（收藏、研究、展示與教育普及）；「社會」則涵蓋文化政策、教育政策與法律制度。作者進一步指出，國立美術館作為「文化中介平臺」，在藝術與社會之間發揮關鍵調和作用。

　　過往的美術館研究多著重於文化與象徵意義的建構，或藝術作品的再生產，較少關注美術館作為「文化中介者」對藝術教育循環的影響。作者透過詳盡的文獻分析與訪談調查，不僅深化對國立美術館機能的研究，更將美術館藝術教育納入「文化菱形」框架，提出「**文化公共領域中的美術館藝術教育循環模式**」這一獨特見解。此觀點明確指出，美術館藝術教育並非獨立運作，而是「社會系統」的一部分，充分展現本書的創新性與學術價值。

　　此外，作者亦對日本文化藝術政策深入剖析，探討《文化藝術基本法》與「臂距原則」（Arm's-length Principle）對國立美術館運作的影響，並檢視國立美術館法人制度的優缺點。本書除了為日本美術館的發展提供政策建議，也讓人期待作者未來對臺灣美術館政策的深入探討。我深信，本書的出版將成為臺灣與日本美術館研究的重要參考，並為兩國的學術交流與文化藝術政策發展帶來新的啟示。

行動者與系統、能動性與結構的綿密對話

　　游逸伶博士脫胎於博士論文的新書《文化中介之於文化菱形：從日本國立美術館看臺灣的藝術教育拓展》要出版了，索序於我，也許是因為本書涉及近十年來我在帝門藝術教育基金會的工作，或者我長期關注文化治理脈絡下的博物館五大技術，特別是有關美術館治理與美術館教育的實踐。然則，當前有關博物館與藝術、治理、教育議題的研究不在少數，游博士的研究如何自成一格且具有學術貢獻呢？要達到她所設定的目標，她採取什麼樣的研究策略與方法論呢？

　　本書採取文獻資料分析、長時期的田野觀察、深入訪談等研究方法，掌握極為詳細的資訊。游博士以日本獨立行政法人國立美術館為具體研究對象，將之視為文化中介者，分析其在利用文化中介平臺進行藝術教育拓展方面的實踐和經驗。其中，也牽涉到文化政策對文化中介平臺與藝術教育的作用，文化政策促進或制約這些平臺的發展。在文化治理的概念下，整個研究體現了行動者與系統、能動性與結構的綿密對話。

　　根據游逸伶博士的研究以及相關資訊，具有行動者與能動性的「文化中介」可以理解為：連接文化生產者與消費者的橋樑，文化中介是指在文化產品（如藝術品、表演、展覽等）、生產者（如藝術家、博物館）、消費者（如觀眾、學生）之間，產生連接、溝通和促進作用的平臺或機制。文化中介通過各種方式，如展覽、工作坊、教育活動、線上平臺等，將文化產品的信息、價值和意義傳遞給公眾，促進文化傳播和交流。本書指出，在藝術教育領域，日本獨立行政法人文化中介平臺，通過設計和實施各種教育項目，幫助公眾理解和欣賞藝術，提高藝術素養。此外，不僅促進了文化產品的傳播和交流，也為公眾提供了參與和學習文化的機會。

　　至於游博士發展的「文化菱形」概念，則是一種系統或結構，旨在得以更整合性的分析和理解文化政策與文化產業的互動關係。游博士耙梳「文化菱形」模型既有研究，掌握文化領域的互動關係分為四個主要面向：文化生產者、文化消費者、文化中介者、文化政策制定者的動態的結構或系統，因此文化菱形模型強調這四個面向之間的互動和相互影響。透過菱形模型，可以更清晰地分析日本獨立行政法人政策如何影響生產、中介和消費，以及這些面向又如何反過來影響政策。四個面向代表了文化中介在現代社會中的運作，並反映文化在多層次、多維度中的重要性。而文化菱形的概念則是源自於文化在社會中的多重結構和影響，這些面向相互作用，共同塑造文化的

傳播、實踐與再生產。

行動者與系統、能動性與結構的綿密對話，實涉及博物館人類學理解文化的製作、處理文化與想像物和象徵物時所應具有的全貌觀或整體觀視野。此外，重視異文化研究所需掌握的內在觀點、文化觀念與社會組成原則所扮演的角色，更成為本書方法論的核心。她的精闢的分析，見諸於各章（藝術與教育的共振：日本國立美術館之文化治理架構、連結藝術與社會民眾：日本國立美術館之實踐經驗、藝術與教育之激盪：日本國立美術館藝術教育翻轉與拓展、文化藝術法制與美術館專業化治理：日本經驗對臺灣之啟示、從文化中介到文化菱形之未來展望）的論述。

站在 Wendy Griswold 和 Victoria D. Alexander 之文化菱形模型研究的基礎，游博士運用翔實的日本獨立行政法人民族誌資料，得以建構涵蓋美術館藝術教育（蒐藏、研究、展示、教育普及）、創作者（學藝員、藝術家、藝術團體）、接收者（文化企業、傳播媒體、文化觀眾）、日本社會（文化藝術及教育政策、法律制度、政府單位）等四面向為端點，獨立行政法人國立美術館為中介平臺作為分配者而位於中心位置的日本文化治理菱形理論。藝術教育的範疇也呈現行動者與系統、能動性與結構的綿密對話。

游博士告訴我，在 2023 年取得學位後又折返日本，進一步與日本學者討論法律制度問題，因此本書增加藝術教育計畫的訪談資料。她明確的指出：雖然，兩國國情不同，但臺灣博物館的法制面確實存在問題，因此本書中也提出法律比較研究的觀點。這使得她的論述更具有學術說服力與實用參考價值。

謹為序。

王嵩山

帝門藝術教育基金會董事長
國立臺北藝術大學博物館研究所
文化資產與藝術創新博士班兼任教授
2025 年 3 月

文化對話與藝術教育的交織——

　　全球化持續推進的當下，文化如何透過藝術實踐進行交流與對話？美術館作為文化治理的一環，又如何在教育與社會功能之間取得平衡，是值得關切與思考的問題。游逸伶的《文化中介之於文化菱形：從日本國立美術館看臺灣的藝術教育拓展》一書，正是圍繞這些關鍵議題開展，透過深入研究日本國立美術館的發展與治理架構，探討藝術、文化政策與社會互動的多重面向，這本書不僅是美術館研究的重要參考資料，更對當代藝術教育與文化政策研究提供了極具價值的視角。

文化治理與美術館的多重角色

　　逸伶在書中強調，美術館不僅是藝術作品的收藏與展示場域，更是文化治理的一環，承載著文化教育、社會溝通與價值傳播的功能，書中的第二章〈藝術與教育的共振：日本國立美術館之文化治理架構〉中，詳細分析了日本國立美術館的組織架構與政策運作，並且透過對「獨立行政法人」制度的探討，揭示美術館在政府與社會之間的多重角色，由此讀者得以理解，美術館不僅是文化機構，更是一個動態的知識場域，在文化政策與社會需求之間扮演重要的調和角色。　值得注意的是，作者並未將美術館視為單一層面的機構，而是將其置於文化治理的脈絡中，討論其如何透過政策、教育與展示來回應社會變遷。例如，第三章〈連結藝術與社會民眾：日本國立美術館之實踐經驗〉中，她談論美術館如何透過教育計畫與公共參與，讓藝術成為社會對話的平臺，從而擴展其影響力，並促進公眾對藝術的理解與接受度，這對正積極拓展教育與公共參與的臺灣美術館而言，不啻是一股正向的支撐力量。

文化中介與文化菱形理論的應用

　　本書另一個值得關注的亮點，是對文化中介（cultural intermediaries）與文化菱形（cultural diamond）理論的應用。在第一章〈文化對話之藝術〉中，作者以 Wendy Griswold 的文化菱形模型為基礎，探討文化如何在創作者、作品、接受者與社會環境之間流動與轉化，這一理論框架幫助讀者更清晰地理解，美術館不僅是一個展示藝術作品的場域，更是一個充滿文化互動與價值協商的場所。透過她細膩的分析，

文化中介之於文化菱形：從日本國立美術館看臺灣的藝術教育拓展
How cultural intermediaries work within the cultural diamond：
The Expansion of Art Education in Taiwan through Insights the National Art Museum of Japan.

展示文化中介者（如策展人、藝術教育者、美術館管理者）在推動文化對話中的重要角色，他們不僅僅是傳播藝術的橋樑，更參與到藝術的詮釋與社會價值的形塑過程。例如，在第四章〈藝術與教育之激盪：日本國立美術館藝術教育翻轉與拓展〉中，作者分析美術館如何透過教育計畫與社會參與，重新定義藝術的社會功能不只是知識的傳遞，更是促進公眾參與與社會對話的工具。

日本經驗對臺灣的啟示

除了探討日本國立美術館的發展與實踐，本書也關注這些經驗對臺灣的啟示，例如，第五章〈文化藝術法制與美術館專業化治理：日本經驗對臺灣之啟示〉中，作者也比較了日本與臺灣在文化法制與美術館治理方面的異同，並進而提出臺灣可以借鑑的策略。例如，日本透過獨立行政法人制度，使美術館能夠在財政與行政上擁有較高的自主性，而臺灣則仍處於政府高度管制的狀態，此一針見血的比較研究，使本書不僅是一部關於日本美術館的學術專著，更是一部具有政策參考價值的實務書籍。並且，作者進一步指出，美術館作為文化教育機構，應該積極推動社會參與，並建立多層次的教育體系，以促進公眾對藝術的認識與接受，這對於臺灣當前的文化政策與美術館發展而言，具有極大的參考價值。

策展人的視角：美術館作為知識生產與文化轉譯的場域

作為策展人，時常思考美術館與展覽空間的定位——不僅是展示作品的場所，更是知識生產與文化詮釋的機構，而本書中對日本國立美術館的研究，提供了一個極為細緻的案例，說明這些機構如何透過策展策略、教育計畫與文化政策，將藝術轉化為社會對話的一部分。尤其，特別以文化菱形（Cultural Diamond）模型解釋藝術的社會關係，指出藝術作品、創作者、接收者與社會世界之間的動態互動，這對於策展實踐而言，是一個極具啟發性的框架。當我們策畫展覽時，如何使作品與觀眾對話？如何透過展覽形塑藝術的社會意義？這些問題都與文化中介的概念息息相關。

書中探究策展人角色與文化治理的關聯，體現於第四章「藝術與教育之激盪」的篇幅中，作者藉討論日本國立美術館如何透過藝術教育計畫，拓展觀眾對藝術的理解，以此讓讀者了解展覽可以成為社會議題的討論平臺，例如，當美術館策畫一檔關於氣

候變遷的展覽時，它不僅是展示藝術作品，而是透過藝術視角，為公眾提供反思環境問題的契機。這種策展模式在當代已成趨勢，而本書提供的案例分析，能幫助策展人思考如何讓美術館發揮更積極的文化影響力。

藝術家的視角：藝術如何成為社會對話的媒介？

對於藝術家而言，這本書的價值不僅在於對美術館的研究，更在於它如何揭示藝術與社會的關聯性。藝術創作往往被視為個人表達，但本書強調，藝術的力量來自於它如何與觀眾、文化機構、政策與社會脈絡互動，作者藉由第三章「連結藝術與社會民眾」中研究美術館讓藝術進入公共領域，進而成為社會參與的一部分，對當代藝術創作者至關重要。許多當代藝術家已不再滿足於傳統畫廊與美術館展示模式，而是希望經由藝術介入社會議題，例如城市空間、社區發展、性別平等或科技倫理，而本書的研究顯示，日本國立美術館有效率的透過教育計畫、跨界合作與策展策略，使藝術與社會議題緊密相連，無疑為藝術家提供了一個實踐參考。

此外，藝術創作不僅涉及美學與概念問題，也與文化政策、藝術機構的運作模式息息相關，書中提及日本的獨立行政法人制度，使美術館在財政與管理上更具靈活性，這對於藝術家的創作空間與機會亦產生影響。在臺灣，藝術家往往需要依賴政府補助或私人贊助，而本書所提供的日本模式，或許能為未來的藝術生態發展提供不同的參考方向。

結語：跨文化對話與美術館的未來

綜觀全書，作者以細緻的實證研究與理論分析，清晰地闡述美術館在文化治理、美術教育與社會參與中的多重角色。從《文化對話之藝術》觀點起，讓我們重新思考，美術館不僅是藝術作品的收藏與展示場所，更是一個文化對話的場域，一個促進社會共融與價值協商的重要機構，透過對日本經驗的研究，為我們提供深具啟發性的案例分析，也為臺灣乃至其他地區的文化政策發展提供了寶貴的借鑑。本書不只是一本關於日本美術館治理的學術研究，更是一本能夠啟發當代策展人與藝術家思考自身實踐的理論與實務參考書，它讓我們重新審視，藝術是個人創作之外，也是一種文化對話與社會參與的行動。本書的價值不僅在於對日本美術館的研究，更在於它提供了一種

跨文化視角，讓策展人與藝術家重新思考自己的定位。書中強調文化中介者的重要性——無論是策展人、藝術教育者或藝術家，都是文化的推動者，能夠在不同文化、社會階層與歷史脈絡之間搭建橋樑。對於關心當代藝術、文化政策與策展實踐的人來說，這本書無疑是一部必讀之作。

蔡志榮

國際策展人

藝術家

2025 年 3 月

「美術館不僅是收藏、研究與展示藝術作品的場域，更能影響社會、文化藝術及教育政策，甚至重塑我們對藝術教育的想像——倘若如此，它將如何改變世界？」——這個問題驅使我深入思考藝術教育的本質。

多年前，我在東京六本木國立新美術館，看著一群小學生專注地聆聽導覽，眼神閃爍興奮，爭相發問。他們對藝術的理解甚至超過許多成人，令我驚訝。一位學藝員告訴我：「這些孩子大多來自非藝術背景家庭，但透過美術館的藝術教育計畫，他們發現藝術不只是牆上的畫，而是與生活息息相關的事物。」

這場對話顛覆我對美術館的想像，也促使我研究日本國立美術館如何透過文化中介機制推動藝術教育，並思考這一經驗對臺灣的啟示。

本書奠基於我的博士研究，核心問題是：「美術館如何透過文化中介機制推動藝術教育，在文化治理中發揮影響力？」博士論文《文化中介平臺與藝術教育拓展：以日本獨立行政法人國立美術館為例》是本書的基礎，我進一步深化研究，並榮獲臺灣文化部博士論文獎勵。為使研究更完整，也更貼近日本美術館的實際運作，在取得博士學位與獲獎後，再度前往日本，深度考察美術館藝術教育計畫。這段田野調查讓我親身見證藝術如何透過文化中介者連結社會，也讓我更加確信，美術館不僅是展示與課程的場域，更是回應時代變遷、影響文化藝術及教育政策的文化公共領域。藝術教育不只是學術理論或政策規劃，更牽動社會對話、文化認同與教育公平。作為文化中介，它能連結個人、家庭與社會，拓展藝術的公共性，這些觀察與反思正是促成本書誕生的關鍵。

自 2001 年國立美術館法人化改革及 2003 年引入指定管理者制度後，日本公立美術館逐步開放民間參與。企業與民間組織的加入帶來更多資源，但也引發對美術館公共性的憂慮。2019 年疫情以來，數位教育雖然發展迅速，但也突顯數位落差，使藝術教育的公平性受到挑戰。經濟壓力導致文化機構資源緊縮，影響美術館藝術教育計畫與社會功能。

這些現象促使我思考：**「如何更深入理解美術館在藝術教育中的角色？如何結合理論與實踐，剖析其運作機制？」**為探討這一問題，我運用 Pierre Bourdieu 的「文化中介者」概念，將一法人六館所組成的「獨立行政法人國立美術館」視為一個「**文化中介平臺**」，並結合「文化菱形」框架，探討美術館如何在社會、經濟、政治、文化四個面向發揮作用，其如何執行公共事務，避免政府直接介入，實踐「臂距原則」。

該平臺連結四大面向：創作者（學藝員、藝術家及藝術團體）、接收者（文化觀眾、文化企業及傳播媒體）、美術館藝術教育（收藏、研究、展示、教育普及）、日本社會（文化藝術及教育政策、法律制度及政府單位）。文化物件唯有透過創作者及接收者的體驗、詮釋與賦予意義，才能進入文化公共領域，並獲得價值。因此，創作者、文化中介平臺與接收者，在行動與互動中，共同建構美術館藝術教育之於日本社會的文化意義。

日本政府長期透過文化政策推動藝術教育，從《文化財保護法》到《文化藝術基本法》，皆強調文化藝術對國家軟實力的重要性，並促進國際文化交流。國立美術館不僅肩負藝術教育責任，更透過文化中介機制促進文化認同與公共參與。面對全球化挑戰，日本藝術教育展現「平衡策略」——在推動國際文化交流的同時，維持本土文化的傳承與發展，使藝術教育是文化傳播的工具，更能強化文化認同與自信——這些經驗與策略為臺灣提供可資借鑑的新視角。

當藝術成為連結社會、影響文化的力量時，**「如何運用文化中介機制，串聯政府、文化機構、學術單位與社會民眾，使藝術教育成為文化發展的驅動力，並惠及更多人？」**這正是本書試圖回答的核心問題。

感謝臺灣與日本教授群提供寶貴指導，並對日本美術館研究人員的無私分享表達深深謝意。同時，我也要特別感謝京都同志社大學藝術學專攻的太下義之教授、帝門藝術教育基金會董事長暨國立臺北藝術大學博物館研究所的王嵩山教授，以及國際策展人暨藝術家蔡志榮老師，為本書誠摯推薦撰序。最後，感謝巨流圖書出版團隊的匠心獨運，使本書內容更加充實、深刻且完善。

本書是我學術旅程中的重要起點，希望能為不同領域的讀者提供多元視角：對於關注藝術教育的實務工作者，這是一個解析美術館運作與教育機制的案例；對於文化政策研究者，這是一個檢視文化中介機制如何影響公私協作的框架；對於關心藝術與社會連結的讀者，這是探索美術館如何成為文化公共領域的討論。

游逸伶

謹識

書寫於 2025 年 3 月

目錄

推薦序｜文化ダイヤモンドの視点から日本国立美術館の役割と美術教育の
　　　　あり方を再考する（從文化菱形視角再思日本國立美術館的角色與
　　　　美術教育定位） ii
推薦序｜行動者與系統、能動性與結構的綿密對話 vi
推薦序｜文化對話與藝術教育的交織── viii
作者序 xii

楔子｜文化對話之藝術 01
- 根源探索 05
- 文化中介者的內涵、定義與範疇 27
- 交織的視野：文化中介與文化菱形的協同作用 44
- 文化公共領域中的美術館藝術教育 50

02｜藝術與教育的共振：日本國立美術館之文化治理架構 75
- 獨立行政法人國立美術館現況與特徵 76
- 國立美術館文化中介平臺臂距原則探析 106
- 日本文化藝術的核心價值與美術館藝術教育 112

03｜連結藝術與社會民眾：日本國立美術館之實踐經驗 121
- 文化藝術及教育政策與法制提供發展環境──「日本社會」影響 123
- 藝術知識詮釋與經驗轉譯 ──「創作者」作用 140
- 民間自發性的推廣與傳承 ──「接收者」作用 148
- 以多元循環形式擴大藝術鑑賞人口 ──「文化中介平臺」開展創作者
  與接收者接觸道路 156

04 ｜藝術與教育之激盪：日本國立美術館藝術教育翻轉與拓展 171
- 縱向遞變：從物到「人」的演繹轉變 172
- 橫向闡釋：「藝術傳播員」啟動「學習門扉」 180
- 翻轉與拓展：打造美術館多元參與循環結構 185
- 建構式學習與環鏈式實踐：「以人為本」的美術館藝術教育 197

05 ｜文化藝術法制與美術館專業化治理：日本經驗對臺灣之啟示 .. 215
- 文化藝術及教育政策核心：日本與臺灣當前文化藝術法制評析 217
- 以日本為鑑：臺灣國立美術館的發展啟示 301
- 本章總結 314

終章｜從文化中介到文化菱形之未來展望 319
- 研究成果與課題 320
- 政策建議 328
- 理論反思 336
- 今後課題 341

參考文獻 343
- 英文部分 344
- 日文部分 351
- 中文部分 355
- 網路資料 361

附件 373
- 附件一：日本文化藝術基本法 374
- 附件二：日本博物館法 382
- 附件三：日本獨立行政法人通則法 391
- 附件四：日本獨立行政法人國立美術館個別法 416

圖目錄

圖1-1	本書研究概念	21
圖1-2	本書研究流程	22
圖1-3	本書研究範圍	24
圖1-4	Wendy Griswold 的文化菱形	44
圖1-5	Victoria D. Alexander 的文化菱形	46
圖1-6	國立美術館文化中介平臺的文化菱形	49
圖1-7	美術館藝術教育範圍	60
圖1-8	藝術六層次的整體構造及功能	69
圖1-9	美術館及藝術作品和藝術六層次的功能	74
圖2-1	獨立行政法人目標計畫設定與評價運作體制	83
圖2-2	獨立行政法人國立美術館治理架構	90
圖2-3	獨立行政法人國立美術館第四期中期目標任務	92
圖2-4	獨立行政法人國立美術館評價流程圖	96
圖2-5	日本文化行政組織圖	107
圖3-1	獨立行政法人國立美術館文化中介平臺在政策中的任務與使命	128
圖4-1	美術館藝術六層次教育概念	200
圖4-2	文化公共領域中的環鏈式美術館藝術教育模式	207
圖5-1	大學學藝員養成訓練課程修讀順序	237
圖5-2	文部科學省制定學藝員及助理學藝員資格認定程序	238
圖5-3	2019-2023年度日本國立美術館事業費用支出狀況	306
圖5-4	2019-2023年度日本國立美術館事業費用收入狀況	307
圖5-5	2019-2023年度日本國立美術館展示事業各類型入館人數	308
圖5-6	2019-2023年度日本國立美術館其他收入	309

表目錄

表 1-1	行政法人的優缺點	12
表 1-2	日本國立美術館文化治理與美術館藝術教育訪談對象	25
表 1-3	藝術六層次形成的多層情境與意義	71
表 2-1	日本獨立行政法人體系	77
表 2-2	法人化前與法人後經營比較	78
表 2-3	獨立行政法人評價委員會委員名單	82
表 2-4	傳統政府機關與獨立行政法人會計比較	85
表 2-5	理事會成員	87
表 2-6	獨立行政法人國立美術館各館所首長	88
表 2-7	獨立行政法人國立美術館管理分工	89
表 2-8	運營委員會成員	94
表 2-9	外部評價委員會成員	95
表 2-10	2023年國立美術館事業支出費用、事業收入費用與事業損益概況	97
表 3-1	六所國家級法人美術館的定位、館藏品與地理位置	133
表 3-2	國立新美術館公募展示入場者數（2006至2020年）	146
表 3-3	獨立行政法人國立美術館文化中介平臺巡迴展示時間表	158
表 3-4	美術館管理、學藝員及文化財保護專業技術人員人才在職進修計畫	161
表 3-5	博物館、美術館加強鑑賞教育講師培訓	164
表 5-1	日本國立博物館、國立美術館和國立科學博物館的區別	222
表 5-2	日本與臺灣《博物館法》專業人員資格及聘任、培訓制度規範差異比較	226
表 5-3	日本《獨立行政法人通則法》與臺灣《行政法人法》法制比較	241
表 5-4	獨立行政法人國立美術館運營實施狀況概覽（2019-2023年）	303
表 5-5	臺灣國立博物館、國立美術館、國立科學博物館的區別	316

楔子——文化對話之藝術

||| 根源探索
||| 文化中介者的內涵、定義與範疇
||| 交織的視野：文化中介與文化菱形的協同作用
||| 文化公共領域中的美術館藝術教育

文化對話之藝術，是在全球化的背景下，不同文化之間以藝術作為交流載體，進行思想、價值觀及情感的互動與碰撞的過程。藝術作為一種超越國界的交流形式，劃破了語言、地域和時間的限制，成為文化互動的重要橋樑。這一過程中，藝術不僅僅是個人創作的表達，更承載了各個文化群體的集體記憶、歷史背景和當代處境。在當今多元文化共存的世界中，通過藝術展開的文化對話，正逐漸成為國際社會促進和平、理解與共融的重要途徑。

文化中介與**文化菱形**的四個面向（社會、經濟、政治、文化）之間的關聯體現了文化如何在不同領域中進行傳遞、轉化與交互。這四個面向代表了文化中介在現代社會中的運作，並反映文化在多層次、多維度中的重要性。而文化菱形的概念則是源自於文化在社會中的多重結構和影響力，這些面向相互作用，共同塑造文化的傳播、實踐與再生產。

一、社會面向：文化中介與社會整合

- **社會身份與認同的建構**：文化中介者透過藝術、展示和教育活動等方式，重新塑造個人與集體的身份認同，特別是在全球化與多元文化的背景下。他們藉由引介和詮釋各種文化，幫助社會成員反思，並重建自我認同。
- **社會整合與包容（共融）**：文化中介者還肩負著促進社會包容（共融）的責任。他們透過將邊緣化或弱勢群體的聲音引入主流文化討論，推動社會平等與包容性（Inclusiveness）、共融性（Inclusivity）。例如，在美術館中策畫反映多樣性或社會議題的展示，可以增進對不同文化的尊重與理解。

二、經濟面向：文化中介的市場與創新

- **文化創意產業的發展**：文化中介者，例如，製作人、畫廊經營者或數位媒體策畫人，通過創作、推廣和銷售文化產品，促進了文化與經濟的融合。他們將藝術、設計和表演轉化為商品，積極參與文化經濟市場的運作。例如，藝術品拍賣會、藝術講座、電影節和音樂會等文化活動，更對文化產業鏈的運作產生直接影響。
- **創意經濟與創新驅動**：文化中介者還促進了創意經濟的發展。他們連結文化創作者與市場，激發創新，並將其成果商品化，這不僅提升文化內容的多樣性，也對經濟增長產生積極影響。創新型文化產品（例如，數位藝術和虛擬現實展示等）正日益成為文化中介者所推動的新經濟資源。

三、政治面向：文化中介的權力與話語操控

- **文化話語權與政治權力的互動**：文化中介者在選擇、展示和詮釋文化內容的過程中，實際上也掌握著社會中的話語權。他們可以決定將特定的文化和歷史記憶置於中心地位，或將某些文化現象和價值觀邊緣化。例如，策展人透過策畫涉及社會或政治議題的展示，將藝術視為挑戰或反映現實社會中權力結構的工具。
- **文化外交與國家形象建構**：文化中介者還積極參與國際文化交流與文化外交的實踐，幫助塑造國家形象。在國際展示、電影節或文化交流活動中，文化中介者透過藝術和文化的輸出，向全球傳達國家的價值觀與軟實力，這在政治層面上影響國際關係的發展與變遷。

四、文化面向：文化中介與文化傳播

- **文化保存與傳承**：文化中介者在文化保存與傳承方面亦發揮關鍵作用，特別是在面對傳統文化與現代文化之間的衝突時。他們通過策畫展示、編寫書籍及製作影視內容等方式，保存並傳承特定的文化遺產，並透過教育與傳播等方式，使這些文化得以延續和轉化。例如，美術館策展人通過展示向社會民眾呈現歷史及藝術品，這不僅保護文化遺產，同時也向社會民眾普及這些遺產背後的歷史與意義。
- **文化交流與多樣性推廣**：文化中介者促進不同文化之間的交流，推動全球文化多樣性。他們透過國際合作、展示交換與文化論壇，使各種文化相互影響與學習，進而促進創新與發展。例如，國際藝術雙年展等活動便是文化中介者推動文化交流的典範，匯聚來自世界各地的藝術家，實現跨文化對話與啟發。

文化中介者作為連接不同文化、社會群體與經濟、政治機制的橋樑，在文化菱形的四個面向上發揮著多重作用。在社會層面，他們促進社會整合與身份認同的建構；在經濟層面，他們推動文化創意產業的發展和創新經濟的成長；在政治層面，他們掌控文化話語權，參與塑造國家形象；而在文化層面，他們負責保存、傳承與交流，確保文化的多樣性和持續發展。

除了以「文化對話之藝術」作為引子，本書將重點關注日本獨立行政法人國立美術館（以下簡稱國立美術館）作為文化中介者的角色，探討其在藝術教育和文化對話中的意義。在章節的安排上，**楔子（第一章）從「文化對話之藝術」**出發，構建全書的理論支撐，聚焦探討文化中介者的內涵、定義與範疇，以及其在連結不同文化間的橋接功能。結合文化菱形框架，分析創作者、文化中介平臺與接受者等元素的協同作

用，並從「文化公共領域（culture public sphere）」的視角切入，探討環鏈式美術館藝術教育的鑑賞實踐，分析其在推動文化交流與藝術共享中的核心地位與價值。

第二章「**藝術與教育的共振：日本國立美術館之文化治理架構**」，探討日本國立美術館作為文化治理的重要機構，積極推動藝術教育的發展，透過展示、工作坊和社區活動，使社會民眾能夠深入了解藝術的價值與意義。這種共振不僅提升個人的文化素養，更增強社會對文化遺產的認同感。日本國立美術館的治理架構在這一過程中，結合政府政策與社會需求，創建一個持續促進文化傳承與創新的文化生態系統。

第三章「**連結藝術與社會民眾：日本國立美術館之實踐經驗**」，討論在文化菱形框架中，日本國立美術館如何將文化藝術及教育政策和法制實際落地、創作者的角色及接收者的參與；探討民間自發性的藝術推廣，強調如何利用文化中介平臺擴大藝術鑑賞群體，優化社會對藝術的關注和參與。

第四章「**藝術與教育之激盪：日本國立美術館藝術教育翻轉與拓展**」，探討日本國立美術館在藝術教育中的創新模式，分析從物質文化到人文關懷的轉變，及其對藝術傳播的影響。重點在於「藝術傳播員」如何啟動「學習門扉」，促使多元參與循環結構的建立，提升美術館藝術教育的整體效能。

第五章「**文化藝術法制與美術館專業化治理：日本經驗對臺灣之啟示**」，探討日本與臺灣在文化藝術法制方面的差異，特別是博物館法及相關法規，並分析日本《獨立行政法人通則法》與臺灣《行政法人法》在美術館治理中的異同。借鑑日本國立美術館法人化經驗及「藝術傳播員」制度，為臺灣國立美術館的專業化治理提供反思。最後，總結本章對臺灣的啟示，並提出未來發展的建議。

終章（第六章）結論「**從文化中介到文化菱形之未來展望**」，總結本書研究的主要成果與課題，並進行理論反思。探討未來文化中介者發展的潛在課題，提供日本與臺灣的政策建議，展望如何進一步促進文化交流與藝術教育的發展，以應對全球化背景下的挑戰。

當代臺灣社會文化現況面臨幾個挑戰。首先，族群矛盾與文化衝突依然存在；其次，文化資源在都市與鄉村之間分配不均，導致偏遠地區的文化發展受到嚴重限制；再者，對藝術創作的資助不足，致使許多藝術工作者承受巨大經濟壓力；此外，數位鴻溝使年長者與偏遠地區居民在接觸文化資源上面臨障礙；最後，社會民眾參與意識的不足，也影響對社會議題的關注與行動。儘管如此，文化仍然是社會進步與經濟發

展的重要動力，因為它能夠深刻強化社會民眾的參與感與責任感。透過普及文化藝術活動，社會民眾可以更加積極地參與社會議題的討論，培養批判性思維，並提升社會整體素養。結合文化中介與文化菱形框架的視角思考，借鑑日本經驗，或許能為臺灣文化藝術的可持續發展提供關鍵支持，進一步推動文化發展與社會進步。

III 根源探索

「教育」是美術館的靈魂，亦是許多美術館人心中深深的信念；「美術館藝術教育」創造人與人相遇的機會，其是連結美術館與社會民眾成為超越朋友必要的存在。被疫情纏繞的近些年，為美術館帶來嚴峻的挑戰，各項藝術教育活動的推展像是被設了一道關卡；在此時，藝術教育人員該如何引領「美術館靈魂」急轉彎，不間斷美術館中的藝術教育行動？

文化藝術及教育政策的推動，可由政府設立具有公法人性質的行政法人或公設財團法人、民間基金會模式承擔，成為實踐「臂距原則（Arm's-length Principle, 以下英文簡稱 ALP）」的「文化中介者」。Pierre Bourdieu 提出文化中介者概念指出，文化中介者不單單是「機構」，亦可包括教育、制度及生活品味等（Bourdieu, 1984；沈游振，2004；劉暉譯，2015）。日本政府自 2001 年即啟動《獨立行政法人通則法》（e-Gov 法令檢索，2018），隨即提出《獨立行政法人國立美術館》個別法（以下簡稱國立美術館個別法）（e-Gov 法令檢索，2015b），並設立「國立美術館」作為文化中介平臺，執行文化藝術及教育政策，以及整合推動六所國家級美術館的藝術教育（独立行政法人国立美術館，2001）。本書作者以日本國立美術館探究文化中介者的精神和形式，在文化菱形框架下分析其對美術館藝術教育工作者的影響。

壹、日本文化藝術與獨立行政法人國立美術館的融會

越是了解日本美術，也就越能真切地感受何謂審美感知學，進而影響個人眼中的世界，如何的參與實際生活，並與他人產生互動，最後便會擴及至一切的思想、看法與感受，甚至改變觀看世界的方式。從古至今，日本不斷受到來自中國、朝鮮半島和西方等外來文化的影響，在各個時代裡孕生出各式各樣的美術作品（羅淑慧譯，2020：36），這使得走入美術館參與藝術品鑑賞的日本海內外社會民眾流連忘返。也因此，本書作者於 2014 年 11 月 30 日以「藝術行旅」概念，帶領來自臺灣不同領域

的 30 位學生前往日本國立東京博物館、國立西洋美術館和國立新美術館進行為期十天的移地藝術教學。在日本進行藝術鑑賞教學期間，本書作者親眼看到無時無刻都有日本社會民眾扶老攜幼在美術館購票區排隊購票的盛景，有時排隊隊伍綿延數公里之遠。美術館是國家公共財，雖然任何人都可以自由進出，然而實際上美術館幾乎是文化素養階級（cultivated classes）的專屬領域；不願意進美術館參觀，看似社會民眾自己個人的選擇，但參觀美術館包含著解碼（decoding）的過程，解碼本身並不是一種普世共用的天生能力（許嘉猷，2004：392）；另一方面，美術館呈現人類歷代積累物質文化的方式，形成一種階級屏障，因而產生了社會排除效應，讓人感覺美術館只對有能力鑑賞藝術的人開放（蘇瑤華，2019：7-24）。

在 Pierre Bourdieu 與 Alain Darbel 共同著作出版之《藝術之愛》（*L'amour de l'art Les musées et leur public*）裡提到，美術館免費進場、取消門票好像是讓更多社會民眾參與，但事實上只是美術館的「偽慷慨」，真正的觀眾賦權唯有讓他們都具備有理解、鑑賞、詮釋美術館展出作品的能力，讓文化與教育合流，「啟動」社會民眾主動的參與，也才能釜底抽薪，進而破除美術館社會排除的宿命（Bourdieu and Darbel, 1966; Bourdieu, Darbel, and Schnapper, 1990: 108-113；蘇瑤華，2019：7-24）。於此，本書作者在日本當地親身觀察與深入研究理論後，逐步依循著線索查閱了「國立美術館」的運營及藝術教育推廣機制。究竟日本政府以獨立行政法人制度設立的「國立美術館」，是以何項文化藝術及教育政策「中介」出日本這樣的「藝術愛好者」願意「主動」購票參與美術館鑑賞藝術，即使在 2019 年底新型冠狀肺炎病毒感染症引發全球性危機，日本社會民眾對文化藝術的熱愛卻絲毫未減，日本政府與「國立美術館」如何形塑日本社會民眾參與文化藝術的慣習在日常生活中的實踐？

毫無疑問，日本是一個極度重視藝術發展的國家。根據倫敦藝術媒體 The Art Newspaper（日本 TRiCERA 線上藝廊，2019）調查，在每年參觀藝術展示的各國人數統計中，日本排行第一。眼見再次為憑！本書作者於 2022 年 8 月起，為期近兩個月實地踏查日本，且實際走訪國立美術館（包括：六所國家級美術館），在平常的週間與特別的國定假日，近身觀察日本人參觀美術館展示，在售票口前大排長龍的隊伍，成群結隊的學生們進行戶外藝術教學；不論美術館是著重於日本本土的藝術展示或是西方藝術，地域性或是國際型的大型藝術展，精緻美術或是工藝品，在日本當地的「藝術愛好者」始終抱有最熱烈的態度支持，響應各項藝術展示活動。這樣的場景

更不斷盤繞在本書作者的腦中思考著,在全球化時代,傳統的收藏、研究、展示、教育普及等功能已無法滿足現代社會民眾的生活所需。現代社會講求溝通、學習、思考、判斷,強調美術館與社會民眾之間的互動,要求其所策畫或舉辦展示的基本出發點必須將社會民眾的理解及參與放在第一位,美術館的公共性也是強調「以人為本」的建構為最高階段;除了展示策畫的主題鮮明、展示豐富多彩,最重要的是通過各種多樣化的藝術教育打通藝術創作與藝術鑑賞者之間的隔膜。美術館作為知識生產主體的人文知識份子該如何與時俱進,責無旁貸的承擔起時代賦予的社會責任。

2018年,本書作者擔任于右任紀念館館長時,接待日本大阪書畫藝術家赤澤一響夫婦來訪交流,在與他談及臺日藝術教育發展現況時,他特別提到,在日本參觀博物館、美術館,甚至是寺廟,都是要付費;消費大眾要尊重藝術家的創作,更要體恤經營博物館、美術館工作人員的辛苦,因為這是「尊重」。「使用者付費」的建立是要讓社會民眾主動參與政府的各項公共建設,而這也是在民主國家裡,作為國民自身的責任與義務。從「使用者付費」角度而論,廣義的「使用者付費」是指「所有」公共支出的成本由使用這些公共支出的人來負擔;而狹義的「使用者付費」則是指使用「特定」公共支出的人負擔這項支出的成本(熊秉元,1996:98-100)。「使用」公共勞務和「付費」關係的建立,除可使資源運用做最有效率的管理,還可以培養社會民眾參與公共事物的責任感;社會民眾將會更清楚明瞭國家公共建設與自己稅賦之間的關聯(熊秉元,1991:99-106、1996:98-100、1997:8-25;溫秀英,1996:67-71;黃惠琳,1999)。

根據張慧玉(2001:15)的研究指出,「使用者付費」計有四項優點,包括:(一)使用者依受益比例付費,為一公平的財源籌措方法,比以租稅支應公共服務的成本,更能符合受益原則的公平概念;(二)「使用者付費」可使消費達到最適滿足水準,且因價格的運用,促使資源得到最佳配置,消費者得到最大的滿足;(三)「使用者付費」可改進公共服務提供者的管理態度,並對市民的需求負責;(四)開拓收入,並可以該收入改善公共勞務提供的品質。基於此,社會民眾是付費者,比較會有意願表達對公共財的支援,也會更願意去關心、監督公共建設軟硬體的品質。由此可見,「使用者付費」的主要目的在於建立「使用」與「付費」的對應關係,促使社會民眾了解使用公共勞務時應負擔部份成本的觀念,並使得這些公共勞務能得以做最適切的配置。所以,「使用者付費」的提倡,將有助各項公共勞務服務品質的改善,並有助

於公共勞務提供的選擇與程度（施犖善、施蓓莉譯，1999：503）。

美術館藝術教育在全球逐漸受到重視，各國莫不將美術館的建設及運營視為國家總體發展的象徵之一。而近些年，世界各國的美術館藝術教育改革都致力於回歸創意與想像力培育的藝術本質與人文精神，也注意到大量視覺資訊進入日常生活所引申的教育意義（石崎和宏，2001：75-191；馬桂順，2001：133-141；郭禎祥，2002：1-15）。但是，當代美術館藝術教育領域已有新的方向，這新方向的主張強調「教學」與「學習」的活動應該建立在教師與學習者之間的夥伴關係上，也就是教師的角色是輔導者而非指導者，學習者可以發展個人的想法，接受老師的支援但無須照單全收，尤其新的美術館藝術教育觀念是對現代主義偏重菁英與形式教育的反思（王士樵，2003：58-64）。

因此，美術館藝術教育是一種融合文化、社會、政治及環境等的學習活動，其目的是在幫助學習者體驗尋味人類存在的多元意義、視覺感受能力，以及理解文化議題在藝術表現上的重要功能（Yu, 2021），透過視覺文化（包括：精緻藝術 fine arts、大眾藝術 popular arts，以及其他圖像元素等）的課程講授，讓學習者可以回歸到學習視覺藝術的基本面，也就是一種操作和鑑賞之間，既複雜又密切的互動關係（王士樵，2003：58-64）。基此，美術館藝術教育的重心也已從傳授藝術的「道理」位移至以學習者的經驗，以及與當代現象為考量的互動交流關係上。也就是說，當代美術館藝術教育的改革是一種「質變」的革新，美術館藝術教育不再只是像過往練習套用公式的技術課、倚賴法則的美感課，以及著重藝術家姓名、生卒年及偉大傑出作品的歷史背誦課。質言之，它就是要我們重新思考「教」和「學」的問題，以及視覺藝術所牽涉到的各級學校、美術館、博物館及文化機構等在執行面上的問題。

綜觀以上，21世紀的美術館已不再只是藝術作品的容器與載體，美術館公共空間的形成，源自於人自身的體驗，以及人與人之間的各種交流互動。因此，以「人」為本的美術館藝術教育不僅可以提升社會民眾的涵養，藉由藝術鑑賞經驗，也能幫助社會民眾更敏銳地去體察文化之間的脈動，產生自身的文化素養能動力。而作為一位藝術教育工作者所深切關心的問題是，藝術教育不是美術館的責任，其發展必須仰賴政府從文化藝術及教育政策上建立完備的藝術教育制度，才能補足社會民眾的審美感知。基於此，本書作者期盼追其究理，以「國立美術館」為例，深入探討日本政府何以用「獨立行政法人制度」建構文化中介平臺，此平臺目前的運作狀況，究竟如何影

響日本「國立美術館」藝術教育的發展？成就許多「藝術愛好者」主動走進美術館鑑賞藝術；未來的美術館界，或是博物館界對於藝術教育制度可值得參照之處為何？

鑑於上述，美術館不再僅僅是藝術品的展示空間，而是社會文化交流的重要平臺。本書以「國立美術館」為例，在文化菱形框架中檢視社會民眾在文化物件創造、接收及詮釋中的互動，探討文化中介平臺如何影響藝術的散播？該文化中介平臺的運作，究竟如何影響日本「國立美術館」藝術教育的拓展？臺灣博物館及美術館界有何值得借鏡之處？茲闡述動機如下：

動機一：鑑於日本獨立行政法人國立美術館推動藝術教育的拓展逾 21 年，頗有許多值得借鏡的經驗。

美術館是社會教育機構，通過收藏、研究、展示、教育普及等活動方式，將人類與自然和文化相關的共同遺產傳承給後代，同時也肩負著研究方法的使命。Ernest Francisco Fenollosa（1853-1908）於 1886 年出版的《美術館倡議》一書中指出：「國家美術館的偉大目標不僅僅是成為一個作品收藏庫，而是成為研究、展示、傳播歷史和實踐知識的中心。」換句話說，教育功能是其最主要；其又在 1896 年出版的《美術館理論》中描述了美術館「教育社會民眾」的功能，並表示美術館不僅僅是通過展示實現，還可以通過各種收藏、研究與展示，例如，藏品目錄，出版原始美術館研究報告，為社會民眾提供傳播藝術知識等課程（斉藤千蘭，2002：31-49）。日本明治時期的美術家、美術教育家岡倉天心亦提出，美術館不但是專家可以研究的地方，也是社會民眾可以在美術館裡玩耍，在學校之外進行藝術教育的地方（安田靫彥、平櫛田中，1981）。

檢視「國立美術館」成立的歷史背景，日本因戰後社會劇變，歷經 1970 年代石油危機、1973 年田中內閣擴增社福支出導致財政負擔沈重，加諸 90 年代陸續的政治腐敗貪汙事件，一時改革呼聲甚囂塵上，在要求行政改革的風潮與壓力形成後，為使景氣恢復，採行新公共管理的行政改革（劉宗德、陳小蘭，2008：26-27）。1996 年後，時任首相橋本龍太郎與其內閣為期創造有活力、有自信心的社會，於是徹底改革此一歷經戰後 50 年已不合時宜的行政體系，企圖使之轉換為適合形成自由、公正社會的 21 世紀行政體系（楊秀娟、方衍濱、林靜芳，2002：187-217）；其於 1996 年 1 月上任後，即提出「橋本六大改革」主張，包括：「行政改革」、「財政結構」、「社會保障」、「經濟結構」、「金融體系」與「教育改革」等。針對「行政改革」課題，

並設立「行政改革會議」，親任會長，主導行政改革的策畫與推動（曹瑞泰，2003：30）。1996年11月橋本內閣設置「行政改革會議」，此會議肩負三項任務，即：（一）釐定21世紀日本的國家定位；（二）整編中央政府組織；（三）強化首相辦公室機能（孫曉萍，1997：66），並討論「獨立行政法人」的基本設計，即是針對向來由官方經營但卻失去效率或缺乏管理的各項事業，為了迅速達成高品質的成果，所編制而成的「半官半民式」的行政組織制度（薛燕玲、劉建國、李淑珠、嚴雅美、蔡世蓉、王淑華、邱士華、林煥盛、黃貞燕譯，2003：119），更於會議中特別以英國政署制度作為參考，而在行政改革委員會針對政府改革制度的調查中，除英國，也包括美國、加拿大、紐西蘭、澳洲、法國、德國、瑞典與韓國等八個國家制度。

1997年12月3日，於行政改革會議提出的最終報告書中，就「『內閣機能強化』、『中央省廳組織重組』、『效率化並減量行政事務』、『公務員制度改革』與『行政資訊公開、地方行政與財政制度改革』」等五個項目提出具體建議。在此報告中，針對獨立行政法人制度目的的陳述為：分離政策規劃與實施機能，根據行政工作、事業內容、機構性質設立獨立行政法人，以尋求最適合的組織運營模式；同時推動行政部門工作委外經營，以提高效率、提升品質，並確保公開透明性（內閣官房行政改革推進本部事務局，1997）。

獨立行政法人制度最大的目的是為了減少政府行政工作量與效率的提升，另一個大目標則是減少日本公務員的數量，以刪減人事經費支出。因此，整體行政改革也重新定義了國家政府的角色，將國家主導事業由「公營轉民營」、政府權責由「中央政府移交地方政府」，並推動政府行政工作「委外經營（outsourcing）」（福家俊朗、浜川清、晴山一穗，1999：2；桑原英明，2008：101-121）。爾後，改革工作亦確實採用「政策訂定與執行分離」的概念，循序漸進的將政府旗下多元複雜的事業推向民營化、委辦民間的方向推動；而民營化不易於，或是難以委由民間運營的機構與事業，則是授權於各機關依據獨立行政法人制度，在政府制定的政策軸線上自主運營管理（林曼麗、張瑜倩、陳彥伶、邱君妮，2022：262）。因此，除了獨立行政法人國立文化財機構，日本亦從20世紀末開始將國立美術館推向獨立行政法人化的方向前進；在2001年時起，陸續將六座國立美術館整合成為一個機構治理，稱之為「國立美術館」，透過獨立行政法人制度的推行，目的在提供這些國立美術館較大的運營彈性（金子啟明、中須賀，2008：27-35）。

再者，雖然學界提出不適合由行政機關來推動的公共任務，可由一個具有公共目的的「行政法人」來處理，但行政法人仍有其優缺點（簡淑娟，2007：38-49），如表1-1。然而，行政法人的最大優點在於「專業人員聘請資格鬆綁」、「靈活的考核機制」、「專業採購的彈性」，缺點即為「人事聘任不易管控」、「採購缺乏客觀標準」，但是這些缺點即便在公務機構也會發生，若能善用監督機制，則此缺點可以有效管控（何康國，2016）。另一方面，美術館必須進行教育工作，才算是完成專業工作，因為沒有教育工作的展示只能稱作是「陳列」。美術館前端工作是從收藏到維護到研究；後端工作則是從研究到展示到教育（廖仁義，2020：167）。換言之，從美術館成立的那一刻便進入藝術知識詮釋的工作軌道，研究則是藝術品詮釋工作的中間階段，後端則是以研究得到的藝術知識作為根基，藉由藝術展示呈現給社會民眾，並透過教育，例如，導覽解說、講座、推廣活動等，讓社會民眾深入參與美術館藝術知識的學習。於此，作為文化中介平臺的「國立美術館」如何在經營21年後，善用運營的彈性推動藝術教育的拓展？如何反映出如作者親眼所見日本社會民眾至美術館鑑賞參觀的生活日常？

基於此，本書擬探討以「國立美術館」之中的文化中介平臺模式，以及此平臺中「國立美術館」整合六所國家級美術館推動藝術教育的經驗，此不但可以引導現有的美術館開展不同視角的藝術教育，還可以拓展社會民眾的參觀，以及使用者付費意識的建立，所以文化中介平臺如何在「國立美術館」當中運行，並推動美術館藝術教育，有哪些經驗可以參照。這是本書作者探討此主題的重要研究動機之一。

動機二：「文化中介平臺」是獨立行政法人國立美術館推動藝術教育的關鍵作用，其運作機制有值得深入研究的必要。

總人口超過1.2億的日本，不僅是亞洲國家中引領世界藝術潮流的先驅，擁有獨特的文化源自於過去曾深受中國文化的薰陶，而從19世紀開始，日本接受了西方文化精髓，藉由西方文化取經，並融入於日本文化中，成功結合東、西文化，達到完美平衡。在融合西方文化精華之際，日本保留了本身的獨特性，也還保有最生氣且源源不絕的創意能量，蓬勃發展的創意產業更吸引來自世界各地的粉絲朝聖。除此之外，日本的藝術家社群如雨後春筍般的昌盛，所培育而出的藝術家，例如，草間彌生、奈良美智、村上龍和森萬里子等知名藝術家，使得日本在當代藝術舞臺上佔有重要的一席之地。

表 1-1 行政法人的優缺點

優點	缺點
· 彈性用人，吸引人才：可提供較有彈性、更符合其特性需要的人事進用，對於在人力調配運用及快速反映市場需求。 · 增進資金運用彈性：有較行政機關彈性的組織及經營管理方式，同時可引進企業經營精神，在操作運用上能更專業、更具效能，因應快速變化的市場，有助於提升績效。 · 改善行政效率：行政法人制度創設的重要目標在提升效率及行政減量，對於改善機關行政效率將有極大助益。 · 改善監督重疊情形：監督機關對行政法人的監督權限多為適法性監督與事後的監督、考核，故監督重疊及無法獨立運作的情況應得以改善，可有效因應環境與市場快速的變化。 · 強化經營責任及成本效益：行政法人制度設計上強調獨立自主運作方式，可透過績效評價機制的建立，及健全內部、外部監督機制的設置，以強化、提升經營責任與績效、成本效益。	· 最後支付責任歸屬：機關構一旦改制為行政法人，勢必須面對政府是否繼續負最後支付責任的問題。 · 實施成效有待評估：對業務推動及實施績效是否確較行政機關的組織型態為優，能否充分發揮設立行政法人所要追求的專業性及企業經營精神的原意，尚無充足的資訊得以評估。如改制為行政法人，該資產即應移轉所有權至該法人名義下，屆時如何辦理移轉及其安全性如何，亦有待審慎研議評估。 · 涉及公權力行使的公共任務委託行政法人辦理是否適宜，應於政策決定前予以釐清。 · 兩套人事制度並存，造成行政管理困擾：改制後新進人員不再具有公務人員身分，而改制時隨同移轉繼續任用人員，仍具有公務人員身分，兩者權利義務關係不盡相同，管理上可能造成困擾。

資料來源：簡淑娟，2007：38-49。

文化中介之於文化菱形：從日本國立美術館看臺灣的藝術教育拓展
How cultural intermediaries work within the cultural diamond：
The Expansion of Art Education in Taiwan through Insights the National Art Museum of Japan.

　　日本是美術館與美術展示的王國，其擁有龐大美術館群；日本的美術館建設是由公立美術館領頭，今日美術館的普及程度，乃是全球美術館界一個引人注目的現象（薛燕玲等譯，2003：4-5）。「美術館本身就是一個藝術品。」歷史悠久的日本建築從昭和年間便已向外拓展，而從國際視野探討日本現代建築，無論是日本著名建築父子檔谷口吉郎與谷口吉生共同設計的東京國立近代美術館（東京国立近代美術館，2021）、瑞士法國建築師 Le Corbusier（1887-1965）設計的國立西洋美術館（国立西洋美術館，2023）、黑川紀章設計的國立新美術館（国立新美術館，2023），安藤忠雄設計的 21_21 DESIGN SIGHT（21_21 DESIGN SIGHT，2023）、隈研吾設計的三得利美術館（サントリー美術館，2023）等，在全球化影響下，許多建築師更順勢將日本美學與文化深植至海外各地，亦深深影響國際和臺灣的藝術與設計發展。

　　1945 年，日本戰敗開始，直至 1980 年代，戰後經濟快速成長，積極推動文化建設，制定美術館相關法規，使美術館藝術教育普及化。1990 年，美術館經營策略更朝向服務社會民眾、推廣教育的方向發展前進（志賀野桂一，2018）。「國立美術館（Independent Administrative Institution National Museum of Art）」於 2001 年（平成 13 年）4 月 1 日正式成立，由文部科學省訂定的第四期中期目標（5 年一期）亦已於 2021 年（令和 3）3 月 31 日結束。第五期中期目標緊接著於 2021 年 4 月 1 日起展開為期 5 年的運營計畫。由東京國立近代美術館（The National Museum of Modern Art, Tokyo）含附屬的石川縣金澤市國立工藝館（National Crafts Museum）、國立西洋美術館（The National Museum of Western Art）、國立國際美術館（The National Museum of Art, Osaka）、京都國立近代美術館（The National Museum of Modern Art, Kyoto）、國立新美術館（The National Art Center, Tokyo）、國立電影資料館（National Film Archive of Japan）等六所國立美術館所組成的獨立行政法人組織，並導入了民間經營手法，以更自由、更有效率的經營為民服務，例如，積極推展各項教育推廣活動，加強為民服務設施的改進；身心障礙者廁所改建等，以及各項設施的有效利用等；演講廳出借等（臺北市政府文化局，2021）。但是本書作者再次檢視行政法人制度的優劣，並思考「國立美術館」如何以文化中介平臺的模式整合、發揮各場館的特色，結合各場館的資源，以發展出最佳的服務品質；在效率化方面進一步統合各場館共通的事務，達到業務一元化的目標，推動美術館藝術教育知識生產功能，以作為啟迪民智、提升社會民眾文化素質，其關鍵運作機制的策略為何？此為本書探討此主題的重要研究動機之二。

貳、文化中介與文化菱形的關聯視角

基於上述背景探討及研究動機，本書目的如下：

一、深入了解日本獨立行政法人國立美術館文化中介平臺運作形式

在 19 世紀的明治維新時期，近代西方學術思想向中國傳播，日本政府在「脫亞入歐」思潮下，指引日本朝向近代化的進程，無論政治、社會思想、文化，醞釀出前所未有的自由與開放的風氣，西方的「洋」風潮也影響著日本藝術發展（朱筱琪，2017），而美術館藝術教育的發展也被列入國家政策的其中一環。文藝評論家加藤周一（1997）曾說過：「文化，透過造型來表現自己。要想了解一種文化，就要了解它的形式。」「國立美術館」自 2001 年成立運作已逾 21 年，是什麼樣的運作形式，可以將美術館藝術教育普及大眾化？本書作者希望藉此案例的探討，了解「國立美術館」的特殊之處。基此，本書期盼藉由了解文化中介平臺的構成及運作方式，對美術館藝術教育進行深入的分析，以期能夠促進未來的美術館藝術教育發展，進而創造有利的美術館藝術教育環境或制度。

二、探討日本政府與獨立行政法人國立美術館的關係，和其推動美術館藝術教育發展策略。

本書另一目的是探討文化中介平臺與美術館藝術教育之間的關係，文化中介平臺與美術館藝術教育到底是相輔相成、還是互相牽制？沒有了文化中介平臺的協助，美術館藝術教育如何直接觸及社會民眾，並與其產生對話？

藝術教育存在的終極目的，是期待能成就個體成為一位全人，要成為全人，便需要有藝術本質的學習（黃光男，2019）。而建立文化治理的架構，是為了文化長遠發展立下基礎。想像一棵大樹，要先植入種子、向下紮根，才能讓文化生態向上發展、枝繁葉茂。所謂紮根，便是建立「文化治理公共支持體系」，透過歷史紮根、教育紮根，以及在地紮根（彭俊亨，2021），連結土地與社會民眾的歷史記憶，從而支撐建構起「美術館藝術教育發展生態系」與「文化產業生態系」的發展。

然而，日本政府制定的文化藝術及教育政策牽動著美術館藝術教育的發展。因此，當檢視近代美術館藝術教育的進展脈絡與成效時，日本政府是基於何種角色的協助，推動美術館藝術教育的策略為何？對於「藝術教育的意義為何？」，「藝術教育的功能是什麼？」、「藝術教育的面向有哪些？」本書希望釐清其策略的形成過程，以作

為未來美術館運營及藝術教育推動的參照。

基於上述目的，本書主要探討問題如下：

一、日本獨立行政法人國立美術館文化中介平臺如何運作，平臺包括哪些要素與特點？如何維持其中介功能？

一方面，日本政府體認到文化藝術的主體是社會民眾，而為了避免政治意識形態介入創作內容，保障文化藝術創作的思想自由，於 2017 年改訂的《文化藝術基本法》是基於《日本國憲法》第二十一條，該條文規定：「應保障集會、結社、言論、出版和所有其他形式的表達自由。」（e-Gov 法令檢索，1946），其中在增修的前言條文中，昭示著日本政府推動文化藝術必須不介入內容的創作，並且尊重從事文化藝術活動者的自主權及其言論自由表達的重要性，使文化藝術為社會民眾所接受（e-Gov 法令檢索，2019）；另一方面，分隔官僚權力與專業機構決策代名詞的「臂距原則（ALP）」，從英國經濟治理領域延伸至政府文化治理領域（劉育良、劉俊裕，2017），日本政府亦受其政署影響，仿照英格蘭藝術理事會（Arts Council England）成立，採行國家捐助的「獨立行政法人」，劃出「國立美術館」這道文化藝術資源獨立、專業分配的「一手臂之距離」。

日本政府內閣著眼於未來，第五個中期目標期（2021-2026 年）依據《文化藝術振興基本計畫》，以多樣化的需求為基礎，對應當代藝術形勢的變化，培養社會民眾審美意識為使命；其亦透過美術中心據點的「國立美術館」以「文化中介平臺」作為「中間人」角色，將文化藝術資源公正分配，以專業治理能力，賦予人事、預算、運營等更多彈性空間。然而，在《文化藝術基本法》中的諸項法條訂定，牽動著「文化中介平臺」運作，茲說明如下（e-Gov 法令檢索，2019）：

（一）第五條之二項文化藝術團體的角色：「文化藝術團體應根據其實際情況，自主且主動地致力於充實文化藝術活動，並積極發揮在文化藝術的傳承、發展及創造方面的角色。」

（二）第五條之三項關係者之間的聯繫與協作：「國家、獨立行政法人、地方公共團體、文化藝術團體、民間事業者及其他相關者，應為實現基本理念，努力進行相互聯繫並協同合作。」

（三）第十六條藝術家等的培養及確保：「國家為培養及確保從事文化藝術創造性活動者、傳統藝術的繼承者、具備文化財等保存及活用的專業知識和技能者、從事文

化藝術活動的企劃或製作者、文化藝術活動技術人員、管理及運營文化設施者等文化藝術工作者（以下稱為「藝術家等」），應提供國內外的研修、教育訓練等人才培育支持，確保研修成果的發表機會，促進文化藝術作品的流通，改善藝術家等進行文化藝術創造性活動等的環境，並採取其他必要的措施。」

（四）第十七條文化藝術相關的教育研究機構等的設置：「國家為加強藝術家等的培養及文化藝術相關的調查研究，應設立與文化藝術相關的大學及其他教育研究機構，並採取其他必要的措施。」

（五）第十九條日本語教育的充實：「國家應促進外國人對我國文化藝術的理解，應加強對外國人日語教育的充實。具體措施包括：培養和設立日語教育工作者的訓練及研修體系、開發日語教育教材、提高提供日語教育機構的教育水準，以及其他必要的措施。」

（六）第二十一條國民鑑賞等機會的充實：「國家為充實廣泛國民自主鑑賞、參與或創作文化藝術的機會，應採取必要措施，包括：支持各地區文化藝術的公演、展示等，提供相關資訊，以及其他有助於實現此目標的措施。」

（七）第二十二條高齡者、殘障者等的文化藝術活動充實：「國家為充實高齡者、殘障者等進行的文化藝術活動，應採取必要的措施，包括：支持這些群體從事創造性活動、公演等，提供支持，並促進有利於這些群體進行文化藝術活動的環境整備，及其他相關必要措施。」

（八）第二十三條青少年的文化藝術活動充實：「國家為充實青少年進行的文化藝術活動，應採取必要的措施，包括：支持針對青少年的文化藝術演出、展示等活動，支持青少年參與的文化藝術活動，及其他相關的必要措施。」

（九）第二十四條學校教育中的文化藝術活動充實：「國家為充實學校教育中的文化藝術活動，應採取必要的措施，包括：加強與文化藝術相關的體驗學習等教育，支持藝術家等及文化藝術團體在學校進行的文化藝術活動合作，及其他相關的必要措施。」

（十）第二十六條充實美術館、博物館、圖書館等設施：「國家為充實美術館、博物館、圖書館等設施，應採取必要的措施，包括：支持設施的設置、展示等活動，支持藝術家等的配置，支援文化藝術作品等的記錄與保存，以及其他相關的必要措施。」

（十一）第三十一條促進民間支援活動等：「國家應致力於活化個人或民間團體對文化藝術活動的支援行動，並為支援從事文化藝術活動者，採取必要措施。例如，透過稅制改革，促進文化藝術團體接受個人或民間團體的捐贈，以及支援文化藝術團體進行的文化藝術活動等。」

（十二）第三十二條關係機構等的合作：「國家在實施第八條至前條所述政策時，應注重促進藝術家、文化藝術團體、學校、文化設施、社會教育設施、民間企業，以及其他相關機構之間的合作。國家應努力確保藝術家及文化藝術團體能與學校、文化設施、社會教育設施、福利設施、醫療機構、民間企業等協作，為當地居民提供鑑賞、參與或創作文化藝術的機會。」

從文化行政角度而言，「臂距原則（ALP）」係指雖然文化中介組織的成立來自於文化部的法律授權，但兩者並無上下隸屬關係；為了執行文化藝術專業事項，該文化中介組織應設立專業同儕審議機制，執行文化藝術獎勵、補助的任務，為文化藝術事務的推動與扶植，展開這道法律保障的手臂（翁立美，2020：16）。因此，在法律制定規範下，歷經21年後，作為日本美術中心據點的「國立美術館」如何成為文化中介平臺？如何維持其中介功能？公共任務與價值為何？內部組織結構與效益評量機制，所設置的專業任用辦法、搭建起文化藝術資源分配、評選機制等功能，是否真能突破文化行政體系的窒礙？跨越「自償率」帶來異業結盟的動力或商業化隱憂？轄下六所國家級美術館如何整合藝術教育並推廣實施？文化中介平臺的橫向協力是如何有效溝通與整合？

同時，此「國立美術館」與相關利害關係人，例如，文化企業、傳播媒體、藝術團體、民間組織、文化觀眾等信任關係如何拿捏？擔任「中介」橋樑的「國立美術館」，對外能否展現有別於文化官僚，公共化的軟性身段與親民形象？進而達成美術館公共使命與永續發展？本書期望藉以討論、挖掘「國立美術館」文化中介平臺如何達成美術館推動藝術教育發展，擴展美術館的公共責任與使命。此為研究者極欲釐清的問題。

二、鑑於獨立行政法人國立美術館文化中介平臺運作已21年，日本政府如何藉此推動美術館藝術教育的發展？其策略為何？

2019年9月在日本京都舉行國際博物館協會的三年一度大會，齊聚了全世界的博物館、美術館專家檢討21世紀博物館的新定義，大會提出博物館、美術館的「民主化」、「包容性（共融性）」及「多元聲音」等內涵。換言之，此一國際趨勢反映

了博物館、美術館的價值與願景，以及博物館、美術館應扮演「知識型社會良心」的角色，發揮收藏保存、整合研究、多元呈現及思辨對話等功能，博物館、美術館也應建立開放性知識體系，透過專業治理及多元觀點，發揮民主、透明、參與和包容（共融）特性，引領社會學習、思辨、對話與藝術教育發展等。

日本政府從 2001 年起即推動獨立行政法人制度運作已逾 21 年，為確保國家行政事務執行的效率化、品質及透明度，現今在運營監督機制等層面的發展已臻成熟。不論是在國家層級、部會層級，甚至法人自治皆存具較整體且嚴謹的經營體制與態度，以 3 至 5 年的中期目標為圭臬，搭配滾動式管理，促進施政計畫目標達成與獨立行政法人的成長，以及整體運作與成效，努力取得各界理解與支持，並且針對經營體制，至今仍持續不斷亟思精進作法。

然則，在藝術社會學的視域中，藝術是藝術家和藝術界的其他行動者集體所創造，接收者對藝術的接收受到個體價值觀、社會地位及其所處社會網絡的中介作用（Mediating role）；由各種規範、價值觀、法律、制度和社會組織構成的社會世界，影響著藝術家、藝術傳播與文化中介者、文化消費者，並由此塑造了藝術。換言之，藝術如何被創造、生產及經銷，檢驗著創作者、經銷網絡、藝術作品與社會之間的關係，此途徑反映的是文化藝術的產品是受到生產與經銷它的人或體系所過濾及影響；而社會民眾如何消費、使用與接受藝術，又從中獲得何種滿足，其主要觀念則是接收者了解藝術的關鍵，因為藝術能創造出何種意義，取決於它的消費者而非創造者的使用方式上（張正霖、陳巨擘譯，2006：59-65、171）。簡言之，藝術無法單獨存在，其必須放在與消費者之間的關係才能理解。

誠如 Victoria D. Alexander（2020:49-52）修改自 Wendy Griswold 的文化菱形所提出的觀點認為，「藝術即傳播。藝術必須從創作者（生產）手中傳遞到接收者（消費）手中，這意味著，藝術需要由一些人、組織或網絡來進行分配。」由此看來，「文化中介者」不僅是打通藝術家內在思維與藝術創作外化的通道，而且是連接藝術家與鑑賞者、藝術創作（生產）與藝術接收（消費）、藝術與社會的中介環節。基此，實施美術館藝術教育的核心要素，即是「文化中介者」與創作者、接收者、社會世界一起建構美術館藝術教育實踐的坐標。

作為「文化中介平臺」，並與日本政府保持「一臂之遙」的「國立美術館」如何在創作者（學藝員、藝術家、藝術團體），以及接收者（文化企業、傳播媒體、文化

觀眾）之間的互動中構建出屬於日本社會的藝術教育？其是居於何種位置，藉此擴大並提升社會民眾藝術鑑賞及生活審美的全面發展？日本政府又是如何利用「國立美術館」推動文化藝術及教育政策和美術館藝術教育發展？落實文化平等權？其角色是如何拿捏？這些政策面的形成、方法面的擬定、實施的經過，以及美術館藝術教育的拓展，都是本書所要探討的內容。

參、概念、流程與範圍

本書概念係立基於政策利害關係人（policy stakeholders）架構，任何一項文化藝術及教育政策的形成都係由政策利害關係人所共同建構而成，故須尊重他們的立場與參採其意見，以制定符合公平正義的政策，政策方得以順利執行（丘昌泰，2013：62-63）。此外，Dunn（2004、法務部，2015、蕭元哲，2009：145-158）指出，所謂政策利害關係人是指受到政府政策影響或直接間接影響公共政策，對政策下了「賭注」的個人或團體。因此，文化藝術及教育政策是社會建構主義的結果，由一群具有理想、立場與動機的文化行動者所構成，他們經由協商討論、慎思明辨的民主程序才能逐步形成政策共識，這種思維已非傳統由上而下的威權模式（top-down model）可比擬，乃是一種由下而上的民主模式（bottom-up model）（丘昌泰，2013：370-375）。換言之，本書所稱「國立美術館文化中介平臺」即是屬於一種民主、自由、開放的文化中介平臺。

本書的核心研究概念圍繞兩大主軸：

一、文化中介平臺：促進文化交流、藝術教育拓展與多元參與的結構性支柱

文化中介平臺旨在促進文化的交流與連結、藝術教育的拓展，以及多元群體的參與。其構建一個由六大政策利害關係人共同組成一個相互依賴的供需關係網絡，包含以下兩大面向，進而支撐文化中介平臺的實施，並推動藝術教育與文化活動的廣泛參與：

（一）供給面（創作者）：提供藝術教育內容的主體，包括：藝術團體、藝術家及學藝員，他們是文化資源的生產者。

（二）需求面（接收者）：藝術教育的受益方，例如：文化企業、傳播媒體、文化觀眾，以及文化中介平臺的參與人士。需求面確保了藝術教育活動的持續發展與推廣。

二、文化菱形：強調文化生產、中介、消費與教育的文化生態互動循環框架

文化菱形是一個多層次的分析框架，著重於文化（創作者）生產、文化中介、文

化（接收者）消費及藝術教育四大面向之間的互動與循環關係。此四個面向構成了一個多向度的網絡，彼此支持與互補，形成一個動態的文化生態系統。在此框架下，每一面向的強化或弱化均會對整體文化系統產生影響。

在整合上述概念後，本書提出一個綜合架構，即「動態文化網絡與多元性藝術教育」。此架構通過文化菱形的概念性分析框架，深層探討文化資源的生產、交流、教育和消費過程，並將這些過程具體化於文化中介平臺的可操作設計與行動計畫中。兩者的整合有助於揭示文化菱形和文化中介平臺的互動方式，使文化藝術及教育政策得以具體實現，進而促進文化菱形的各個面向在文化中介平臺上的落地。基於政策利害關係人思維，以及透過整合文化菱形與文化中介平臺的框架，政策將更具系統性，既能促進文化生產的豐富性，又能推動文化藝術教育和文化消費的普及，本書研究概念架構如圖 1-1。

在研究設計上，本書進行以下研究方法，以支撐核心概念，並聚焦於文化中介平臺與文化菱形框架的整合及應用：

（一）深度訪談與文獻分析：針對文化中介平臺相關人士、專家學者及供需參與者，深入了解他們在文化中介平臺及文化菱形框架中的角色與觀點。同時，透過文獻分析，建立文化菱形框架與文化中介平臺的理論基礎，以支持深度訪談的發現。

（二）文化菱形框架分析：透過文化菱形框架，探討各利害關係人在文化中介平臺上的供需互動，並分析政策、藝術教育與文化發展之間的關聯性。

本書作者於 2022 年 8 月抵達因受新型冠狀肺炎病毒疫情影響的日本現場，雖研究有所限制，但仍針對文化中介平臺中的日本文部科學省暨文化廳美術館振興室政策制定科企劃統籌科長、日本國立美術館運營委員會理事；專家學者中的日本慶應義塾大學政策科學研究院教授、日本椙山女學園大學教育學院教授、臺灣國家文化藝術基金會董事長、臺灣國家政策研究基金會副研究員；相關供給和需求參與者中的企業メセナ協議會（Corporate Mecenat Association of Japan）常務理事兼事務局長、日本當代藝術家、日本國立美術館主任學藝員、公益社團法人日本美術展示會（日展）事務局、朝日新聞文化藝術部、文化觀眾等進行深度訪談。最後彙整相關資料進行調查分析，以日本經驗探究臺灣在政策、法制與美術館藝術教育推動現況，並提出建議，期盼本書不單單是一本兼具理論和實務的研究著作，更殷切待望能對臺灣文化行政部門推動美術館藝術教育等活動，傳遞前瞻性的政策建議，俾推動卓越的美術館藝術教

文化中介之於文化菱形：從日本國立美術館看臺灣的藝術教育拓展

How cultural intermediaries work within the cultural diamond：
The Expansion of Art Education in Taiwan through Insights the National Art Museum of Japan.

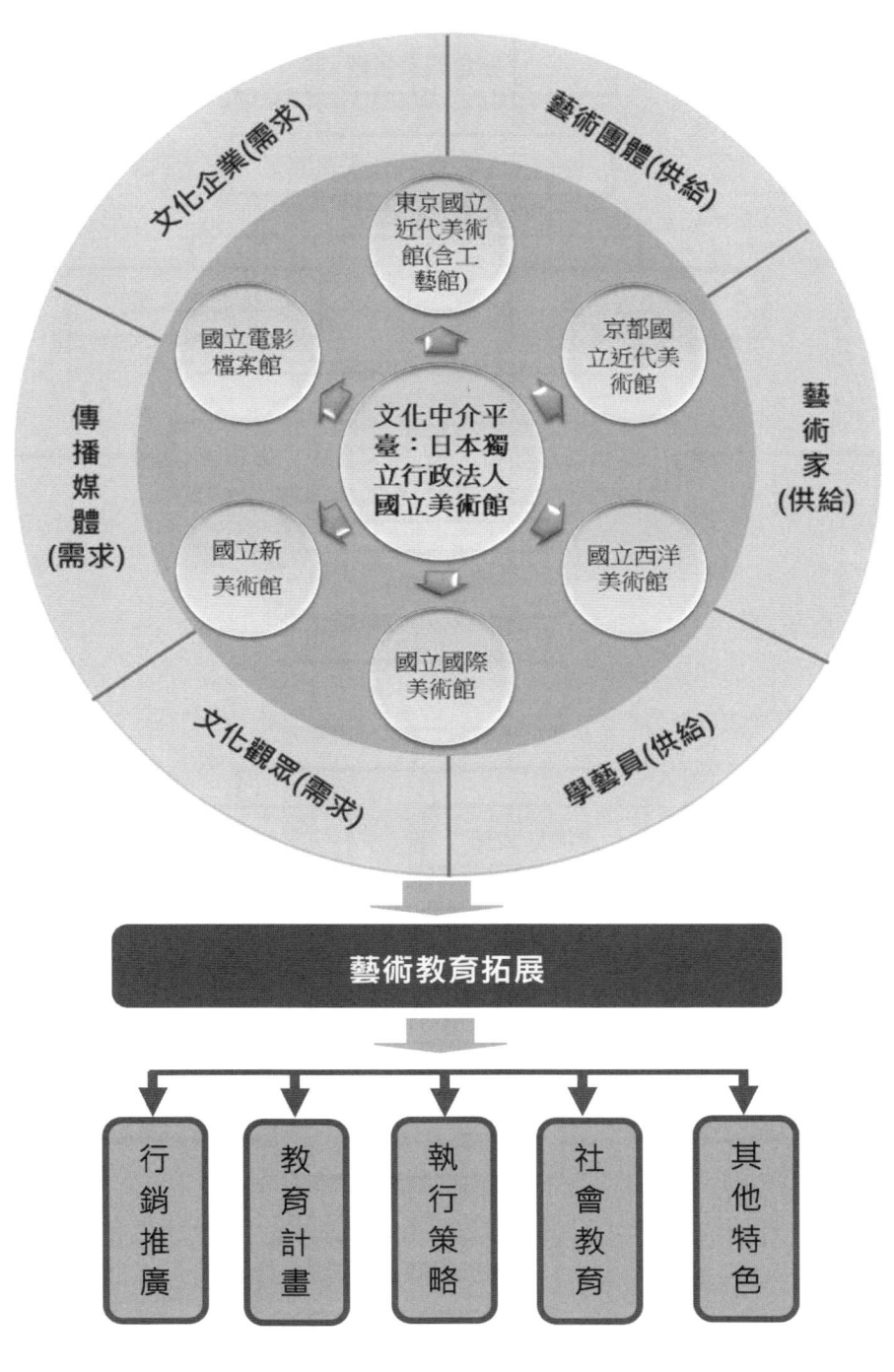

圖 1-1　本書研究概念

資料來源：作者繪製。

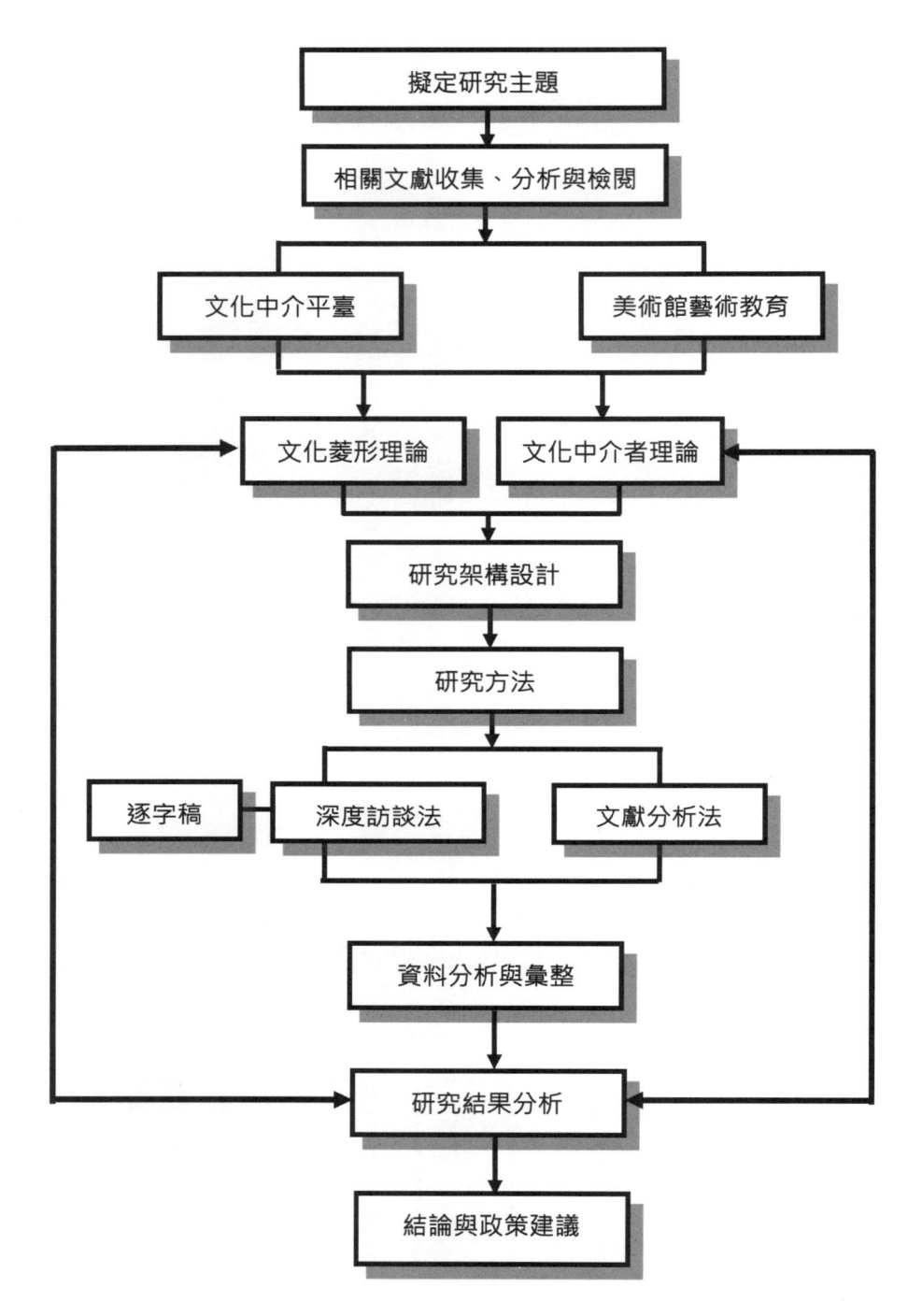

```
                    ┌──────────────┐
                    │  擬定研究主題  │
                    └──────┬───────┘
                           ↓
                ┌────────────────────┐
                │ 相關文獻收集、分析與檢閱 │
                └──────┬─────────────┘
              ┌────────┴────────┐
              ↓                 ↓
      ┌──────────────┐   ┌──────────────┐
      │  文化中介平臺  │   │  美術館藝術教育 │
      └──────┬───────┘   └──────┬───────┘
             ↓                  ↓
      ┌──────────────┐   ┌──────────────┐
      │  文化菱形理論  │   │  文化中介者理論 │
      └──────┬───────┘   └──────┬───────┘
             └────────┬─────────┘
                      ↓
              ┌──────────────┐
              │  研究架構設計  │
              └──────┬───────┘
                     ↓
              ┌──────────────┐
              │   研究方法    │
              └──────┬───────┘
        ┌────────────┴────────────┐
        ↓                         ↓
  ┌──────────┐  ┌──────────┐  ┌──────────┐
  │  逐字稿   │  │ 深度訪談法 │  │ 文獻分析法 │
  └──────────┘  └──────────┘  └──────────┘
                     ↓
              ┌──────────────┐
              │  資料分析與彙整 │
              └──────┬───────┘
                     ↓
              ┌──────────────┐
              │  研究結果分析  │
              └──────┬───────┘
                     ↓
              ┌──────────────┐
              │  結論與政策建議 │
              └──────────────┘
```

圖 1-2　本書研究流程

資料來源：作者繪製。

育為目標。本書研究流程如圖 1-2。

　　本書研究範圍主要聚焦於日本中央政府層級，即由文部科學省（文化廳）監督的國立美術館體系，特別探討其中的「文化中介平臺」——亦即國立美術館——在「美術館藝術教育」的運營與拓展中所產生的影響。然而，本書不涉及該文化中介平臺的財務會計運作，亦不討論地方自治體（地方政府）所屬的獨立行政法人文化機構。研究範圍雖不如量化研究般廣泛，且欠缺統計抽樣的代表性。然而，本書作者仍以「研究時間」為主軸，深入探討相關議題，以期提供具體而有價值的觀察與分析：

一、研究時間

　　自 2001 年改制以來，「國立美術館」運營至今已逾 21 年。各美術館每年依據館藏資源，策畫主題藝術展示，包括：收藏展、企劃展等，並結合相關課程、講座與培訓計畫。此外，還推出國立美術館藝術卡鑑賞教材、國立美術館《工藝家與藝術家》創業募資計畫，以及會員贊助制度、捐款與遺贈機制等多元計畫。同時，透過國立美術館巡迴展等活動，積極推動文化藝術及教育政策，並舉辦藝術新秀培訓展示，文化藝術的傳播與發展提供了積極的貢獻。

　　然而，自 2019 年底新型冠狀病毒感染開始蔓延以來，各種限制社會民眾的措施相繼實施，對社會造成了全方位的影響。許多博物館和美術館不得不暫停開放或限制入場。本書的研究自 2022 年 8 月展開，歷時近兩個月，進行了實地調查，聚焦於日本「國立美術館」所屬的六所國家級美術館。儘管需遵守日本政府的防疫管制措施，研究仍得以如期進行，並深入探討「國立美術館」的相關議題。

二、研究空間

　　本書實地調查涵蓋日本「國立美術館」及其所轄的六所國家級美術館，包括：位於東京都千代田區的東京國立近代美術館及其附屬的國立工藝館（位於石川縣金澤市）、國立西洋美術館（位於東京都臺東區上野公園內）、國立新美術館（位於東京都港區六本木）、國立電影資料館（位於東京都中央區京橋）、京都國立近代美術館（位於京都市左京區岡崎公園內），以及大阪國立國際美術館（位於大阪府大阪市北區中之島），如圖 1-3。這些國立美術館為本書研究提供了豐富且紮實的資料，進而促進對日本文化藝術及教育政策的深入探討，特別是在美術館藝術教育領域的應用與發展。通過對這些美術館運作模式與教育計劃的分析，本書將揭示它們在推動文化藝術及教育政策、美術館藝術教育方面所發揮的關鍵作用。

圖 1-3　本書研究範圍

資料來源：作者繪製。

三、研究訪談對象

　　前述提及，由於疫情影響，本書研究訪談對象的選擇受到限制。然而在研究事前，本書作者以滾雪球方式在臺灣及實地踏查日本期間與受訪者進行書信聯絡，約定拜訪日期。儘管訪談時間緊湊，本書作者仍努力從中梳理「國立美術館」作為文化中介平臺，在文化菱形概念框架下如何落實文化藝術及教育政策制定的治理成效，以及推動藝術教育拓展的價值與功能，這些將作為本書作者研究的重要參考指標。此外，所有訪談內容均已獲得受訪者同意，然因當事人有所顧忌，訪談同意書簽名檔及訪談內容將不會列入本書資料中。本書研究訪談對象如表1-2。

表 1-2 日本國立美術館文化治理與美術館藝術教育訪談對象

受訪對象	說明	代號	訪談時間
日本文部科學省暨文化廳美術館振興室政策制定科企劃統籌科長	釐清「臂距原則（ALP）」，確保政策、資源配置與行動計畫的協調性。建立有效的文化中介平臺促進創作者、受眾與政策制定者之間的互動，推動文化資源的流動。建立評價與反饋機制，持續監測政策實施效果，確保美術館運作與國家文化藝術及教育政策一致。	A1	2022/09/21
日本獨立行政法人國立美術館運營委員會理事	理解運營委員會在治理國立美術館運營中的核心作用，包括：推動策略（如收藏、研究、展示、教育普及）和資源分配。釐清「臂距原則（ALP）」和文化中介平臺的運作，以有效達成美術館的文化藝術及教育目標。	A2	2022/09/18
臺灣國家文化藝術基金會董事長	了解日本與臺灣的獨立行政法人制度及其與政府的關係，對國立美術館的定位和藝術教育拓展方向具有重要影響。制度設計影響美術館的運營模式、資源配置及其在推動文化藝術教育中的角色，需深入探討國立美術館在社會文化發展中的功能與使命。	S1	2022/10/04
臺灣國家政策研究基金會副研究員	了解日本與臺灣對於獨立行政法人制度的界定，以及其與政府的關係，有助於深入探討國立美術館的定位及藝術教育拓展方向。釐清博物館和美術館的定義，進一步明確它們在文化藝術及教育政策中的角色等。	S2	2022/10/06
日本慶應義塾大學政策科學研究院教授	理解日本的文化藝術及教育政策與社會需求是制定促進美術館發展政策的基礎。梳理「臂距原則（ALP）」和文化中介平臺的運作可確保國立美術館有效落實政策，並在資源配置及教育活動中回應社會民眾期待。日本政府協調提升美術館在文化藝術推廣中的角色與影響力。	S3	2022/09/17
日本椙山女學園大學教育學院教授	確認博物館和美術館的定義及其藝術鑑賞教育模式，對於理解其與國家政策方向之目標至關重要。	S4	2023/08/30

表 1-2 日本國立美術館文化治理與美術館藝術教育訪談對象（續）

受訪對象	說明	代號	訪談時間
文化企業-企業メセナ協議會（Corporate Mecenat Association of Japan）常務理事兼事務局長	從文化菱形中的接收者（消費）立場，企業在推動文化贊助中扮演關鍵角色，促進社會責任（CSR）與文化藝術的結合，強化企業文化活動影響力。企業參與文化贊助可支持國家文化藝術及教育政策，為國立美術館提供資金與資源，推動文化藝術發展。	P1	2022/09/26
日本當代藝術家	從創作者（生產）立場，藝術家如何透過四大功能藝術家如何引導教學，促進社會參與與藝術教育推廣。	P2	2022/09/19
日本獨立行政法人國立美術館主任學藝員	從創作者（生產）立場看，學藝員制度養成如何將藝術知識轉化為公共知識，克服社會溝通挑戰。在國立美術館作為文化中介平臺，如何透過四大功能促進社會參與及藝術教育。	P3	2022/09/20
藝術團體-公益社團法人日本美術展示會（日展）事務局長	從創作者（生產）立場看，藝術團體的參與如何將藝術知識轉化為公共知識，如何促進社會參與及藝術教育。	P4	2022/09/22
傳播媒體-朝日新聞文化藝術部長	從文化菱形中的接受者（消費）立場，傳播媒體在文化贊助中扮演關鍵角色。結合文化藝術，傳播媒體增強影響力，支持國家文化及教育政策，促進社會參與和文化普及。	P5	2022/09/23

表 1-2 日本國立美術館文化治理與美術館藝術教育訪談對象（續）

受訪對象	說明	代號	訪談時間
文化觀眾（家庭主婦）	在文化菱形概念下的接受者（消費）立場，社會民眾作為美術館的主體，對藝術教育計畫和藝術鑑賞經驗至關重要。他們如何透過多樣化活動促進對藝術的理解，培養文化素養，增強社區凝聚力，並在藝術鑑賞中深化對文化的認同，實現自我表達與反思。	P6	2022/09/16
文化觀眾（上班族）		P7	2022/09/09
文化觀眾（家庭主婦）		P8	2022/09/11
文化觀眾（退休人士）		P9	2022/09/10
文化觀眾（小學老師）		P10	2022/09/12
文化觀眾（大學生）		P11	2022/09/15

資料來源：作者彙整。

III 文化中介者的內涵、定義與範疇

壹、文化中介者的內涵

當代藝術的不斷變化使其成為當代消費文化的完美補充，正如 Baudrillard（2003:255-259）所指出的，「我們到處都被消費的顯著性所包圍。」根據 Lury（1996）的研究，消費文化在 20 世紀下半葉出現，特別是在歐洲和北美社會，其並將它描述為一種特殊的物質文化，涉及到生產和消費週期的相互聯繫，且強調審美。自 20 世紀 90 年代初期以降，相當多的社會科學注意力都集中在當代消費經濟背景下服務階層的特徵、角色和影響上（Lash and Urry, 1994; Florida, 2002）。而在高等教育不斷擴增、以女性化和不穩定為特徵的服務行業不斷發展、產品鏈的全球化將設計、品牌和行銷的功能集中在發達的勞動力市場、以及「文化」（圖像、經驗、思想等）對經濟的重要性不斷增強的背景下，一個新興的學術研究探討了文化生產者的意義（Smith-Maguire and Matthews, 2010: 405-416）。這項工作的一個方向圍繞著「文化中介者」的概念：象徵性產品和服務的生產者。換句話說，正是因為在生

產和消費之間的空間裡,「文化中介者」通過連接這兩個過程而發揮著作用(Baker, 2012: 621-641; Moor, 2008: 408-428; Nixon and Du Gay, 2002: 495-500; Ocejo, 2012: 642-658; Smith-Maguire, 2008: 211-229)。

探討文化中介者的內涵則必須追溯回到法國社會學家Pierre Bourdieu於《秀異:品味判斷的社會批判》(*Distinction:A Social Critique of the Jugement of Taste*)一書中所提出在根據不同的經濟、文化與象徵資本界定社會位置體系中,屬於中產階級地位較低的新小資產階級(new prtite bourgeoisie)嚮往於正統文化,或是說上層文化,所以總是不設防地透露出良好的「文化意願」(bonne volonte culturelle),並將其投入正統文化的實踐與產品的次要形式中的文化中介者(劉暉譯,2015:509;陳鴻嘉,2018:36)。Bourdieu(1984: 339)認為,新的小資產階級在所有涉及展示和代表的職業(例如,銷售、行銷、廣告、公共關係、時尚等)中嶄露頭角;其亦認為,他們在消費經濟的再生產中扮演著重要角色。

消費文化作為一個整體,主要涉及風格化的過程,其中四個關鍵因素對其發展至關重要:(1) 產品流通的重要性,(2) 生產與消費體系或價值體系間的關係變化,(3) 消費與生產實踐的相對獨立性,以及 (4) 對文化產品消費的特殊關注 (Lury, 1996; Jones, 2013:11)。在這文化脈絡下,個人傾向於透過消費物品來建構自我認同 (Lury, 1996)。產品與服務不僅象徵地位與品味,更反映群體歸屬與個人生活方式,這些價值部分由文化中介者所塑造 (Jones, 2013: 11)。因此,審美化過程與文化中介者的社會角色密不可分,因為他們直接參與塑造新品味與新風格,並對消費者進行相應的「教育」(Featherstone, 2007)。正如 Featherstone (2007) 所指出,當代文化中介者並非推廣單一生活方式,而是透過創造與擴展多元風格選擇,為消費者提供更豐富的生活方式選項。他們的影響力不僅限於商品本身,更涵蓋對品味與價值觀的引導,進一步促進消費文化的演進。

文化中介者是一個需要思慮的重要個人與組織,因為他們在塑造消費者如何看待產品和文化習俗方面都發揮著關鍵的作用。為什麼文化中介者很重要?Smith-Maguire 與 Matthews(2012: 552)指出,文化中介者影響著哪些事物,以及哪些人被視為合法的、可取的和有價值的,從而也決定了哪些事物和哪些人不屬於這些範疇。文化中介者透過自身的外表、態度、整體形象、所運用的資源、對專業知識的掌握、在特定領域的社會地位,以及其所能主張的權威水準,來強化其作為潮流引導者

與品味塑造者的正當性。這種正當性進一步提升了產品的價值（Smith-Maguire and Matthews, 2012: 551-562）。在 Smith-Maguire 與 Matthews 共同編輯撰述的《文化中介者讀本》（The Cultural Intermediaries Reader）序文中，明確定義了「文化中介者」為「市場行動者」。這些中介者透過協調與調解，影響人們對產品、服務、實踐或人員的認知，並且涉及終端消費者及其他市場行動者的參與，以此構建價值。另外，文化中介者還必須藉由專家取向與市場系絡加以界定（Smith-Maguire and Matthews, 2014: 1-11）。專業化現象最初是在 20 世紀上半葉得到認可，這與職業化現象有關。在當代的社會中，專家作為文化中介者越來越具有決定性的影響，因為它創造了一個文化中介者所填補的利基市場（Schinkel and Noordegraaf, 2011: 67-96）。這種現象在當前的社會中仍在持續著，並不斷為文化中介者創造存在的空間。因此，為了減少對創意工作的簡單概念，建立一種專業化的趨勢，以便在職業中創造出一種合法性的感覺（Ocejo, 2012: 642-658; Childress, 2012: 604-620）。

　　文化中介者的研究主要聚焦於被視為「創造性」的職業，例如，廣告代理與品牌顧問。在這些職業中，創造力與原創性的意識被認為是成功不可或缺的要素（Nixon, 2003; Moor, 2008:563-580）。Nixon（2003:100）在其對倫敦廣告公司的研究中指出，創造力往往被界定為一種男性特質，並且與依賴性、情感及不安全感等特徵相關。這種對創意人才的分類十分有趣，因為許多與創意表達相關的特質，例如，情感，更常與傳統女性氣質的概念相聯繫。傳統上，男性勞動的概念多與體力勞動相關，而 Nixon（2003:157）觀察到，一些男性創意工作者試圖為自己的創意勞動辯護，強調其工作的困難與苛刻，以使男性的概念與非體力勞動相匹配。儘管培訓與認證在這些領域具有一定價值，但「創造性」文化中介者的職業環境仍然更偏重於直覺、原創性與內在創造力（Childress, 2012:604-620; Nixon, 2003; Moor, 2008:408-428）。

　　文化中介者職業的發展與專業化過程，揭示了職業內容如何被編纂與常規化（Smith-Maguire & Matthews, 2010: 405-416）。以品牌為例，品牌價值與特定顏色或素材的關聯原則已被形式化，這一過程被稱為「產品語義學」（product semantics），其起源可追溯至 1980 年代（Moor, 2008:19; Smith-Maguire & Matthews, 2010: 405-416）。Moeran（1996: 60）也提出了類似的「慣例制度」（system of conventions）概念。例如，在日本廣告公司中，廣告創意人通過這一制度來理解並協調與其他廣告子群體（例如，客戶經理）的關係（Smith-Maguire &

Matthews, 2010: 405-416）。此外，Smith-Maguire（2008: 211-229）對私人教練的研究則強調了職業慣例，例如，職業態度如何通過專業從業者出版物獲得認可。這些觀點的重要性在於，它們通過經驗性洞察反駁了關於後福特主義經濟中新型工作形式的說法。具體而言，這些研究挑戰了關於文化中介者工作受根深蒂固的規範性慣例和職業「公式化」（formulae）影響的看法（Negus, 2002: 510），以及「慣習」（habitus）如何參與這一過程（McFall, 2004: 73）。這表明，雖然文化中介者的工作受這些慣例影響，但它們並非絕對決定性的，而是通過特定機制被建構出來。

根據 Moor 對 8 位倫敦廣告、品牌與傳播專業人士的訪談，品牌顧問在將抽象價值轉化為具體物質形式的過程中，採取了多種方法，包括：設計審核、研究企業自身及消費者對品牌的認知，以及創建符合品牌價值的設計解決方案，例如，顏色、素材、排版和音樂的選擇。這些方法與策略體現了品牌顧問的雙重目標 —— 一方面透過品牌價值提升產品吸引力，另一方面塑造消費者對這些價值的品味。與其他促銷代理人（例如，廣告代理）不同，品牌顧問將企業的整個物質存在視為媒體，從文具上使用的字體到貿易展示會上的服裝選擇，皆納入品牌形象的一部分。因此，這些物質元素的運用不僅擴大了品牌顧問的職業影響範圍（Moor, 2008:415），更進一步促使媒體概念在品牌宣傳的語境中被重新界定。

相較於不同文化中介者的職業範疇與對象，其增值手段亦有所不同。例如，Entwistle（2006: 704）研究了時尚買家的案例，透過對倫敦一家高端零售商的訪談與參與式觀察，探討這些專業人士如何積極地定義、塑造、改造與重新評價產品。從最直接的層面來看，時尚買家通過篩選進入市場的產品來提升其價值。他們的選擇基於對產品形狀、顏色與質感的判斷，以及對產品適銷性的理解，這種理解涉及品味概念、特定零售環境中的趨勢與時尚度（Entwistle, 2006: 713）。有趣的是，Skov（2002: 553-569）的研究指出，香港時裝設計師能否進入市場，在很大程度上取決於買家對「適銷對路」的認知。此外，買家還通過「商店陳列的教育作用」（Entwistle, 2006: 715）來提升產品價值。他們透過商品的組織與展示策略，引導消費者以特定方式理解產品，例如，將某件商品陳列於商店內相對於其他高端產品的位置，以強調其價值（Smith-Maguire & Matthews, 2010: 405-416）。

Moor（2008: 419）以品牌顧問的研究指出，識別與實施適當的增值手段，必須依賴特定的處理方式與主觀知識。值得注意的是，品牌顧問對於審美內容與一致

性的敏銳度，能夠將抽象的品牌概念與價值透過特定素材加以表達，並且傾向於將品牌視為一種整體性、沉浸式的體驗（Moor, 2008: 416）。然而，Smith-Maguire 與 Matthews（2010: 405-416）指出，這並不意味著品牌顧問或其他文化中介者獨占這種能力。事實上，消費社會學的研究顯示，個人廣泛地追求審美的一致性（McCracken, 1988）與消費的體驗性（Campbell, 1987），正是這種現象的基礎。因此，文化中介者的特殊之處在於，他們能夠對這種趨勢進行策略性的提煉與運用，不僅用於推廣產品，也用於強化自身的影響力，進而參與價值的形成。

再者，品牌顧問將自身專業定位於菁英階層對「創造力的崇拜」（Moor, 2008: 422），並強調其專業知識與文化資本來自教育背景、專業經驗及個人履歷的累積。同樣地，Mellor（2008: 465-483）對阿拉伯記者的研究顯示，精通多種語言與海外旅行經驗可作為資本，支撐其對專業信譽的主張；而 Wright（2005: 105-121）對圖書銷售的研究則揭示，書店員工如何依靠制度性與內化的文化資本來區別自己與其他零售從業人員，從而獲得相對較高的文化權威。這些例子揭示了文化中介者所展現的例外主義傾向——透過強調自身獨特性，他們刻意區隔自己與其他從事類似任務的文化生產者或服務工作者。值得注意的是，正是這種例外主義，使文化中介者在兩種相互關聯的層面上發生了身份轉變。

Crewe（2003: 183-193）解釋英國「少年雜誌」（lads' mags）的編輯如何在技術上依賴本能，而其身份、資源與個人抱負，在確立雜誌標題時可能發揮異常重要的作用。他認為，在這個意義上，編輯工作涉及工作與非工作之間不可分割的聯繫，並且個人興趣與專業知識之間存在重疊。因此，文化中介者作為消費者的個人經驗，對於他們解讀市場與構建理想消費者意識的能力至關重要（Gough-Yates, 2003; Nixon, 2003; Soar, 2000: 415-437）。換言之，基於個人主觀知識（資本）的市場解讀能力，構成了他們專業知識的核心來源。這一案例清楚表明，文化中介者的角色不能被簡化為教科書中的標準策略或消費者研究的直接結果。他們對自身專業的獨特投入，實際上是不可或缺的，這進一步說明了生產與消費在實踐中具有內在的不可分割性。除了其具體成果之外，Moor（2008: 409）還指出，品牌顧問在更廣泛的層面上「為治理和社會組織形式服務」。也就是說，在生產與消費過程中，他們通過建立產品屬性與消費者感知欲望之間的「可靠」連結，來塑造市場運作機制。這一論斷建立在對行銷作為一種治理技術（governmental technology）的理解上，與當代權力

關係相呼應（Foucault, 1991: 87-104）。其核心目標，是通過將消費者的欲望與焦慮與產品屬性聯繫起來，進而「動員」消費者，鼓勵他們在市場上以最適當、最適切的方式進行消費。在此過程中，消費者的「自由」既被賦予意義，也成為市場治理的工具，使供需之間的流動得以理想化地達成（Miller & Nikolas, 1997: 1-36; Zwick, Samuel K., & Aron, 2008: 163-196）。

在討論文化中介者時，「品味」是一個關鍵概念。根據 Bourdieu (1984) 的觀點，品味是文化資本與社會地位的表達方式，個人通過品味進行交流，並體現其所擁有的文化資本。他認為，品味透過日常選擇（例如，食物）揭示階級差異：較低階層的人偏好簡單且豐富的食物，而較高階層則傾向原始或異國風味的食物。此外，他指出，消費主要基於審美品味，而非經濟資本，因此品味實際上是一種生活方式的展現 (Holt, 1998: 1-25)。品味的價值並非獨立存在，而是相對於其他社會生產的品味對象來定義的。物件之間的差異使其相對價值獲得正當性 (Schinkel and Noordegraaf, 2011: 67-96)。在當代社會，Holt (1998: 1-25) 擴展了 Bourdieu 的品味概念，主張應透過消費方式，而非消費內容，更全面地理解品味。文化菁英試圖透過獨特的消費方式區隔自己，而這些方式往往超越文化資本較少者的能力範圍。因此，品味不僅關乎個人選擇的物品，也涉及他們如何消費，並藉此突顯獨特性。時尚便是品味的具體展現之一，它不僅是一種生活方式的體現，也受到文化中介者（如時尚編輯、品牌顧問）所塑造。他們通過策畫與詮釋，使特定風格、品牌或審美偏好成為品味的象徵，進一步影響社會對「品味」的認識與價值評估。

Rantisi 與 Leslie（2015: 404-417）的研究指出，教育本質上具有中介性質，既促進創意經濟的運作，也推動其發展。例如，藝術教育體系不僅是知識流通的關鍵環節，也承擔著文化價值傳遞的重要角色，特別是在發達社會中，其結構往往更為複雜且高度專業化。以加拿大蒙特婁的國家馬戲團學校（École Nationale de Cirque）為例，該校自 1981 年成立以來，已發展為公立高等學校，並成為全球馬戲藝術教育的重鎮。1984 年，該校孕育了享譽國際的太陽馬戲團（Cirque du Soleil），該馬戲團現擁有來自 40 多個國家的 4,000 多名表演者，年收入超過 8.1 億美元，毛利率高達 20%。太陽馬戲團的成功不僅體現加拿大街頭藝術與商業模式的融合，也凸顯藝術教育在創意產業中的關鍵作用。另一方面，位於波蘭華沙近郊的朱利內克國家馬戲團藝術學校（Państwowa Szkoła Sztuki Cyrkowej）則承襲當地馬戲藝術的歷史傳統，

並在過去 60 年間持續培育專業人才。該校除了促進當地馬戲產業的發展，亦為華沙的城市文化與創意經濟帶來顯著影響（Krzysztof, 2019: 225-247）。

基於上述論點，文化中介者透過不同形式與程度的審美感知勞動或文化資本來塑造價值。在傳播與文化創意產業中，Bourdieu 的文化中介者理論揭示了他們在文化場域中的角色定位，並將其定義為文化品味的塑造者。正如 Nixon 與 Du Gay (2002: 497) 所言，文化中介者憑藉其在文化機構中的地位擁有一定的文化權威，能夠影響品味的形成，並推動新的消費主義趨勢。此外，文化中介者亦是文化的傳播者。從物質層面來看，他們參與物品與金錢的交易；在人際層面，則透過不同角色促進文化交流。例如，商人居中協調買賣雙方，殖民者則介於自身與異文化之間，教士則充當神與人之間的橋樑。技術生產與思想表達的過程，同樣體現了文化中介者在文化傳播中的作用，他們不僅參與生產與交易，更透過互動建構雙方的認同與價值觀。實際上，文化本身即融合了生產、交易與交流，而這種融合依賴於親密的互動與信任機制。文化的發展過程如同戀人關係，經歷衝突與磨合，最終達至理解與共識。

貳、文化中介者與文化中介組織的定義

承前述，文化中介者在創意經濟中扮演著特殊且關鍵的角色，特別是在創意產品的傳播方面發揮決定性影響 (Krzysztof, 2019: 225-247)。Negus (2002: 502-504) 指出，當新產品或新服務被創造時，文化中介者持續介入，解釋其利用價值（即，為何需要該文化產品及其可能用途）與交換價值（即其市場價值）。因此，Negus (2002: 501-515) 強調，所有參與文化產業的工作者皆可視為文化中介者。這一概念將文化中介者定義為連結創造者與生產者、接受者與消費者之間的橋樑，體現其在文化價值流通中的核心地位。

文化中介者（Cultural Intermediary）從英文字根「inter」（在中間、中間的）、「media」（媒介）（俞敏洪，2009：258），[1] 可以將其定義為，處於不同利害關係人（主體）之間，促進主體相互理解、協調、聯繫的角色（田思妤，2020：

---

[1] 根據李世暉、古佳惠（2009：77-78）依據中華民國教育部編纂之國語辭典，媒體一詞是英語 medium（複數形式為 media）的義譯，指傳播資料訊息的工具，包括：電視、廣播、電影、報刊、電腦網路等的總稱。其中，medium 一詞源自於拉丁文「medius」一字，原為中介的、中間的意思。因此，就字面上的意義而言，媒體乃是指當訊息從來源運行到接受者時所經過的中介體，亦常以「媒介」一詞指稱。

38)。Krzysztof（2019: 225-247）指出，文化中介者不僅撮合買賣雙方、促使產品流通，也還參與產品最終價值的開發；這尤其涉及到產品的文化價值，它是符號學（包括：象徵性）、美學、藝術和歷史價值，以及真實性的總和（Throsby, 2011）。Danilevich（2009）則是對於文化中介者的界定，即：文化中介者是以文化為產品的中介者，是在文化生產者與文化消費者之間扮演「橋樑」的角色。李令儀（2014：97-147）認為，不論是天縱英明的藝術家，或是經常透過腦力激盪得到好點子的創意團隊，所有創作者在生產過程中，都需要藝術經紀人（art dealers）、出版商這類的夥伴或組織為後盾，才能共同完成作品，或將作品推介給社會民眾（Caves, 2000: 1）。這些隱身於創作者背後，協助將其創作（creation）傳遞給社會民眾則是文化中介者（cultural intermediaries）（李令儀，2014：97-147）。林富美（2006：202-213）則是根據文化產製發展脈絡指出，文化中介者的角色與特點分別包括：守門人、科技／媒體中介、社會關係中介，茲說明如下：

（一）守門人，係指中介文化創作者或作品的守門過程，例如，作家、音樂家、劇作家及導演等，必須靠文化中介者給出版商、唱片公司、製片商，或廣播電臺 DJ、媒體記者等，中介行動在扮演「守門人」的特色。

（二）科技／媒體中介，通常指中介傳播內容的媒體載具，例如，傳佈流行音樂、文字及影像的媒體科技，包括：錄音的媒材、載具、數位科技、樂器等。

（三）社會關係中介，係指文化產品化過程，交互於製作端與接受端所有社群關係的中介，包括：產製團隊、再製及行銷、廣告等關係的建構與協調，涉及不同組織階層的權力互動。因此，文化中介者是價值鏈上的一個環節，它為創造者和接受者之間進行調解，並在創造性產品的分配中發揮作用，而他們的活動往往延伸到生產甚至是消費的領域。

Krzysztof（2019: 227）認為，文化中介者可以歸納為三種主要定義，即：

（一）在文化之間扮演媒介角色的個人或團體

文化中介者充當不同文化群體（例如，民族文化、族群等）之間的聯繫紐帶或媒介，促進文化價值與內容的轉移與再詮釋。他們能夠理解，並調解不同文化背景，在某種程度上將一種文化的內容轉譯為另一種文化的語境。例如，Ruderman 與 Veltri (2004) 分析猶太知識分子在義大利文藝復興中的角色，展現文化中介者如何影響跨文化交流。同樣地，移民若在非本土文化中生活足夠長的時間，能夠熟練掌握當地語言

與文化符碼，便可能在異地重塑其原生文化，使其與新環境產生融合，進而形成新的文化表達。

（二）一項在社會中傳遞文化價值的職業

文化參與及社會階層密切交織，顯示社會與文化分層是並存的，且社會差異往往與文化選擇相契合。上層文化的主要消費者為社會菁英，而大眾文化則受大規模生產的影響，成為較低社會階層的主要文化形式。正因如此，特定的社會階層反映於文化消費的價值體系與實踐方式，社會地位的高低往往與文化產品的層級相對應。在此脈絡下，「教育資本」與「文化資本」之間展現出高度的依存關係，進一步鞏固文化與社會階層的再生產。

（三）從事創意產品和文化價值在創作者和接受者之間轉移的個人或團體

即從事文化價值轉移的主體，特別是在創作者和接受者之間，但也在創作者本身或接受者本身的各自內部領域內。

現有文獻在討論文化中介組織時，主要聚焦於其角色功能與組織地位。然而，無論是在學理上還是法律層面，目前尚無明確的「文化中介組織」規範性定義。本書作者認為，若以角色功能與組織地位作為文化中介組織的界定基礎，其內涵可從兩個層面理解：一方面，它與「文化中介者」的概念相呼應，強調個體在文化傳播與價值建構中的關鍵作用；另一方面，它亦可視為「中介組織」，指涉具有制度性與組織化特徵的文化機構或平臺。儘管這兩者在操作層面有所區分，但其核心目標最終趨於一致，以下分別論述：

「文化中介組織」（Cultural Intermediary Organizations）最初的概念是「文化中介者」（Culture Intermediary），指的是文化節目的製作人、特派採訪作家等文化評論家，爾後則是指向介於創作者與消費者之間的特定群體，用於連接文創產品的創作階段與再製階段，或連接創作階段與流通階段的群體，例如，音樂產業的產品開發人員、出版產業的策畫人員、電影產業的製作人等（廖珮君譯，2009：62-63）。換言之，其擔負文化創意產品商業模式的建構、行銷、推廣、媒合創作機會等工作。

由於文化中介組織所承擔的職能範疇較文化中介者更為廣泛，黃意茹（2020：30-31）指出，當文化中介者的角色由「組織」形態承擔時，即可稱之為文化中介組織。基於其組織性質，文化中介組織的職能不僅限於文創產品的行銷、推廣與工作機會媒合，還包括協助政府執行文化政策、落實公共任務（例如，補助發放、融投資執行、海外行

銷、人才培育等）、推動政策倡議、整合資源，以及串聯產業鏈中的各類利害關係人。相較於文化中介者在文創產品產製階段發揮的線性作用，文化中介組織的影響範圍更具整體性，其任務層面延展至社會各個群體，並對整體文化生態產生深遠影響。

根據 Metcalfe（2005）對於「中介組織」的定義，其認為中介組織係介於政府、工商業界、高等學術界之間，是一外部獨立組織，大多數為非營利性質，其運營目的在於吸納多元的智慧與外部意見，以整合政府、工商業界及高等學術界的人力、資源與服務，又所指的中介組織並不僅侷限於文化領域。在美國公共研究和領導力中心（The Center for Public Research and Leadership，簡稱 CPRL）2017 年《中介組織和教育創新：了解和評估中介組織及其在 12 歲兒童教育創新中的作用框架和工具》（*Intermediary Organizations and Education Innovation: Frameworks and Tools for Understanding and Evaluating Intermediary Organizations and Their Role in K-12 Education Innovation*）報告（CPRL, 2017: 6-7）指出，中介組織的定義為：中介組織作為是獨立運作的實體，在多個行動者之間工作，以促進溝通和合作，建立能力和知識。隨著時間的推移，在行動者、中介組織的活動和其實現的結果中帶來變化，致力於將合作夥伴彼此聯繫，形成一個去中心化的網絡。Meredith（2004: 65-87）則依據組織生態學理論中的概念分析當代教育政策認為，中介組織是中間人或調解人，是介於政府及民間市場的中間管理層，其並提出中介組織的定義，包括：（一）中介組織是在政策制定者和政策實施者之間，由政府提供資金獨立運作，進行政策落實的調解，並隨時因應兩方的實際變化來定義其基本職能；（二）中介組織與政策制定者要有頻繁互動的機會，針對政策提出相關理論論述建置資料庫分析，並向政府提出政策建議；（三）政府可以委託中介組織進行協作式政策計畫並執行，例如，政府提供兒童教育政策補助等；（四）中介組織具有成員、溝通管道、社會系統及通過知識管理的創新活動特色，並與多個合作夥伴建立長遠的發展；（五）中介組織可以提供多種功能，包括：參與、召集和支援關鍵地區、促進質量標準和問責制、中介和利用資源，促進有效的政策發展、進一步發揮「變革推動者」的作用，在個人、關係和組織層面建立能力。

歸納上述，「文化中介組織」指的是獨立於政府之外，不直接參與文化生產與消費，但在產業鏈或整體產業層面，擔任橋接利害關係人、整合意見、對接需求的中介角色。因此，凡是在政府與創作者、創作者與企業、創作者與消費者之間，負責執行公共任務、資源橋接、政策倡議、環境優化、資訊傳遞等工作的組織，皆可視為文化

中介組織（黃意茹，2020：30-31）。換言之，文化中介組織的核心功能在於連結政府、創作者與市場，以促進資源流通與意見整合。在與創作者的互動上，其角色包括：融投資、獎補助、教育訓練、技術支援、企業媒合等；在市場端，則涵蓋藝文推廣、活動策畫、文化環境優化等；而與政府的關係則涉及政策倡議、產業調查、公共任務執行及政府機構間的橋接。此外，劉育良與劉俊裕（2017）從市場經濟角度出發，將文化中介組織定義為藝文生產者與消費者之間的服務者，包括：博物館、美術館、展示館、拍賣公司、畫廊，以及基金會、學會、協會等機構。透過市場運作，文化中介組織調和消費者對文化服務或產品的認知，並促使其更深入參與文化生產過程，從而形塑市場能接受的文化藝術價值。

參、作為共同體的文化中介平臺

希臘文「共同體」（κοινότητα）一詞之字根為「共同」（κοινός），相對於私有（ιδιωτικός），意旨屬於兩個人或兩個單位以上之共有狀態（Buck, 1989: 1364-1365）。從最抽象的哲學層次而言，共同體理論所環繞的是「一與多」（one and many）、「普遍與分殊」（universal and particular）等課題，亦即任何共同體都是由具有不同特性的單位所組成，要成為一個共同體，不只要有關聯，還必須「有所共」（蕭高彥，1996：257-295）。再者，John（2006）、鄧偉志（2009）、方浩範（2011）指出，作為一個整體又不能完全喪失每一個體各自獨立性的有序群體。一方面，這一有序群體是由個體構成的，另一方面，構成這一有序群體的諸個體在群體中又不純粹是獨立的個體，而是構成整體的要素，兩方面缺一不可。因此，共同理想和相同的文化性狀是諸具獨立性的個體構成一有序整體的精神紐帶和文化基礎。換言之，整個群體中的諸個體越是具有獨立性，諸個體的獨立性越是與整個群體不可分，這一群體的有序程度或組織程度就越高。分化程度與聯繫程度的對立統一，是一個共同體有序程度與組織程度的指標。在這個意義上，任何一個社會的有序群體，都是一個共同體。

所謂平臺，王璐（2015）表示，就是為合作參與者與消費者提供一個合作和交易的軟硬體相結合的場所或環境；雖然平臺本身不生產產品，但可以促成雙方或多方供給需求之間的交易。另外，Parker 和 Van-Alstyne 與 Choudary（2016）針對平臺的定義指出，「平臺」一詞，指的是將雙邊或多邊網絡中的使用者連結起來的一種「產品與服務」。所以，平臺意義的核心概念是連結、架橋或媒介，以及平臺提供基礎設施與規則。Cusumano 和 David 與 Yoffie（陳琇玲譯，2020：34-35）則認為，在

文化生態系統，平臺則是將組織結合一起，讓組織得以創新或進行互動，而平臺在效用和價值等方面具有非線性成長的潛力。換言之，讓兩個以上組織得以作為「連結、橋接、媒合」的互動性平臺，可以讓「資源」有效共用，此即為「共用經濟」（工商時報編輯室，2022）。Kohtamäki 與 Rajala（2016: 4-13）、Ramaswamy 與 Gouillart（2010: 100-109）共同認為，在平臺的協助下，有效解決「問題」，提升經濟價值、社會價值與個人心理滿足等；而平臺參與者也能提昇認知價值的現象，也就是「價值共創」。提升個別與整體認知價值的價值共創，其核心概念則是透過互動而提升利害關係人的「認知價值」；而認知價值具有三種特性，即：（一）實用價值：指價值是一種使用價值（value-in-use），不同於交換的價值（value-by-exchange）；（二）個人的價值：價值乃具有交互主觀（subjective）的特性，故其使用價值會因人而異；（三）整體的價值：指價值包括實體產品與服務的價值，例如，經濟價值，加上無形的情緒與感覺的價值，例如，社會價值與心理價值等。此外，「價值共創」的核心概念則是創造，並提升利害關係人的問題、資源，透過資訊、資源的互動、移動與交流，進而解決問題，增加個人或組織的認知價值，且整個價值網的認知價值也將順勢提升。再者，於共創歷程（process）中，經常透過資源共用以解決問題，進而共創價值。換句話說，平臺就是市場，扮演「媒介」的角色，透過資源的共用，藉以創造更多的價值產能，「共創」則是提升個別的與整體的認知價值，最後的互動讓價值得以共創。

綜合來說，本書所稱之文化中介平臺，不同於封閉的單一概念，是一種「異質共存」的共同體關係形態，在具有獨立性的組織構成一個有序整體的精神紐帶和文化基礎上，共同追求社會價值觀與理想的卓越。文化中介平臺在特定的文化場域中同樣因擁有美學品味與價值判斷而被認定為具專業度，他們建構文化產品的消費方式，使得這些文化財貨有了不同的聲響。文化中介平臺更必須以消費者的眼光，使文化產品具有價值，並與正統的（legitimisable）文化共謀，賦予文化產品合法化的品味；給予文化產品符號意義，塑造特定文化產品正統性，進而提升其附加價值（Smith-Maguire and Matthews, 2010: 405-416; Smith-Maguire and Matthews, 2012: 551-562）。

肆、文化中介者的類型

一、單一組織的型態

為促進文化創意產業的發展，建構具有豐富文化及創意內涵的社會環境，運用科

技與創新研發，健全文化創意產業人才培育，並積極開發國內外市場，於 2019 年 1 月 7 日制定修正的《文化創意產業發展法》，其中第三條定義出文化創意產業範圍包括 15 項子產業，以及 1 項其他由政府專案認可的產業，除了涵蓋相當多元的專業領域外，各項子產業的經濟規模、產業結構與產業網絡也極具差異性（全國法規資料庫，2019a）。在文化創意產業情境下，文化中介組織的型態、規模與核心任務也相當多元。根據陳明輝（2020：46-48）的研究分析指出，這些型態大致分為以下四種：

（一）政策支援文化中介型

政策支援文化中介的發展通常與政府緊密相關，包括：通過立法成立的行政法人與財團法人，以及為推動政府政策需求，由官方與產業界共同出資設立的財團法人機構。這些文化中介組織的主要任務是協助政府執行或推動國家政策目標，並在文化藝術領域發揮重要作用。例如，根據《文化藝術獎助條例》成立的財團法人國家文化藝術基金會（NCAF），其組織任務為「營造有利於文化藝術工作的展演環境、獎勵文化藝術事業、提升藝文水準」，透過文化藝術補助政策，進行政府藝文資源分配的工作。同樣地，國家表演藝術中心（NPAC）專責於促進與維護表演藝術的發展，旗下包括：臺北國家戲劇院和音樂廳、國家臺中歌劇院和國家高雄衛武營藝術中心。此外，國家電影及視聽文化中心（TFI）近年來扮演著關鍵角色，致力於帶領臺灣電影參與國際影展、影片修復與保存（國家電影及視聽文化中心，2023a）。為推動設計產業發展，政府還設立多個文化中介組織，例如，官方與民間企業共同出資成立的臺灣創意設計中心，以及因應行政法人升格而成立的文化內容策進院（2019）和臺灣設計研究院（2020）。這些機構多由政府編列預算或政策計畫支持，主要任務為落實政策意志，推進藝文產業發展，並在政府與民間或市場之間充當溝通橋梁（全國法規資料庫，2019b；文化內容策進院，2023；臺灣設計研究院，2023）。這些文化中介組織通常與政府部門保持密切關係，獲得大量資源挹注，並享有政策特別許可的核心資源。其設立多因應政府推動文化藝術政策的需求，關注社會整體發展所需的設計與制度創新，並針對目標與環境進行組織變革與任務調整。

（二）公共事務文化中介型

公共事務型文化中介通常由民間發起，其主要任務為監督政府藝文政策的方向與落實，並作為政府文化部門與民間藝文組織間的溝通橋樑。換言之，民間的社團法人在政府文化機構與民間企業之間，扮演著重要的中介角色。這類組織集合了一群專業

人士，針對特定議題與領域提出監督與建言，其性質與民間財團法人類似，皆屬於第三部門（翁立美，2020：40）。例如，社團法人臺灣視覺藝術協會致力於整合視覺藝術環境的現有資源，監督政府文化藝術政策，支持並規劃視覺藝術與創新相關計畫，同時為個人、團體與機構提供專業諮詢和協助，並組織各種專業貢獻（非池中藝術網，2023）。此外，中華民國表演藝術協會則長期提供國內表演藝術工作者相關資訊，並積極扮演公共事務的溝通角色，促進民間表演藝術團體與政府單位之間的有機對話，進而推動臺灣表演藝術環境的健全發展（表演藝術聯盟，2023）。公共事務型文化中介的社會網絡具有高度強度，其核心資源與能力主要集中於協調與溝通的技術，以及人際網絡的維繫。這些組織的創新驅動力會隨文化藝術環境的變化而展現，通常以細緻的協調與溝通模式應對挑戰。

（三）市場文化中介型

市場文化中介型的主要任務是促成市場交易，並輔助與確保交易雙方在交易過程之前與之後均能獲取應揭露的交易資訊，使交易得以持續且重複進行。例如，流行音樂產業中的經紀公司、版權公司與音樂發行公司，以及視覺藝術產業中的藝術經紀人、創意經紀人、畫廊與策展人等。由於臺灣此類產業相對成熟，市場文化中介型的運作依循市場規則，促成交易模式相對穩定。面對市場環境與消費世代習慣的改變，這些中介組織也會透過新的行銷通路與模式來促成交易。例如，藝術經紀人除了在畫廊舉辦展示銷售藝術作品外，也與飯店業合作，在飯店房間內舉辦短期藝術銷售展示會，形成別具特色的銷售模式。典型案例包括每年由中華民國畫廊協會舉辦的「ART TAIPEI 臺北國際藝術博覽會」、「ART TAICHUNG 臺中藝術博覽會」及「ART TAINAN 臺南藝術博覽會」（社團法人中華民國畫廊協會，2023），以及由大苑藝術畫廊主辦的「ART KAOHSIUNG 高雄藝術博覽會」（大苑藝術，2023）等。即便在全球受到新型冠狀病毒（COVID-19）疫情影響，大型藝術博覽會一度停擺的情況下，市場文化中介型仍能透過線上藝術展示與拍賣會等方式創造別具心裁的視覺體驗，不僅吸引主要客群，還擴展至次要消費族群，促進藝術消費的擴大與延續。

（四）民間創新文化中介型

民間創新文化中介型具有多元化的型態，常以個人、團隊、非營利組織或公司形式存在。其特徵在於核心成員或領導人通常來自於原有產業的資深從業者，或是隨著新興產業發展而積累長期經驗的經理人。這類中介組織的共同特徵是，對現有產業現況提出

不同的看法,並針對某些特定社會價值目標,透過創新的中介商業模式,嘗試解決社會議題並實現所關注的社會價值。例如,臺灣工藝美術學校便是典型案例之一。其創辦人顏水龍致力推廣工藝精神,將美與生活相結合,推動工藝品的創作與生產,成功將文化與經濟結合,並致力於人才培育,提升臺灣農村手工藝工作者的技術與美感,以實現提升常民美學與穩定農村經濟的理想(臺灣工藝美術學校,2023)。以社會議題為導向的民間創新文化中介型,其對產業範疇的定義較為寬廣,經常跨越原有產業的界線,進入其他產業領域。為達成特定社會價值目標,這類中介組織往往需要打破既有產業的運作模式與網絡關係,創造新的網絡連結與資源整合方式。在此過程中,這些組織透過累積社會資本與多元的社會網絡,發展出跨領域的專業溝通、協商與轉化能力,使其核心價值建立在促進領域間連結與合作的基礎上。

在 Wei(2019)於 2019 年 8 月 21 日發表在臺灣研究計畫在線雜誌中探討臺灣多元文化中介組織的獨特性。而從文化藝術政策研究的角度來看,其則是提到英格蘭藝術委員會可以被視為一種文化中介組織。在英國,英格蘭藝術委員會是一個由數位、文化、媒體和體育部贊助的非部門公共執行機構(NDPB),並按照公平原則運作。由於 NDPB 在獨立交易原則下運作,他們獨立決定撥款分配,不受外部政治干預。他們也對預算和就業決策擁有自由裁量權,從而實現相對的創造力和不受官僚主義限制的自由。這種靈活性的力量在文化外交和文化關係的文化中介作用組織中尤為明顯(翁立美,2020)。

雖然文化外交通常指由政府精心策畫或贊助的活動,但文化關係的範疇則更為廣泛,既可涵蓋精心策畫的活動,也可包含自發的行動。例如,機構間的教育交流、藝術家駐留計畫等便是其中典型的形式。此外,新加坡亞歐基金會的討論也強調,文化交流可以採用精心策畫或自發性的形式進行,展現其多樣性與靈活性。在臺灣的情境中,雖然並未設立專門負責國際文化交流的獨立行政法人(NDPB),但臺灣的官方文化外交架構依然具有清晰的運作模式。文化部以臺北為基地,向 13 個海外文化中心派遣文化專員,這些文化中心經常舉辦多樣化的文化活動,成為促進臺灣與其他國家文化交流的重要管道。此外,私人文化中介組織在臺灣的文化外交中亦扮演了關鍵角色。這些組織能與文化部密切合作,尤其是在政府無法正式參與國際網絡的情況下。例如,文化部曾委託中國博物館協會作為文化中介組織,代表臺灣繼續參與國際博物館協會(ICOM)的相關活動。透過這種模式,臺灣的博物館與美術館得以持續

推動展示研究，並促進國際文化交流，增強臺灣在國際文化舞臺上的能見度與影響力（Wei，2019）。

二、共同體平臺的型態

前述提及平臺就是為合作參與者及消費者提供一個合作和交易的軟硬體相結合的場所或環境；雖然平臺本身不生產產品，但可以促成雙方或多方供給需求之間的交易（王健全、林宜蓁，2019：5）。因此，除本書所探討的國立美術館文化中介平臺則是六個文化中介組織整合一起，以實現共同目的或分享共同資源。檢閱日本具有共同體平臺的型態，包括：獨立行政法人國立文化財機構及獨立行政法人日本藝術文化振興會。

（一）獨立行政法人國立文化財機構

獨立行政法人國立文化財機構（簡稱國立文化財機構）於 2007（平成 19）年由獨立行政法人國立博物館及獨立行政法人文化財研究所合併而成，採一法人多館所運營的法人平臺，由日本文部科學省所管轄；國立文化財機構下轄東京國立博物館、京都國立博物館、奈良國立博物館、九州國立博物館，以及東京文化財研究所、奈良文化財研究所、亞洲太平洋無形文化資產研究中心。作為博物館與文化遺產研究核心基地的國立文化財機構與轄下文化中介組織，共同落實法人的目的和使命。

由於日本擁有讓世界各國著迷的有形和無形文化遺產，以及許多引以為豪的文化及傳統，進一步讓日本人充分認識到它的價值，繼承和發揚，並在國內外深入傳播，也讓世界各地許多人參與植根於當地社區的傳統活動。東京國立博物館、京都國立博物館、奈良國立博物館及九州國立博物館，通過收集、典藏與展示有形文化遺產，致力於將國家珍貴的文化遺產世代相傳。此外，這些博物館在文化遺產的研究、技術發展與學術教育方面亦居核心地位。透過深入探索與學習，它們不僅保存了文化遺產的歷史價值，更推動相關領域的知識創新與技術傳播，為文化保存與未來發展奠定堅實基礎。位於東京的文化財研究所專注於文化資產保護的基礎與探索性研究，並積極參與國際合作項目；奈良文化財研究所則持續支持國家與地方政府，進行文化資產相關研究，包括對平城宮遺址、藤原宮遺址及飛鳥地區寺廟遺址的深入調查。此外，亞洲太平洋無形文化遺產研究中心則聚焦推動亞太地區非物質文化遺產的保護與研究（独立行政法人国立文化財機構，2022）。

（二）獨立行政法人日本藝術文化振興會

獨立行政法人日本藝術文化振興會的前身為特殊法人國立劇場，於 1966 年（昭和

41年）依據《國立劇場法》設立，是文部科學省管轄的獨立行政法人之一。該機構的宗旨在於振興日本傳統表演藝術與當代表演藝術，包括其傳承、演員培訓與研究工作，以保護、推廣和傳播這些文化資產，並支援全國各地的文化與藝術活動，為提升藝術及其他文化活動作出貢獻。該振興會下轄八個館所，包括：國立劇場、國立能樂堂、國立劇場おきなわ（沖繩國立劇場）、傳統藝能情報館、國立演藝場、國立文樂劇場、新國立劇場、舞臺美術中心；其主要業務範疇為：1. 支援文化與藝術活動；2. 振興與推廣傳統表演藝術及當代表演藝術；3. 培訓傳統藝術傳承者，以及對當代表演藝術的表演者和相關人員進行研修；4. 進行傳統與當代表演藝術及相關資料的研究、收集與活用；5. 提供劇場設施的租用服務；6. 負責日本世博會的運營與管理（独立行政法人日本芸術文化振興会，2022）。

綜合上述，不論是單一組織或是共同體平臺，在文化市場體系推動文化產業發展中都發揮著獨特作用。從某種意義上說，文化中介組織與文化中介平臺皆是獨立的市場活動主體，以及聯結文化藝術創作、生產、流通、消費等等的中間環節，在公平競爭中提高服務質量，促進文化產業和市場的繁榮。然而，隨著聯合國於2015年簽署並於2016年生效的《永續發展目標》（Sustainable Development Goals，SDGs），這一全球性倡議涵蓋了17項目標，不僅在建構全球永續新秩序的同時，也促使全球企業在推動企業社會責任（CSR）時，將永續發展納入其核心方針。CSR所引領的「共創價值」浪潮，與永續發展目標相互交織並共同推動，促使企業與社會在價值創造的過程中，實現長遠的、可持續的發展（潘文忠，2022）。尤其近年來全球經濟局勢發生多重轉變，包括：消費者意識抬頭、新科技推陳出新、全球經貿的產業價值體系轉移，以及人類對地球永續發展等四大現象，在在都促使企業從過往的線性競爭，走向更多元複雜的型態。21世紀的共創價值是贏的關鍵點。因此，與單一組織不同的共同體平臺則是以「共創價值」的策略思維，滿足新的文化產業競爭型態、迎合不一樣的消費者喜好，以及追求文化藝術永續發展為旨歸。文化中介平臺的「利害關係人」透過彼此的互動以形成共同的目標（shared goal），在達成共同目標的歷程發展中，不僅能夠提升個人化的認知價值，同時對於整個群體的認知價值也能夠有效提升與擴大（Bosse and Coughlan, 2016: 1197-1222; Bridoux and Stoelhorst, 2016: 229-251; Kohtamäki and Rajala, 2016: 4-13; Marcos-Cuevas, Nätti, Palo, and Baumann, 2016: 97-107）。

III 交織的視野：文化中介與文化菱形的協同作用

壹、文化菱形：中介性觀點

　　Wendy Griswold（1994: 15; 黃信洋、曹家榮譯，2008：25）以社會學研究者宣導價值中立的立場，把藝術視為「活動」（activity），從體制的（institutional）外部視角探討藝術創作者、接收者、社會世界與藝術產品之間的文化邏輯指出，文化菱形（Cultural Diamond）是「一種用來進行解釋的設計，目的是為了更完整的理解任何（文化）物件與社會世界的關聯。」此菱形的四個端點各代表的是：文化物件（cultural object）、創造者（creator）、接收者（receiver）、社會世界（social world）等元素，如圖 1-4，形成了一個互動的結構。

　　Griswold（1994: 11）主張，文化物件是「社會上具有意義的表現，是聽得到的、或看得見的、或有形的、或是可被訴說的。」它是由人們創造出來的，為要表達、溝通、

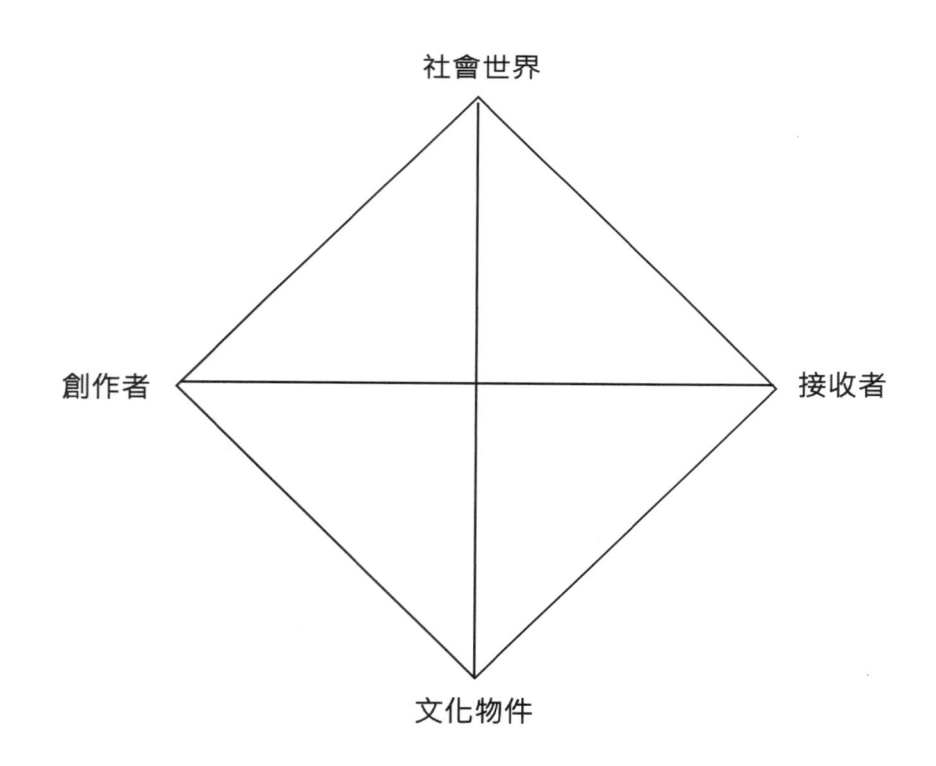

圖 1-4　Wendy Griswold 的文化菱形

資料來源：Griswold, 1994: 15; 黃信洋、曹家榮譯，2008：24。

文化中介之於文化菱形：從日本國立美術館看臺灣的藝術教育拓展
How cultural intermediaries work within the cultural diamond：
The Expansion of Art Education in Taiwan through Insights the National Art Museum of Japan.

傳遞某個理念、想法、知識、態度，物件被創造出來之後，必須向社會民眾展示且被接收、經驗並賦予意義，如此，物件才算融入整個文化脈絡，成為文化物件，具有同一文化圈成員共享的文化意義（林宜貞，2015）。從圖1-4中的這四個端點之間的六條連接線僅用於指出點與點之間確實存在著一種關聯，是為了呈現出四個元素之間有著交互滲透的多重關係（Griswold, 1994: 15; 黃信洋等譯，2008：23-25、32）。換言之，Griswold的文化菱形簡明扼要地呈現出一個物件之所以能成為某一文化圈中的文化物件，其創作者與接收者則是必須要同時存在，而且兩者必都同處一個社會世界、同屬一個文化圈，若有創作者創造出某物件，卻無法傳遞給接收者，甚至沒有接收者可以經驗它並賦予意義，則該物件就不會成為具有文化意義的文化物件。這樣的概念強調文化現象並非孤立地存在，而是由這四個要素相互作用、影響和重塑。通過文化菱形，可以系統性地探討文化如何被創造、被接收，並在社會中發揮作用。

Alexander（2020: 49-52; 章浩、沈楊譯，2009：80-81）根據其對「藝術世界」（art worlds）的研究，[2] 以及修改自Griswold簡要的文化菱形，將文化菱形中的四個端點之間嵌入一個分配節點（distribution node），[3] 如圖1-5；其認為，藝術是一種溝通，藝術家創作出作品後，需要透過人、組織或網絡進行分配，以便將藝術帶給消費者。因此，將藝術家（或說生產體系）與分配體系做出區分，[4] 更可以突顯兩者之間，有時是各自獨立（例如，小說家），有時是難以分割（例如，電視編劇）。同時也可以清楚看見，藝術家與消費者之間，因為不同型態的分配體系，被介入的層次可以是多重的，例如，流行音樂的聽眾對音樂的喜愛與否，是透過唱片公司的銷售數據回饋給音樂創作者；或者也可以是很簡單的，例如，在pub現場欣賞演出的觀眾，能夠直接和音樂創作者交流。

另外，Alexander（2020: 49-52）則指出，修改後的文化菱形最大優點則是它顯

---

2 Becker（2008: 1-6, 34）認為，藝術不僅僅是已完成的作品，更是一種集體活動（collective activity），任何藝術作品在完整呈現之前，都會經過許多必要的過程及活動，參與其中的人們形成一個網絡，協力合作以完成能夠展示於大眾眼前的藝術作品，這樣的網絡，Becker稱之為「藝術世界」，藝術在其中被創作、生產並分配給大眾鑑賞。換言之，藝術並不僅是被有天賦的藝術家所創造，也被藝術世界這個社會網絡中的其他參與者如：贊助者、經紀公司、評論家、行銷人員等等共同建構出來，這意味著藝術在被生產及經銷的過程中，會受到參與其中的個人或組織所過濾及影響。
3 由於「distributors」一詞，臺灣中譯版譯為「經銷商」，而本書作者為求完整理解作者之原意，參閱作者於2020年的原文著作，本書作者認為「分配者」更能準確傳達作者原意，故採用此譯文。
4 Becker（2008: 74）指出，藝術生產是將想法以某種形式呈現出來的活動，而藝術分配則是將藝術帶給大眾的活動，兩者可以是壁壘分明的，也可以是相互重疊的。

示出藝術與社會之間的關聯永遠不會是直接的,必然會同時受到創作者、分配者、接收者的中介影響。從另一個角度來看,消費者如何消費藝術,藝術有何意義,以及如何滲透到整個社會中,均受到個人或團體所中介,以及個人或團體的態度、價值觀、社會地位與社會網絡所影響。「社會」(包括:廣義的規範、法律、價值觀、制度與社會結構)構成菱形最終的結點,它影響了藝術創造者、行銷體系、消費者文化,並由之形塑了藝術(張正霖、陳巨擘譯,2006:59-60)。這個菱形同時也提醒我們,從文化生產面來看,藝術的創造與生產不僅受到藝術家或藝術團體的影響,也會因為不同型態的分配體系而影響被傳播的藝術類型,以及傳播的廣泛程度。從文化消費面來看,接收藝術的並非「社會」,而是各種不同類型的閱聽人,其所消費的文化產品及從中取得的意義會各不相同。

Wendy Griswold 和 Victoria D. Alexander 不同的觀點在於,Griswold(1994;黃信洋等譯 2008:125)將文化的創造、生產與分配視為文化生產的不同環節,表現

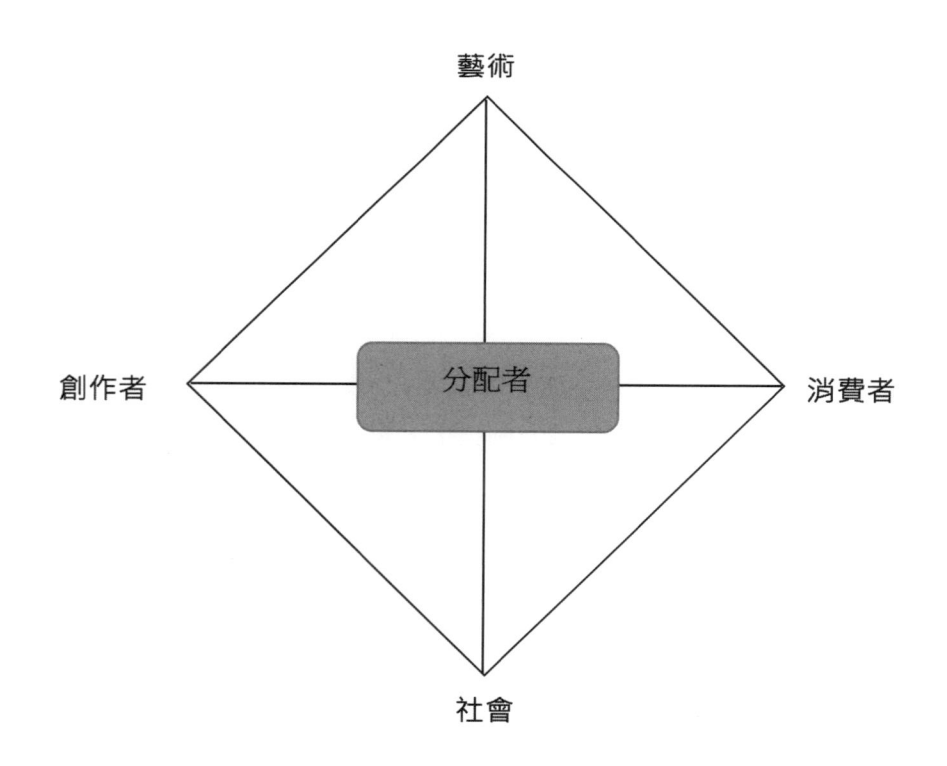

圖 1-5　Victoria D. Alexander 的文化菱形

資料來源:Alexander, 2020: 49-52。

在文化菱形上便是菱形中間的水準線；而 Alexander 則是基於 Becker, H. S. 所論的「藝術是集體活動的結果」，其認為藝術的分配者與創作者、接收者在藝術完成的活動過程中，是具有同等重要的地位，故而將文化生產中的「生產」（藝術家）與「分配」（經銷商）區分開來以分配節點表示，將之置於文化菱形的中間，用以突顯分配體系在藝術的生產與接收、[5] 藝術與社會之間的中介作用（林宜貞，2015）。

貳、國立美術館文化中介平臺的文化菱形

Alexander 的文化菱形雖然適用於所有藝術類別，但其中的分配者是著眼於其從事藝術分配的活動及功能，例如，流行音樂的分配者，以及唱片公司與 Pub，兩者的主要功能皆是提供一個管道，讓音樂創作者將音樂散佈出去，使社會民眾得以接觸，並選擇其喜愛的音樂。然而，分配者在分配藝術的過程中，會在不同程度上影響到音樂創作者的創作、聽眾的特性及數量、被接收的音樂類型等等。換句話說，Alexander（2020: 49-52; 張正霖、陳巨擘譯，2006：61）所說的分配者除了進行藝術分配之外，也會在分配的過程中產生中介作用。

關於文化中介者作用，Arnold Hauser（1982: 462-464; 居延安譯，1988：139-141、154）在其著作《藝術社會學》（*The Sociology of Art*）中認為，藝術家需要文化中介者（intermediaries）以使其作品能夠被社會民眾適切地理解和鑑賞，而接收者也會需要一系列的文化中介者及文化中介工具，以幫助其理解創作者的意圖。因此可以說，文化中介者不但為藝術家與社會民眾兩端鋪平通向彼此的道路，更是兩者之間的溝通橋樑。這文化中介者包括：學藝員、教師、藝術權威、藝術評論者、藝術愛好者、鑑賞家、藝術研究者等文化中介個人，以及學校、博物館、美術館、音樂會、展示會、藝術團體、文化企業、傳播媒體……等文化中介團體或組織。同時，Hauser（1982:

---

[5] Becker（2008: 93-129）認為，分配體系是一種機制，可以在藝術家創作出作品之後，幫助藝術家為大眾建立深入鑑賞作品的品味能力，同時還使大眾願意支付報酬，以回饋藝術家為創作所投入的時間與金錢，而這些報酬也能夠支持藝術家繼續從事創作。對此，Becker 進一步將之分成三種類型：自助型（elf-support）、贊助型（patronage）、公開銷售型（public sale）。自助型是指藝術作品的傳播與介紹是由藝術家自己進行，或是在一個小型網絡裏進行，這類分配體系提供藝術家最大的創作自由，但也必須付出代價，因為自助型的分配體系最大的侷限，就是其所能接觸的閱聽人是最少的，也因此，藝術家無法賺取足夠的報酬，必須依賴其他工作維生；贊助型，贊助者可以是組織也可以是個人，他們提供藝術家金錢上的資助以交換藝術作品，由於藝術家通常必須取悅贊助者，因此贊助者對藝術的生產有相當大的影響力，甚至實際決定藝術作品的內容；公開銷售型，處於必須遵循供需法則的市場體系之中，這類分配體系由專業的中間人進行價格敏感的商業行為，可分為三種型態：視覺藝術經銷商、表演藝術經理人及文化工業。

462-464；居延安譯，1988：139-141、154）也認為，藝術做為社會的產物是集體活動的結果，文化中介者參與其中的程度，與藝術的創發者、呈現者、接收者是相等的。由此可得出，Hauser 對藝術與社會之間的關聯看法和 Alexander 對藝術世界的理解是極其相似的，而不同之處在於，前者認為介於創作者與接收者之間的角色是為文化中介者，是著重其中介藝術的作用，後者則名之為分配者，強調的是其分配藝術的功能（林宜貞，2015）。

因此，在日本國立美術館文化中介平臺的發展脈絡中，這個位於創作者與接收者之間的角色，進行的不僅是美術館藝術教育的分配，並在過程中產生中介作用（例如，文化企業），更多時候是進行中介美術館藝術教育的活動，而不從事分配工作（例如，專家學者）。也就是說，這個居中角色中介美術館藝術教育的功能其實是大於分配美術館藝術教育。再者，國立美術館文化中介平臺在日本的傳播相當程度的倚賴藝術家、文化觀眾、藝術團體、學藝員、專家學者、大專校院美術社團、文化企業、傳播媒體等個人或團體，在日本國立美術館藝術教育的發展中扮演著前述所謂文化中介者的角色，他們所做的不只是將藝術教育帶給社會民眾，正是因為美術館作為一座城市重要文化地標，是藝術收藏地，更是身兼休閒娛樂，以及藝術教育的重要推手（Li, 2022），所以更需要他們幫助社會民眾從文化、歷史、作品、美學來認識、了解藝術，進而建立鑑賞、品味藝術作品的能力。基於上述，本書作者認為，在國立美術館文化中介平臺的文化菱形中，中間節點以「文化中介平臺」取代分配者較為合適，如圖1-6。

根據圖1-6，菱形的右端節點仍採用「接收者」而非「消費者」，因為美術館藝術教育鑑賞的群體不是只有消費者。菱形左端的創作者，根據 Becker, H. S. 對藝術世界的描述，可分為「學藝員」、「藝術家」及「藝術團體」，其指的是擁有特殊專長與技藝，可稱為詮釋與創作的人們，他們從事較多創造性的工作，除了是藝術創作的中心，也是協助完成藝術作品的人們（張正霖、陳巨擘譯，2006：70）。而美術館藝術教育的接收者是指經驗藝術作品這個文化物件的閱聽人，其接收者可分為三種類型：文化企業、傳播媒體、文化觀眾，這三種類型分別表現出接收者對美術館藝術教育所涉及文化物件的理解與詮釋。由於美術館藝術教育本身的特性使然，面對藝術品運用一定的物質材料，透過透視的手法與表現見著於東西方的繪畫、攝影、拼貼等創作表現中（王萬忱，2008），例如，在藝術作品的構圖、透視、光線等藝術手段，在一定的時間、空間中型塑出直接可觀視的平面或是立體形象，它反映出社會生活，並

```
                      美術館藝術教育   1.收藏
                                    2.研究
                                    3.展示
                                    4.教育普及


         創作者                                    接收者
                         ┌─────────────┐
                         │  國立美術館   │
                         │ 文化中介平臺  │
                         └─────────────┘
         1.學藝員                                 1.文化企業
         2.藝術家                                 2.傳播媒體
         3.藝術團體                               3.文化觀眾


                                    1.文化藝術及教育政策
                      日本社會        2.法律制度
                                    3.政府單位
```

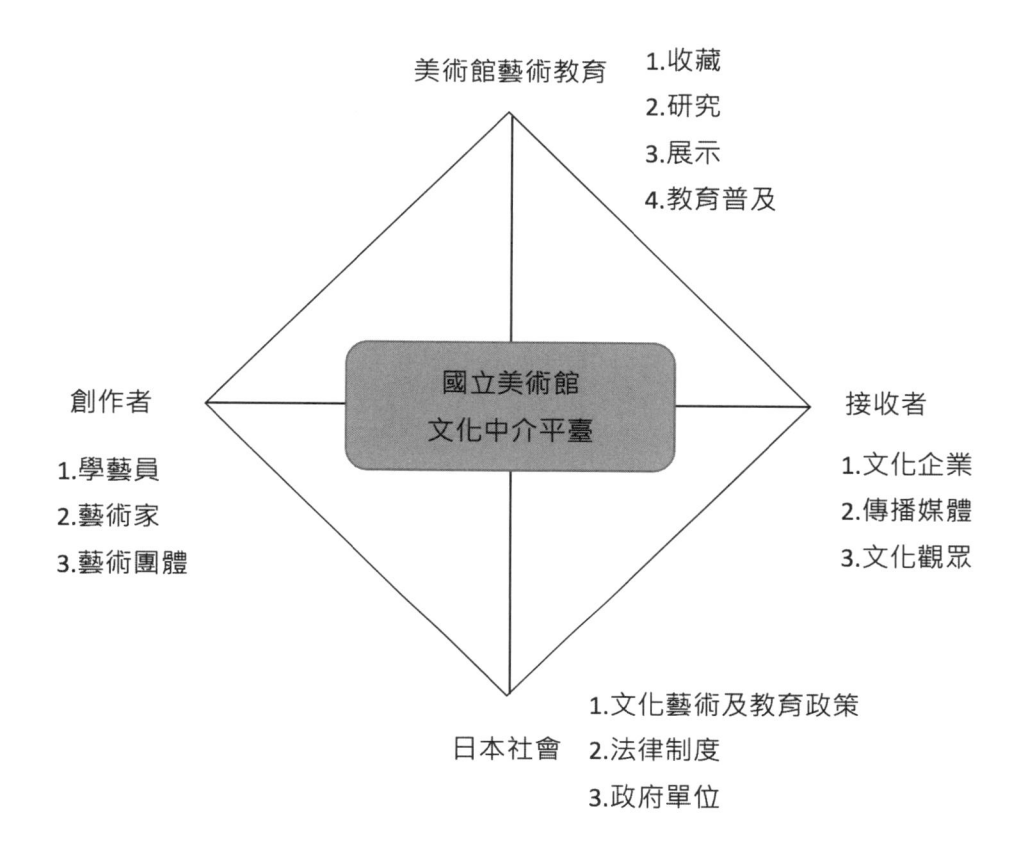

圖 1-6　國立美術館文化中介平臺的文化菱形

資料來源：修改自 Alexander, 2020: 49-52。

表達了藝術家的思想與情感，所塑造和描繪的內容是具體的，社會民眾更可以藉助視覺，感受到實際物象的形狀與外貌（蔡麗津，2016）。因此，接收者自會各取所好以從中得到最大的滿足，並且根據自身不同的期待視野（horizon of expectation）建構出不同的意義。對於接收者而言，美術館藝術教育也意味著精緻、典雅、具文人雅士品味，其更對於美術館的存續懷有使命感，願意積極地推動與傳承。另外，文化藝術被列為世界非物質文化遺產，對於日本藝術的創作者、文化中介平臺、接收者來說，藝術作品不再只是日本文化藝術圈的一個文化物件，而是屬於多元文化世界中，整體人類共用的文化物件，此舉無疑激勵了美術館藝術教育的擁護者，使他們更有意願投身於拓展美術館藝術教育的工作。

鑑於藝術作品之於與其相關人們的不同意義，促成了相呼應的推廣與傳承藝術教育的行動，這也是他們對於社會變遷所做出的文化回應。然而，整體社會的文化現象，不僅僅由社會民眾集體建構形成，同時也深受國家文化藝術及教育政策的影響，對國立美術館文化中介平臺而言，文化藝術及教育政策不但營造出其得以擴大發展的環境，也讓日本政府得以以「資源提供者」的角色，從財務及行政方面支援其發展。這樣的關聯呈現在文化菱形框架上，也就是上端的「美術館藝術教育」、中間的「國立美術館文化中介平臺」、下端的「日本社會」，以及三者間垂直的連接線。

　　基此，將文化菱形框架應用於「國立美術館文化中介平臺」，說明美術館藝術教育與其相關的人們、整體社會之間的關聯。透過文化菱形框架觀點來看「國立美術文化中介平臺」藝術教育得以發展的四大關鍵因素，即：文化藝術及教育政策與法制提供發展環境、藝術知識詮釋與經驗轉譯、民間自發性的傳承與推廣、以多元循環形式擴大藝術鑑賞人口。透過文化菱形框架，將可以清楚看到，美術館的藝術作品要成為藝術知識必須透過專業的學藝員對於藝術知識的詮釋、藝術家經驗的轉譯，藝術團體的參與協助，讓藝術作品會說話，才能讓進入美術館參觀的社會民眾說話，開啟雙向的藝術知識溝通及交流。民間社會民眾的力量就是文化中介平臺處於美術館藝術教育的創作者與接收者之間，進行藝術作品的傳播、介紹、教育、宣揚等活動；多元循環形式能夠擴大鑑賞人口，是創作者與文化中介平臺合作，讓美術館藝術教育透過展示與傳播、普及廣泛地接觸接收者，從而增加接收者人口；文化藝術及教育政策則是社會元素對於美術館藝術教育發展的影響，日本政府根據文化藝術及教育政策所制定的法律規範營造了文化藝術發展的環境，使美術館藝術教育的多元循環形式等活動能夠順利進行，而創作者、文化中介平臺、接收者也得以在行動與互動中，共同建構出美術館藝術教育之於日本社會的文化意義。

III 文化公共領域中的美術館藝術教育

壹、從公共、公共性到文化公共領域脈絡

　　「公共」的古典意義源自兩個來源。首先，希臘字「pubes」或「成熟」（maturity），意指一個人在身體和心智上發展成熟，從而將重視個人私利轉變為超越自我，而去了解他人的利益，亦即公共是指一個人具備理解私人的行為結

果將會影響他人的能力。如果一個人能夠理解私己和他人之間具有息息相關或連結（connection），即指他已臻於「成人狀態」（an adult state）。其次，希臘字「koinon」，為英文「共同」（common）的起源，亦即隱含著「關係」（relationship）的重要性（李宗勳，2002：13-44）。這些意涵體現在古典希臘城邦內，因城邦是一種社會民眾意志的實踐，社會民眾有相當的言論自由，能夠在不同的公開場合討論、參與公共事務，城邦的政治運作即是通過這些社會民眾參與來發展（Arendt, 1958；王寅麗譯，2009；林宛婷，2015：23）。

　　Gripsrud 與 Moe 及 Molander 和 Murdock（2011: xxxi-xxxvi）認為，「公共」涉及四個層面，亦即：（一）一般人都可以自由進入且共用、使用的實體空間，例如，廣場、公園等，以及一般人都可以自由進入，共同使用的資訊與文化資源；（二）公共領域有別於私人領域，公共領域涉及政體中所有成員的共同利益，因此政府機構有關切這些事物的正當性。而私人領域則是人們希望保留個人隱私的生活領域。只不過公、私領域的界線經常是民主社會辯論的焦點；（三）社會中每個人參與公共事件或公共表達，形成「閱讀社會民眾」或社會民眾集體；（四）關於社會民眾關切的事物，由個別看法集結而成「公共意見」，這公共意見的形成過程便稱為「公共論述」。至於輿論爭辯過程中，涉及贊成或反對意見，理性辯論訴諸的信念與原則也是公共的一環。

　　村上弘（2007：345-399）從「公共性」與當代社會「公共領域」的意涵分析指出，「公共」與「公共性」雖然有多重意義的概念，但本質是相同的。他認為，「公共性」的要素，包括：（一）它符合整個社會的利益，並惠及社會民眾；（二）與一般社會相關，可以聯合使用，並對許多社會民眾開放；（三）與國家、政府有關的事物（務）。宮本憲一（1981:305-306）指出，公共性定義包含四個基本條件：（一）生產和生活的一般條件，或共同社會條件：公共性必須是生產和生活的基本條件，或是共同社會的條件。無論體制如何變化，公共事業的素材性規定都應符合此標準；（二）非私營企業的利潤追求行為：公共性不應是私人企業或個人的利潤追求行為，而是中央政府或地方團體的事務。即便是中央政府或地方團體的事業，也不能成為私營企業或個人的特定條件，並且該事業的目的不應僅僅是利潤追求或效率目標；（三）不侵犯基本人權：在建設、改造、管理和運營公共事業時，必須確保不侵犯國民，特別是周邊居民的基本人權。這是現代中央政府和地方團體的責任，通過憲法規定，保障基本人權。（四）專案設立與改進需居民同意：專案的設立和改進需要經過居民同意的程序。民主程序

不僅僅是獲取同意，還應包括深度的居民參與或自主管理等。

「公共性」可以透過兩種模型來理解，即「溝通模型」（communication model / agora model）與「劇場模型」（theater model / agone model）。斎藤純一（2009）指出，溝通模型強調透過理性討論與熟議，形成集體意志，允許擁有不同價值觀的個體相互理解與接納，並以「公共理由」作為主張正當性的基礎。該模型重視理性互動和民主對話，旨在促進公共領域中不同觀點的碰撞與共識的形成。與此相對，劇場模型將公共性視為在觀眾面前展現自我的舞臺，這裡的「技藝競爭」象徵個體藉由語言與行動展現其特質與獨特性，為那些被剝奪「現身」機會的人創造回應的可能性。透過展現「公共的自我」作為政治存在的表現形式，該模型強調每個人的聲音都應該被聽見，並促進更廣泛的社會參與及多樣性表達。因此，這兩種模型分別從不同角度探討公共性及其在社會中的意義與功能，前者側重理性與共識，後者則凸顯表現與多樣性的重要性。

Jürgen Habermas 在 1992 年出版《事實性與合法性》（*Between Facts and Norms*）的著作中將公共領域的概念重新再定義：

> 公共領域確實是像行為、行為者、群體、集合體等一樣的基本社會現象。然而，它與表達社會秩序的傳統概念之間存在著巨大差距。公共領域既不能作為一個制度來理解，也不能作為一個組織來把握。公共領域本身並不具有規範、角色、分化和成員規範的規範結構。儘管公共領域內部可以劃定界限，但從外部來看，它具有靈活、可移動、開放的特徵。公共領域可以最簡潔地描述為一個關於內容和態度決策，即關於意見的溝通網絡。在此過程中，溝通的流動通過過濾、整合，並根據當時的主題被彙聚為公共意志——輿論（öffentliche Meinung）。與生活世界整體類似，公共領域也通過具有普遍理解可能性的交際性行為得以再生產。公共領域根據交際日常實踐的普遍理解可能性進行調整。公共領域的特點在於，它涉及交際行為的第三個方面——一個溝通結構。這個方面既不是日常溝通的功能，也不是內容，而是交際行為中生成的社會空間（Habermas,1992:435-436）。

基此，公共領域概念的基本特徵，主要有以下三點（花田康隆，1996:135）：

（一）公共領域是關於意見的溝通網絡，在其中「溝通的流動會經過篩選」，並「按主題匯總」成為世論（public opinion）。換句話說，在 Habermas 於 1989 年出版《公共性結構轉型》（*The Structural Transformation of the Public Sphere: An Inquiry into a Category of Bourgeois Society*）的著作中，論述的世論（public opinion）形成功能在此被重新定義，強調公共領域中意見形成及其匯總的過程。

（二）公共領域存在於生活世界中，並通過使用自然語言進行的溝通再生產。在生活世界的一部分內，公共領域會與政治系統及經濟系統保持距離。因此，雖然公共領域的功能之一是通過世論形成對政治系統進行批判或施加影響，但這並非其本質。

（三）公共領域從內部來看是透過溝通行為與理性討論所建構，從外部來看則是一個擁有靈活且可變動邊界的開放地平，並構成一個具有流動性的社會空間。因此，公共領域的空間結構具有開放性與靈活性。

對於「公共領域」的本質，Habermas 認為：

> 從相互承認的溝通自由中產生的相遇，無論是與當場在場的人，還是可能稍後會加入的對話者，都會在一個語言構建的公共空間中發生。這個公共空間原則上對潛在的對話者開放，無論他們是當場在場的人，還是後來會加入的。……這樣的空間結構，由嵌入在溝通行為中的簡單且偶發的相遇所構成，可以在抽象的形式下，對當場在場的人群進行一般化並使之常態化。這些集會、活動、演出、展示等公共基礎設施，通常會以「論壇」、「舞臺」、「競技場」、「展示會」等詞彙來表達，這些詞彙是用來比喻被圍繞的空間。這樣的公共領域仍然與當場在場的具體社會民眾緊密相關。隨著公共領域脫離這些物理空間，並通過媒體與分散的讀者、聽眾、觀眾進行虛擬共存，這種抽象化變得更加明顯。然而，這種抽象化其實早已在單純的相互行為的空間結構中顯現出來（Habermas,1992: 437）。

公共領域的自我關係性並非現代社會特有的現象，而是源自歷史上的文藝性公共空間。[6] 吉田純（2000：196）指出，文藝性公共空間是通過對文學和藝術作品的討論，

6　吉田純（2000：176-177）指出，在 18 世紀的西歐，市民社會內部出現了一個獨立於國家的新公共

成為市民自我啟蒙的場所，同時它創造了平等性、自律性、公開性這三個公共空間的制度性標準，即：（一）平等性：不考慮社會地位，作為「純粹的人類」平等地進行討論；（二）自律性：不將哲學、文學、藝術作品的解釋委託給教會或國家的權威，而是通過自律和理性的相互理解，尋找對作品的個人意義；（三）公開性：只要擁有足夠的財產和教養來獲得和討論，所有私人都可以作為「公民」參與其中，從而促成政治公共領域的形成。因此，從歷史的角度來看，公共領域的自我關係性，實際上是世論（public opinion）形成與政治批判功能之前的本質特徵。

這種重視公共領域自我關係性的觀點，在 Alberto Melucci 的公共空間理論中得到了進一步的發展。Melucci 與 Habermas 揭示從以「國家與市民社會簡單區分，如今被更加複雜的情形所取代」的認識為出發點，提醒我們關注旨在致力於「重新奪回日常生活中的動機和行為意義」的新社會運動發展的重要性（Melucci,1997:222）。在這種情況下，將民主主義視為爭取獲得政治資源的競爭是一種幻想。在複雜的社會中，民主主義需要一個能讓個體和群體表達自我的情境，同時也需要一個能夠接納真實自我或幫助其實現自我的情境。換句話說，需要一個被認可的個體和群體意義獲取過程，並且保證其自主性。為了形成、維持或變革自我反思的身份，必須擁有一個從支配和壓迫中解放出來的社會空間（Melucci,,1997:222-3）。這種公共空間是「獨立於政治制度、政黨和國家結構」，它「位於政治權力與決策層面，以及日常生活網絡層面之間的兩個層次」。Melucci 指出，這一公共空間正是「民主主義的必要條件」，並通過它，「日常生活的民主化」才能得以實現（Melucci, 1997:224-255）。

因此，可以明確看出，Melucci 的公共空間概念與 Habermas 在《事實性與合

領域，即市民公共空間。這一公共空間作為公眾集結的私人生活空間，其目的在於針對商品交易、社會勞動及經濟活動的總體規範，與公共權力進行協商，並透過形成的世論（public opinion）將市民社會的需求傳遞至國家。然而，市民公共空間並非一開始就具備政治功能。參與公共討論的私人自我理解，源自市民知識階層內小家庭親密生活領域的形成。因此，首先出現的是具有政治功能先驅作用的文藝性公共空間，這是私人進行自我啟蒙的場所，圍繞文學作品，尤其是小說，在咖啡館和沙龍中展開討論。「自由意志、愛的共同體、教養」三者構成了市民家庭的契機，並最終形成「人類培養」的概念，賦予家庭成員作為「能進入純粹人性關係的個體」的自我理解。這些討論場域，即通過文學作品討論進行的自我啟蒙與主體培養的場所，被稱為「文藝性公共空間」。在這個意義上，文藝性公共空間既是「小家庭親密領域的延伸」，同時也是對其的補充。此外，「文化資產市場」作為議題素材的供應場域，促成了城市的形成。在這些城市中，劇院、美術館、音樂廳等場所逐漸與咖啡館和沙龍一樣，發揮文藝公共空間的功能。這些場所起源於宮廷貴族的社交界，並隨著時間推移，從宮廷中分離出來，轉變為市民自主運營的設施，成為市民社會的一部分。

法性》（*Between Facts and Norm*s）中重新定義，以及強調自我關係性的公共領域概念非常相似。然而，前者在批判政治系統功能方面雖較為薄弱，但在成員自主身份形成方面尤為突出。基於 Melucci 的公共空間概念，可以對 Habermas 的公共領域概念進行擴展和重構。換言之，公共空間不僅可以從政治系統批判功能的角度進行概念化，也可以從生活世界的三個構成要素（文化、社會、人格）出發，作為學術、藝術、政治、經濟、福利、媒體等各類主題的溝通場所，同時也是個人或群體身份形成的空間。這樣的多元公共領域應被視為實現「生活世界合理化」的具體空間。

2011 年，Jennifer Barrett 借用 Habermas 1962 年的「公共領域」理論，發展出「文化公共領域」概念，進一步闡述美術館的公共特性。她認為，美術館應成為社會民眾表達意見與交流觀點的場所，並援引 Michel Foucault 的「異質空間」概念，指出美術館應立基於多元分眾的基礎，投入知識的創造與參與式實踐（Barrett, 2011: 15-41, 105, 164-173）。[7] 根據 Barrett 的分析認為，Tony Bennett 和 Eilean Hooper-Greenhill 所批判的美術館馴訓空間觀點固然具高度啟發性，但 21 世紀新的美術館空間實踐有兩個重要取徑。其一為法國 Malheur 提出的「沒有圍牆的美術館」概念，[8] 試圖突破美術館的物理限制；其二是 Eilean Hooper-Greenhill 所提的「後美術館」概念（post-museum）（Hooper-Greenhill, 2000），[9] 強調美術館作為公共參與的多功能場域。這兩者共同構成了 21 世紀美術館的新公共空間觀點，強調美術館

7　Jennifer Barrett 援引傅柯（Michel Foucault, 1926-1984）在《另類空間》（*Of Other Spaces*）一書中提出「異質空間」的論點，認為我們生活在一種異質的空間。

8　Malraux 提出的「想像中的美術館」概念強調藝術作品如何在歷史脈絡中與觀者互動並建立聯繫。他認為，美術館應成為促使觀眾對藝術作品及其歷史進行哲學性反思的空間，進而實現藝術對話。在此觀點下，對話的空間不應被實體圍牆所限制，而應強調人們自由地想像、認知、思考與判斷，從而促進更深層次的文化交流與理解。他亦指出，20 世紀美術館的展示模式依靠預設的秩序來引導觀眾的詮釋，實質上仍是控制性的空間。而「沒有圍牆的美術館」或「想像中的美術館」則主張，讓觀者自主創造與展品相關的敘事，將美術館經驗從公共化、結構化的詮釋轉變為個人化、私密且高度主觀的體驗，鼓勵自發的思維探索和主觀詮釋（邱家宜譯，2012：7-28；殷寶寧，2021：5-30）。

9　現代美術館」概念與 19 世紀歐洲國族建構息息相關，展示的模式往往採取單向溝通，展示呈現一經設立便難以調整，忽視了社會民眾的多元聲音（Hooper-Greenhill, 2000: 151）。隨著民主化思潮進入美術館領域後，其對社會責任益形擴大，促使 E. Hooper-Greenhill 於 2000 年提出「後美術館」概念。她主張美術館應從強調「權威性」轉型為促進「相互關係」的多元文化邊境（cultural borderlands）。在這樣的框架中，美術館不再只是展示場地，而是透過多樣敘事手法使觀眾在個人化與社會化的觀展過程中，跨越文化藩籬、創造新意義。Hooper-Greenhill 更指出，「後美術館」是一種「陰柔化」的發展，從過往的秩序、理性轉向回應性，並強調互惠的夥伴關係及文化多樣性（Hooper-Greenhill, 2000: 153）。如此的轉變賦予美術館管理者更多社會與倫理責任，推動公平與正義，並致力於啟發社會民眾的學習與認同建構（Hooper-Greenhill, 2007: 1-30）。

應作為社會民眾討論、互動與理解的開放場域。Jim McGuigan 則是延續 Habermas 的「公共領域」與「溝通理性」指出，「文化公共領域」是注入常民情感、審美與感動人等人文的元素，讓悲哀、傷慟、喜悅與歡愉等常民共同情感經驗，以及對於文化藝術審美價值的共鳴，得以透過常民文化論述和人文理性的公共溝通模式，讓情感與理性相互交織，共同推動文化藝術治理的發展（McGuigan, 2010: 15-16）。

從美術館的核心價值視角出發，廖仁義（2020：52-58）認為，以社會民眾為主體的「文化公共領域」核心價值貫穿公共制度、公共空間與公共知識，其最終目的則是回歸社會民眾，茲說明如下：

（一）美術館作為依據「公共制度」設立，並受到民意機構監督的公共文化機構，其設立與運作應遵循現代國家文化藝術政策。這些政策包括美術館政策，需考量以下要素：首先，社會（國家或城市）是否具備必要的藝術創作資源；其次，美術館的設置主題與方向應符合公共利益；再者，設置地點與環境需符合社會民眾需求。最終，經專業討論並獲得民意機構同意，制定符合社會民眾需求與公共利益的美術館政策，建立合理的公共制度，實現國家或城市的文化藝術目標。

（二）美術館作為專業的「公共空間」，負責保存與運用藝術作品。它不僅歡迎社會民眾親近與參與，更提供藝術知識，成為學習的場所，而非單純的聚集空間。公共空間不僅限於建築，還結合展示、書籍、影音等形式，將藝術知識傳遞給觀眾與非觀眾。因此，美術館的建築與環境應符合公共政策，確保社會民眾能在此參與與互動。

（三）美術館透過藝術專業人員，將藝術知識轉化為「公共知識」的載體。除了讓觀眾以自主學習的精神參觀、鑑賞並參與教育活動外，還應允許觀眾及非觀眾在私人領域內，透過閱讀與網路進行學習，擴展藝術知識的傳播與共享。

（四）美術館透過專業方法，使「社會民眾」能親近藝術知識並參與實踐，成為公共領域。美術館不僅是展示場所，更是社會民眾的殿堂（黃才郎，1997：13）。美術館的活動與社會民眾的生活模式、消費行為、地方儀式等密切相關，這些互動影響整個藝術生態。因此，美術館的設置與經營應摒除抽象概念，將社會民眾視為具體個體。

綜上所述，在全球化和多元化的背景下，建立一個共生的社會需要理解和維護公共性，推動社會民眾之間的互信與合作。因此，「公共性」關乎我們看待他人和世界的方式，同時涉及到我們的態度、價值及內心層面。最重要的是，它代表了一種無私無我的關懷與關照能力（高政昇、陳謐森，2006）。公共性涉及物理空間的共享，更

涵蓋社會民眾在公共領域內進行理性討論、形成共識的過程。公共領域應是自由、理性與批判性討論的場所，透過這樣的對話能促進民主參與，塑造集體意志，進而增進對共同利益的理解與公正社會秩序的建立。

公共領域是一個建立在自由與恆常之上的對話與共同行為的空間。因此，「公共領域」是「社會民意形成的生活場域」，在這裡所有社會成員能夠自由且理性地討論公共事務（Habermas, 1974）。Habermas 強調，這些個人意見並非源於個人或某政黨的私利，而是基於社會公共利益。因此，公共領域中的討論能夠成為「通向客觀事實的理性途徑」（Habermas, 1989: 27）。在這個場域中的討論具有「批判理性」（rational-critical）的特質（Calhoun, 1992: 2-4）。這意味著公共領域是一個讓社會所有成員能夠透過批判理性的思維，並以凝聚共識為目標，與其他社會成員平等且自由地討論各種公共事務的場域（洪貞玲、劉昌德，2004：341-364）。在此基礎上，「文化公共領域」進一步強調情感與文化的交織作用。公共文化機構作為促進多元交流與知識創造的核心場所，是提供表達與互動的空間，也是成為社會民眾討論社會與文化議題的焦點。此外，公共文化機構的角色在當代逐漸轉變，從傳統的教育與展示功能拓展為鼓勵批判性思維、促進公共辯論及推動文化創造的場域，藉此深化社會合作與共識的形成，充分展現當代公共性的多層次意涵。

「文化公共領域」是一個開放的社會空間，為公民提供文化表達、交流與討論的機會。它不僅包括傳統的文化機構，例如，博物館、圖書館、劇院等，還延伸至公園、社區活動，甚至數位媒體等多樣化場域。這個領域的核心特徵在於促進社會群體間的相互理解與合作。在全球化與數位化的背景下，「文化公共領域」面臨著商業化與文化同質化的挑戰。它需要適應新技術帶來的溝通變革，同時維護邊緣文化的可見性與多樣性。作為公民社會的重要組成部分，「文化公共領域」不僅促進民主價值與文化素養的提升，還有助於加強社會凝聚力，並在這一過程中推動社會公平與文化繁榮的實現。

作為公共文化機構，美術館的核心價值應回歸社會民眾，並強調其在「文化公共領域」中的角色。美術館不僅是藝術展示與教育的場所，更應當作為社會民眾交流、討論及反思的空間。它不僅承載了藝術品的保存與展示功能，還應該成為促進公共討論與社會共識形成的場所。美術館應致力於為不同背景與需求的群體提供包容與理解的空間，讓多元聲音能在此交匯，推動文化多樣性的呈現。這樣的美術館作為文化公

共領域的核心部分，具有促進多元文化共存與相互理解的重要功能。

貳、美術館藝術教育的知識體系與多層次實踐

一、美術館藝術教育的核心及範圍

藝術的價值在於其能夠透過作品向社會呈現一種有價值的思維方式，並引領新的藝術表達形式（徐冰，2010）。Viktor Lowenfeld（王德育譯，1986：8-9）在討論藝術教育對教育系統和社會的貢獻時，強調藝術教育的核心在於激發個人潛能，特別是藝術對個人成長的統整作用，促使身心健康的發展。他認為藝術教育的目標在於培養創造力，無論創造力最終應用於何處。美國學者 Josef Albers 也指出，藝術教育有助於形成一個有內聚力的社會，讓人們理解藝術的社會文化價值與精神內涵，進而建立共同的社會價值觀與話語體系（Hernández, 2022: 1389-1406）。

教育和藝術是人類獨有的實踐活動，這種實踐性不僅是教育的特性，也是藝術的本質，甚至是藝術教育的核心價值所在。具體而言，藝術教育不僅要求受教育者以審美視角理解藝術，更強調通過體驗的方式，從藝術作品和活動中領悟其情境與內涵。因此，藝術教育過程中的實踐取向是不可或缺的。美國美學家 Thomas Munro 將藝術教育劃分為四個類型：（一）強調技術訓練以培養藝術家；（二）強調藝術的評價、鑑賞與理解；（三）強調藝術史的系統教育；（四）強調藝術的教學方法以培養藝術師資（石天曙、滕守堯譯，1984）。無論是哪一類型，「實踐」始終是藝術教育的核心，因為只有通過實踐，藝術教育才能將藝術知識內化為受教育者的內在素養，並轉化為人格素質。

因此，美術館藝術教育的核心是實踐——它通過體驗、探索和創造，使受教育者深入感悟藝術的內涵與價值。同時，美術館藝術教育的範圍涵蓋審美教育、藝術知識的傳遞，以及社會文化層面的價值實現，充分展現美術館作為教育場所的多元功能。

過去，美術館一向以藝術收藏與展示為主，忽略藝術教育的功能，正如劉俊蘭館長所言，美術館就是藝術教育的現場：

> 一般大眾可能會認為美術館是舉辦展示的地方，事實上，美術館不只是一個展場，它也是藝術教育的現場，更是推動研究、建構藝術知識系統的機構。
>
> ——桃園市立美術館館長劉俊蘭（王玉善，2021）。

文化中介之於文化菱形：從日本國立美術館看臺灣的藝術教育拓展
How cultural intermediaries work within the cultural diamond：
The Expansion of Art Education in Taiwan through Insights the National Art Museum of Japan.

自1990年代以來，「全館為藝術教育而努力」的意涵在美術館界逐漸受到廣泛討論與接受（周文，2002：89-95），並廣泛推動。隨著觀念的轉變，美術館的工作人員開始重視並肩負起推動藝術教育的責任與使命。施明發（2000）指出，教育是成熟者對未成熟者的影響，這種影響不需要固定場所或身份關係。由此，美術館的展示、研習、活動等，只要具有教育意圖並對學習者產生影響，都應視為美術館藝術教育的一部分。

從廣義的角度來看，林曼麗（2000：91-104）、大島清次（1999：43-45）、郭禎祥（1996：41-53）認為，美術館藝術教育不僅僅是通過藝術品進行的教育過程，更應致力於激發社會民眾對自己與美術館環境之間關係的自覺。人的多元感知與情感，需通過體驗、發現、探究等過程來實現協調與統合，最終在美術館達到物我合一的境界。多數學者一致強調，美術館藝術教育應深入生活，與日常生活緊密結合。換句話說，當今許多美術館認為藝術教育是生活經驗的體驗與表現。藝術作為獨特的覺識方式，突破人與環境之間的二元界限，促進生命的完整與真實實現（陳閔翔、洪仁進，2007：91-92）

基於此理念，許多美術館開設了相關的藝術課程與教材，並將展示、美術館空間、收藏品等視為藝術教育的媒介，通過系統規劃和運用，增強參觀者的藝術知識與體驗機會，進而實現自我學習的目標。隨著新世紀藝術教育形態的發展，推動藝術教育已成為美術館經營的核心目標之一。美術館正迎來一個不可逆的發展趨勢，強調其在文化藝術及教育政策中的重要角色。

此外，根據Caston（1989: 99-108）和劉婉珍（2002：54）的觀點，美術館藝術教育實質上是「博物館」、「教育」和「專業領域」的統合，並提出在美術館情境中運用的教學模式。例如，推動美術館藝術教育時，必須考慮博物館教育、美術教育及其原理與方法策略。因此，美術館藝術教育的專業人員需要具備博物館教育和美術相關領域的專業知識，並將這些領域的特性內涵緊密結合。總而言之，美術館藝術教育的範圍正是由博物館、美術和教育三者的交集所構成，這是美術館藝術教育的核心及範圍所在，如圖1-7。

總結而言，美術館藝術教育的範疇是博物館、美術與教育三者交錯整合的結果，其核心在於實踐，通過體驗、探索與創造的過程，讓學習者更深入理解藝術的內涵與價值。不僅引導社會民眾關注藝術品的鑑賞，亦致力於激發對個人與美術館環境關係的深層自覺，並將藝術教育與日常生活緊密連結。同時，它更進一步促進了社會文化

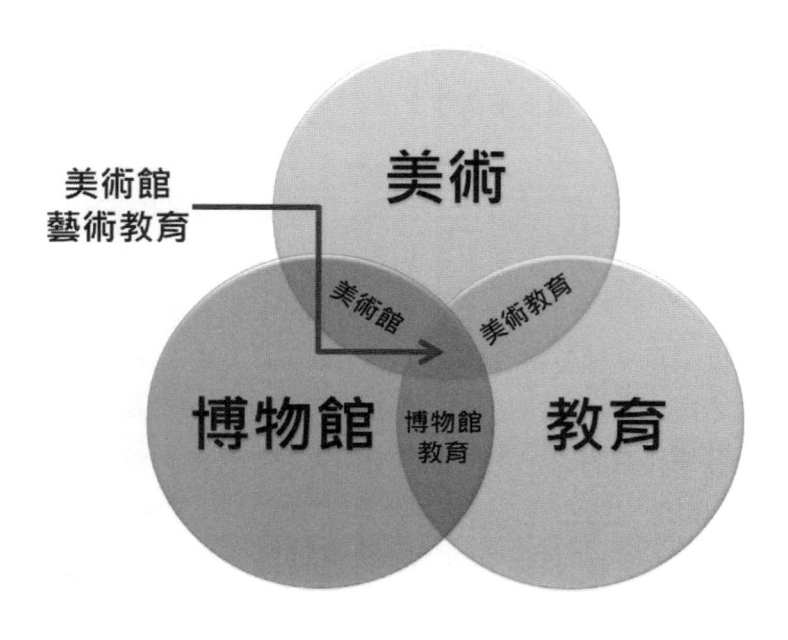

图 1-7　美術館藝術教育範圍

資料來源：Caston,1989: 99-108；劉婉珍，2002：54。

認同與價值觀的形成。因此，可以說，藝術教育是美術館發展的核心目標之一，體現了美術館在文化藝術及教育政策中的關鍵作用。

二、美術館藝術教育的功能

教育作為美術館的重要功能，自公共美術館設立以來便逐漸被認可。自18世紀起，隨著美術館規模的擴展，它們逐漸成為19世紀的重要公共機構。美術館的發展與民族國家的崛起相互交織，反映了社會民眾對政府在保障民生福祉方面的責任認知。在文化公共領域中，美術館所承擔的藝術教育與知識傳播功能，成為其公共性的重要核心體現。

美術館的存在最初源於收藏的需求，但其教育的重要性不可忽視。早在古典時代，希臘語「Museion」一詞便涵蓋了教育和教化的含義（楊玲、潘守永，2005：154）。楊成志（2000：26）在《現代博物院學》中指出，一個國家的文化程度與其文野發展息息相關，而文化的真精神則全仰賴美術館來表現。因此，歐美各先進國家普遍將美術館視為文化寶庫、科學的大本營、教育的實驗場及專家的資料庫。政府認識到美術館對國家元氣的重要性，社會民眾則將其視為求知的源泉。楊成志的這幾句

話深刻地闡述了美術館在國家中的重要地位及其多重作用，特別是「文化的寶庫」、「科學的大本營」、「教育的實驗場」和「專家的資料庫」等角色，集中體現了美術館教育的重要性（楊成志，2000：26）。

張子康、羅怡（2017：195）指出，1880 年，美國學者 Jenkins Stephanie 在其著作《美術館之功能》（*The Functions of Museums*）中明確提出，美術館應成為普通人的教育場所。1906 年，美國博物館協會成立時宣稱，美術館應作為社會民眾的大學。到了 1990 年，該協會在解釋美術館定義時，將教育與為社會民眾服務視為核心要素。美國博物館協會首席執行長 Edward H. Able Jr. 強調，美術館的一個重要職能是教育，教育已成為美術館服務的基石。基於此，美術館的目的應是教育，而觀眾即是社會民眾。這種「人民所有」與「以教育為目的」的理念共同形成了一種百科全書式的理想，即最偉大的作品將走出教堂和皇宮，構成這座全新的公共藝術博物館（桑塔蘭泰拉、張婷譯，2013：99）。

當代公共美術館的出現促使其形成獨立的教育意識，並使其教育功能變得更加普世與公共。美術館藝術教育作為促進觀眾價值觀、知識及實踐整體發展的重要組成部分，逐漸變得愈加重要。自 19 世紀 70 年代以來，幾乎所有的美術館都在章程中明確規定了其公共教育的義務與使命，尤其是在美國的美術館中尤為突出。例如，紐約大都會藝術博物館（The Metropolitan Museum of Art）自 1870 年建館之初，就明確表達其目的是鼓勵藝術在生產和日常生活中的應用，推動藝術的通識教育，並為社會民眾提供相應的指導（The Metropolitan Museum of Art, 2021）。同樣，成立於 1870 年的波士頓美術館（Museum of Fine Arts, Boston）也強調透過講解、專業圖書館及具實踐能力的團體，為繪畫、油畫、素描及設計等方面的發展提供有效指導（Museum of Fine Arts, Boston, 2021）。這些都清楚表達了美術館獨立教育功能的重要性。

依據美國學者 Zeller（1985: 6-10）、張子康等（2000：26）對於美術館藝術教育的重要功能可歸納為以下六個面向：

（一）藝術鑑賞教育

美術館讓社會民眾通過接觸藝術品擢升自身的審美敏感與美好的趣味，從而提升智識與生活的水平，這是一種潛移默化的審美觀念建立的過程，引導社會民眾自動自發地親近藝術、知悉藝術、享受藝術，以及被藝術所引人入勝與闡明歷史與思想包圍。

(二) 藝術史教育

透過美術館展示的藝術品實務來傳達藝術歷史的知識，一般著名的美術館自身的館藏可以呈現一個時間、一位藝術人物，或是一個流派，甚至是整體的藝術知識，而這種藝術史的呈現既是針對專業觀眾，同時也針對普羅大眾。

(三) 審美學專業課程教育

美術館針對專業觀眾（包括：學生）開設的教育課程與項目，例如，英國倫敦維多利亞與亞伯特博物館（Victoria and Albert Museum,V&A）以自身的藏品、研究量能，以及公共資源與英國皇家藝術學院（Royal College of Art）共同開設的設計史研究學位課程（Victoria and Albert Museum, 2021）。

(四) 人文教育

社會民眾從美術館中得到的教育不是藝術技能，也不僅僅是藝術訊息、藝術知識與文化經驗，更重要的是人文精神與價值理念。美術館不僅成為人類文明的象徵與圖騰，更以其強大的社會教育功能成為孕育人類文明的子宮。

(五) 跨學科教育

美術館的藝術教育活動側重在各藝術形式，例如，音樂、電影、文學與視覺藝術的交錯整合，或是藝術、歷史、語言、社會科學、自然科學等領域的相互整合。例如，荷蘭阿姆斯特丹國立博物館（Rijksmuseum）收藏荷蘭畫家 Rembrandt 所繪製之經典畫作《夜巡》（The Night Watch）（Rijksmuseum, 2021）。2013 年博物館為亮麗揭開開館之驚喜，在開幕前舉辦了一項別具創意的行銷宣傳活動，於當地市區賣場中找來演員喬裝成一位《夜巡》（The Night Watch）裡的角色，在大白天的日常裡，展開一場穿越劇一般的劇情巡演，讓消費者體驗中世紀的風土民情與軍隊震撼，並請消費者在重新開幕之時，一起走入美術館。

(六) 社會教育

美術館的藝術教育活動關注社會（包括：社區），針對廣大社會民眾的不同需求，強調以人為中心的互動（楊應時，2014：18-22）。

Kirk Freedman 在 2000 年發表《美術館的教育角色》（The Educational Role of the Museum）的篇章中提到，美術館藝術教育可歸納三個主要的觀點：「傳遞、探究、重構。」所謂傳遞是指一般人最普遍認知就是單方傳遞知識，侷限的呈述事實，較難使觀眾成長。探究則是指以出題的方式讓觀眾與教育人員有所互動。重構是透過觀眾

個人經驗來重新加以建構藝術的意義，以互動、答題、思考，發展觀眾屬於自己的知識體系（Freedman, 2000: 314-329）。

概括而言，藝術教育在美術館中扮演著多重且關鍵的角色，涵蓋了藝術鑑賞教育、藝術史教育、審美學專業課程教育、人文教育、跨學科教育，以及社會教育等多個面向，並與美術館的四大基本功能——收藏、研究、展示和教育普及密切相關。

首先，美術館通過其豐富的藏品來提升社會民眾的審美感知與美學趣味。這一功能依賴於美術館的收藏功能，為社會民眾提供實際的藝術作品，進行鑑賞與反思。展示功能則促進了社會民眾在觀察與互動中逐步建立審美觀念，而研究功能則通過提供作品的背景和解讀，幫助社會民眾更深入地理解藝術，最終實現教育普及功能，促進社會民眾自發親近與享受藝術。

其次，美術館的收藏功能對於藝術史教育具有重要支持作用。通過展示歷史性藏品，藝術史知識得以傳遞，並讓社會民眾對藝術歷史有更深入的理解。研究功能則為學術探討提供基礎，讓專業人士和社會民眾獲得更全面的藝術史知識，並為學生提供獨特的學習機會。這些課程結合了收藏、展示與研究功能，使學生能在藝術作品面前進行實際學習與討論。

此外，美術館的教育功能也涵蓋人文教育，注重培養社會民眾的人文精神與價值觀。美術館的收藏功能提供了文化象徵和歷史見證，幫助社會民眾在更廣泛的人文框架中理解藝術。展示功能使這些文化符號能夠進行公開討論，而研究功能則為人文教育提供理論支持，進一步豐富社會民眾的人文素養，推動其社會責任感。

再者，美術館的跨學科教育活動強調不同領域的整合。收藏功能支持跨領域的學術與教育活動，而展示和研究功能則進一步推動跨學科主題的探索，增強教育的多樣性與創新性。

最後，美術館藝術教育活動關注社區與社會需求，通過設計針對不同群體的教育專案來強化社會民眾的參與感及歸屬感。展示和研究功能支持各種需求的教育活動，確保美術館能夠回應社會的多元需求。作為全民終身學習的多功能公共文化藝術機構，美術館藝術教育依賴全面的教育計畫、堅實有效的執行力度，以及及時的追蹤與反饋，最終構建出社會民眾的終身藝術教育知識體系。

三、建構式學習的美術館藝術教育

在終身學習的時代背景下，如何培養個人自主學習能力成為一個重要課題。教育

哲學家John Dewey基於相對性的建構主義（constructivism）立場，對傳統以絕對性和普遍性為基礎的知識體系提出挑戰（杉浦宏編，2003）。Dewey強調，學習是一種主體性活動，並提出「問題解決的邏輯」作為學習與思考的基礎。他亦認為學習並非被動接受知識，而是學習者通過主動作用於環境來構建問題，運用語言或符號等「工具性思維」進行分析，並在這個過程中賦予世界意義。這種「問題解決式邏輯」強調學習者通過實踐與反思來建構知識（松岡葉月，2006：62-63）。

在《民主主義與教育》（Democracy and Education）一書中Dewey指出，教育的本質在於通過對經驗的改造或重組來增強其意義，並提升學習者指引未來經驗的能力，這是一個使經驗不斷深化與發展的動態過程（河村望訳，2000；松野安男訳，1994；松岡葉月，2006：62-63）。在《經驗與教育》（Experience and Education）中Dewey進一步闡明「經驗的連續性」與「經驗的交互作用」兩個核心原則。這兩個原則指出，每次經驗都不是孤立的，而是相互連接的，並且經驗的生成是通過學習者的內在條件（例如，興趣、需求）與外在環境的交互作用來實現。基此，Dewey的進步主義教育觀強調學習應該通過行動與經驗進行，從而促進自我展現與教育的深化（市村尚久訳，2004）。

具體而言，知識並非固定不變或普遍適用的客觀存在，而是通過個體在具體情境中的經驗和社會互動而動態構建。因此，教育的目的不應僅僅是將既定的知識傳遞給學習者，而是應該引導學習者通過自身的探究、反思與實踐，逐步構建屬於自己的知識體系。這種建構式學習的教育理念在終身學習的時代尤為重要，因為它賦予了學習者自主性，幫助他們在不斷變化的社會中發展適應能力和創造力。

美術館參觀者的主體性是建構主義的核心。加藤由以（2012）指出，歐美美術館所處的社會狀況，特別是「尊重擁有多元文化背景的學習者，尤其是社會少數群體存在」的活動。基此，殖民主義、移民的影響，以及多元文化社會中促進相互理解的必要性，成為重新構建美術館藝術教育意義的重要契機。這種背景推動了教育方式的轉變，從傳統的單向知識傳遞，轉向強調對參觀者主體性的尊重，並將他們的經驗與視角融入學習過程。通過這樣的實踐，美術館不僅僅是展示內容的場所，更演變為一個促進社會對話與意義建構的平臺。這種轉變使美術館進一步成為連結不同文化和社會背景的重要橋樑（金子淳，2020：16-32）。

基於建構主義的美術館學習觀念，George E. Hein延續Dewey教育哲學中關於

「經驗」、「反思」和「互動」的核心概念指出，建構式學習是一個學習過程，在此過程中，學習者並非被動地接受知識，而是以學習者為中心，積極地建構知識。這一過程根據個人經驗和周圍的影響來構建知識。建構主義美術館的要素包括：沒有固定順序的路徑、提供多樣的視角和積極主動的學習方式，並讓參觀者通過利用自身經驗和思考，得出結論的體驗（黃鳳琴，2001：26；陳秋雯，2003：264；Hein,2004/2006）。

源自Piagetian學派，將心理學、哲學、人類學等領域結合，用來解釋「知識」與「學習」過程的建構主義。該學派認為每個個體擁有認知結構（cognitive structure），即基模（schema），這一結構由個人的知識背景、信念、文化價值觀和心理特徵等因素所構成。當個體遇到新經驗時，若新經驗與基模相似，將會引發認知作用，從而擴展原有的基模，這一過程被稱為同化作用（assimilation）。反之，當基模與新經驗發生衝突，無法產生認知作用時，基模將需要改變或擴展，這被稱為調適作用（accommodation）。認知衝突是學習的驅動力。透過同化與調適過程，認知結構使個體的智能得以增長。因此，學習不僅是從外部接收知識，而是積極的建構過程（董櫟環，2003：90）。知識學習的關鍵是學習者的心，非外在的刺激手段。學習是認知結構的獲得、重組與創造，知識的獲得是因為學習者能對知識各元素之間的關係產生理解，建立認知架構所致，而非單純在已知的部分增加新的事實（施明發，2001; 2004））。換言之，學習者會將新訊息融入他們既有的知識結構中，即使面對新知識，學習者也不可能像一張白紙一樣。他們會帶著已經存在的觀念去接觸新訊息，讓新舊知識有效接軌（郭重吉、江武雄、王夕堯，2000）。在這個過程中，學習者並非是被動接受知識的對象，而是與環境及活動互動，主動建構自己的知識概念、假設或解決問題的方法。為此，學習者的態度、信仰和所處的環境將對學習過程產生關鍵性的影響。

Hein（1996:30-34）指出，建構主義有九個學習原則，包括：（一）學習是主動的過程，學習者透過感官輸入訊息，從中建構意義，並與世界進行互動；（二）學習是人們在學習過程中不斷建構意義，並將這些意義整合成一個系統的過程；（三）建構意義的關鍵在於心理層面，雖然動手操作對學習很重要，但還需結合心智活動；（四）在經驗層面上，學習與語言密切相關，語言會影響學習過程，學習者在學習過程中常會進行自我對話；（五）學習是一種社會活動，不僅關乎學習材料，同時涉及與他人的互動和知識的運用；（六）學習與日常生活密切相連，並與我們的知識、信仰、恐懼和偏見息息相關；（七）學習需依賴既有知識，教學應根據學習者的基礎提供學

習途徑；（八）學習需要時間，不能一蹴而就。真正的洞察來自長時間的準備與反覆思考、操作與使用；（九）動機是學習的重要因素，包含了解如何運用知識的方式，並有助於學習。再者，Hein 認為，美術館藝術教育應依據知識理論、學習理論與教育理論發展。不同美術館根據其屬性與定位，形成各自特色的藝術教育模式。關於知識的問題，唯實論認為知識存在於外部世界，而唯心論則認為知識存在於大腦中。因此，在學習理論上，建構知識學習論強調學習者的主動參與，並融入 Dewey、Piaget 及 Vygotsky 的理論，提倡主動建構知識的過程（Hein, 1998: 14-40；劉巍，2011：57-61）。換言之，建構主義教學旨在培養新世紀的終身學習者，使其具備自我控制的學習過程、反思與創新能力（陳秋雯，2003）。

此外，Hein（1998: 156-179）指出，美術館展示詮釋應該融入多元視角，藉由連結「新」與「舊」的知識，讓社會民眾從熟悉的事物出發，逐步探索未知領域，在此過程中形成觀點，並建構價值。他強調，每個社會民眾的參觀經驗都是獨特的，因此，美術館應提供自由、多元的選擇空間。為提升展示的可近用性，美術館可透過層次分明的文字詮釋，為兒童、一般社會民眾與專家學者提供相應的資訊，或採用多媒體、音樂劇、戲劇等形式活化展示內容。渡邊淳子（2013: 108）指出，在建構主義框架下，美術館展示不僅是單向的知識傳遞，而是強調參觀者的主動參與及個人意義的建構。因此，美術館的展示設計可運用建構主義元素，包括：（一）多樣化的展示方法：不拘泥於傳統線性順序，提供多個入口和視角，讓社會民眾根據興趣和經驗選擇學習路徑，鼓勵社會民眾以自己的方式與展品互動，並透過個人經驗理解歷史與文化；（二）互動式學習：利用觸控螢幕、虛擬實境等技術，讓社會民眾直接參與歷史再現，將自己的知識與展品聯繫起來，這不僅豐富了學習途徑，更強化了學習的個人化和社會化；（三）情境體驗：模擬古代生活或歷史場景，讓社會民眾在身臨其境的情境中體驗文化歷史，根據自身感受和背景構建獨特文化歷史的理解。

John 與 Lynn（2013: 23-24）於 2000 年提出的「脈絡學習模式」（Contextual Model of Learning）也呼應了 Hein 的建構主義藝術教育觀點。他們認為社會民眾的美術館經驗是由「個人脈絡」、「社會文化脈絡」與「環境脈絡」三者交互作用的結果，這強調了參觀過程的個性化。每位社會民眾的背景、知識、喜好及價值觀各異，對展示的理解也會有所不同。因此，美術館若能提供更符合社會需求的展示內容，不僅能促進與社會民眾之間更為親密友好的關係，還能在觀展過程中促進正向價值的建立。

呼應 Dewey 的教育理念，美術館藝術教育是經驗的重組與改造，民主式的藝術教育應為每位學習者提供自由探索的機會，促進其在互動中發展個人見解與價值觀（Dewey,1997）。因此，當代美術館的藝術教育實踐應該融合民主教育與建構主義，創造一個動態、開放且多元的學習環境，鼓勵社會民眾主動參與，進而推動文化對話與公共知識的建構。

基於上述觀點，從文化公共領域的角度來看，美術館不但是展示藝術的場所，也是公共知識建構的重要載體。透過建構主義學習模式，強調學習者的主動參與與經驗重組，觀眾在互動中交流與分享觀點，共同建構藝術知識。這些知識不只限於個人理解，更是在群體互動、社會參與及反思過程中生成的公共資產。基於民主教育理念，美術館應創造一個開放、包容且可接近的學習環境，促進社會民眾的積極參與及討論，進而推動美術館公共知識的建構與共享，並提升文化參與與社會凝聚力。

四、美術館藝術六層次教育概念

現代生命哲學與自然環境概念，從文化藝術的角度是試圖與外界建立聯繫，自然環境與生命逐漸成為關於社會或環境世界關係中的核心議題。因此，教育承擔著將哲學與文化藝術進一步聯繫，創造一個新社會的角色，並負責個體的成長。誠如 Dewey（宮原誠一訳，1957:103-104）所述，如果自然環境的各種力量與人類的經驗最高度結合的形式是藝術，那麼藝術教育首先應當追求其存在的方式，其亦強調藝術是豐富人類經驗，並加深與自然環境聯繫的手段。

赤木里香子（1987:249-258）指出，通過身體與自然環境之間的連續性相互作用，創造且重新構建感知的世界，進而將身體的平衡與自然環境的和諧作為審美的體驗，這種經驗可以被評價為生態性。換言之，藝術作品是靜態的圖像或雕塑等，是承載情感、故事和文化的環境。每件作品如同獨特的風景，讓社會民眾探索其背後的意義。在鑑賞時，社會民眾感受光影變化和色彩對比，創造個人的藝術體驗，反思自身情感。藝術作品亦提供一個視覺與心靈的避風港，讓我們沉思並找到與自我和世界的連結。因此，從生態學的視角觀之，美術館及其藝術作品可以被理解為一個複雜且富有活力的生態系統，既包含藝術作品本身，亦涵蓋人與藝術、藝術與環境之間的多重關係。

當代美術館藝術教育的思潮，特別是以「通過藝術的教育」為中心，秉持著以個體人格形成為目的的教育觀念（磯部錦司，2020：196）。石川毅（1985：253）則對教育中「Arts」的主體性與個體人格形成提出見解：

如果我們認為藝術教育（Art Education）在個體人格形成中具有固有的意義，那麼就不應僅在藝術的教育功能與教育的藝術性相重合的地方進行思考，而是應將藝術教育視為全面或本質上承擔著個體人格形成任務的教育。實際上，這一觀點可以追溯至 Plato 的音樂教育，貫穿古希臘至整個中世紀的人類修養核心——自由藝術（artes liberalis），再到 Kunst 的美學藝術（asthetische Kunst）與 Friedrich Schiller 的審美教育（Asthetische Erziehung），以及從 19 世紀末到 20 世紀初作為教育改革的一部分的藝術教育運動（Kunsterziehungsbewegung）、Bauhaus 的教育理念、Herbert Read 的通過藝術進行教育（education through art）等，均強調藝術在個體人格形成中的重要性，這些理論皆以「藝術」——即進行「藝術實踐」的主體性為基礎。

從藝術實踐的觀點，磯部錦司（2020：185-188）基於生命本位自然觀的教育發展為基礎，結合 John Dewey 及 Herbert Read 的藝術觀點，聚焦於以兒童為對象的藝術教育實證研究，並運用心理學中的「軌跡等終模型」（Trajectory Equifinality Model, TEM）及「三層生成模型」（Three Layers Model of Genesis, TLMG）作為整合性思維工具，建構出「藝術六層次的整體構造及功能」框架，[10] 如圖 1-8，系統地闡釋「藝術的六層次」是一種分層次闡述藝術創作、鑑賞、感知及理解等方式。

在圖 1-8 的「TEM」同心圓六層次模式中，每一個層次都有其特定的作用和功能，再引用「TLMG」框架將「個人行為」、「視覺化」、「意義形成」的三個維度作為分析，茲說明說下：

（一）個人行為

在 A 層到 D 層，個體的活動起源於主體與物體的直接接觸。E 層則與個體生活中的社會背景相關，並可視為 B 層在發展過程中的一種反映。A 層和 B 層的建立為 E 層的形成奠定了基礎。F 層涵蓋了從 A 層到 E 層的整體結構，但每個層次最終形成的

10　TEM（Trajectory Equifinality Model，軌跡等終模型）是將多樣的人生或存在方式中的複雜路徑進行可視化，表現為一個過程圖。該模型通過分析選擇和意志決定的過程，來描述行為，以及隨之而來的意義或價值的形成與變化。其目的是沿著時間的流動來分析這些過程中的意義變遷。TLMG（Three Layers Model of Genesis，生成的三層模型）是將生命活動中的多樣性進行可視化，著重於過程中的發生事件和意義的變化。通過視覺化這些意義的生成與變遷過程，能夠深入分析生命活動中的意義生成機制（安田裕子、サトウ タツヤ，2022；サトウ タツヤ，2009）。

意義可能有所不同。當 A 層確立後，後續的過程及整體結構，會通過個體的身體感知與物體之間的關係展開，並成為系統的第一層。也就是說，A 層是藝術過程的初始階段，與藝術創作或鑑賞者的初始感知密切相關，構成了整個過程的基礎。

個體的行為是藝術過程的起點，這一行為主要通過與物體的直接接觸，並借助多重感官的參與來啟動。在這種直接接觸的過程中，主體和物體之間的關係會產生波動，並逐漸被視覺化。因此，主體和物體之間的互動在此過程中會不斷持續，並且透過這些直接的經驗，逐步顯現出新的狀態。這樣的感官經驗過程使個體行為逐漸發展並得以維持，最終形成一個統一的主體性行動，而後續層次中的形象則逐漸具體化。

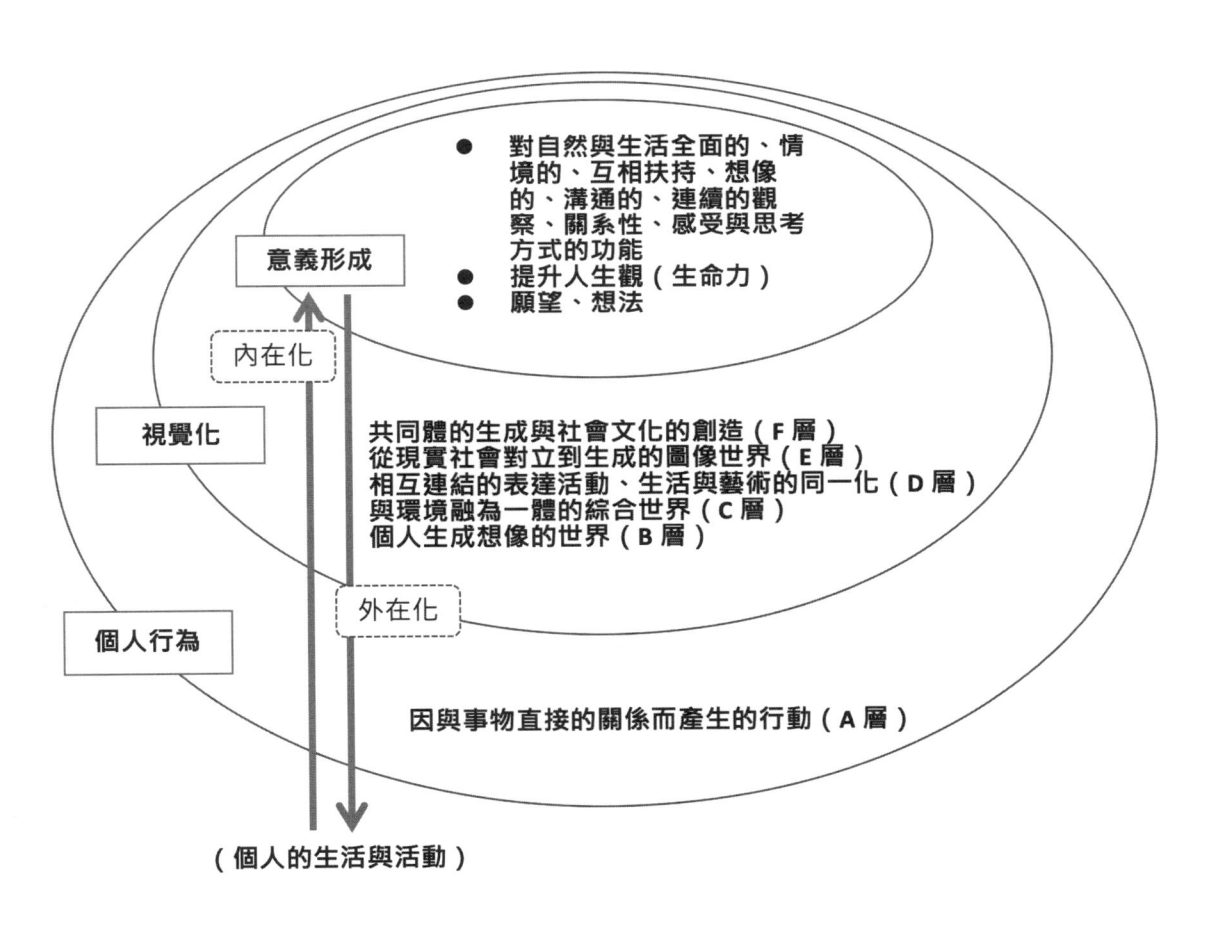

圖 1-8　藝術六層次的整體構造及功能

資料來源：磯部錦司，2020：188。

（二）視覺化

從 A 層到 D 層中，通過以觸覺為中心的身體感官與物理環境的直接互動，視覺化在個體或社群共同體內部誕生和發展。在 E 層中，視覺化進一步與社會背景互動，而在 F 層中，各層的內容則在社會中得以視覺化。

個體內部在 A 層之後的圖像視覺化過程中，B 層與 A 層一樣，是一個貫穿所有層級的過程，並且是後續階段的基礎。B 層是一個激活個體想像經驗的情境，通過與自然環境和生命體的關係，連結個體的背景，形成一個故事（我的故事），並持續進行視覺化。其內容包括「與事物的一體化所產生的共鳴」、「第二自然的生成創造」、「與自然的關係和情境」、「對自然的情感所統一的品質」、「源於生活背景的故事」和「社會圖像（E 層）」，這些內容在活動過程中重疊。在作為 B 層發展過程的 E 層中，通過與社會背景的對峙，新的景觀（圖像）被想像力視覺化為「基於現實的想像中視覺化的風景」、「非現實的現實的風景」、「批判性的風景」，以及「注入事物存在的風景」。在 C 層，個體的形象進一步與環境整合，並通過綜合的圖像進行視覺化。在此階段，環境（風景）包圍著個體的形態，而個體所創造的形態又被環境（風景）包圍，使視覺化從「個體的完整性擴展到與環境結合的整體」。

此外，在 D 層中，通過與事物的互動產生了一個歸屬的場所，通過與夥伴的創造性互動形成一個文化共同體，而這個文化共同體催生了「創造生活」的行為，在相互聯繫的表達活動中，生活與藝術活動相結合。爾後，在 F 層中，通過藝術形成一個文化共同體，產生「共享的存在和感知」，通過創造性活動的交流創造一個「共享的綜合世界觀」，而圖像則作為文化創意活動在社會中具體化。

（三）意義形成

A 層到 F 層在各自的視覺化過程中生成意義，並相互重疊和關聯。各層的分歧點和等至點所呈現的情況及生成的意義，如表 1-3。A 層展現「透過與事物的直接行為所獲得的環境一體感」。B 層通過個體的想像世界，形成對於〈自然／生命〉的「共感」、「思念與願望」，以及「關係性與情境性的看法和感受」。E 層中，個體的想像世界因對社會背景、人本意識和過去現實的對峙，而被想像成對於〈自然／生命〉的包括性、情境性和關係性的世界觀，並透過作品表達出「對人本意識的覺察」、「對自然破壞的思念和願望」等。在 C 層中，通過與環境的融合，意義擴展為「全面性和連續性」。而在 D 層中，透過「生活和文化的創造」，觀點和感受得以拓展。最後，

在F層中,活動的主題和理念作為文化在社會中被形象化,並作為文化創造活動生成對於社會中「全面性、關係性、情境性和連續性的『自然／生命』」的意義。

表1-3 藝術六層次形成的多層情境與意義

層	從各層分支點到等至點的情況	在等至點形成的意義
A層	透過身體感覺,以事物的觸摸感為中心,主體與事物之間創造連續痕跡,形成更具活力的直接體驗。	透過以觸覺為中心的各種感官（共通感覺）感知與事物的統一感。
B層	一種連續情境中,圖像根據與自然環境及生命體的關係生成,故事透過個體背景的連結進行視覺化,形成更具活力的想像體驗。	・透過個人故事表達對自然／生命的同理心、想法和願望。 ・透過個人故事表達關係和情境的觀點和感受。
C層	圖像與環境結合,從個體的完成中視覺化為融合的風景,實現環境與藝術的統一化。	透過與環境的融合,全面且持續地觀察和感受自然與生命。
D層	藝術活動融入日常生活,包括衣食住等,與生活活動連鎖進行,促進社區文化和社會創造,形成生活與藝術的認同。	・透過生活和文化的創造,能更深刻地理解和感受自然及生活的聯繫。 ・藝術與生活活動（衣食住行）是一體,注重生命觀的看待與感受方式。
E層	面對現實情境、人本意識、排斥與包容、過去事實及事物存在情境時,會形成基於社會背景的新風景（圖像）。	・以人為本的意識。 ・全面的、情境的、關係性的自然／生命世界觀。 ・超越現實的想像世界觀。 ・對於自然破壞的想法和願望。
F層	社會透過藝術的共同情感、存在感、全面性世界觀和生活觀,形成文化創造的文化共同體。	・社會是共享全面的世界觀與生命觀的共同體。 ・看待、感受和思考社會中作為文化所創造的全面、情境和關係的自然與生活。

資料來源：磯部錦司,2020：187。

在圖 1-8 的藝術實踐中，通過六層次的過程，每個個體所生成的意義，以及構建的自然觀雖然在個人的語境中有所不同，但如果從「生命觀」的角度來看，這些意義大多與個人對「自然／生命」的「願望和想法」緊密相關。特別是，可以看到其中的特點在於對「生命力的共鳴」、「交往與聯繫」、「互相扶持情境和關係性」的關注，以及試圖將其作為通過各種感官所感知的整體來理解的內容。

從六層次的關係中來看整體結構，個體在生活和活動層面與事物的互動行為構成了基礎。從 B 層之後，行動中生成的圖像被視覺化。在 B 層中，圖像與個體的語境相關聯；在 C 層中，圖像與環境的互動產生聯繫；而在 D 層到 F 層中，通過人與社會的互動，圖像被形象化，並圍繞「生命觀」內化出對「自然／生命」全面性、情境性、關係性的意義。這些意義又與「願望和想法」相聯繫。在每一層，內化的意義在個體的生活中，通過藝術實踐活動、行為，以及藝術活動的視覺化表現而出。隨著各層次中意義的內化與外化反覆進行，對「自然／生命」的理解和意義也不斷得以擴展。

Dewey 的經驗主義所主張的則是藝術具有全面性、整體性、想像性，以及作為工具性、完結性的交流作用，並結合文化藝術生態學的觀點，展示「藝術的六層次結構」（磯部錦司，2020：189）。此結構表明，圍繞生命觀，生成一種全面性、情境性、關係性的自然觀。透過「個體行為、視覺化、意義形成」，這六層結構逐步構建作為知識的生命主義自然觀框架，形成一個可模型化的結構。

以美術館藝術作品鑑賞為例，如圖 1-9。在 A 層中，「直接經驗」（河村望訳，2017：16）運作的綜合功能在社會民眾（鑑賞者）與美術館及藝術作品的氛圍關係中發揮作用，直接經驗的活躍能夠啟動、創造一種「主體（鑑賞者）與客體（美術館及藝術作品）、主動與接受、行動與客體合而為一，以至於完全沉浸於客體中」（松下良平，2003：245）的情境。經驗作為有機體（主體）與環境（客體）相互作用，被包含在環境（客體）之中（河村望訳，2003：246），從直接經驗透過感官接觸建立起全面的關係，引導至 B 層，甚至更深的層次。

歸納而言，藝術是由直接經驗衍生的次要經驗領域（磯部錦司，2020：189）。當我們在鑑賞藝術作品時，這個鑑賞經驗則會從 A 層發展到 B 層與 C 層，這兩種經驗是連續的、互動的，連結為一個整體的情境（河村望訳，2003：24），由情感統一的品質創造出情境，發展為思考與想像的原始條件而逐漸展開。因此，在 B 層中，社會民眾（鑑賞者）通過想像力創造出圖像，借助藝術的整合性與想像功能，將個人內

心的故事視覺化，並由此產生「自然／生命」新的世界觀。在 C 層之後，社會民眾（鑑賞者）同樣通過想像力構建環境（美術館及藝術作品），而環境則通過他們的想像被賦予意義（宮崎宏志，2003：22）。

再者，在 C 層的狀態中，個體的完整性通過與環境的融合轉變為一個綜合的視覺形象，進而生成情境性和關係性的世界觀。而在 D 層中，藝術鑑賞活動被納入日常生命活動的連續表現中，形成日常生命活動與藝術同一化的情境。因此，D 層並非單純地想像一種基於與自然聯繫的生活，而是試圖通過與自然的關係深化「生命觀」的實踐（森岡正博，1994：121）。這樣的行為通過生活的實踐，形成文化創造的基礎，進一步構建「自然與人類的共同體」（內山節，2010：260）。特別是在 C 層和 D 層之後，「交流的成果促成了參與及共享」，形成以藝術為基礎的社群共同體（森岡正博，1994；166；178）。此外，E 層是 B 層的發展過程，鑑賞藝術的社會民眾從 E 層即開始呈現出特點，透過與社會的對峙，創造出新的視覺風景。

因此，必須面對以「人」為中心的意識才能解決相關問題的生命觀（森岡正博，1994：187-193），而這即是通過 E 層的情境得以形成，其意義則是透過與願望、思想的連結延伸。所以可以說，藉由重新思考「生命」的形式來改變我們看待世界的方式，當代生命哲學的思想也是在這個情境中發展而出（森岡正博，1994：106）。最後，在 F 層中，藝術的意義透過在社會中創造文化延伸至社會（菅原教夫，2004）。

作為一種社會創造活動，藝術鑑賞在美術館藝術教育中，不僅是對藝術作品的感知和理解，更是透過社會民眾與藝術作品之間的互動，激發個體的思考、情感與價值觀，進而促進社會文化的創造與延續。美術館的藝術鑑賞教育旨在幫助社會民眾在審美經驗中獲得深刻的藝術體驗，並通過個體與群的文化對話，推動社會整體的文化發展及創新。

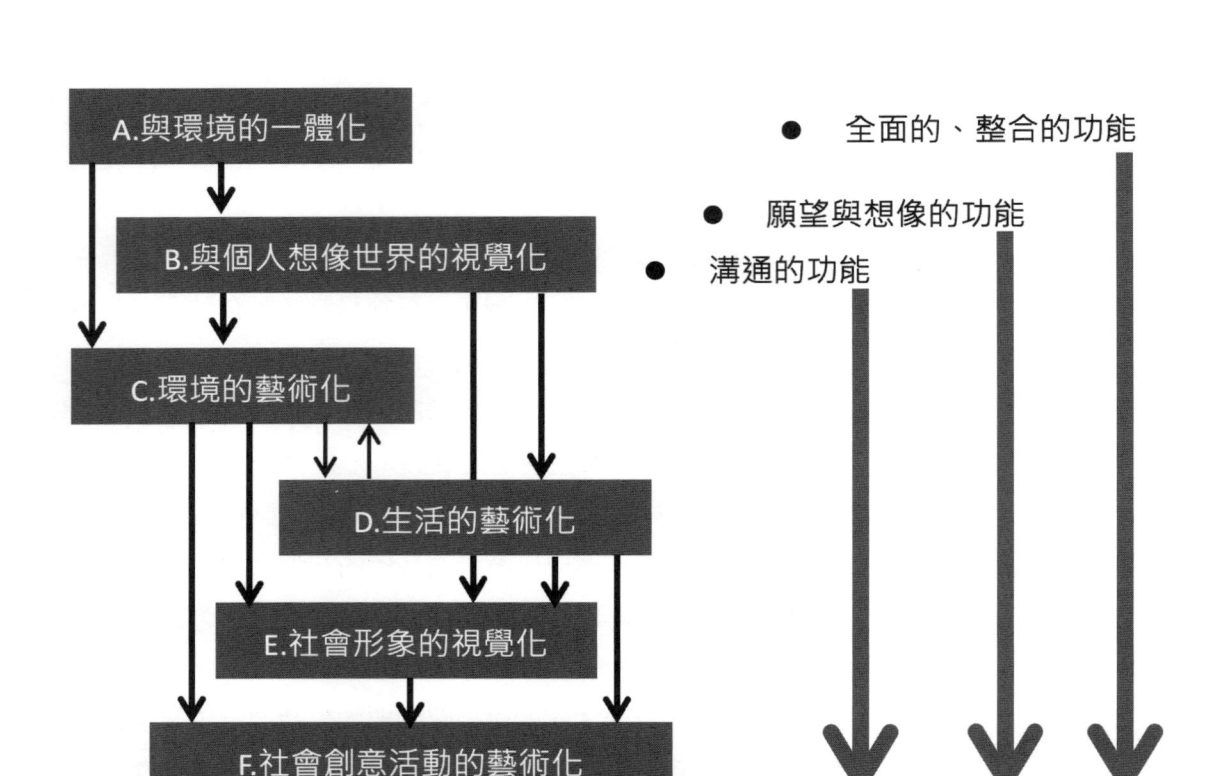

圖 1-9　美術館及藝術作品和藝術六層次的功能

資料來源：磯部錦司，2020：60。

02 — 藝術與教育的共振
日本國立美術館之文化治理架構

||| 獨立行政法人國立美術館現況與特徵
||| 國立美術館文化中介平臺臂距原則探析
||| 日本文化藝術的核心價值與美術館藝術教育

III 獨立行政法人國立美術館現況與特徵

在 1990 年代，兩個重大時代趨勢促使經濟崩盤後的日本社會發生變化。首先，於新公共管理（New Public Management）和新自由主義（Neoliberalism）思潮影響下，日本政府轉向重視成果主義，並在公共事業中引入自由市場競爭機制，承襲英國的「臂距原則（ALP）」作為文化治理的手段。其次，全球美術館日益成為觀光資源，面對經濟困境的日本政府更是將「文化藝術立國」政策作為重點，持續加強美術館的文化觀光功能，以促進文化經濟效益（典藏藝術編輯部，2022）。

在「文化藝術立國」改革的旗幟下，日本中央政府推出了「有利潤的文化」（稼ぐ文化）的文化經濟政策，並推動文化廳制定提升「文化 GDP」策略，這對美術館的運營方向產生了深遠影響（林曼麗等，2022：285）。本章將探討「國立美術館」的現狀、其文化中介平臺及特徵、日本文化藝術的核心價值，並進一步分析美術館藝術教育，以了解日本政府及其「國立美術館」如何治理及拓展。

壹、獨立行政法人制度構成

一、制度概要

2001 年《獨立行政法人通則法》（簡稱通則法）與伴隨其執行的相關法律，即《通則法相關法律整頓法》和《總務省設置法》三法施行，正式啟動獨立行政法人制度。依據《通則法》第二條第一項定義，獨立行政法人係指：「基於安頓國民生活與安定社會經濟等公共立場，具有實施必要，但其性質非必要由國家為主體直接實施的行政與事業。然而委託民間機構辦理恐有實施不完全的疑慮，或由單一機構獨立履行機能方能發揮效果及效率者。」（e-Gov 法令檢索，2018）。

除適用對象的定義，《通則法》內容尚包括：制度目的、評價委員會、理事會及職員、行政運作、財務會計、人事管理等共通原則。而《個別法》則是在前述《通則法》規範下，針對法人個別制定，明揭各獨立行政法人的成立目的、業務範圍，例如，《獨立行政法人國立美術館法》。換句話說，《通則法》為規定制度基本共通的法律事項，《個別法》則是規定關於各個獨立行政法人的名稱、目的、業務範圍、組織、運營及管理等法律事項；運用事項則以《關於中央省廳改革推進方針》為基礎（岡本義朗，2008：2），如表 2-1。

表 2-1 日本獨立行政法人體系

關於獨立行政法人制度共通的法律事項	通則法規定制度基本共通的法律事項。	通則法整備法規定關於通則法的相關法律所需要的整備事項。
關於各個獨立行政法人個別的法律事項	個別法規定關於各個獨立行政法人的名稱、目的、業務範圍、組織、運營及管理等法律事項。	個別法整備法規定關於個別法的相關法律所需要的整備事項。
運用事項	「關於中央省廳改革推進方針」（1999年2月27日中央省廳等改革推進本部決定）政令、省令等。	

資料來源：岡本義朗，2008：2。

總體而言，《通則法》是一個大原則法，《個別法》則是依各機關業務實情制定專屬細則，此法規架構的目的則是為了使獨立行政法人制度能適用於多樣多元的機構（林曼麗等，2022：264）。從2001年日本總務省公佈的87個獨立行政法人機構（総務省，2021a），除了數間博物館、美術館機構外，醫療、科學、產業與社會福祉等多元的專業領域，皆有法人化案例參考。

與過往政府行政科層組織比較，獨立行政法人制度可歸納出法人制度為組織經營方針帶來的改變，主要有三點：從程式主義轉變為績效主義、從事前管理轉變為事後評價，以及從不透明到透明（黃貞燕，2007：67）。由此可見，獨立行政法人制度的創設，旨在改革日本政府機構原有的經營體制，以提供更符合國民需求的行政服務為目的，強調運營責任化、自主性及自律性，進而來改善易欠缺自發性、積極性、效率性與機動性的組織風氣。根據邱君尼（2022）的分析，將「主管機關與法人的權責劃分」、「財務與會計系統」、「人事管理」、「評價制度」、「政府資訊公開」指標進行比較，歸納整理法人化前與法人化後經營比較的變化（林曼麗等，2022：264-265），如表2-2。

表 2-2 法人化前與法人後經營比較

項目	法人前	法人後
與主管機關權責劃分	屬於中央省廳（部會）下設施，事前管制高。	屬於中央省廳執行國家公共事務的外部機構，由主管機關設定目標，重視事後評價。
財務與會計系統	因政府會計重視事前核可，無法彈性運用，單年度結算，盈餘繳回國庫。	政府核定的運營經費及常態經費，可彈性運用。盈餘經認可後獲得彈性運用於所定計畫期程。
人事管理	組織、人事員額等管理受限於國家公務員法等相關法規，缺乏機動與彈性，無法依事業目的選定適職人才。	組織、員額管理不受國家公務員法等相關法規，[1] 依據「個別法」與組織章程等規定招募適職人才。
評價制度與社會需求反映機制[2]	未設確定目標及成果評價的機制，無設置反映、改善機制。	藉由事前目標設定與事後評價的「PDCA」制度，[3] 以反映社會需求、改善業務推動與管理。
政府資訊公開[4]	業務內容與決策不對外公開。	業務運營透明化為原則，主要業務、財務報表、中期與年度計畫、評價與會計監察結果、幹部任命解聘決策文件、員額管理與薪資等行政檔案須公開。

資料來源：林曼麗等，2022：264-265。

---

1 相關福利與勞動規定仍沿用國家公務員法及勞動基準法的規定，細節參見《通則法》第五章人事管理（e-Gov 法令檢索，2018）。
2 日本政府於 2001 年制定獨立行政法人制度的同時，依據《行政機關政策評價法》，也於同年開始在全省廳設立評價室，實施政府部門政策事務自我評價，評價結果受總務省監督。
3 獨立行政法人制度運營上最大的特徵則是「目標管理」與「業績評價」制度，以完成中期目標為運營上的重心，而導入目標管理的 PDCA 循環週期，即計畫（Plan）、執行（Do）、評價（Check）、改善（Action）（總務省，2021a；黃寧，2014：40-41；劉宗德，2010：31；劉一萍，2013：82-90）。
4 日本政府已於 2001 年制定《行政機關資訊公開法》（行政機関の保有する情報の公開に関する法律），並積極推動政府資訊公開。參見總務省（2022）。〈情報公開制度〉，《總務省》，網址：https://www.soumu.go.jp/main_sosiki/gyoukan/kanri/jyohokokai/index.html，檢索日期：2022 年 4 月 3 日。

二、法人類型

日本政府考量法人機關為數眾多，性質也天差地別，因此以不同類別作分類管理。在制度成立初期，針對機構職員的身份分為「國家公務員」與「非國家公務員」來區分為「特定獨立行政法人」與「非特定獨立行政法人」二大類。2014年，為求獨立行政法人的分類更契合法人業務內容，日本政府修法將類型改為依據業務性質區分的「中期目標管理法人」、「國立研究開發法人」、「行政執行法人」等三大類。但仍需注意的是，此三大類型的獨立行政法人雖各有自治空間，然而實際上也都受到政府以長短不同的期程管控著，茲說明如下（行政院研究發展考核委員會，2010：14-30；林曼麗等，2022：266-267）：

（一）中期目標管理法人：法人機構職員為非國家公務員。政府認定此類別的機構具有顯著專業特徵，亦有一定程度的自治與創新能力，但仍必須配合政府政策，因此設定以中期（3至5年）執行階段性任務，俾能維持高品質的服務，滿足多樣化的國民需求，並增進公共利益。本書研究的個案即屬此分類。

（二）國立研究開發法人：法人機構職員為非國家公務員。政府認定此類別的機構具有高度研究開發取向，也有能力自治與創新，應在中長期（5至7年）期程內，執行科學技術相關實驗、研究或開發。例如，日本科學未來館所屬的科學技術振興機構。政府也會在期滿時，確認各法人是否達成政府設定的中長期目標。也就是說，政府以管控進程與執行成效的手法，監督此類法人提升科技專業，敦促各機構以學術成果貢獻公共領域。

（三）行政執行法人：法人機構職員為國家公務員。主辦諸項與國家行政密切相關的業務，並須隨時準確依照國家指示行事。政府每年檢核此類法人的執行成效，目標設定期程為三個法人類型中最短。管理政府各部門歷年行政檔案的國立公文書館即屬此類型。

三、制度運作基本原則

（一）組織設計

獨立行政法人為首長制，機構的運營權集中於最高管理職，即「理事長」，由主管機關首長任命，而理事長向下則設有理事、[5] 監事等職位、也可視需求在《個別法》

---

5 依據獨立行政法人實際經營情況所需，目前獨立行政法人的理事有專任、內部職員兼任或是外部專家

規範下增聘其他幹部。在最高管理階層中，原則上由主管機關首長任命機關外部的人士擔任監事，以公正履行業務及會計監察權責。理事與其他幹部則由理事長任命，但應呈報主管機關並公開名單。理事聘任人選以尊重各機構專業評價為原則，唯政府或地方公共團體職員不得兼任獨立行政法人機構的理事。另有關職務解除程序，主管機關首長與理事長有權解任各任命的幹部或職員（e-Gov 法令檢索，2018）。

而關於理監事等幹部以外的職員，亦必須依據《個別法》設立詳細章程規範來規劃員額、基本勞動權利與工作條件，並且須訂立職員績效系統，以反映薪資、獎金與晉升情形。法人理事長則有權利依據規範任命、解雇、調動與評價職員。此外，各主管機關可視必要指派人事交流，以促進政府政策規劃與獨立行政法人機構業務執行之間的協調。總體而言，獨立行政法人不須依照公務人員制度晉用人才，在人事上享有較多自主權與彈性，但是政府亦有很大的空間，利用人事安排參與獨立行政法人的運作（林曼麗等，2022：266-267）。

（二）運作模式

獨立行政法人制度的基本運作模式為「政府指定期程目標」、「制定計畫並執行」、「成效評價」（總務省，2014；2019）。換句話說，主管政府機關透過「業務範圍設定」、「業務方法書」、[6]「中（長）期目標」、「中（長）期計畫」、「年度計畫」等類公部門契約，管控法人業務的方向與進度，並實施評價制度以審核執行成效。撥給獨立行政法人行政資源（資金）的同時，也要求法人執行公共任務。依據邱君妮（林曼麗等，2022：269-272）的研究分析指出，獨立行政法人制度的運作模式，包括：政府指定目標、制定計畫與執行、成效評價等三個方面：

1. 政府指定目標

主管機關依照「政策指標」、「行政指標」、「經費節約目標」方針，設計各法人的中（長）期目標與詳細的業務目標。此模式反映日本政府希望各獨立行政法人執行政策，並依照政府規定行事，並且始終強調「精簡開支」。獨立行政法人依據主管機關提示的目標，得依據各自專業擬定執行方式。換言之，獨立行政法人依據政府的

兼任等不同聘任方式，且因執掌機構運營的重責大任，原則上為有給職。

6　訂定並公開業務方法書的目的是為了確保法人的經營規則明確，以及運營的透明性，也可以說是具體運營方法的依據。內容包括中（長）期目標的管理、執行，以及評價的相關規定，並明訂組織內部經營基本規則，例如，危機管理、資訊安全、監事監察與內外部申訴通報機制等。此外，也規範了業務受託與委託標準、招標與契約相關基本事項、人事等。

法令與政策制定，最終雖須通過主管機關核定，但仍可在其專業自主上運營管理。在一般行政方面，制定內部制度須經過總務省批示，財務收支事務須依照財務省規定等。由此可看出獨立行政法人制度中最基礎的工作準則，仍是依循中央政府機關的「組織精簡」及「業務效率化」的目的。

2. 制定計畫與執行

主管機關首長對獨立行政法人的監督與參與，限於法人業務與組織運營，且盡量排除涉及運營細節的事前管制，將重心放在事後監督，尊重法人的自主性、自律性，以提高其組織、人事與財務上的彈性與透明（行政院研究發展考核委員會，2010：31）。基此，根據《中央省廳改革基本法》第三十八條明訂獨立行政法人的運營基本原則內容（e-Gov 法令檢索，2015a），歸納獨立行政法人運營基本原則流程（總務省，2021b；邱惠美，2006：171-227），亦即，獨立行政法人正式啟動該期工作前，須分三階段逐步提出具體計畫，亦即：1. 第一階段，依照主管機關設定的「中（長）期目標」，擬定「中（長）期計畫」；2. 第二階段，「中（長）期計畫」經主管機關認可後，依據獲准計畫制定「年度計畫」；3. 第三階段，「年度計畫」亦須得到主管機關認可後，方能正式執行工作。「年度計畫」與「中（長）期計畫」執行結束後，皆需要依照規定進行自我評價，並向主管機關提出「自我評價書」與「事業報告書」等資料供其評價。

此外，主務大臣為每個財政年度制定關於要實現的商業運作年度目標，獨立行政法人根據這些年度目標制定商業計畫，並系統地開展其業務。主務大臣會對法人的經營業績在 3 至 5 年內，對法人運營效率有關的事項執行實況進行評價。

3. 成效評價

獨立行政法人評價主要有兩種類型：第一是檢視年度計畫執行成效的「年度評價」；第二是「中（長）期目標」期間結束後的「中（長）期目標期間評價」。這兩種評價，主管機關將檢視各期程初始指定的目標執行情況，並以此為依據規劃下期目標。

另外，為避免各主管機關的本位主義影響評價結果，關於評價執行方式，主管機關首長須聘任外部專家學者，召開外部專家會議來評價獨立行政法人機構。由總務省項下根據《通則法》第 12 條（e-Gov 法令檢索，2018）設有由內閣總理大臣從相關具有學識和經驗的領域專家（非公部門職員）所組成的「獨立行政法人評價制度委員會」，包括：委員、臨時委員及專門委員（總務省，2024a），如表 2-3。該委員會作為協力廠商執行監察與事後督導，並針對主管機關所做的評價適切性的進行第二次評價，並將評價結果交由總務省審查，與公開評價結果。「評價制度委員會」主要審議

事項包括：中（長）期目標期間的預期績效評價檢查（通則法第32條第5項及第6項）、中（長）期目標期間結束時的業務審查內容檢查（通則法第35條第3項及第4項）、中（長）期目標草案的檢查（通則法第29條第3項及第35條第4項）（総務省，2024b），此種評價方式是為了防止因主管機關專業度不足，因而造成獨立行政法人的負面影響，以及杜絕上下直屬機關相互包庇，故稱為「雙重評價」（林曼麗等，2022：270-271）。

表 2-3 獨立行政法人評價委員會委員名單

		姓名	隸屬／職位
委員會主席		澤田道隆	花王股份有限公司特別顧問
代理委員會主席		原田久	立教大學法學院院長
評價部會	部會主席		
	代理部會主席	浜野京	信州大學理事
	委員	天野玲子	日本郵政銀行股份有限公司董事（外聘）
		金岡克己	Sky Intech 股份有限公司特別顧問
		栗原美津枝	價值綜合研究所股份有限公司代表董事會長
		島本幸治	法興證券股份有限公司代表董事社長
		高橋真木子	金澤工業大學研究生院創新管理研究科教授
	專門委員	河合晃一	筑波大學大學院人文社會科學研究科副教授
		清水剛	Align 股份有限公司代表董事兼執行長
		橫田響子	CollabLab 股份有限公司代表董事
會計準則委員會	部會主席	長村彌角	德勤會計師事務所合夥人
	代理部會主席	野﨑邦夫	住友化學股份有限公司常任監事
	臨時委員	会田一雄	慶應義塾大學榮譽教授
		秋山修一郎	EY 新日本有限責任監察法人合夥人
		佐藤綾子	富山國際大學現代社會學院教授
		水口啓子	BIPROGY Ltd. 外聘審計師

資料來源：総務省，2024a。

總務省的評價制度委員會所作出的評價結果，不會直接提供給各個待審法人機構，而是回報給各主管機關，作為後續裁量的參考依據。中（長）期計畫期程結束時，主管機關將聽取評價制度委員會的意見，檢討各獨立行政法人機構的業務、組織結構，以及各項工作繼續實施的必要性，同時反映在下期目標的設定。由此看來，評價制度委員會可以說是政府監察獨立行政法人制度運作的「第三機關」，有權利能直接向總務大臣、內閣總理大臣表達意見，而獨立行政法人的存廢與否則是由總務省確實掌握（總務省，2021b；林曼麗等，2022：272）。獨立行政法人目標計畫設定與評價運作體制，如圖 2-1。

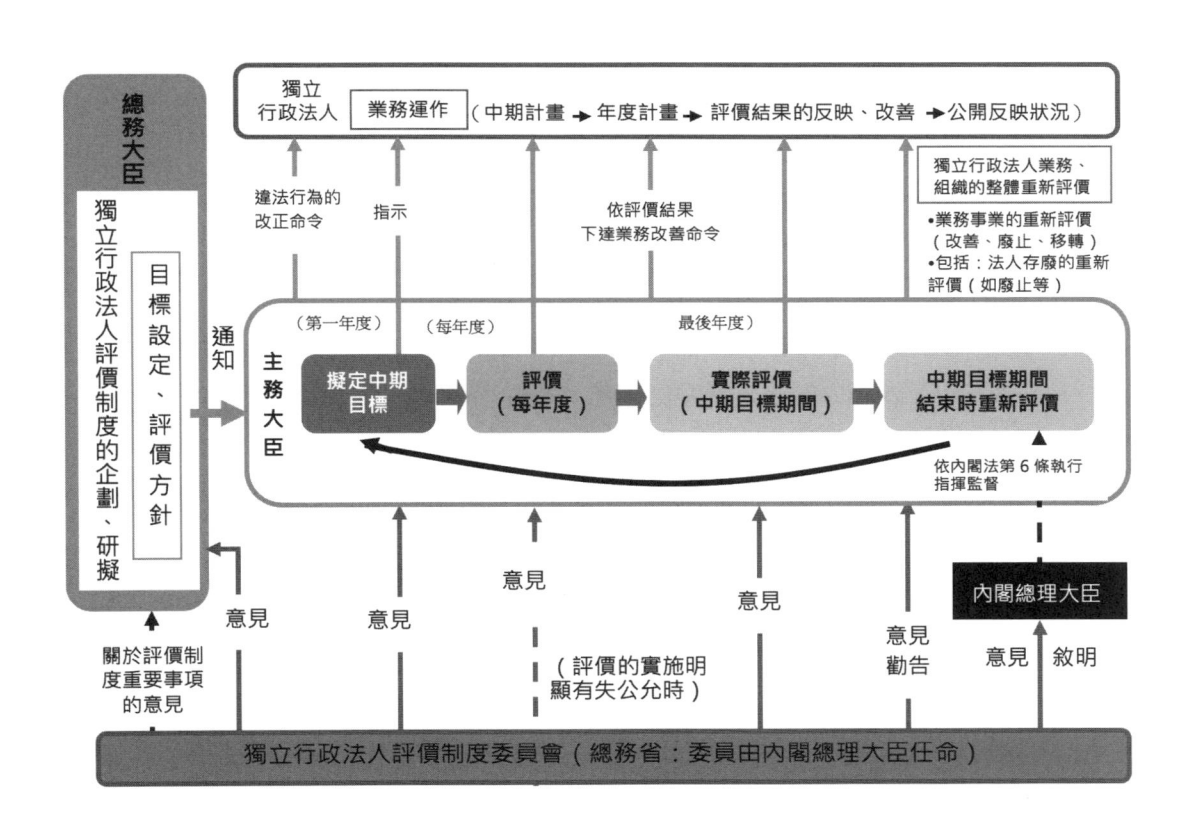

圖 2-1　獨立行政法人目標計畫設定與評價運作體制

資料來源：總務省，2021b；林曼麗等，2022：272。

綜上，在評價機制中的「第三機關」扮演獨立行政法人機構與中央政府之間溝通的角色，並且平衡評價者（主管機關）的權力，而政府可以藉由評價了解法人實際執行情況來調整下期目標的設定，此則是為有效促進獨立行政法人機構能夠在專業領域中彈性發展的設計。然而最重要的是，如果政府予法人皆能夠確實落實此種模式，紮實執行各自的責任與業務，是故，評價機制可說是為法人機構的未來發展打造穩妥與恰當的基礎。

（三）財務會計制度與資訊公開原則

1. 法人主要經費

獨立行政法人的財源，由政府編列預算（通則法第 46 條），其會計處理，採取企業會計原則（通則法第 37 條）；而獨立行政法人原則上屬於「非營利」及「不自負盈虧」模式，主要運營資金仰賴政府撥給，亦即在預算範圍內，政府對於獨立行政法人交付其業務運營所核撥給必要的金額，法人運營的經費稱之為「運營交付金」（e-Gov 法令檢索，2018）。

2. 經費與獎勵制度

不同於過去中央政府直接管轄時的每年結算、收回餘額再配發的方式，法人預算用途的分配享有較大的自主權和彈性。在目標期程期間，經費使用可以跨年度流用，打破一般國家預算必須按年度結算繳回國庫的限制。再者，法人還可以向主管機關申請「經營努力結果認證」，留用法人賺取的盈餘（林曼麗等，2022：273）。主管機關首長肯定該法人經營有成，而該法人便可以將一定比例的年度活動盈餘作為「儲備金」（積力金），留用於「中（長）期計畫」內。這套制度被稱為「獎勵機制」，可說是具有鼓勵目的的檢核、撥款辦法。但儲備金的留用仍有所期限，依規定必須在「中（長）期目標」完成期程結束時將剩餘款項繳回國庫（村井敞，2001；林曼麗等，2022：274）。

3. 資訊公開透明

對於法人運營透明性、公開性與自主性的訴求，具體顯示在獨立行政法人機構的會計與財務監察制度上。2017 年，在總務省公佈《獨立行政法人財務報告基本方針》最新版中，清楚揭示獨立行政法人機構的財務報告（総務省，2017）。因此，要求履行法人機構首長說明責任與提供財務報告使用者資訊，方能有助於決策。

此外，《獨立行政法人會計與獨立行政法人基準注解》為獨立行政法人制度現行

的會計準則，該準則由總務省召集專家組織工作小組制定，旨在避免主管機關因利害關係影響準則的公正性與正確性。準則內容與民間企業採用會計原則大致相同，主要基於兩個原因：1. 國民對企業原則較不陌生，容易理解掌握法人的財務狀況；2. 政府可運用相同原則下產出的結算成果，與民間企業的經營狀況做比較，用以評價獨立行政法人的成效（村井敞，2001；林曼麗等，2022：275-276）。傳統政府機關與獨立行政法人會計比較，如表 2-4。若評價顯示獨立行政法人成效不彰，則可能進一步考慮將其民營化。

表 2-4 傳統政府機關與獨立行政法人會計比較

項目	傳統政府機關	獨立行政法人機構
公開內容	國家預算執行情況	法人財務狀況及運營成果
預算科目與經費運用自由度	預算列詳細科目，依表執行，科目間原則上不允許流用，經費運用自由度低。	預算科目概列。原則上可自由調度不同科目間的經費，經費運用自由度高。
預算年度與收入盈餘	年度預算、盈餘原則上不可留用，需繳回國庫。	經許可後，收入盈餘得於中（長）期計畫期間跨年度留用。但計畫期間截止後，經費餘額仍須繳回國庫，不得跨期使用。
資產所有權	國有財產	獨立行政法人
會計制度	政府會計	企業會計
資料報表	歲入歲出決算書	資產負債表、行政服務成本計算書、損益表、淨資產變動表、現金流量表、利益或損失處理決算書、附屬明細及其他《通則法》規定的財務報表。

資料來源：村井敞，2001；林曼麗等，2022：275-276。

獨立行政法人應根據以上公告的會計原則與規定，製作資產負債表、行政服務成本計算書、損益表、淨資產變動表、現金流量表、利益或損失處理決算書、附屬明細及其他《通則法》規定的財務報表。並於每事業年度結束後三個月內，向主管機關提出前述資料，以作為會計監察會議評價業務績效的依據。另外有關會計財務監督，除獨立行政法人內設監事外，主管機關尚須選任非政府機關的「協力廠商會計監察人」協同監察，並針對上揭文件提出建議。而為力求獨立行政法人機構的公正透明，2002

年 10 月 1 日施行的《獨立行政法人等資訊公開法》明白訂出，法人機構有義務在會計監察結束後，公開經主管機關核准財務報表。除刊載於政府公報外，也需在主管機關指定期間內公開相關報告書，方便一般社會民眾調閱。報告書的內容也應該符合《獨立行政法人持有資訊的公開相關法》的規範，保障個資等的資訊安全。

貳、獨立行政法人國立美術館現況

一、基本理念、運營方針與法人目的、業務範圍

（一）基本理念

國立美術館成立的起源於獨立行政法人制度的創立，其設置背景是中央省廳等改革。依據《中央省廳等改革基本法》第三十六條的規定：「從國民生活及社會經濟穩定等公共性觀點出發，對於確有必要實施的事務與事業，若國家不需以主體地位直接執行，但若委託民間可能無法確保執行，或需要由單一主體獨占執行者，政府可設立具備自律性、自發性及透明性的法人制度，以確保有效與高效的執行。」

（二）運營方針與法人目的

為了向社會民眾提供鑑賞多樣且優秀美術作品的機會，國立美術館作為促進美術振興的中心據點，根據中期目標制定中期計畫與年度計畫，並積極推動日本藝術文化的推廣、創造與發展。基於多元化需求及對當代藝術變化的回應，六所法人美術館根據各自的角色、使命與任務，系統化地進行作品（包括：電影）的收集、典藏、修復、展示及教育普及活動等。透過這些努力，除培養國民的審美感性，推動終身學習與其他文化藝術的發展，亦促進國際文化藝術的交流。

（三）業務範圍

為達成前述法人的目的，依據《獨立行政法人國立美術館法》第十一條，執行業務內容，包括：第一項，設置美術館；第二項，收集和典藏美術作品及其他與藝術相關的資料，並提供給社會民眾鑑賞；第三項，進行與前項所述任務相關的調查與研究；第四項，收集、整理及提供與第二項所述任務相關的資訊和資料；第五項，舉辦與第二項業務相關的講座、出版物的發行及其他教育推廣普及事業；第六項，將第一項所設置的美術館用於促進藝術及其他文化的事業；第七項，針對第二項至第五項業務，對美術館及其他類似設施的職員進行培訓；第八項，應美術館及其他類似機構的要求，就上述第二至第五項所述任務提供協助和建議；第九項，執行與前述各項業務附帶的任務（e-Gov 法令檢索，2015b）。

二、組織與目標定位

（一）理事會與館所首長

　　國立美術館的最高管理組織為理事會，由主管機關文部科學大臣任命，理事長應由對獨立行政法人業務具高度知識與經驗、能確實有效運營獨立行政法人事業的人才擔任。法人負責人對外亦代表獨立行政法人，理事長掌握最高決策權，理事會成員（含理事長）總人數不超過6名（理事至多3名，監事限2名），偕同審議機構的中期與年度計畫，任期為四年，不限連任次數（独立行政法人国立美術館，2024），如表2-5。爾後依照《國立美術館個別法》設立其他重要幹部，由法人負責人任命與解聘，重要幹部不得為政府或地方公共團體的職員來擔任，《國立美術館個別法》也規範監事員額、重要幹部名稱、員額與任期。自國立美術館成立以來，歷任理事長皆由主管機關任命，並兼任各館所的館長，而各館所的館長則由理事長任命（e-Gov法令檢索，2015b），如表2-6。這樣的舉措旨在確保最高首長能夠深入了解各館所的現場運作，並且通過兼任的模式來節省人事成本。

表 2-5 理事會成員

職稱	姓名	任期	經歷
理事長	逢阪惠理子	2021年（令和3）7月1日～2026年（令和8）3月31日	獨立行政法人國立美術館理事長（國立新美術館長）
理事	石﨑宏明	2024年（令和6）1月6日～2028年（令和10）1月5日	文部科学省部長秘書處部長級協調官 文部科学省部級秘書處部級改革促進與遵守辦公室副主任 獨立行政法人國立美術館理事（總部事務局長）
理事（兼任）	田中正之	2023年（令和5）7月31日～2029年（令和9）6月30日	國立西洋美術館長 武蔵野美術大學美術館圖書館長

表 2-5 理事會成員（續）

職稱	姓名	任期	經歷
理事（兼任）	渡部葉子	2022 年（令和 4）4 月 1 日～2026 年（令和 8）3 月 31 日	東京都美術館學藝員 東京都現代美術館學藝員 慶應義塾博物館副館長 獨立行政法人國立美術館理事
監事（兼任）	田中淳	2021 年（令和 3）9 月 1 日～2025 年（令和 7）會計年度財務報表批准日	公益財團法人大川美術館館長 獨立行政法人國立美術館監事
監事（兼任）	茶田佳世子	2021 年（令和 3）9 月 1 日～2025 年（令和 7）會計年度財務報表批准	日本 Accenture 株式會社 監察法人伊東會計事務所 獨立行政法人國立美術館監事

資料來源：独立行政法人国立美術館，2024。

表 2-6 獨立行政法人國立美術館各館所首長

職稱	姓名	經歷
東京國立近代美術館長	小松彌生	曾任獨立行政法人國立美術館理事兼事務局長
國立工藝館長	唐澤昌宏	日本美術史家、日本陶瓷協會獎評選委員會委員
京都國立近代美術館長	福永治	曾任廣島市現代美術館長
國立電影資料館	岡島尚志	曾任東京國立近代美術館國立電影中心委員
國立西洋美術館	田中正之	武藏野美術大學教授
國立國際美術館	島敦彥	曾任愛知縣美術館長、金澤 21 世紀美術館長
國立新美術館	逢阪惠理子	曾任橫濱美術館長
國立藝術研究中心	片岡真實	曾任森美術館長

資料來源：作者彙整。

（二）內部經營治理

理事會轄下設有法人「本部事務局」（即總部）。本部事務局長領導總務企劃課、財務課、會計課與環境管理課等四部門，此組織性質類似臺灣公部門的主任祕書室，其職責為統整、溝通協調國立美術館內所有事務。本部事務局作為擔任法人業務統籌與各館所間協調的重要角色，其與六館所為平等，非上下隸屬關係。由於六館所有不同的事業定位，本部事務局則必須具體掌握國立美術館所屬設施的業務內容與需求，以進行有效的資源分配（独立行政法人国立美術館，2020：11）。另於2023年3月28日設立國立藝術究中心，藉以「連結、深化和擴展藝術」為核心，致力於建立一個連結日本與國外美術館、研究機構及其他社會各界的新基地。此中心的目標不僅限於專業領域的研究，還包括推廣活動、促進收藏品的利用、建立人際網絡、擴展學習機會及支持藝術家發展（国立アートリサーチセンター，2023），以此豐富日本整體的美術館活動，如圖2-2。

由於本部事務局主責事務的整合性與特殊性，因此，在運營期間，本部事務局需定期召開會議，確認各館所是否依時程履行「業務方法書」中規範的管理條例，倘若執行情況不佳，本部事務局也必須規劃研習等改善策略，並依據各委員會針對國立美術館相關的美術問題提出適切的改善建議（独立行政法人国立美術館，2001），如表2-7。

表2-7 獨立行政法人國立美術館管理分工

層級	管理相關會議
本部事務局	理事會與館所首長會議、六館所會議（副館長及部長級會議）、總務課長會議、人事選考委員會、運營委員會、外部評價委員會、內部統制委員會、契約監事委員會、資訊安全委員會、風險管理委員會、設施管理及運營業務相關監控評價委員會、安全衛生委員會、職場騷擾防治委員會、綜合評價審查委員會、工程建設相關競標資格審查委員會、修訂契約相關委員會等。

資料來源：独立行政法人国立美術館，2001。

（三）目標與定位

國立美術館是屬於「中期目標管理法人」類型的獨立行政法人，執行業務的基本模式為「政府指定目標」、「制定計畫與執行」與「成效評價」，並以五年為一期進行運營。在「政府指定目標」方面，主管政府機關將焦點聚焦於「提高社會民眾的服

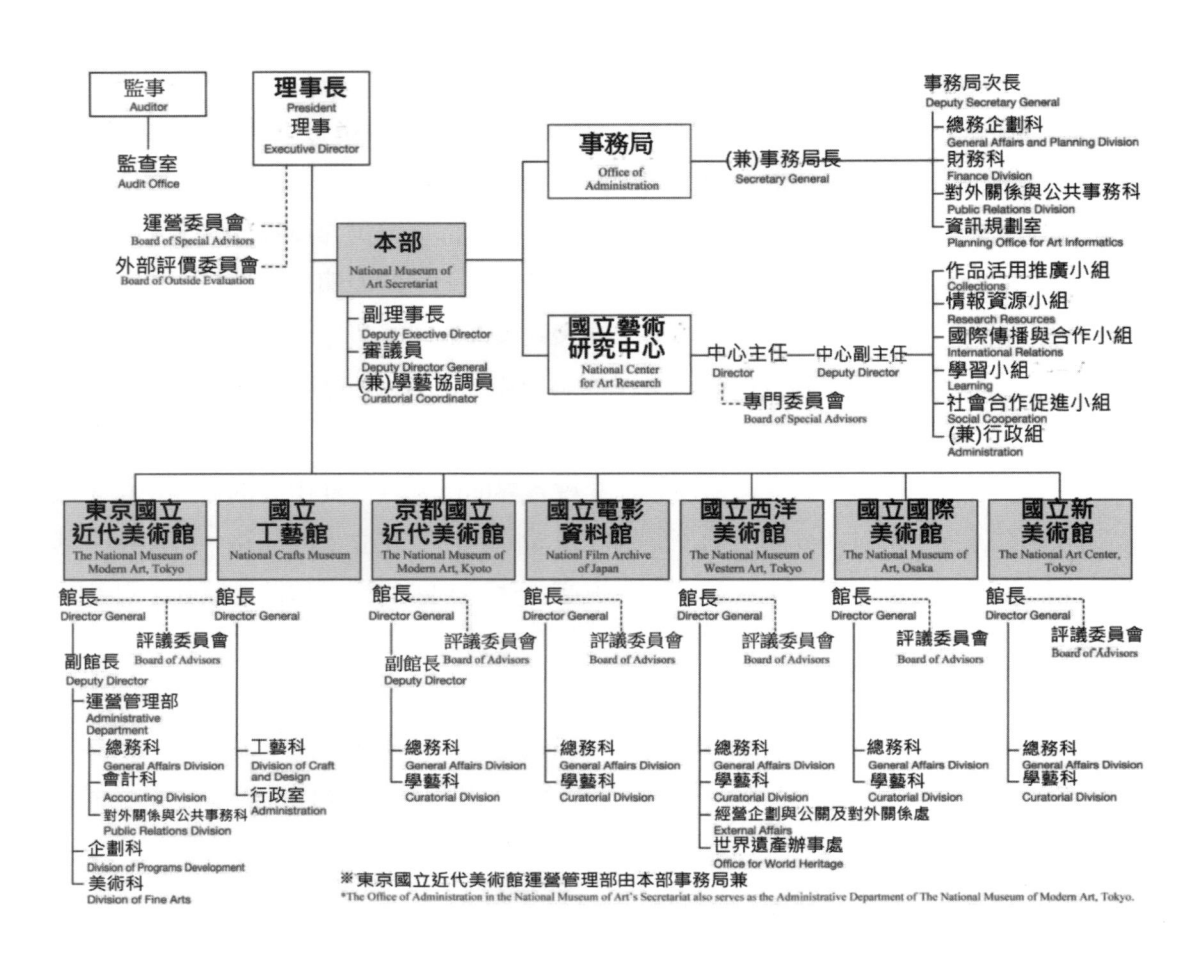

圖 2-2　獨立行政法人國立美術館治理架構

資料來源：独立行政法人国立美術館，2023a。

務和其他業務的品質」、「提高業務運營效率」、「財務內容改善」與「其他與業務運營有關的事項」等四大面向，針對國立美術館提出配合文化藝術及教育政策趨勢的中期目標。另外，國立美術館根據獨立行政法人制度推動後的第四期（2016至2020年）中期目標設定階段的情形；第四期計畫訂定之初到執行期間的變化，分別以「指標量性與質化的趨勢」與「業務執行」，茲說明如下（独立行政法人国立美術館外部評価委員会，2021a）：

1. 指標量性與質化的趨勢

2015 年，獨立行政法人制度加入了「PDCA 管理循環機能性目標與評價」後，中期目標的指標描述呈現「量化」的趨勢。第四期（2016 至 2020 年）又追加了中期

目標的達成指標和「標竿設定」（目標水準）等規定。以下以「加強教育普及活動」的中期目標為例，說明主管政府機關為國立美術館設定目標與標竿的方式。

在主管政府機關為國立美術館設定的第四期中期目標裡，在「提高社會民眾的服務和其他業務的品質」項目中提到，雖然 2020 年受到新型冠狀肺炎病毒的影響，與往年相比，參加人數大幅減少，整體舉辦與展示相關的講座和工作坊共 226 場，參加者達 8,191 人（独立行政法人国立美術館外部評価委員会，2021a）。與第三期（2011 至 2015 年）的中期目標對照，展示相關的講座和工作坊共 5,431 場，參加者達 44,847 人（独立行政法人国立美術館，2015）。另對於諸如為兒童製作和免費發送的初級指南、為家長和兒童舉辦活動、巡迴電影放映節目，以及為學校和教師提供培訓等舉措都值得稱讚。為了加深社會民眾對藝術作品與藝術家的理解，如何因應新型冠狀肺炎病毒流行期間造成的影響，主辦政府機關提出改善教育普及活動必須調整的指示，尤其是對於普通參觀者來說，展示以外的活動是很難看到，例如，展示評論、講座與兒童工作坊、與學校和社會教育設施等各種機構、國家電影資料館與其持有的電影和其他作品，以及為日本和海外的廣泛人士、資訊與數位技術的使用、志願者和支援團體的合作，必須盡最大努力加強有助於促進整個國家美術館的教育和傳播，提供多樣化的學習機會（独立行政法人国立美術館外部評価委員会，2021b）。

在主管政府機關給予國立美術館的中期目標中，也包括了「節約經費」的指標。其中「自籌經費」的評價等級為「B」，此部份因創建經營群眾募資（crowdfunding）線上捐款計畫，向社會民眾募集資金，透過社會民眾力量讓藝術家的創意展現，爭取社會民眾的關注和支持。在支出方面，決算金額 59,358 百萬日元超過計畫預算金額 57,710 百萬日元，增加比例為 0.03%；「管理部門經費」增加 0.15%，「一般管理費」增加 0.27%，在評價改善部份明確指出，由於是業務運營管理問題，未來應積極主動、努力確保多樣化的收入（独立行政法人国立美術館，2021a）。

2. 業務執行

國立美術館是通過開展相關的研究，以及教育普及來促進藝術和文化的發展，是《國立美術館個別法》中訂定的法人目的及主要業務，也是國立美術館的首要任務，包括：發揮作為國立美術館的重鎮機能，收集、典藏、研究、展示及教育普及等工作。基於前述定位，根據主管政府機關著眼的中期目標三大面向，自行擬訂計畫與任務，並通過主管政府機關核定後方能執行。

依據第四期中期目標,國立美術館提出中期目標的三項任務為:第一項以作為美術推廣中心據點,因應當代藝術環境變化,開展各種藝術鑑賞活動,例如,促進美術創作活動的活化,為日本文化藝術做出貢獻;第二項提出可以系統性與和歷史性的展示日本現當代藝術,以及形成海外藝術的國家收藏與傳承;第三項強調作為日本國家美術館中心,為振興美術館活動做出貢獻,如圖 2-3。此外,為應對後疫情時代社會

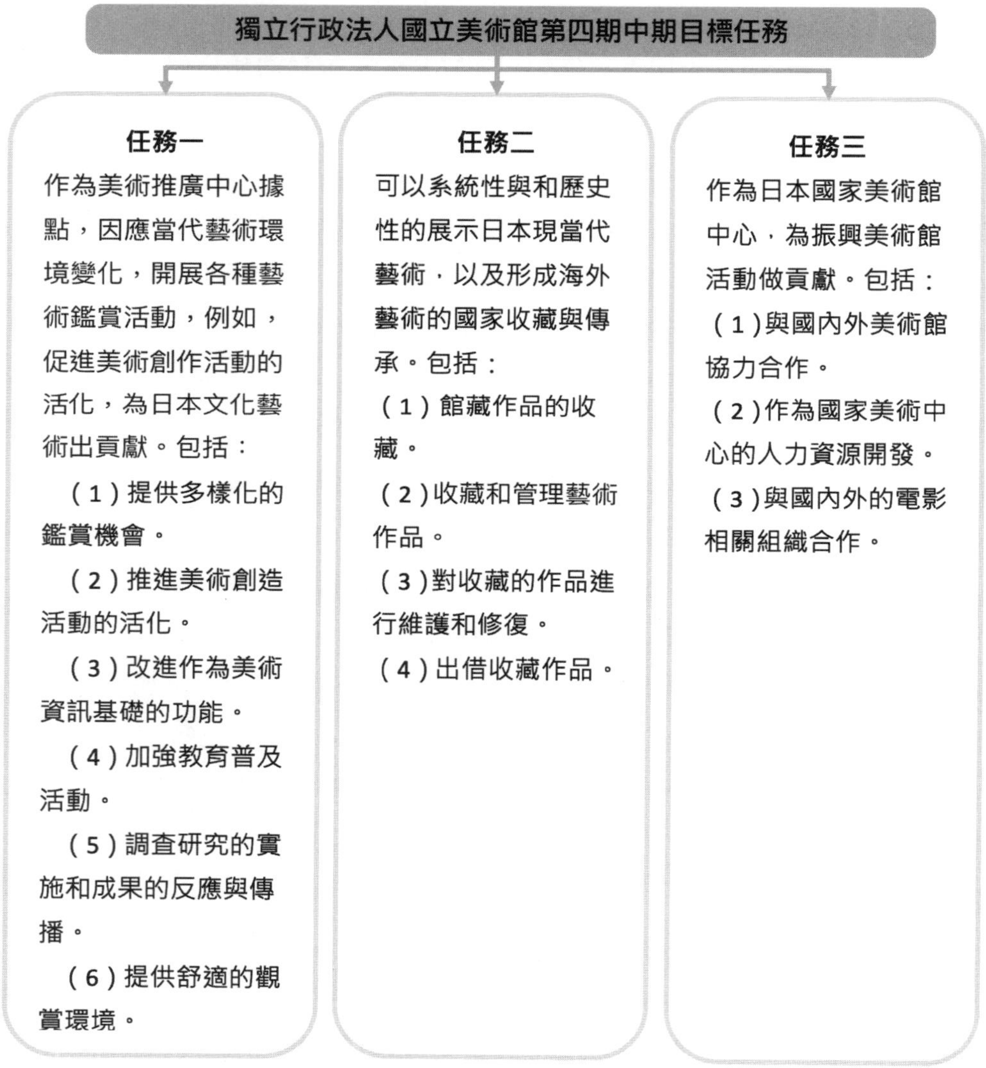

獨立行政法人國立美術館第四期中期目標任務

任務一
作為美術推廣中心據點,因應當代藝術環境變化,開展各種藝術鑑賞活動,例如,促進美術創作活動的活化,為日本文化藝術出貢獻。包括:
(1)提供多樣化的鑑賞機會。
(2)推進美術創造活動的活化。
(3)改進作為美術資訊基礎的功能。
(4)加強教育普及活動。
(5)調查研究的實施和成果的反應與傳播。
(6)提供舒適的觀賞環境。

任務二
可以系統性與和歷史性的展示日本現當代藝術,以及形成海外藝術的國家收藏與傳承。包括:
(1)館藏作品的收藏。
(2)收藏和管理藝術作品。
(3)對收藏的作品進行維護和修復。
(4)出借收藏作品。

任務三
作為日本國家美術館中心,為振興美術館活動做貢獻。包括:
(1)與國內外美術館協力合作。
(2)作為國家美術中心的人力資源開發。
(3)與國內外的電影相關組織合作。

圖 2-3　獨立行政法人國立美術館第四期中期目標任務
資料來源:独立行政法人国立美術館,2021b。

與環境形勢的變化，在未來第五期中期目標部份，必須針對現狀，推動利用網路和社交媒體進一步提升與美術內容的活用，展示國立美術館新的理想方式。

三、監察與評價機制

國立美術館不僅受文部科學省、文化廳、總務省與財務省等政府單位監察與評價，亦同步設有自我評價機制，針對內部監察與自我評價，茲說明如下：

（一）內部監察

根據國立美術館「業務方法書」，理事會成員中的監事負責統籌內部監察事宜，同時協助由外部單位主責的監察工作。監事可獨立進行調查職員的績效評價、懲戒處份等評價結果，最後的評價結果須上呈理事長與主管政府機關。為使監事能夠有效執行內部監察，所有國立美術館的業務相關決策文件、財產狀況等，監事皆可以閱覽調查。另為了確保內部監察確實運作，國立美術館另設有「監察室」履行監察工作，並與監事溝通協調。監察室若發現理事會與職員有違規不公的情事，有向監事報告的義務，而監事得向國立美術館要求提出相關證明說明。國立美術館亦設有內部與外部通報系統，對於違規通報者有相關保護措施（独立行政法人国立美術館，2001）。

關於會計監察，根據國立美術館的會計監察要點（e-Gov 法令檢索，2022c），每會計年度將定期由理事長設定監察方針與計畫，並通知各館所首長監察實施日期、事項與執行監察人員名單，但也有可能臨時對各館所進行書面與現場實地監察。除監察業務外，監事也與外部專家組成「契約監察委員會」，隨時確認招標契約的合法性。對於「一法人多館所」的國立美術館而言，資源分配是一項經營重點，而針對內部預算的公平分配也設有監察評價機制。再者，理事會與各館所首長共同決定國立美術館的管理運營的重要事項後，為確保決策的透明與公正，遴選外部專家組成「運營委員會」，針對諸多事項進行監察與建議；運營委員會委員任期為2年，無設定連任限制（独立行政法人国立美術館，2023b），如表2-8。

表 2-8 運營委員會成員

姓名	單位／職銜
今橋映子	東京大學大學院綜合文化研究科教授
内田篤呉	MOA 美術館長
篠原資明	京都大學名譽教授
島谷弘幸	獨立行政法人國立文化財機構理事長／九州國立博物館館長
田端一恵	社會福利法人 Glow Higashiomi Disabled Facilities Group 總監
柄博子	國際交流基金理事
冨田章	東京 Station Gallery 館長
仲町啓子	實踐女子大學名譽教授／秋田縣立現代美術館特聘館長
樋田豊次郎	美術史家
平野共余子	電影史家
松本正道	Athénée Français 文化服務有限公司總裁
森迫清貴	國立大學法人京都工藝纖維大學校長
矢ヶ崎紀子	東京女子大學副校長／東京女子大學現代教養學部國際社會學科教授

資料來源：独立行政法人国立美術館，2023b。

（二）評價機制

依據「業務方法書」的定義，評價是為了確認業務是否按照程序運作、確保業務績效評價，並非肆意認定。國立美術館評價方式，主要分為：「目標業務績效評價」及「自我成果評價」。受評價的主要面向計有：「作為美術推廣中心據點所開展各項的活動」、「能夠具系統性與歷史脈絡方式展示日本現當代藝術，以及海外國家對於日本美術的收藏與傳承」、「作為日本國家美術館的中心，能為振興整個美術館活動做出貢獻」等三大面向，按照各項業務的執行狀況設定質性或量化指標。而國立美術館應先如實自述，並檢討各項目標達成的狀況，再邀請外部專家組成的「外部評價委員會」，協助加以檢視，以達到運作的公正透明。外部評價委員會的委員任期為二年，無設定連任限制，原則上不得兼任監察機構運營事項的運營委員會的委員（独立行政法人国立美術館，2023c），如表 2-9。

表 2-9 外部評價委員會成員

姓名	單位／職銜
岡田溫司	京都大學名譽教授／京都精華大學大學院特聘教授
熊倉純子	東京藝術大學國際藝術創作研究所教授
黑川廣子	東京藝術大學大學美術館館長
深井晃子	公益財團法人京都服裝文化研究基金會理事兼名譽館長
宮澤誠一	日本大學藝術學院電影研究系兼任講師
湯浅真奈美	英國文化協會東亞區域藝術處處長

資料來源：独立行政法人国立美術館，2023c。

　　總結來說，在圖 2-4 中，國立美術館的自我評價流程中的中期計畫評價與年度計畫評價，其程序是相同的，可分為四個步驟，分別是：自我評價、外部委員評價、依據外部委員意見修正評價報告，最後向主管政府機關提報（林曼麗等，2022：313）。

　　此外，主管政府機關每五年修正一次中期目標的評價指標，國立美術館再根據上述流程進行中期與年度計畫的自我評價。評價內容包含質性與量化分析，結果分為五個不同等級：「S」代表量化與質性指標都超過預設目標，且成果特別卓越；「A 等」代表量化與質性指標都超過預設目標；「B 等」為基礎門檻，意旨達成預設目標；「C 等」是低於預設目標，需要改進；最後的「D 等」表示不只低於預設目標，且更需要整體或是重新考量是否繼續這項業務（独立行政法人国立美術館，2021a）。換句話說，評價的結果會影響預算，以及下一期的業務計畫。所有的年度自我評價、外部評價委員會報告書、中期計畫自我評價、主管政府機關的評價結果，以及內部監察和外部監察報告，皆必須要在網站上公開。

四、財務概況

　　適度籌措財源是國立美術館經營管理中一個至關重要的課題。美術館可根據業務需求，自主設定門票價格及場地租借的收費標準，這有助於確保其收入的穩定性與持續性。特別是，日本政府將國立美術館認定為「特定公益促進法人」，此身份賦予美術館在接受捐款和捐贈方面更大的靈活性與可能性。作為「特定公益促進法人」，國立美術館不但能吸引來自個人和企業的捐贈，還可享受比一般法人更優厚的稅收優惠政策。這些政策除降低捐贈者的負擔，更進一步激發個人和企業參與並支持文化藝術

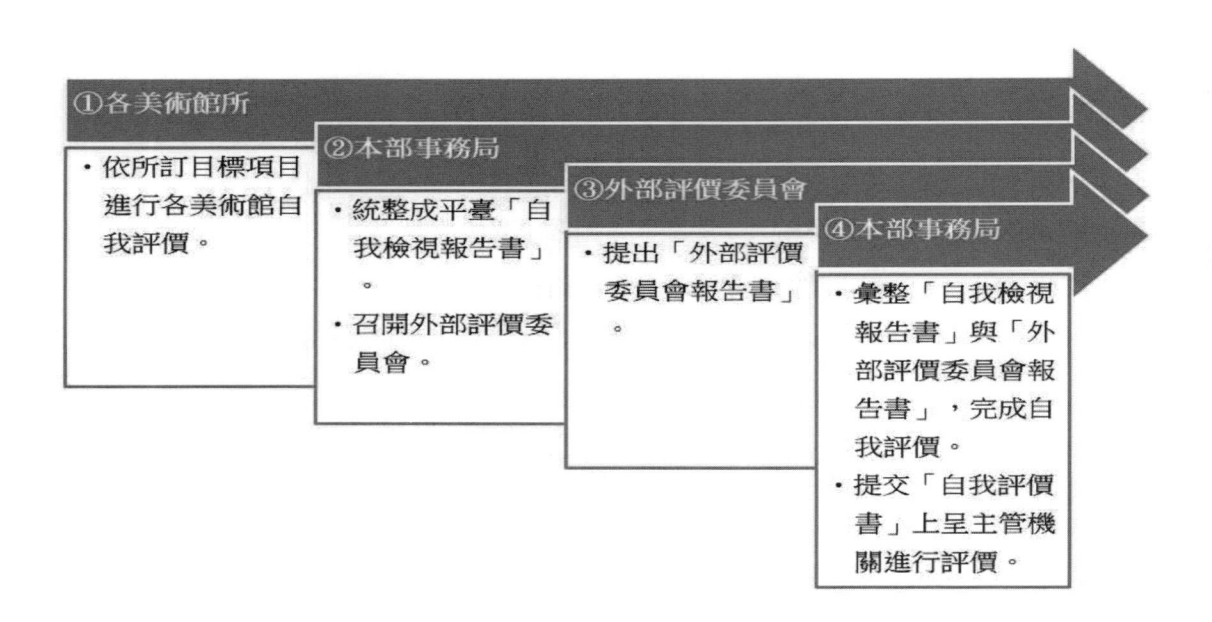

```
┌─────────────┐
│①各美術館所   │
│・依所訂目標項目│  ┌─────────────┐
│ 進行各美術館自│  │②本部事務局   │
│ 我評價。     │  │・統整成平臺「自│  ┌─────────────┐
│             │  │ 我檢視報告書」│  │③外部評價委員會│
│             │  │ 。           │  │・提出「外部評價│  ┌─────────────┐
│             │  │・召開外部評價委│  │ 委員會報告書」│  │④本部事務局   │
│             │  │ 員會。       │  │ 。           │  │・彙整「自我檢視│
│             │  │             │  │             │  │ 報告書」與「外│
│             │  │             │  │             │  │ 部評價委員會報│
│             │  │             │  │             │  │ 告書」，完成自│
│             │  │             │  │             │  │ 我評價。     │
│             │  │             │  │             │  │・提交「自我評價│
│             │  │             │  │             │  │ 書」上呈主管機│
│             │  │             │  │             │  │ 關進行評價。 │
└─────────────┘  └─────────────┘  └─────────────┘  └─────────────┘
```

圖 2-4　獨立行政法人國立美術館評價流程圖

資料來源：修改自林曼麗等，2022：313。

事業的意願。通過這樣的方式，美術館能夠有效籌措資金，為各項文化藝術計畫提供所需的財務支持，從而促進文化藝術的發展與普及。

依據國立美術館 2023 年事業支出費用、事業收入費用與事業損益概況，如表 2-10。2023 年度運營事業支出費用總計 10,948,805,785 日元、運營事業收入費用總計 11,386,255,240 日元，獲得 437,449,455 日元的利潤。運營事業支出費用包括：人事費 1,285,238,272 日元（11.70%）、一般管理經費 1,003,894,889 日元（9.20%）、事業部門經費 7,057,625,020 日元（64.50%）、其他業務費支出 1,602,047,604 日元（14.64%）。而運營事業收入費用包括：運營費交付金 7,793,050,000 日元（68%）、展示事業等收入 1,853,332,637 日元（16.3%）、其他收入 1,793,872,603 日元（15.76%）（独立行政法人国立美術館，2023d）。

儘管國立美術館的運營經費約有 70% 來自政府補助，但根據表 2-10 的資料顯示，國立美術館肩負著以藝術文化的創造與發展為使命的責任，致力於美術振興的核心任務。通過舉辦展示和開展教育普及活動，美術館利用國家收藏，促進國際文化交流，提升國民的藝術鑑賞水準。同時，在文化藝術及教育政策中，美術館發揮著重要作用，

作為國家收藏和國際交流的樞紐，不僅支持地方美術館的運作，促進區域文化的均衡發展，更積極展示日本藝術，傳播多元文化，為落實日本文化藝術及教育政策目標提供了重要支援。

表 2-10 2023 年國立美術館事業支出費用、事業收入費用與事業損益概況

（自 2023 年（令和 5）4 月 1 日至 2024 年（令和 6）年 3 月 31 日）（單位：日元）

運營事業支出費用				
項目			金額小計	比率 %
運營事業費支出	人事費	美術振興事業　502,425,763	1,285,238,272	11.70%
		國家收藏形成與傳承事業　133,678,185		
		國家中心項目　154,951,826		
		共有事業　494,182,498		
	一般管理經費	共有事業　1,003,894,889	1,003,894,889	9.20%
	事業部門經費	美術振興事業　2,980,620,602	7,057,625,020	64.50%
		國家收藏形成與傳承事業　2,538,405,402		
		國家中心項目　1,538,599,016		
其他業務費支出	文化藝術振興費		4,426,000	4,426,000	0.04%
	受託事業費	美術振興事業　100,530,000	100,530,000	0.90%
	捐款事業費	共有事業　577,456,804	577,456,804	5.30%
	施設整備費	共有事業　919,634,800	919,634,800	8.40%
運營事業支出費用總計（1）			10,948,805,785	100%

表 2-10 2023 年國立美術館事業支出費用、事業收入費用與事業損益概況（續）

運營事業收入費用					
項目			金額小計		比率 %
運營費交付金	美術振興事業		2,245,328,151	6,545,532,136	57.5%
	國家收藏形成與傳承事業		3,373,652,757		
	國家中心項目		926,551,228		
	共有事業		1,193,517,864	1,193,517,864	10.5%
展示事業等收入	美術振興事業		1,828,980,164	1,853,332,637	16.3%
	國家收藏形成與傳承事業		10,864,647		
	國家中心項目		6,051,121		
	共有事業		7,436,705		
其他收入	文化藝術振興費補助金	美術振興事業	4,426,000	4,426,000	0.04%
	施設整備費補助金	共有事業	919,634,800	919,634,800	8.08%
	受託收入	美術振興事業	100,530,000	100,530,000	0.88%
	捐款收入	共有事業	769,281,803	769,281,803	6.76%
運營事業收入費用總計（2）				11,386,255,240	100%
事業損益（2）-（1）				437,449,455	-

資料來源：独立行政法人国立美術館，2023d。

參、獨立行政法人國立美術館文化中介平臺特徵

　　Parker 與 Van-Alstyne 和 Choudary（2016；羅凱揚、蘇宇暉，2022）針對平臺的定義指出，「平臺」一詞，指的是將雙邊或多邊網絡中的使用者連結起來的一種「產品與服務」。因此，平臺意義的核心概念是連結、架橋或媒合，以及平臺提供基礎設施與規則（陳琇玲譯，2020：34-35）。從共同體的觀點論之，文化中介平臺指的是一種以共同理想和相同文化特性為基礎的結構，是諸具獨立性的個體構成一有序群體的精神紐帶和文化基礎（武星星、胡春林，2019）。而國立美術館文化中介平臺

是整合六所國家級法人美術館,為推動美術館藝術教育這一共同目標所組成的合作架構。這一平臺的核心在於各美術館的集體努力,共同行使政治、社會、經濟與文化權利,並展現出獨立性、時代性、藝術性與教育性等特徵。

一、獨立性平臺

　　從經濟學角度來看,國立美術館活躍於文化生產、文化交換、文化消費等三大領域,是一個能夠傳播文化產品資訊、溝通文化產品與服務進行交易的媒介體,並調節文化的供需。國立美術館依據《通則法》(e-Gov 法令檢索,2018)訂定設立,其所依據《國立美術館個別法》擔負業務範圍的事務或事業有高度公共性,所發揮效率及效果,在運營上賦予自律性及自主性,而與監督機關之間的關係立於必要且最小限度的範圍(e-Gov 法令檢索,2015b)。因自其所擔負事務或事業具有公共性此點,仍屬於「行政」的範疇,又以其主體性具有上述特色及屬性,遂冠以「獨立」的名稱,而與國家或地方公共團體相別(劉宗德,2005:17-18)。

　　所謂「主體性」,日本人以「主體性」(しゅたいせい)使用,它不僅是翻譯自「autonomy」(自律性),也可對應於「independence」(獨立性)。吳豐維(2007:63-78)指出,個人或群體為自身立法的自律性能力,以及個人或群體乃獨立自持,不受其他個人或群體的影響與干擾,因此是自足而不依賴的。也就是說,獨立行政法人是具有權利能力的一種行政主體,目的在於透過企業經營管理的精神進行運作,並藉由人事財務上的獨立,提升其達成行政任務的效率和品質。

　　基此,去「機關化」後的國立美術館在法律上因具有獨立自主的法律地位(許育典、李佳育,2014),業務與管理制度皆依據法律執行,在中央政府的法律與政策制定下,執行專業事務或事業不受行政主管機關的指揮與約制,以及在人事、財政上享有極大的自主權(侯淑姿,2016)。雖然在法律規定下,國立美術館需要依照主管機關設定的「中(長)期目標」,擬定「中(長)期計畫」(独立行政法人国立美術館,2001),而「中(長)期計畫」、「年度計畫」經主管機關認可後才能執行,且「年度計畫」與「中(長)期計畫」執行結束後,皆需要依照規定進行自我評價,並向主管機關提出「自我評價書」與「事業報告書」等資料供其評價。但是在美術館業務推動上不受主管機關規定限制,而能展現與提升其專業表現,拓展美術館相關事業的發展,例如,會員機制的建立、年度巡迴展、社會民眾參與募資、個人與企業捐款、遺產遺贈機制等(美術館藝術教育計畫於第四章說明)。

法人化之後的國立美術館，得以獨立性的組織型態的理事會制運營，開拓美術館專業發展的競爭優勢之外，同時著力於美術館的公共性及可及性，更能積極回應當前社會對美術館的需求和期待，營造獨特空間氛圍的文化藝術生活圈（李玉玲，2021）。當社會民眾來到美術館的意圖，除了靜態地觀賞作品、學習專業的藝術知識，國立美術館轄下的六所國家級法人美術館也能著重提供來訪的社會民眾，不同於生活日常的空間體驗，以及藝術作品帶來的互動與審美感知。

二、時代性平臺

自古藝術品本身就帶有某種力量（黃友玫譯，2018：27）。藝術品也常常是時代的見證，所反映的時代精神是藝術創作的重要價值取向（劉金祥，2017）。藝術是以生命為向度的一種文化形態，支撐一個時代的人文精神（梁毅、周天黎，2021）。藝術是一個時代接續另一個時代不斷向前的發展過程，源於持續的探索，而探索則來自於嬗變。藝術家常以他人視為終點的地方作為自己的起點，敞開胸懷迎接外來藝術思潮的衝擊，並深刻體驗現代環境中的個體視覺經驗。因此，藝術品不僅是一種承載特定歷史文化的有形實務資產，更蘊含其創作時代的材料、工藝、器形、風格與用途等特徵，體現了該時代的生產力水準、政治文化理念及社會習俗。作為研究歷史文化的實物見證，藝術品具備不可再生性與稀缺性，因而尤為珍貴。Wassily Kandinsky（1866-1944）在《藝術的精神性》引言言明：

> 每件藝術品都是它那時代的孩子，……每個文化時期，都有自己的藝術，它無法被重複。……一如我們根本不可能像老希臘人那樣地感覺、內在那樣地生活著。因此，如果企圖用希臘的原則來雕塑的話，頂多只能做到和希臘雕塑相同形式的東西，而作品本身，任何時代看來，都會是空洞無意義的……（吳瑪俐譯，1995）。

任何一個時代的藝術作品，都是那個時代社會生活和精神的寫照，都具有那個時代的烙印和特徵（王紫荊，2021）。藝術作為一種意識形態，是一定社會生活在藝術家頭腦中反映的產物，是時代精神在創作實踐中的濡化、淬煉、投射、聚合和涵育（劉金祥，2017）。誠如英國作家 David Herbert Lawrence 所說：「藝術家的職責，是揭示在一個生氣洋溢的時刻，人與周圍世界之間的關係。因為人類總是在種種舊關

係的羅網裡掙扎，所以藝術總是跑在時代前端。」（蔡益懷，2021）。

有文化斯有財。日本早在 1950 年便制定《文化財保護法》，將文化財分為「有形文化財」、「重要文化財」與「國寶」（e-Gov 法令檢索，2022b）。所謂文化財，指的是資產價值在於人類心靈智慧及文化的積累與傳承；無法量化的文化財可以說是一個民族的無價之寶，常常需要大量的有形金錢來修護、收藏與保存，讓一代又一代的人們能夠在先人的智慧結晶中汲取養份，從而創造當代的文明（王瑩，2022）。在日本的歷史與藝術領域，許多具有高度評價的建築物、書法、繪畫、雕刻、工藝品、典籍，以及考古資料，經過以國際視野為基準的精選，因其特有的藝術價值與傳世意義而受到國家的嚴格保護。目前，日本的國寶級文物數量超過一千件，其中約五分之一為建築物，其餘則涵蓋繪畫、書道、雕刻、工藝品、典籍、古文書，以及考古出土的遺物等。這些國寶文物均經過專業人士長期的田野調查，再由專家委員會進行審議，最終提報文部科學省訂定並頒布。隨後，這些珍貴的文物會受到精細且嚴密的維護，以確保其得以傳承後世。日本以卓越的技術保存文化財聞名於世，這些珍貴的文化財正是眾多前人不懈努力所創造，具有極高的歷史與藝術價值。文化財的保存能夠協助一個地方或社區或國家，保護它們具有經濟價值的實體資產，也更是在保存屬於它們的實踐力、歷史、環境，以及延續性與認同感（林蕙玟，2014：82-87）。

再者，日本更積極響應 1970 年代聯合國教育、科學及文化組織（UNESCO）對文化資產保存的呼籲，在政策上加強對文化財的保護，更積極參與國際間的合作與交流。通過制定法律、建立專業機構和培育專業人才，日本在文化資產保存與管理方面展現領先世界的實踐，為全球文化遺產的保護樹立了典範。

國立美術館文化中介平臺下轄的東京國立近代美術館展示明治時代後半至近現代美術作品，包含繪畫、彫刻、水彩畫、素描、版畫、攝影，其中收藏了 15 項國家指定的重要文化資產，包括：九幅日本畫、五幅油畫和一件雕塑；藝術家則包括：橫山大觀、岸田劉生、鏑木清方等，以及松方幸次郎收藏的浮世繪作品約有 8,000 件、日本最古老的動畫漫畫家幸內純一 1917 年處女作《塙凹內名刀之卷》等（東京国立近代美術館，2021）。國立西洋美術館專門收藏西洋美術作品，包含印象派等 19 世紀與 20 世紀前半的畫作及雕刻；由 20 世紀主要建築師之一的瑞士法國建築師柯比意設計的建築體，除作為日本和法國之間恢復外交關係及戰後兩國關係改善的象徵，是在 2016 年 7 月繼小笠原群島後，東京都第二個確立的世界文化遺產（国立西洋美術館，2023）。京都國立近代美術館以京都為中心的關西、西日本的美術作品，積極收集展

示京都畫壇的日本畫、洋畫（京都国立近代美術館，2023a）。大阪國立國際美術館是在 1970 年日本舉辦世界博覽會時建成，被用作世博會的美術館（国立国際美術館，2023）。保存二二六兵變時的舊步兵第三連隊兵舍的國立新美術館則是由黑川紀章以共生意念所設計興建（国立新美術館，2023）。日本唯一的國立電影資料館亦收藏被指定為重要文化資產的電影，包括：2009 年指定「紅葉狩」、2010 年指定「史劇 - 楠公訣別」、2011 年指定「小林富次郎葬儀」（国立映画アーカイブ，2023）等。

總而言之，每個時代孕育著每個時代的精神，每一個時代精神都表徵著當代人最崇高的價值追求。藝術作品蘊藉著人們的情感和夢想，體現著一個民族的思想深度、文化厚度和精神高度，在紓困心理、慰藉心靈、淳化心緒及提升心智等方面發揮著獨特的作用。時代精神作為對現代文明核心與精髓的抽象及概括，是一個時代所特有，其代表社會發展方向、引領時代進步的人文素質，更是一種為全體國民所共同遵從的先進思想理念（劉金祥，2017）。

三、藝術性平臺

藝術性對於藝術品至關重要，沒有藝術性便無法成為真正的藝術品；而藝術品的藝術性愈高，其感染力也愈強，能更充分地發揮藝術的社會作用。不同類型的藝術作品通過多樣化的符號表徵系統構成，實現多元性的發展。將藝術融入日常生活，讓社會民眾貼近「真實」，因為真實的日常存在於你我之間，而最能打動人心的，往往源於平凡生活中真實的情感共鳴。這樣的作品不僅能引發深刻的情感共振，還能被長久保存，進而在歷史的長河中持續被社會民眾記住。

國立美術館文化中介平臺在推動藝術教育普及上則以文化多樣性的藝術性為指導方針。根據聯合國教育、科學及文化組織（UNESCO）《世界文化多樣性宣言》，文化多樣性被視為「人類的共同遺產」，其保護與促進是一項全球共識，亦是一種需要切實履行的倫理責任。這份宣言強調，文化多樣性與對人類尊嚴的尊重密切相關，是實現可持續發展與社會和諧的重要基石。因此，維護文化多樣性是為了保護不同文化的生存權利，更是在尊重每個人獨特價值的基礎上，促進人類文明的共同繁榮與進步（UNESCO, 2001）。文化藝術是人類的產物，國立美術館文化中介平臺雖管轄六個國家級法人美術館，但也都各具不同特色，對於藝術愛好者來說，都是來自各方的文化藝術吸收、接納而後轉化出來的面貌。藝術原本就是多元的，它包含了視覺、聽覺、平面、立體、靜態、動態。藝術多樣而豐富的表現性，不但能捕捉人性的共同特質，

也能夠將其轉化為每個人都能分享的共同語言，是體認人性需求的最佳媒介（趙惠玲、丘永福、張素卿、傅斌暉、曹筱玥、鍾政岳，2006：85-86）。

當社會民眾透過多樣化的藝術進而認識其他文化後，能夠藉由同樣的方式回頭觀察自己的文化，學習以不同的角度來檢視自己的態度、信念與價值觀。藝術學習能幫助社會民眾提升對他人和自我的認識，並培養必要的注意力和敏銳度。這些能力是實現群體與文化之間和諧共處的關鍵。在多元的社會中，包容各種獨特的文化和豐富多樣的藝術形式，能夠吸引更多不同的觀眾群體，進一步促進文化的交流與理解。藝術作為一種溝通的工具，不但能加深我們對不同文化的理解，也能在多元的社會環境中激發共鳴，增進彼此的認同感。

四、教育性平臺

在「從獲取到賦權」聯合國教育、科學及文化組織（UNESCO）2019-2025年教育領域和通過教育實現性別平等戰略（"From access to empowerment" UNESCO strategy for gender equality in and through education 2019-2025）報告中指出，教育不僅是一項基本權利，更是推動經濟、社會和政治變革的力量。教育可以為我們所有人創造一個更加公正、繁榮與包容的世界（UNESCO, 2019）。另在2020年的全球教育監測報告（Global Education Monitoring Report Team）中指出，教育是建構包容性（共融性）民主社會的基石。在民主社會中，社會民眾可以自由表達、廣泛傾聽各方意見，增進社會凝聚力及倡導多樣性。因此，社會包容的教育性則需要跨越許多障礙，例如，歧視、成見和異化等。無論是基於性別、地點、財富、殘疾、族裔、語言、移徙、流離失所、性取向、監禁、宗教或其他信仰和態度（Global Education Monitoring Report Team, 2020: v）。換言之，只有通過教育，社會中的所有年齡階層才能獲得所需的知識與技能，這樣他們才能更好地理解和適應不斷變化的社會環境。

此外，《文化藝術振興基本法》於2017年修法前的第四次基本方針中出現「社會包容」一詞，其中第三點「公共財、社會包容的功能與社會民眾支持的必要性基本觀點」中指出，文化藝術具有促進社會包容的功能。它為兒童、青少年、老年人、殘疾人，以及外國居民等群體提供了參與社會的機會，促進這些群體在文化和社會中的融入（日本文化厅，2017）。[7] 在文化廳官網刊載關於《文化藝術基本法》就《文化

---

[7] 為尊重文化藝術的內在意義和價值，超越了對文化藝術本身的促進，將旅遊、城市規劃、國際交流、

藝術振興基本法》的修正目的總結兩點為：

（一）本法律不僅是文化藝術的推廣，旅遊、城市規劃、國際交流、福利、教育、工業等相關領域也應納入法律範圍；

（二）將文化藝術所創造的各種價值，用於文化藝術的傳承、發展和創造。基此，修正案的目的則明確指出文化藝術在社會各個領域發揮其力量，這一目標反映在「文化藝術振興基本計畫第一階段計」設定的【目標3：一個精神豐富和多元化的社會】中指出，文化藝術具有社會包容的功能，人們通過參與文化藝術活動的機會，尊重不同的價值觀，促進與他人的相互理解，而「社會包容」的理念是人們所生活的社會基礎，文化藝術在其中發揮著一定的作用（日本文化庁，2022a）。

社會包容（共融）即社會融入，是保障社會民眾參與文化權利的展現。美術館是文化藝術傳承、創造和傳播的場所，是社會民眾聚集的文化場域，為社會民眾帶來靈感和希望，並培養創造力，結成共同生活的文化紐帶。古賀弥生（2022：51-69）認為，它也是一個讓所有社會民眾，不分年齡、性別或社會狀況如何，都能實現他們感到滿足與自豪的豐富生活，並具有社會包容功能的場所。文化藝術為社會民眾提供參與的機會，無論其背景如何，都能夠在其中找到自身的價值與認同。在這樣的環境中，社會民眾能夠提升自我，也能促進社會的多元性和包容性（共融性），為建構一個不斷充滿活力、包容（共融），並富有創造力的社會發揮著重要作用。

美術館雖是非正式及非正規教育的場域，但其藝術教育可通過靈活多樣的組織形式和教學模式，有助於滿足每個社會民眾都能獲得豐富的藝術和文化體驗、多樣化的學習需求，通過非正式和非正規的方案和倡議來促進獲取終身知識和技能（UNESCO, 2019）與促進文化多樣性。尤其在疫情期間，藝術教育意義重大，即使是在居家隔離的情況下，它依然能夠幫助社會民眾激發創造力，提供心理支援，並在人與社區之間建立情感聯繫。藝術作為一種體驗，不僅僅是創造與表達的過程，它還促進了文化多元性、包容性（共融性），以及相互理解的提升。美國教育學者John Dewey在《藝術即經驗》

福利、教育、工業等相關領域的措施納入本法的範疇，並試圖利用文化藝術創造的各種價值在 該法還試圖利用文化和藝術創造的各種價值來繼承、發展和創造文化和藝術。2001年制訂的《文化藝術振興基本法》於2017年更名為《文化藝術基本法》，改訂的範圍包括：前言的第二條修正、文化藝術振興基本計畫等、擴大與文化藝術相關的基本措施、文化藝術振興體制的構建，同時將旅遊、城市規劃、國際交流、福利、教育、產業和其他相關領域等的措施進行有機協調（日本文化庁，2017）。

（*Art as Experience*）一書中提倡藝術是增加文化的了解與消弭衝突的重要角色，其並闡述藝術為全球化的語言，是明晰其他文化的最佳視窗（趙惠玲等，2006：85）。

社會包容（共融）與共生社會、社會處方的理念也密切相關。大阪大学人間科学研究科共生学系（2022）將「共生」定義為具有種族、語言、宗教、國籍、地域、性別／性取向、世代、疾病、殘疾等各種不同的人同時生活在一起，相互承認其文化和身份的多樣性，並建立平等的關係。由此可以將共生社會理解為一個不僅是由殘疾人士組成，而且是具有各種差異的社會民眾，亦即「所有人」組成的社會。也因此，文化藝術活動可以在這種「鑑賞差異」中發揮一定的作用。

近年來，日本將「社會處方」作為解決「缺乏人際聯繫＝社會隔離」的一種方式而備受關注，它是一種通過將社會民眾與社區中各種相匹配的活動來支援人們的方法，而這些活動僅靠醫療護理是無法解決的（古賀弥生，2022：51-69）。根據西智弘（2020）的研究指出，聯繫工作者是社會處方的關鍵，聯繫工作者是在專業人員（例如，醫生、護理師）與有關患者護理的社區資源之間充當橋樑的人；其也提到，例如，醫生可以為抱怨無法入睡的人開立安眠藥，但在一些情況下，他們可以通過引入滿足他們需求和偏好的社區活動來更好地生活。此類社區活動包括：舞蹈、音樂、繪畫等文化藝術領域的社團活動。因此，文化藝術也被認為在社會處方（social prescription）中發揮積極作用。

鑑於此，國立美術館文化中介平臺作為一個具有社會包容性（共融性）和教育性的平臺，旨在確保每一位學習者都能感受到自身的價值與尊重，並進一步體驗到歸屬感和社會的接納。這樣的平臺關注藝術的學習過程，更致力於促進社會民眾的心理健康與社會融合。透過系統化的美術館藝術教育，社會民眾能夠培養出更多的韌性、信心與幸福感，這些素養有助於個人適應各種社會變遷與挑戰。而藝術教育本身可以激發好奇心、創造力和對多樣性文化的尊重，這些都是建構包容性（共融性）社會的核心價值。藉由平臺的設計與實踐，藝術不再是少數人專屬的領域，而是可以讓所有社會成員公平地參與和受益。此外，通過數位平臺與其他形式的藝術活動，社會民眾有機會參與高品質的藝術創作與鑑賞，這不只能舒緩身體、心理和精神的壓力，還能提升社會整體的凝聚力與福祉。這樣的藝術活動和教育模式，是一種文化的傳承與發展，也是一種促進社會包容和個體心靈成長的重要途徑。

III 國立美術館文化中介平臺臂距原則探析

壹、日本文部科學省與文化廳的協同治理

2001年1月6日，隨著中央省廳再編，負責學術、教育、學校等事務的原文部科學省與原科學技術廳合併為新的文部科學省，負責促進國家的教育、科學技術、學術、文化，以及非身障人士體育運動的發展和振興，任務為「以振興教育與推動生涯學習為核心，培育具有豐富人性的創意人材，振興學術、體育與文化並全面推廣科學技術，適當處理宗教相關行政事務。」（e-Gov法令檢索，2020）。

成立於1968年的文化廳則與當時的文部科學省文化局合併，是日本文部科學省依據《文部科學省設置法》第17條（e-Gov法令檢索，2020）、《國家行政組織法》第3條所屬的外局（e-Gov法令檢索，2021b），[8] 其主管業務是集合兩個前身單位為一體，負責統籌業務包括：日本國內外文化、宗教交流、文化財保護活用、國語改良推行、日本著作權法、藝術發展與文化觀光等事務。

文部科學省制定各項文化藝術及教育政策與財政撥款，不直接領導補助計畫，而文化廳依循文化藝術及教育政策的規範，制定美術館政策與業務委託執行，具體管理事務、評價、撥款、資助和聯繫等業務執行則是交由中介的非政府公共文化單位，也就是國立美術館。此國立美術館由文化藝術領域專家組成，對六所法人美術館實施評價與撥款，並與六所法人美術館共同推動美術館運營及藝術教育等業務，進而建構一個全國美術館藝術教育事業的治理體系，如圖2-5。

貳、國立美術館文化中介平臺的臂距原則

前述論及文化中介平臺是根據「文化中介者」和「中介組織」理論，將兩個以上組織整合而成；不同於封閉的單一組織概念，是一種「異質共存」的共同體關係形態，在具獨立性的組織構成一有序整體的精神紐帶和文化基礎上，共同追求社會價值觀與理想的卓越。因此，若要明晰日本政府的文化藝術及教育政策、美術館運營及藝術教育，就必須對於承襲英國具特色的「臂距原則（ALP）」加以分析。

何謂臂距組織？在1940年代，「臂距原則（ALP）」的作用主要是保護文化藝

---

8 外局（がいきょく）是日本行政機關的一種類型，設置於中央政府的內閣府與各省之下，主要為了負責特殊事務、以及獨立性較強的事務而設置，並具有獨立的法人地位。其分為合議制的委員會、以及首長制的廳兩種。

```
                                                    臂
                                                    距
                                                    原
                                                    則
```

[日本中央政府（制定文化藝術及教育政策和財政撥款）]
- 文部科學省
- 文化廳
（制定博物館／美術館政策、業務委託執行）

⇒ 獨立行政法人國立美術館（具體管理事務、評價、撥款、資助和聯繫等）

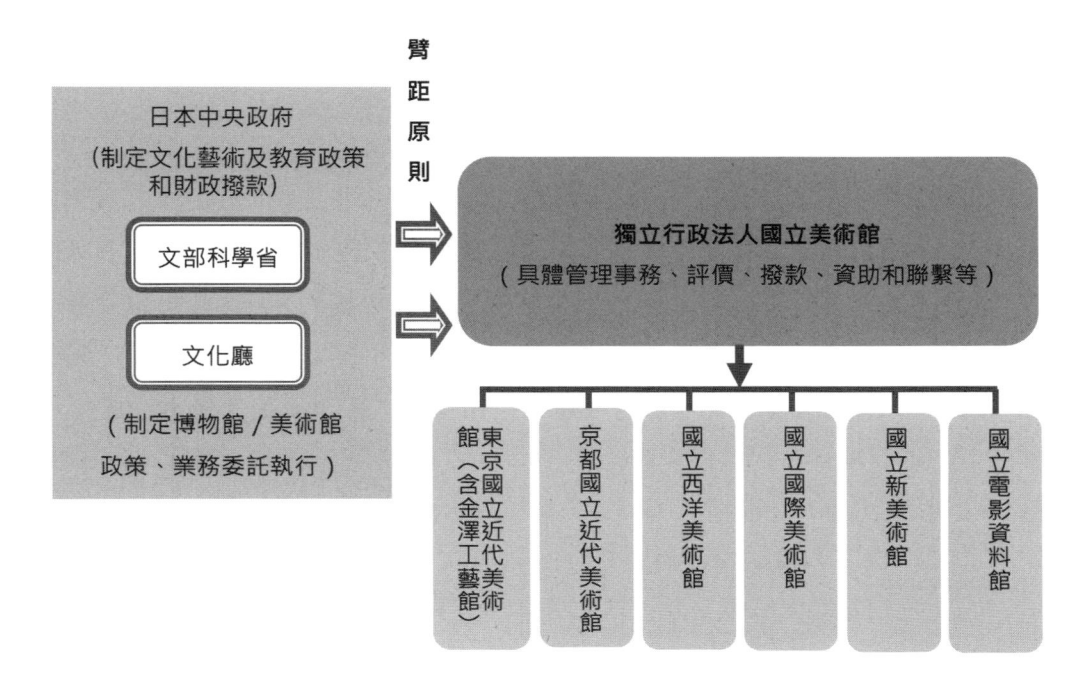

下屬機構：
- 東京國立近代美術館（含金澤工藝館）
- 京都國立近代美術館
- 國立西洋美術館
- 國立國際美術館
- 國立新美術館
- 國立電影資料館

圖 2-5　日本文化行政組織圖

資料來源：作者繪製。

術表達的自由，使其免受政治宣傳和影響（Plümer-Bardak, 2021: 326-339）。1946年，英國以「臂距原則（ALP）」設立國家藝術委員會（Arts Council of Great Britain），由 John Maynard Keynes（1883–1946）擔任主席，其概念是指雖然政府對於非典型層級節制式行政組織有責任輔（補）助，卻不得以政治干涉該組織公共任務的執行或行政管理的運作，需要保持適度的距離，給予一定的自由度，不干涉藝術文化的內容和內在規律（鄭惠文，2012：13；榮芳杰，2015）。在文化藝術政策中，凱因斯理論（Keynesian theory）的遺產可以概括為兩個詞，亦即：藝術中的「卓越」概念和「臂距原則（ALP）」。Keynes（1982: 375; Belfiore and Bennett, 2008）指出，對藝術「卓越」的支援源於對藝術「孕育公共文明生活」內在力量的信念；其為文化藝術提供經費補助的「臂距原則（ALP）」深深耕植於許多人支持的民主授權，一個國家的作用是發展一種中間的新經濟生活與消費方式，在服務於公共利益的框架內維護個人的自由、主動性和吾人所擁有的特質，並尋求平等的滿足於所有人（Peacock, 1993: 19）。Keynes（Peacock, 1993:23）亦認為，「平等的滿足」是

指所有人都有機會享受自身因社會地位而享有「文化利益」的機會，社會民眾是憑藉自己的社會地位而享受的。

在 2017 年改訂的《文化藝術基本法》前言中第四段所稱「表達的自由」、「不介入內容的原則」，即：「促進日本的藝術和文化，必須推動全面的措施，使藝術和文化為社會民眾所接受、尊重並重視。同時，應深刻認識到言論自由作為藝術與文化基石的重要性，並尊重從事文化和藝術活動者的自主權。」（e-Gov 法令檢索，2019），這一條文反映了日本為反思戰前國家對文化和藝術的干預，包括：審查制度，並基於日本國憲法第二十一條對表達的自由保障（e-Gov 法令檢索，1946），[9] 採取的立場則是，即使在提供經費資助時，也將由同行評審專家來做評價（作田知樹，2023）。根木昭（2005）則指出，《文化藝術基本法》中的「表達的自由」、「不介入內容的原則」與英格蘭藝術委員會成立時強調的「臂距原則（ALP）」基本相同。鑑於上述總結，「臂距原則（ALP）」引用在文化中介單位可以被視為文化藝術應受到政府盡可能較少干預的精神簡寫（Madden, 2009）。

源自於應用在關聯公司之間的商業和金融交易經濟評價的「臂距原則（ALP）」，它通常被描述為結合自主的資助機構及同行評價的決策過程。「同行」是指了解被審查的藝術領域或學科但不是公務員的個人（Madden, 2009; Upchurch, 2010: 69-80）；其交易的價值應該被視為是在沒有關係的各方之間進行的，每個人都以自己的最佳利益行事，任何公司都不會也不能以任何方式遷就或偏袒對方（OECD, 2006）。當問及在文化藝術及教育政策研究中，「臂距原則（ALP）」如何增強或削弱文化藝術機構的自主性？獨立性？日本慶應義塾大學政策科學研究院教授（S3）回應說：

> 「臂距原則（ALP）」在文化藝術政策中應用的意義在於促進行政機構的自主性與專業性。這一原則適用於商業領域，也被引入到文化藝術機構的管理中，以支持其在特定行政權力範疇內的獨立運作。透過這種運作模式，政府能夠有效地將資源投入文化藝術領域，卻不干預日常的專業決策，讓機構更靈

9　日本國憲法第二十一條應保障集會、結社、言論、出版和一切形式的表達自由。審查制度不得侵犯通信的秘密（e-Gov 法令檢索，1946）。

活地應對市場和社會的變化。在實踐中，這種「適當的一臂之距」促進了政府與獨立行政法人之間的合作與信任。政府的角色主要是資助和支持，而不是直接控制，這也就使得文化藝術機構能夠在更大程度上依據自身的專業判斷來運作，實現其文化使命。這種分權管理的模式不僅提升了文化機構的效率，還鼓勵創新與多樣化的發展，有助於形成更豐富的文化生態。（S3）

同樣的問題提問獨立行政法人國立美術館運營委員會理事（A2），他則明確地指出：

這種和政府保持臂距的原則最初指總公司與子公司之間的距離，隨著時間演變為「政府資助但不干預美術館專業事務」的理念。此原則於1970年代初被用來形容英國藝術委員會的運作，1970年代末成為主要核心理念。它適用於被授予特定地位的機構，使其在行使行政權力時獨立於母行政部門。在文化藝術及教育政策改革中，政府與獨立機構以分權管理取代集中管理，賦予機構更多自主性、獨立性與創造力，促進文化的多元發展。（A2）

從上述得知，「臂距原則（ALP）」具有諸項特徵，分別為：（一）具有明確的法律依據與定位；（二）與主管部會具有功能上的區隔；（三）具備一定程度的運作獨立性；（四）與主管部會之間有預算、人事或組織目標上的連結；（五）經由管制活動，提供公共服務或行使準司法權力行使一定程度的政府權威（Pollitt, 2009: 251）。換句話說，政府將特定的公共事務交由獨立專業的中介組織（例如，博物館、美術館）來辦理，避免政治過度的介入與干預（換日線編輯部，2021）。

前述提到，獨立行政法人的組織設計上，不須依照公務人員制度晉用人才，在人事上享有較多自主權與彈性。獨立行政法人的財源，由政府編列預算（通則法第46條），其會計處理採取企業會計原則（通則法第37條）（e-Gov法令檢索，2018）。獨立行政法人原則上屬於「非營利」及「不自負盈虧」模式，主要運營資金仰賴政府撥給，亦即在預算範圍內，政府對於獨立行政法人交付其業務運營所核撥給必要的金額，法人運營的經費稱為「運營交付金」。此外，獨立行政法人的基本運作模式為「政府指定期程目標」、「制定計畫並執行」、「成效評價」（総務省，

2014；2019）。由主管政府機關透過「業務範圍設定」、「業務方法書」、「中（長）期目標」、「中（長）期計畫」、「年度計畫」等類公部門契約，管控法人業務的方向與進度，並實施評價制度以審核執行成效。撥給獨立行政法人行政資源（資金）的同時，也要求法人執行公共任務。

　　從圖 2-5 可以得知，作為中期目標管理法人的國立美術館文化中介平臺，其組織體制屬「非官方性」，主要經費來源則是依據提報的「業務範圍設定」、「業務方法書」、「中（長）期目標」、「中（長）期計畫」、「年度計畫」等，由文部科學省經評價後定期資金撥給（包括：行政資源），國立美術館文化中介平臺再依據各法人美術館的計畫目標分配經費。換句話說，在人事任用、財務監督上獲得比政府機構更大的自主權外，政府組織和其臂距組織之間必須基於信任、透明、責任制度與目標成果體認的有效夥伴關係。因此，採以「臂距原則（ALP）」組織任務及監督拿捏，英國公民服務與內閣辦公室常務秘書長 John Manzoni（UK cabinet office, 2017: 3）則表示：

> 臂距組織代表了政府部門政策落實的延伸，因此我們的確必須將政府部門與其臂距組織視為一個整體的政策執行體系。為了這個體系的良好運作，政府組織與其臂距組織之間不能僅止於監督關係。有效的夥伴關係必須基於信任、透明與責任制度，以及對目標與成果的共有體認而生。

　　再者，當代的網絡治理已超越國際或政府的活動，而擴展至（獨立）行政法人、非政府或非營利組織所扮演的角色（Rhodes, 1996）；「臂距原則（ALP）」亦常常出現在由政府設立的（獨立）行政法人或是以非營利組織概念所成立的協會或基金會等型態。世界各國皆有依照「臂距原則（ALP）」設立的文化藝術相關組織，例如，美國「國家人文藝術基金會」（NEA, National Endowment for the Arts）、英國各區藝術委員會、「英國電影協會」（BFI, British Film Institute）、「愛爾蘭藝術委員會」（Arts Council of Ireland）、德國「德國文化諮詢委員會」（Deutscher Kulturrat）等（翁立美，2020：81）。

　　另外，夥伴關係並不是一種單純的主從或附屬關係，或是一種純粹市場型態的契約，它至少是兩個或兩個以上的機構，彼此之間至少有某些共同的利害關係

或相互依賴性，且彼此之間也需要有一定程度的信任、平等或互惠（Powell and Glendinning, 2002:3）。基於夥伴關係強調共同特性，以及為形成一個良善循環的夥伴合作關係，日本政府、國立美術館文化中介平臺及其下轄的六所法人美術館，共同推動、執行文化藝術政策與美術館藝術教育，亦共同遵循四項「臂距原則（ALP）」的實踐守則（Partnerships between departments and arm's-length bodies: Code of Good Practice），包括：

（一）宗旨（Purpose）：當相互理解獨立機構的目的、目標和角色時，合作夥伴關係就會很好地發揮作用；定期審查，並在相關檔案中明確規定。部門和獨立機構之間的責任範圍絕對清晰。在行使法定職能時，獨立機構清楚地了解其宗旨和目標如何與部門的宗旨和目標保持一致。

（二）保證（Assurance）：當政府各部門根據獨立機構的目的和對風險的相互理解採用相稱的方法來保證時，合作夥伴關係就會很好地發揮作用。獨立機構有健全的治理安排；部門給予公平對待機構自治以有效地交付。存在管理資訊以使部門和獨立機構能夠評價績效。

（三）價值（Value）：當政府部門和獨立機構分享技能與經驗以增強其影響力，並更有效地交付時，合作夥伴關係就會很好地發揮作用。獨立機構能夠為政策制定和更廣泛的部門優先事項做出貢獻。重點是創新，以及部門和獨立機構如何合作以實現物有所值。

（四）參與（Engagement）：當政府部門和獨立機構之間的關係是開放的、誠實的、建設性的，並且基於信任時，合作夥伴關係就會很好地發揮作用。對彼此的目標有相互理解，對參與條件有明確的期望（UK Cabinet Office, 2017: 1-12）。

綜合上述，「臂距原則（ALP）」是日本政府委由一個中介平臺代為執行公共事務，此平臺的決策過程與政府保持距離，避免政府直接介入干預相關事務。而「臂距原則（ALP）」的核心精神則是自主運營機構、非文官，以及文化藝術領域的同儕審查，透過審查決策過程來確保其專業性（Esra Plumer, 2021: 326-339），以及在政治上有制衡的意義，是當代民主國家避免國家行政機關權力無限集權擴張、迴避利益衝突的典型機制（Chartrand and McCaughey, 1989: 43-80）。因此，「臂距原則（ALP）」是可以充分實現日本政府職能的轉變，實現「管辦分離」的目標；有利於實現文化藝術創作自由，從根本上實現文化藝術發展與繁榮；可減少日本政府機構的

行政事務，確保政府工作的高效率運作；日本政府部門不直接與文化藝術團體發生關係，能有效防止文化藝術領域的「權力尋租」，避免權力腐敗。

日本「國立美術館文化中介平臺」以其獨立於政府之外的定位，擔任文化中介者的關鍵角色。該平臺的成員涵蓋來自藝術、文化產業及企業界的中立專家，這種多元化且專業的結構，確保平臺的高效能運作，避免過度受到政府干預，維持其專業性和獨立性。在推動美術館藝術教育方面，該平臺更發揮舉足輕重的作用，在文化藝術及教育政策的制定上與政府形成合作夥伴關係，確保政策的實踐具有延續性和靈活性，以適應不斷變化的社會與市場需求。這種透明、公正運作的治理模式不但推動文化藝術的可持續發展，亦增強社會民眾對文化藝術及教育政策的信任。此外，該平臺在文化藝術及教育政策的推行過程中，積極推動藝術普及，鼓勵社會民眾參與，讓藝術與文化更貼近社會民眾生活。整體而言，「國立美術館文化中介平臺」以其專業性與獨立性，成為日本文化藝術生態的重要橋樑，促進創新外，更助力實現文化藝術的長遠發展。

III 日本文化藝術的核心價值與美術館藝術教育

壹、以文化藝術、文化遺產作為核心價值

要知悉日本美術館藝術教育則必須回溯日本文化藝術的核心價值，以及文化藝術及教育政策。古代日本在大陸文明的薰陶下，形成一種頗具獨特性格的文化。特別是自奈良朝代以來，吸取中國文化成為日本持有風謂的製品，並覺其優秀絕倫，為之歎賞不置（傅芸子，1941；林景淵，1998：151-161）；於此亦可嗅出中國文化影響的痕跡，又明顯可見。到了近代，日本改以西歐文明為模仿和學習的對象，開展了耳目一新的文化面貌（周佳榮，2015）。日本近代啟蒙大師福沢諭吉第一次看到法拉第（Michael Faraday）的一本電學方面的書（Perimental Researches in Electricity），此驚為天人的天書，發動了學友們將最後一章節利用三天兩夜，不眠不休的抄了一份（福沢諭吉，1899：91；林景淵，1998：151-161）。另從生活面向視之，高楠順次郎（1940）具有相當精闢的分析認為：

日本人從食、衣、住，以至日常趣味，具有注入自然美的強烈趨勢。在服飾方面之所以採取多色主義，乃是傾向以大自然色彩來裝飾的緣故。將大自然的浩瀚偉大濃縮在一幅小小的掛軸，懸在「懸禽」中，前面擺設插著花的花朵。連雨聲也加以細細品味感覺—春雨、梅雨、秋冬陣雨、黃昏陣雨能加以傾聽，區分其不同韻味的，世界上只有日本人辦得到。

從家永三郎所著《日本文化史》附錄的年表中，可以清楚看出日本文化深受外來文化的影響，包括：書史—例如，《古事記》；詩集—例如，《古今集》、松尾芭蕉之「俳句」；佛教建築—例如，東大寺、中尊寺；佛像—例如，東大寺大佛及金剛力士像；神社建築—例如，平等院、東照宮；小說—例如，《源氏物語》、《今昔物語》；繪畫—例如，日本中世紀之「繪卷」；茶道—創始者幹利休；歌舞伎—例如，假名手本忠臣藏；西洋技術—例如，槍砲、西洋醫學；浮世繪—例如，歌川廣重、葛飾北齋之作品等；近代小說—例如，J.J. Rousseau（1712-1778）、I. Kant（1724-1804）、C. Darwin（1809-1882）等（家永三郎，1982；林景淵，1998：151-161），均經由翻譯成為日語後對日本文化產生深刻地重要影響。

從西方學者的觀點視之，精通日本文化的美國學者 Paul-Varley（1984）闡釋日本受外來文化影響的文化事項，計有：佛寺及佛像；文學作品—例如，和歌、俳句、小說、「物語文學」；美術—例如，繪卷、水墨畫、浮世繪；音樂—例如，神樂、雅樂、三味線；戲劇—例如，歌舞伎、文樂；近代文學—例如，「灑落本」、[10]「讀本」、[11] 隨筆；建築設計—例如，紙窗、紙門；以及茶道等。由此可見，日本人對於新奇、別出心裁的事物展現出高度的關切與關心。

此外，全球目前共有超過 800 個「世界文化遺產」（World Cultural Heritage），這些經過聯合國教育、科學及文化組織（UNESCO）甄選評定的文物、建築或考古遺址，必須對全世界人類都具有「突出的普世價值」（Outstanding Universal Value，OUV）。「世界文化遺產」不僅是表彰獨特的人文藝術成就，也是作為特定文化或事件的見證，而它們都像是一盞聚光燈，照亮了人類在歷史長河中

---

10 「洒落本」是江戶時代以花街柳港為題材的小說，代表作者，例如，山東京傳。
11 「讀本」是以文字為主，不以圖畫的記事小說，風行於 18、19 世紀。代表作者，例如，上田秋成。

的珍貴足跡（黃楷元，2019）。日本作為亞太地區現代化國家的指標，擁有眾多世界文化遺產，直至2022年4月，「世界文化遺產」的總數共達1,154件（文化遺產897件，自然遺產218件，複合遺產39件），日本目前共有23項世界文化遺產，其中19項是文化遺產、4項是自然遺產（公益財団法人ニッポンドットコム，2019）。

藝術具有強大的反省思辨、創意組合與情感影響力，藝術家們開始發揮無窮的想像力和影響力，提醒世人「文化」和「藝術」是被保護的對象（Lin,2022），例如，享譽盛名的日本第一高峰「富士山」，除了是日本最具代表的地標之一，也是日本人心中最至高無上的象徵。「富士山」於2013年正式被登錄為世界文化遺產，登陸範圍包括富士山在內，另有富士山本宮淺間大社和6間神社，共25個景點（富士市，2023）。從古至今，「富士山」就是日本文學及繪畫作品的靈感來源，像是葛飾北齋的《富嶽三十六景》浮世繪作品便是以「富士山」作為題材（河野元昭，2014：262-263）。這些世界文化遺產連結了日本人的過去、現在與未來，對於在地文化歷史的妥善保存，不只具有深厚的教育功能，更是對在地文化的尊重，以及共同歷史的疼惜。也因此，日本與英國、美國一同被譽為「世界文化大國」（The Guardian, 2013）。

文化藝術和文化遺產的多樣性一直是日本的核心價值；文化藝術和文化遺產的意義在於它可以創造一個精神上豐富和充滿活力的社會。根據文部科學省（2006）文化藝術和文化遺產對社會民眾產生的五項意義指標，包括：

（一）為人類提供心靈食糧，並使其像人一樣生活：因為文化藝術和文化遺產給人們帶來享受、靈感、精神慰藉和生活樂趣，豐富人們的生活，培養豐富的人性，培養人們的創造力；

（二）形成一個共同生活的社會基礎：在大自然的豐富與美麗之中孕育出的文化與藝術，滋養了人類敏銳的感知力；它通過一顆同情他人的心，提供了連接人與人、相互理解、相互尊重的土壤，是人類協作和共存的社會基礎；

（三）實現優質的經濟活動：文化藝術可以創造新的需求和高附加值，為許多產業的發展做出貢獻；

（四）對真正的人類發展做出貢獻：隨著科學、技術和資訊通信技術的快速發展，有關倫理和人類價值的問題也隨之出現，從文化和藝術方面出發，以尊重人的價值為基礎，採取積極的態度，將為人類帶來真正的發展；

（五）世界和平的奠基石：通過文化交流，每個國家和民族都了解和尊重對方的

文化，承認文化的多樣性，從而跨越國界、語言和民族，並凝聚人心，為世界和平奠定基礎。

於此可知，日本擁有令世界各國著迷的有形與無形文化遺產，從文化輸出層面論，微觀處則是具體的文化產品可以創造收入，招攬足夠的受眾，最終成為輸出文化的介質，為思想和國家意志的延伸鋪路。從宏觀的角度來考察，輸出總體的思想、意識形態可以改變一國社會民眾的風尚，甚至改變國家的政治制度；通過思想和制度上的接近和認同，進而形成價值觀上的共同體。

貳、終身學習社會的美術館藝術教育

自古以來，日本人認為「教育」是國民才智的基礎。（王思錦、王宇慧，2011：5）。在鶴田總一郎的《博物館學導論》中更明確了定義，其認為美術館的本質是「物與人的聯繫」，並將「教育普及」列為美術館的功能之一（佐藤優香，2020：14-15）。然而，美術館是提升個人生活與社會品質的場域，而非僅供社會上層人士聚集，或僅收藏與現實生活無直接關聯的物品（文化財）之處。因此，自美術館開館以來，教育社會民眾便成為其重要職責之一，而這一理念也指導著美術館的運營方式（中村和世，2001）。

日本美術館大約是在明治時代誕生，美術館藝術教育和公共教育的歷史一樣，其政策和教育理念密切相關。渡邊祐子（2015：85-91）指出，一方面，在1970年代，日本美術館受到英國支持擴大對少數民族和窮人的美術館藝術教育（Hooper-Greenhill, 1999）和美國促進在美術館體驗中獨立和自發性學習（Falk and Dierking, 2000），以及通過基於建構主義的藝術教育使現代美術館民主化的想法，進而支持美術館藝術教育運動。在以符合國際討論和趨勢中強調參觀者的教育普及活動為目標的同時，日本美術館藝術教育的特點則是尋求打造、實踐對參觀者「友好」和「開放」的美術館藝術教育，包括：思慮以旅人為主的畫廊講座、演講、研討會和創意課程計畫等。其次，自1980年代以來，日本以「文化時代」作為文化藝術及教育政策施政主軸，並重新思考美術館藝術教育的方向。

在「終身學習社會」政策的提倡下，美術館作為社會教育設施之一，開展了一系列的教育普及活動，旨在觸及廣大社會民眾。與學校中缺乏明確藝術教育目標不同，美術館藝術教育強調對藝術與社會關係的深刻審視，其特點在於試圖呈現一種可以通過多元方式進行探索的價值體系（菖蒲澤侑，2016：233-240）。因此，可以說，在

日本宣布建立終身學習社會，並重新思考美術館藝術教育政策的背景下，文化藝術及教育政策的推動重點之一則是持續培養社會民眾的主動參與，並有效利用終身學習設施。最終，隨著全球化帶來的美術館周圍環境變化，日本美術館也積極探討並解決與使用者關係的各種教育問題，開展以「以人為本」為核心的新美術館藝術教育運動，為美術館藝術教育實踐帶來全新的視角與思考。

再者，戰後，1951年（昭和26年）《博物館法》公佈並實施後，日本政府為打造一個適應21世紀並能滿足社會民眾新知識追求的「理想美術館」，根據聯合國教育、科學及文化組織（UNESCO）於2015年11月第38屆大會向各國政府政策制定者提出的建議，積極採取相關措施，包括：（一）美術館作為文化傳播、跨文化對話、學習、討論和培訓的場域，並在教育（正規、非正規及終身學習）、社會凝聚力及可持續發展方面發揮重要作用；（二）提高社會民眾對文化和自然遺產的價值認識，並強調所有社會成員應承擔保護與繼承這些遺產的責任；（三）支持經濟發展，特別是文化創意產業及旅遊觀光業的發展；（四）喚起對美術館及藏品保護、文化遺產保存、文化多樣性保護、科學知識傳播、教育政策、終身學習、社會凝聚力、創意產業及旅遊經濟等領域的重要性的關注，並促進美術館作為可持續發展的合作夥伴（日本文化庁文化審議会，2021）。此外，國際博物館理事會（ICOM）將博物館定義為：「博物館是研究、收集、保存、詮釋和展示有形及無形文化遺產的非營利性永久性社會機構，對所有人開放，具有包容性（共融性），並促進多樣性和可持續性。博物館以道德和專業的方式進行交流，與社區合作，並提供各種教育、娛樂、反思和知識共享的（ICOM日本委員会，2023）。

在日本政府於2003年委託日本博物館協會編制的報告《美術館的理想形象：與社會民眾共同創造新時代的美術館——與社會民眾共同創造「對話與合作」的新美術館功能及促進終身學習活動為基石》中指出，除「收集和交流」等基本活動外，美術館應與社會民眾共同以「資料探索」及「分享知識的樂趣」為目標，藉此強化美術館外部（例如，家庭、學校、當地社區與相關文化機構）的教育力量（財団法人日本博物館協会，2003）。基於新時代美術館的設立理念，計有八項原則，包括：

（一）美術館藝術教育活動貫穿從收集、典藏、調查、研究、展示和教育普及的整個過程；

（二）美術館應作為一個雙向交流的場域，促進使用者與潛在使用者之間從訪談

到互聯網的雙向交流；

（三）美術館的設施和資訊應超越年齡、性別、學歷、國籍等差異，成為跨越障礙進行交流的空間；

（四）為推動數位化改革，美術館應成為跨越時空的對話場域；

（五）美術館應超越規模、類型、機構和地域的界限，推動相互合作；

（六）美術館應將其活動整合為科學基地，並與學校、大學、研究機構等合作；

（七）美術館應與家庭、行政單位、民間團體、企業等共同合作，藉由社會民眾的參與來創造新的地域文化；

（八）從區域合作到國際合作，美術館應與亞洲、太平洋地區及全球的其他美術館和相關機構進行合作（佐々木秀彥，2017：3-4）。

另外，佐々木秀彥（2017：4）亦認為，新時代美術館的理想形象是實現以社會民眾為中心，並強調美術館應該與社會民眾共同創造，這一理想形象必須涵蓋三個面向，即：（一）在經營方面：美術館必須明確自身的社會責任與使命，並以「以人為本」的理念來指導其經營和運作；（二）在收藏方面：美術館應當發掘和保護社會所託付的資料，並將這些資料傳承給下一代，確保文化資源的延續；（三）在交流方面：美術館應與社會民眾分享知識、激發學習的樂趣，並在此過程中創造新的價值，促進社會對藝術與文化的理解與鑑賞。

基於上述觀點，美術館藝術教育的目的不僅限於培養專業人才，更在於通過藝術形式讓社會民眾感受藝術的魅力，激發其創新思維。隨著這樣的變革，日本社會民眾重新認識到文化藝術在生活中的重要性。文化藝術具有連接人們的根本力量，它使人們對工作和生活感到自豪，同時賦予生活更多的力量，幫助個體建立身份認同，並使當地社區更具吸引力。現今日本美術館的藝術教育經營，已經從過往以保護文化財和高高在上的藝術形式為核心，轉向強調「藝術在地方紮根」的理念。這一轉變積極促進了與當地社區及使用者的接觸，並鼓勵使用者從被動接受轉為主動參與。在「終身學習社會」的時代，美術館不再僅是知識傳遞的場所，而是成為促進社會民眾參與、互動與協作的學習支援機構。美術館所舉辦的藝術教育計畫必須與社會民眾的日常生活密切結合，並且其活動內容的質量已成為參與者的主要關注點與需求。因此，創造與社會民眾終身學習的美術館藝術教育機能，暮沢剛巳（2022：245；蔡惠貞，1997：37-45）則認為，除了包含收藏與展示；教育與普及活動；調查與研究；情報

的發佈與公開等外，推廣與落實社會民眾終身學習的美術館藝術教育也必須呈現具有三個方向的多元活動，包括：

（一）呈現具時代精神的當代藝術介紹。例如，專題演講、造型講座（實技講座、教養講座等）、公開講座（參觀藝術家的創作過程，並提出相關問題加以分析探討）、開放式畫室（採自由時間制，參觀者可以自由地利用美術館所提供的空間和用具從事創作活動）、特定對象（弱勢族群、兒童、長者、殘障人士等）的造型或創作研習活動企劃（workshop）等；

（二）引入設計、建築、攝影、文學、音樂等超越歐洲流派或純藝術框架而與生活更密切相關的表現活動。例如，演講講座或工作坊以藝術家為中心，引導參與者透過作品與社會產生對話，在創作活動中理解藝術家的思維；在美術館的空間裡提供參與者駐足的思考，而最重要的則是幫助參與者找到人與人、人與環境之間的聯繫；公演活動（與美術相關的音樂、舞蹈、戲劇、脫口秀等）、美術館體驗學習或觀察學習（例如，裝置藝術家展示的作品及其創作過程，從訪問藝術家，由訪談中認識創作素材的來源、構思技巧，或經由世界或社會觀察得到的創作路徑等。）、與國內外美術館或其他單位團體、藝術家、學者聯合舉辦展示、製作與教學活動等。

（三）以當代的視角回顧已經在藝術史上享有盛譽，以及對應人類文化遺產的作品。

在當今社會，文化藝術與文化遺產的重要性愈發突顯，尤其在日本，此一觀念更是深入人心，成為社會與教育體系中的核心價值。日本以文化藝術與文化遺產為核心價值的美術館藝術教育，與終身學習社會理念的結合，形成一個具有深遠意義的文化藝術教育體系。這一體系強化了藝術教育在社會中的地位，也促進了文化遺產的傳承與發展，並在終身學習的框架下為不同年齡和背景的社會民眾提供平等的學習機會。透過將文化藝術、文化遺產與美術館的教育職能的有機結合，日本成功構建一個讓藝術融入日常生活、提升社會整體文化素養的機制。

日本對文化藝術與文化遺產的高度重視，不僅表現出對傳統文化的尊重，更顯示出對未來文化傳承的規劃。作為文化藝術及教育政策的重要載體，日本國立美術館在這一框架中扮演著至關重要的角色。國立美術館不但戮力於藝術品的收藏、研究和展示藝術品，更著力於通過藝術教育來強化文化藝術在社會中的影響力。而在此過程中，文化遺產成為了美術館藝術教育的重要內容，透過展示與相關教育活動，國立美術館

將文化遺產轉化為具體的學習資源，讓社會民眾在接觸藝術作品的同時，亦能夠理解其背後所蘊含的歷史與文化價值。

日本國立美術館的藝術教育計畫強調傳統與現代藝術的並重，通過靜態展示、藝術講座、創作工作坊和互動展覽等多元方式，增進社會民眾對文化藝術的理解與審美能力。對兒童和青少年來說，是傳授知識，也是文化啟蒙的過程；對成人和老年人而言，則有助於提升文化素養、增強文化認同，並提供重新參與社會與文化生活的機會，促進代際間的文化交流。

自20世紀末以來，日本推動終身學習社會理念，國立美術館作為重要的終身學習平臺，為各年齡層和社會背景的人群提供學習機會，使藝術教育成為個人生活的重要組成部分。美術館更積極與地方政府和社區合作，開展以藝術為主題的社區設計項目，展示地方藝術品與傳統技藝，強化社區成員對文化遺產的認同感。

總體而言，國立美術館藝術教育融合文化藝術與文化遺產的核心價值，並將終身學習理念融入其中，構建多層次的文化教育體系。這促進了個人對藝術的理解與鑑賞，也推動了社會民眾對文化遺產的保護與傳承。隨著藝術教育活動的普及，美術館逐步從「純粹藝術」展示場轉型為社會化藝術教育空間，讓社會民眾在創造藝術形式和美的感受中獲得審美體驗（陳星玲，2019），並進一步促進社區對審美空間新形象的塑造，實現了從「美術館的普及」向「美術館藝術教育整體化」的轉變。

03 ── 連結藝術與社會民眾 ── 日本國立美術館之實踐經驗

||| 文化藝術及教育政策與法制提供發展環境 ──
　　「日本社會」影響
||| 藝術知識詮釋與經驗轉譯 ──「創作者」作用
||| 民間自發性的推廣與傳承 ──「接收者」作用
||| 以多元循環形式擴大藝術鑑賞人口 ──
　　「文化中介平臺」開展創作者與接收者接觸道路

日本政府為避免政治意識形態介入創作內容，基於《文化藝術基本法》的「表達的自由」、「不介入內容的原則」（e-Gov法令檢索，2019），並且尊重從事文化藝術活動者的自主權及其言論自由的重要性；另一方面，受英國政署影響，仿照英格蘭藝術理事會（Arts Council England），於2001年，採行國家捐助的「獨立行政法人」，亦即指政府透過文化中介組織進行政策推動及資源分配等事務的處理原則，核心精神是自主運營單位、非文官與文化藝術領域的同儕審查決策過程（Esra Plumer, 2021: 326-339），作用是保護文化藝術表達的自由，使其免受政治宣傳和影響（Plümer-Bardak, 2021: 326-339）。在文化生態系統中，平臺的核心概念是連結、架橋或媒介，以及提供基礎設施與規則，將組織結合一起，讓組織得以創新或進行互動，在具獨立性的組織構成一有序整體的精神紐帶和文化基礎上，共同追求社會價值觀與理想之卓越（陳琇玲譯，2020：34-35）。基於此理念，「臂距原則（ALP）」——即分隔官僚權力與專業機構決策的原則——可有效運用於「國立美術館文化中介平臺」，作為橋接政府與民間的角色，依其獨立性、時代性、藝術性、教育性，以更具效率與彈性的方式完成特定的專業公共事務。同時，該平臺透過強調專業知識與文化價值的整合，促進文化藝術的傳播與創新，並強化文化機構在社會中的功能與影響力。

文化菱形框架的核心在於，透過檢視社會民眾如何創造、生產、分配、接收、詮釋某文化物件，以及在這些活動過程中社會民眾如何行動與互動，以理解這文化物件在其所處的社會脈絡中表現出來的文化現象，以及該文化現象所反映的社會型態。換言之，創造者、接收者、中介角色與社會世界共同構成一個完整的文化生態系統，將藝術帶向社會民眾，也影響藝術傳播的類型與範圍。因此，將此框架應用於國立美術館文化中介平臺，有助於更清晰地呈現社會民眾在參與美術館藝術教育拓展過程中的多元行動。這些行動者基於自身的動機或意識，採取對自身具有意義的行為，並在不同情境中扮演創造者、接收者或中介角色。透過分析行動者之間的多重關聯，能夠揭示影響文化中介平臺運營與藝術教育拓展的關鍵因素，包括這些因素的形成過程、相互影響及其重要性。該平臺的設計與運作所提供的實踐依據，進一步闡釋藝術教育如何在社會中實現文化藝術價值的生成與傳播，深化社會民眾對文化遺產的理解與認同。

基此，本章立基於「臂距原則（ALP）」，並運用文化菱形框架概念，對「國立美術館文化中介平臺」運營及藝術教育拓展的關鍵因素進行分析探究。首先，本章闡述國家文化藝術及教育政策作為推動日本美術館藝術教育的重要助力，並分析日本社會中文

化觀點與藝文環境的建構如何影響美術館藝術教育的發展。重點將聚焦於政策與實踐的連結，以及這些政策對美術館功能深化與拓展的具體影響。其次，分析投入於推廣與傳承美術館藝術教育工作的文化菱形框架中的創作者，包括：學藝員、藝術家與藝術團體，以及接收者，包括：文化觀眾、文化企業與傳播媒體等，探討其行動對美術館藝術教育發展所產生的深遠影響。最後，探討「文化中介平臺」如何透過藝術教育拓展策略來擴大藝術鑑賞人口，並進一步分析這些策略對日本國立美術館未來發展的影響。

III 文化藝術及教育政策與法制提供發展環境──「日本社會」影響

日本美術館藝術教育的發展，依賴接收者的推廣和傳承，也須得益於創作者與「國立美術館文化中介平臺」之間的合作，這有效擴大了藝術鑑賞的人口基礎，同時促進文化藝術及教育政策對美術館藝術教育發展環境的深遠影響。日本政府對「國立美術館文化中介平臺」提供的財務和行政支援，是文化菱形框架中「日本社會」元素對美術館藝術教育發展的重要推動力。日本政府以《文化藝術基本法》為文化治理的根基，強調其在文化中介平臺中的主導角色。文化中介平臺所實行的協同共治機制，能有效促進各種文化參與者之間的合作與交流。作為政策推動的核心力量，「國立美術館文化中介平臺」積極引領文化藝術的發展，將其獨立性、藝術性、教育性及時代性特質融入日常運作中，並持續擴大公共性，為美術館藝術教育創造良好的發展環境，進一步提升社會民眾對藝術的認知與參與。

壹、日本政府以《文化藝術基本法》作為文化治理根基

《文化藝術基本法》是日本確立國家文化藝術及教育政策的核心價值，以朝向「文化藝術立國」為目標。在《文化藝術基本法》前言第一段即明確宣示指出：「文化藝術旨在培養人們的創造力，提高社會民眾的表現力，同時提供心靈上的聯繫、相互理解與尊重，促進形成能夠接受文化多樣性的豐富社會。文化藝術本身擁有固有的意義與價值，並且作為各個國家和各個時代的國民共同的依據，具有重要的指標作用。在國際化進程中，文化藝術成為自我認識的基點，並有助於培養尊重文化傳統的精神。」（e-Gov 法令檢索，2019）。因此，《文化藝術基本法》的立法與改訂，對整體文化藝術及教育政策的擬定，具有指引與規範的作用。

03 連結藝術與社會民眾：日本國立美術館之實踐經驗

美術館是社會民眾了解過去，從多角度了解現在，客觀地從理論上展望未來，是一個開放、公平與知識激化的學習場域。根據日本文化廳文化審議會於會議中指出，一方面，新時代的美術館不僅要發揮場館作為社會教育設施的功能，也必須符合美術館在《文化藝術基本法》中心的位置。然而，《博物館法》自1951（昭和26）年生效至今已有七十年餘，越來越多的社會民眾對美術館的角色與功能提出了比以往更為嚴格的要求；二方面，國際博物館理事會（ICOM）所倡導區域發展、產業振興、社會包容(共融)、人口減少、老齡化、全球暖化、SDGs等複雜的國際趨勢及社會變化的影響；三方面，數位化與新型冠狀病毒感染症的蔓延，直接衝擊了《博物館法》所應承擔的角色與功能，導致其發生了顯著的變化。美術館不僅要履行收集與典藏、調查和研究、展示與教育普及等國際基本職責，仍必須要根據各館所的宗旨和使命，利用各館所的特質，發揮多樣化和先進的作用（日本文化庁文化審議会，2021）。

2021年，日本政府為因應世界局勢帶來的挑戰、並符合《文化藝術基本法》（e-Gov法令檢索，2019）的精神，以及《文化財保護法》（e-Gov法令檢索，2022b）和《以文化旅遊基地設施為中心的地區文化旅遊促進法》（e-Gov法令檢索，2021a）的實施，針對《博物館法》（e-Gov法令檢索，2022a）進行了部分修訂。在數位化與全球挑戰日益突出的背景下，美術館必須有效地成為社區終身學習的文化樞紐，應對社會包容、人口老齡化和可持續發展，以及推動文化藝術的保存與傳承等問題。當問及「在《博物館法》修法背景下，美術館如何在數位化及疫情時代中，通過推動國際交流、志願者活動和文化共享來應對當前的社區發展和社會問題？」日本文部科學省暨文化廳美術館振興室政策制定科企劃統籌科長（A1）、日本獨立行政法人國立美術館運營委員會理事（A2）分別做出回應：

> 《博物館法》在法律的目標做修訂主要是符合《文化藝術基本法》的精神，那它的重點在於作為社區終身學習活動、國際交流活動、志願者活動和旅遊基地的美術館，不僅是文化藝術的保存、傳承、創作、交流和傳播的基地，還必須因應在ICOM京都會議中指出，美術館作為文化樞紐，所以必須能解決社區發展、產業振興、社會包容、人口減少、人口減少、老齡化、全球變暖和可持續發展目標等社會問題，那更要成為一個讓社會民眾可以學習、分享文化、藝術和自然科學等方面的知識。（A1）

《博物館法》的修法與《文化藝術基本法》、《文化財產保護法》及《以文化旅遊基地設施為中心的地區文化旅遊促進法》的推動息息相關。目前的美術館角色和功能已發生顯著變化，尤其是在多樣化與複雜化的全球背景下。2019 年於 ICOM 京都會議上，收集與典藏、展示與教育普及、研究與調查已被認為是國際共識。在數位化及疫情影響下，未來的美術館需涵蓋文化藝術及資料的保存與傳承、藝術品展示、資訊傳播與文化共享，並促使不同世代深入學習。而美術館也需回應社會及地區挑戰、確保專業人力資源的運營，並追求可持續活動及管理的提升。（A2）

在前述第二章中提到，「國立美術館文化中介平臺」擁有豐沛的文化藝術與文化資產，並具有獨立性、時代性、藝術性、教育性的特徵。而隨著《文化藝術基本法》、《博物館法》、《以文化旅遊基地設施為中心的地區文化旅遊促進法》及《文化財產保護法》的修訂與實施，特別是以東京奧運會和殘奧會為契機，這些法規積極活用文化藝術資源，創造文化藝術和經濟價值的良性循環。再者，2017 年改訂的《文化藝術基本法》前言中第四段所稱「表達的自由」、「不介入內容的原則」是基於《日本國憲法》第二十一條對表達自由的保障（e-Gov 法令檢索，1946），採取的立場則是日本政府在提供經費資助時，也將由同行評審專家來做評價（作田知樹，2023），與英格蘭藝術委員會（Arts Council England）成立時強調的「臂距原則（ALP）」基本相同（根木昭，2005）。

簡言之，「國立美術館」是一法人六館所性質的「文化中介平臺」，與日本政府保持「臂距原則（ALP）」，中介管理六所國家級法人美術館。另外，日本政府根據《文化藝術基本法》第二條基本理念、第七條《文化藝術振興基本計畫》（e-Gov 法令檢索，2019），以及《通則法》第二十九條（e-Gov 法令檢索，2018），將「中期目標」納入《文化藝術振興基本計畫》中，並訂定五年中期目標的業務規範（日本文化厅，2018），「國立美術館文化中介平臺」在「中期目標」期間執行任務與使命，藉以創造、發展與社會民眾高度價值觀的新時代美術館生活（独立行政法人国立美術館，2020）。基此，《文化藝術基本法》在日本文化藝術及教育政策體系中，具有振興文化藝術及教育發展的重要治理依據，如圖 3-1。

本書已在第二章提出獨立行政法人機構在正式啟動計畫工作之前，必須分三階段

逐步提出具體計畫，並經主管機關核可認定後使得執行。因此，作為日本文化藝術振興的核心據點，「國立美術館文化中介平臺」須為實現「中期目標」制定中期與年度計畫，並根據這些計畫執行美術館振興政策，推動日本相關的文化藝術與教育公共事務。據此，依據國立美術館文化中介平臺 2021（令和 3）年度業務實績報告書，針對中期目標所列的「為實現提高向社會民眾提供的服務及其他業務品質」的目標所採取的措施，包括：三大治理政策，分別說明如下（独立行政法人国立美術館，2021c）：

一、作為藝術推廣中心基地，並發展多樣化的活動。

（一）提供多樣化的鑑賞機會，包括：收藏作品展、企劃展、國立電影檔案館電影上映會與展示會、國立西洋美術館本館的活動與公開、巡迴展等。

（二）促進藝術創作活動的振興，例如，公募團體租用國立新美術館展示空間。

（三）改善作為藝術相關情報基礎功能，包括：國內美術館館藏作品情報彙總與發佈；國立美術館館藏作品數位化；數據資料庫建構及充實館藏檢索系統；美術情報、資料的收集、充實參考資料機能；情報數據中心（IDC）建立。

（四）教育普及活動的充實：1. 廣泛的學習機會（講座、畫廊講座、藝術家講座等）；2. 和志願者、支持團體合作，開展教育普及事業等，包括：（1）以志願者為基礎的教育普及項目；（2）發展支持團體、其他組織及相互合作的專案，例如，京都國立近代美術館為支持青年藝術家，與京都市、法國法語研究所合作舉辦「巴黎市立現代藝術博物館委託 10 位青年藝術家創作簡短的影音短片」、國立西洋美術館與東京都政府、東京都美術館、東京藝術大學東京藝術委員會籌畫舉行「美術館始於愛的奉獻」教育計畫、國立新美術館與 Orii 研究所株式會社、三菱商事株式會社共同舉辦「庵野秀明展」關聯企劃中的「殘障人士特別鑑賞會」、「化身機器人 OriHime 殘障人士線上鑑賞會」等。

（五）調查研究的實施及結果的反映、發佈：1. 調查研究：館內收藏與展示相關調查研究，包括：展示圖錄、研究紀要、館刊、鑑賞指南等；2. 調查研究成果的發表：（1）通過美術館的出版物發表研究成果；（2）在館外的學術期刊和學術會議發表研究成果；（3）通過互聯網發表研究結果；（4）舉辦關於收藏作品的研討會和座談會。

（六）提供一個舒適的鑑賞環境：1. 為老年人、殘疾人和外國人在內的遊客創造舒適的鑑賞環境；2. 入場費、開放時間等的靈活度；3. 實施校園會員制度；4. 美術館商店與餐廳的充實。

二、以系統地、歷史地展示日本現當代藝術及來自海外藝術的國家收藏。

　　（一）收藏藝術品，包括：購入及捐贈。

　　（二）收藏藝術品的保存與管理：包括：1. 解決收藏空間和其他設施狹窄及老化問題；2. 促進和加強防災措施；3. 收藏作品的修復；4. 收藏作品借出。

三、作為日本的國家美術館中心，以振興美術館活動做出貢獻。

　　（一）與國內外美術館的連攜合作，包括：1. 應國內和國際研究人員的邀請，召開專題研究討論會等；2. 與國外美術館連攜合作，舉辦日本藝術家和藝術品的展示；3. 與全國美術館等建立人際網絡；4. 國內美術館收藏作品情報的匯總與傳播。

　　（二）作為國家中心的人力資源開發，包括：1. 作為藝術教育的一部分，擔任國家中心的角色，計有：（1）開發有助於加強教育普及活動的教材和計畫；（2）為指導員提供培訓，以加強美術館以人為本的鑑賞教育。

　　（三）培育負責未來美術館活動的核心人力資源，計有：1. 實施實習等；2. 舉辦研討會以滿足電影膠片保存、保護的需求；

　　（四）與國內外電影相關機構合作等，計有：1. 電影膠片收藏；2. 電影膠片和電影相關材料的收藏及修復；3. 借出電影膠片和電影相關材料等；4. 在電影檢索系統中的發表結果；5. 與國內外電影相關組織的合作、協調工作情況等。

　　前述提及國立美術館文化中介平臺依據《文化藝術基本法》中的《文化藝術振興基本計畫》中期目標，執行美術館藝術教育推廣工作。當提到「**在資源分配為經營核心的國立美術館文化中介平臺中，如何評價『運營委員會』和『外部評價委員會』在確保管理透明與公正方面的實際成效？**」日本獨立行政法人國立美術館運營委員會理事（A2）明確表示：

> 　　基於國立美術館文化中介平臺資源分配的經營重點，中期目標結束時的重點包括：推動美術推廣活動、系統展示日本現當代及海外美術作品、並作為美術館活動振興的中心。為確保運營透明，理事會與各館首長共同決定管理事項後，遴選外部專家組成「運營委員會」，負責監察及建議。內部依執行情況設置質量指標，進行誠實評價，並由「外部評價委員會」協助審視以確保公平。委員會成員為文化藝術領域專家，不含政府官員，避免政府干預藝術發展，確保文化治理的公正透明。（A2）

```
┌─────────────────────┐
│   文化藝術基本法    │
└─────────────────────┘
           ↓
```

國家政策：文化藝術振興基本計畫（第 4 期中期計畫基本計畫）

文化藝術及教育政策的中長期目標

目標① **創造、發展和傳承文化和藝術，提供教育和參與的機會。**
旨在確保文化和藝術的創造、發展和向下一代傳承，並為所有人提供充分的文化和藝術教育，以及參與文化和藝術活動的機會。

目標② **形成一個富有創造力和活力的社會。**
旨在通過對文化藝術的有效投資來產生創新，通過文化藝術的國際交流和傳播來促進國家品牌的形成，形成一個富有創造力和活力的社會。

目標③ **形成一個精神豐富和多樣化的社會。**
旨在建立一個精神豐富的社會，讓所有人通過文化和藝術參與社會，擴大相互理解，尊重不同的價值觀。

目標④ **在該地區形成一個可持續的、有彈性的文化社區。**
在全國範圍內形成促進地方文化和藝術的平臺，不同的人力資源、文化企業、藝術團體、各類組織機構協同合作，形成可持續發展、有韌性的地方文化社區。

日本所追求的文化藝術的國家形象	振興文化藝術的五大關鍵策略
● 提供全民參與創意活動、體驗全國各地的鑑賞機會。 ● 以 2020 年東京奧運為契機的文化項目在全國各地展開。 ● 從災區重建的面貌，與地域文化藝術的魅力融為一體，向國內外傳播。 ● 目前與文化藝術關係的新雇傭和新產業比大幅度增加。	● 對文化藝術活動的有效支持 ● 充實創造、支持文化藝術的人力資源，並加強針對兒童和青少年的文化藝術推廣措施。 ● 將文化藝術傳承給下一代、地域振興等的活用。 ● 促進國內外文化的多樣性和相互理解。 ● 文化藝術振興體制的整備。

↓

國立美術館文化中介平臺於第 4 期中期目標期間的任務與使命
作為日本藝術振興的中心據點，為實現「文化藝術立國」做出貢獻

● 在向國民廣泛地介紹美術相關作品的同時，開展推進美術創作活動的活性化等豐富多彩的活動，努力提高和發展日本的文化。
● 創建一個有系統地、歷史地展示日本現當代藝術，以及海外藝術的國家收藏，以良好的狀態保存，並將文化傳承給後代。
● 作為日本的「門面」，與海外主要美術館和藝術家合作，通過藝術促進國際文化交流。
● 活用調查、研究的成果，以及國立美術館所擁有的收藏作品和人力資源，作為日本美術館的國家中心，對美術館整體活動的充實做出貢獻。

圖 3-1　獨立行政法人國立美術館文化中介平臺在政策中的任務與使命

資料來源：日本文化庁，2018；独立行政法人国立美術館，2020。272。

关于「外部评价委员会」促进评价制度的公正性，促进专业领域的灵活发展部分，接续提问「『外部评价委员会』在国立美术馆文化中介平台与日本政府间的角色？该委员会在促进评价制度公正性方面应该具备哪些特质或功能？」日本独立行政法人国立美术馆运营委员会理事（A2）则继续回应指出：

> 日本政府对独立行政法人国立美术馆文化中介平台的监督主要集中于法人业务与组织运营，并避免在运营细节中进行事前管制，而是将重点放在事后监督上，以尊重法人的自主性与自律性，增强组织在人事和财务上的弹性与透明度。在评价机制上，「外部评价委员会」作为第三方机构，负责在平台与日本政府间担任沟通桥樑，并平衡主管机关的评价权力，这正是此制度的优势之一。此外，日本政府也可藉此评价了解平台的实际运作，为下一期目标设定提供依据，以确保平台在专业领域中灵活发展，实现有效治理。（A2）

由于「收藏、研究、展示、教育普及」是美术馆艺术教育活动的基础。当问及「在艺术教育普及工作中，国立美术馆文化中介平台应如何有效地运用其丰富的收藏品来提升社会民众的审美情趣，并促进民众参加艺术教育和服务的机会？」日本文部科学省暨文化厅美术馆振兴室政策制定科企划统筹科长（A1）指出：

> 在艺术教育普及工作中，国立美术馆文化中介平台须「以人为本」，并根据日本政府中期目标系统地展示日本现当代艺术及海外艺术，形成丰富的收藏品。平台需持续创新与努力，加强收入与功能，确保高度专业化的人员，同时推广社会民众参加美术馆艺术教育及其他服务的机会。（A1）

贰、日本政府是文化中介平台的主导角色

虽然国立美术馆文化中介平台是一个强调独立性、不受政府控制的平台，但仍不可忽视日本政府主导的角色。对于国立美术馆而言，文化中介平台的运作与持续推动都极需要浩大的经费补助及行政支援，这些资源的提供通常来自于对文化艺术事务的短中长期发展目标的支持与规划。访谈日本文部科学省暨文化厅美术馆振兴室政策制定科企划统筹科长（A1）提及，「在美术馆艺术教育作为国家核心文化艺术及教育政

策的背景下,您認為日本政府應如何有效地引導國立美術館文化中介平臺的建立和運作,以增強其自律性和誠信度?」他說:

> 美術館藝術教育在國家發展中是核心文化藝術及教育政策的重要組成部分。日本政府作為國立美術館文化中介平臺的主導者,除依法制定法律及配套措施外,還需提供必要的經費與行政支援。考慮到藝術對當代生活和文化的潛在影響力日益增強,國立美術館文化中介平臺必須與日本政府緊密合作,政府有責任引導美術館的建立與運作,並加強自身建設,提高自律性和誠信度。(A1)

參、文化中介平臺的協同共治

隨著公共行政改革的演進,新公共管理(New public management)將市場理念和競爭機制帶入政府部門,大幅改變傳統公共行政的理念價值與政策研究而成為重要典範(李長晏、陳嫈郁、曾淑娟,2021:1-34)。而後新公共管理的轉型則是強調合作、協調、協同的治理運作機制。因此,日本政府與國立美術館文化中介平臺在推動執行美術館文化藝術政策及藝術教育治理角色定位的思考上,必須保持推動公共文化服務和藝術教育方面的密切合作與互動。日本文部科學省暨文化廳美術館振興室政策制定科企劃統籌科長(A1)接著針對「**在日本政府與國立美術館文化中介平臺的共同治理關係中,應如何平衡政府的監督責任與美術館的自主性,以促進更有效的合作與發展?**」他輕鬆的舉例回應:

> 日本政府與獨立行政法人國立美術館文化中介平臺之間的關係可視為合作的共同治理,類似於家庭中的父子關係。政府作為「父親」,負責制定規則和提供資金支持,而美術館則遵循這些規則,並在適當時機做出反應。作為「一家之主」,日本政府有監督的責任,並在需要時提出建議。獨立行政法人國立美術館文化中介平臺下的六個美術館雖位於不同地區、處理各種藝術作品和展示,但在基本管理方式上保持一致,實現共同治理的運作模式。(A1)

將「治理」的概念引用到文化藝術及教育政策的領域時,也就是讓美術館成為國家文化藝術及教育政策治理的一部份。在談及美術館治理的面向時,關於「**在美術館**

治理中，參與式管理的具體做法是什麼？如何確保各方利益相關者的有效參與？又如何在美術館的治理結構中實現「協治」或「共治」的理念？這對美術館的運作有何影響？」日本獨立行政法人國立美術館運營委員會理事（A2）精確指出：

> 治理最初源自商業領域，但近年來已被廣泛認可為通用術語，通常與「統治」、「控制」或「管理」相關。在文化領域，美術館治理專指美術館的管理與行政事務，強調其自我管理與治理能力。在日語中，除了「治理」，還可用「協治」或「共治」來描述這一概念，反映了參與式政府、參與式管理和協同治理的理念。這意味著多方利益相關者共同參與美術館的運作與決策，強調合作與共治的重要性。（A2）

同樣的問題另外請教臺灣國家文化藝術基金會董事長（S1），他則是清晰地說明：

> 在法人運作中，政府與國立美術館文化中介平臺之間的關係類似於探頭的關係，因為政府對美術館負有監督責任，同時也承擔社會責任。因此，國立美術館文化中介平臺需要不斷提升績效和服務品質，以確保其專業性。在這個過程中，國立美術館文化中介平臺必須與政府及其主管單位進行有效的協調與溝通。作為一個獨立的機構，國立美術館文化中介平臺既不是政府機關，也不是民間企業，因此其生存發展依賴於在使命價值、社會責任與商業利益之間取得平衡。這種平衡不是單方面的努力所能達成的，必須依賴政府提供妥善的配套措施，才能相輔相成、共同完成文化使命。因此，國立美術館文化中介平臺的運作模式需要在政府的支持下，以靈活的方式應對多變的社會需求。（S1）

文化中介者包含個人或團體，是一個受眾參與的過程，它建立在知識和專業交流、社會和文化資本轉化，以及多種形式的治理等關鍵（Jonathon, 2017: 1-30）。換言之，文化中介平臺是一個文化市場的行動者，透過市場的運作，可以調和消費者對於文化服務或產品的認知，以及消費者對於文化服務或產品生產過程中的涉入，從而建構出一種市場觀眾群所能接受的文化藝術價值。因此，針對「**文化中介平臺如何在日本的美術館藝術教育與政策執行中，促進政府與國立美術館文化中介平臺之間的協同**

共治？」日本慶應義塾大學政策科學研究院教授（S3）則確切的回應：

> 在文化和經濟的交匯點上，國立美術館文化中介平臺的作用是調解大眾對藝術產品的認知。通過藝術教育和行銷策略，這一平臺能有效吸引非參與性觀眾接觸藝術，促進文化的普及。文化中介平臺的存在也確保了專業與管理層的特權再生產，強調藝術教育、市場行銷及觀眾參與等功能在國家文化藝術及教育政策發展中的重要性。政府與國立美術館文化中介平臺的角色有所不同：政府專注於行政管理，而文化中介平臺則專注於專業實踐。這兩者在推動文化藝術政策和促進美術館藝術教育的過程中協同合作，體現了共治的理念，強調了各自的功能互補性，從而共同實現文化的發展與教育的使命。（S3）

現代意義的「治理」是將社會相關制度或機制融入統治的過程，轉變為一種傾向以社會為重心（society-centered），成員經由彼此互動、協商達成共識，進而形成具有自治功能的網絡夥伴關係模式（Rhodes, 1996; Kooiman, 2000: 138-166）。換言之，治理可以經由資源互補和相互依賴，以互信為基礎，在特定政策上建立「協同治理」的共識，並透過合產（coproduction）而產生「增效」的效果（蔡允棟，2006：163-209）。

在美術館定位及館藏藝術品上，表3-1則是國立美術館文化中介平臺統籌管轄六所法人美術館的定位、館藏品與地理位置，包括：關東地區的東京國立近代美術館（包括：金澤國立工藝館）、國立電影資料館、國立西洋美術館、國立新美術館，以及關西地區的國立國際美術館、京都國立近代美術館。

表 3-1 六所國家級法人美術館的定位、館藏品與地理位置

	定位	館藏品	地理位置
東京國立近代美術館（含國立工藝館）	追溯日本現代藝術的譜系，鳥瞰從明治時代至現在的日本藝術。	收集大約從 1907 年（明治 40），日本第一個官設的公開招募展，文部省美術展示會舉辦的那一年到現在，100 年以來的日本與海外的美術作品。收藏主要是日本畫、西洋畫、版畫、水彩／素描、雕塑（立體造型）、照片、影像等 13,549 項藝術作品。	東京都千代田區北之丸公園內
京都國立近代美術館	以日本整體近代美術史為主。	繪畫、雕塑、版畫、工藝、設計、建築、攝影、錄像等，約計 12,876 項藝術作品。	京都市左京區岡崎公園內
國立國際美術館	以關西為中心，捕捉第二次世界大戰之後日本國內外的當代美術品為核心。	收藏主要是繪畫、雕塑、版畫、照片、圖像和表演等，約 8,000 件藝術作品，包括：濱口洋三約 400 幅版畫與素描以及橫尾忠則的海報作品 900 多幅。	大阪市北區中之島
國立西洋美術館	西洋美術作品，包含印象派等 19 世紀與 20 世紀前半的畫作及雕刻。	由多達 370 件的實業家松方幸次郎收藏品構成本館收藏品的核心。目前收藏有約 6,000 件作品，涵蓋繪畫、雕刻、素描、版畫、工藝品等領域。	東京都臺東區上野公園內
國立新美術館	提供展示場地為定位。	沒有館藏品。	東京都港區
國立電影資料館	日本唯一的國立電影機構。	日本國內外的電影，包括：數位電影、電影相關資料、電影圖書資料。	東京都中央區

資料來源：作者彙整。

03 連結藝術與社會民眾：日本國立美術館之實踐經驗

在六所法人美術館的定位、所在區域和館藏品不同的情況下，「國立美術館文化中介平臺」與六所法人美術館共同推動美術館藝術教育，在「協同共治」的基礎上，如何達成共識。關於「**如何通過文化中介平臺促進社會民眾與美術館之間的互動，並有效提升美術館的鑑賞教育效果？**」為此，訪談日本獨立行政法人國立美術館運營委員會理事（A2），他說：

> 獨立行政法人國立美術館文化中介平臺的主要任務是拉近社會民眾與藝術的距離，使藝術影響日常生活。每個法人美術館都有各自的展示與教育計畫，除了位於六本木的國立新美術館專注於展示外，其他如東京國立近代美術館、國立工藝館、京都國立近代美術館、大阪國立國際美術館、國立西洋美術館和國家電影資料館也致力於收藏與展示，並根據各自特點策畫鑑賞教育計畫。文化中介平臺重視各法人美術館的獨特需求，並致力於強化美術館的鑑賞教育。它通過整合、協調美術館、藝術家、學生與社會民眾之間的對話和交流，促進對藝術的認識和參與，強調社會參與的重要性。因此，策畫這些交流活動時，並不存在矛盾，反而形成了良好的合作關係。該平臺主要負責組織審查會議、制定年度計畫和一般行政工作，並推廣美術館的活動，包括發展新藝術家和校園會員等，進一步提升社會對藝術的認知與參與度。（A2）

從藝術品分類來看，關於「**國立美術館文化中介平臺如何促進不同美術館之間的合作與資源共享，促進社會民眾與藝術作品之間的互動，以提升藝術教育的效果？**」日本獨立行政法人國立美術館主任學藝員（P3）自信又從容地回應：

> 日本的六所獨立國家美術館，除國立新美術館外，各具藝術收藏，作品分類方面無重疊，彼此相輔相成，展現獨特特色。這一多樣性使得各美術館之間的交流順暢，互不干擾。作為聯繫六個美術館的橋樑，獨立行政法人國立美術館文化中介平臺的角色是進行充分的溝通和協調，特別是在借出藝術作品以支持年度展示時。該平臺定期與各館舉行會議，依據各自職責安排展示，並在特別展示計畫中加強合作，如校園會員計畫、會員贊助計畫及文化廳專案計畫。最重要的是，文化中介平臺致力於擴大社會民眾對美術館藝術教育的參與，強

調促進藝術教育，鼓勵觀眾對藝術作品的反饋，並激發不同文化背景參與者之間的討論。（P3）

肆、獨立行政法人國立美術館文化中介平臺是政策推動火車頭

Nixon 與 Do Gay（2002: 495-500）指出，文化中介者能夠從其地位發揮一定的文化權威，並作為品味的塑造者與新消費主義傾向的煽動者。換言之，國立美術館文化中介平臺的任務為執行政府的政策意志，回應政府政策推動需求，並關照社會整體發展所需的設計與制度創新。該平臺的主要功能是推動文化藝術產業與美術館藝術教育的發展，並且在政府與民間市場之間扮演中介溝通的角色。當問及「**在推廣公共利益的藝術教育中，國立美術館文化中介平臺如何確保其文化藝術及教育政策的有效執行，以提升行政效率並滿足社會民眾的需求？**」日本文部科學省暨文化廳美術館振興室政策制定科企劃統籌科長（A1）回應說：

> 獨立行政法人國立美術館文化中介平臺是根據政府制定法律和預算執行相關美術館政策，它是準自主性非政府單位，那獨立行政法人國立美術館文化中介平臺執行的文化藝術政策，包括：設立美術館，收集和收藏與藝術有關的作品及其他資料，包括：電影，並提供給社會民眾觀看，以及進行相關的調查、研究、教育普及活動來促進藝術和其他文化藝術及教育政策的推動發展。（A1）

前述提到「臂距原則（ALP）」是源自 John Maynard Keynes 及其對藝術與文化的看法。那麼「**如何理解 John Maynard Keynes 的『臂距原則（ALP）』在當代文化藝術及教育政策中的應用，特別是獨立行政法人國立美術館文化中介平臺在推動公共藝術教育方面的角色？**」訪談專門研究 John Maynard Keynes 理論的日本獨立行政法人國立美術館運營委員會理事（A2），他具體回應說：

> 在 John Maynard Keynes 的著作《我是一個自由主義者嗎？》和《自由放任的終結》中，他提出的「臂距原則（ALP）」包含了「半自治組織」的概念和「藝術家的自由」的理念。這些思想在他的職業生涯中，尤其是在擔任英國藝術委員會時，促進了文化藝術的推廣。Keynes 主張的「藝術家的自由」強調

藝術創作應不受過多干預，而「半自治組織」則指向一個由藝術和文化專家組成的獨立實體，主要是在支持藝術的發展和公共利益。而在當今社會中，這種觀點顯得尤為重要，因為它鼓勵國家在文化和藝術方面發揮積極作用。從這個角度來看，獨立行政法人國立美術館文化中介平臺在預算設計和業務運作上具有一定的獨立性，使其能夠有效推動藝術和文化的鑑賞，滿足社會的公共需求。Keynes 理論中的「公共性」概念體現在政府透過藝術委員會資助文化活動，從而促進了公共利益的實現，這一結構在日本的文化藝術及教育政策中得以延續和發展。（A2）

歸納以上討論，國立美術館作為日本政府推動文化藝術及教育政策的核心文化中介平臺，具有其最重要的特點：不受政治偏好的影響，並賦予美術館更多的自主性和彈性。隨著新型冠狀肺炎病毒及數位化挑戰的加劇，日本政府近年來委託國立美術館文化中介平臺執行媒體藝術項目，進一步擴大藝術教育的普及。2023 年 3 月，國家數位藝術研究中心的啟動，標誌著美術館藝術教育的振興進程，也成為國立美術館文化中介平臺推動美術館政策的主要目標之一。因此，國立美術館文化中介平臺在推動和執行文化藝術及教育政策方面，無疑扮演了關鍵引領與核心角色。

伍、文化中介平臺的顯著特質：從獨立性、時代性、藝術性、教育性到擴大公共性

Barrett（2011: 20）認為，當代美術館的公共性應該從前期現代主義者所預設的一種「均質的公共」（a homogenized public），轉向為多元性的「分眾」（diverse publics）基礎上，藉以實踐美術館的公共性。吉中充代（薛燕玲等譯，2003：66）則從美術館的功能，亦即：文化實作面向中當代美術館的公共性，其將重點置於公共教育面向提到，在民主制度之下，美術館藝術教育成為當代美術館執行公共性的主軸。因此，美術館不僅必須進行美術品收集、典藏、調查、研究、展示、教育、推廣等之外，仍是必須肩負地方文化宣傳、走入國際、進行海外交流，同時亦必須將美術館藏品的價值，透過調查、研究，重新發掘和評價。為此，接續訪談日本獨立行政法人國立美術館運營委員會理事（A2），針對「**國立美術館文化中介平臺在促進藝術公共性方面，應優先關注哪些具體議題，以應對當前社會面臨的挑戰？**」他直接聚焦地指出：

在 John Maynard Keynes 的時代，「公共性」的概念可以被理解為「廣大的社會民眾」，即大量人群對藝術和文化的鑑賞。Keynes 主義的「公共性」概念，強調中央政府透過藝術委員會的經費資助來建立一個支持藝術和文化的結構，這在當時具有重要意義。隨著時代變遷，這種公共性的內涵也在不斷演變。在當前的日本現況，獨立行政法人國立美術館文化中介平臺需要探索新的公共性質，並將其納入政策和項目的戰略重構，以擴大藝術的公共性。所以除了國家和地方政府的文化藝術政策，企業慈善事業及民間藝術非營利組織等實體也在通過藝術項目尋求新的公共性。也因此我認為，國立美術館文化中介平臺的主要關注點應還需要包括：第一，通過藝術進行教育；第二，利用閒置的學校資源應對少子化；第三，透過文化和藝術推動區域創造；第四，促進社會包容，支持社會少數群體；第五，進行災後恢復與防災教育。這些都是當前的重要課題，國立美術館文化中介平臺正是承擔這些新公共性使命的場域。（A2）

陸、文化中介平臺是建構文化藝術品味的守門人

在楔子（第一章）的論述中，Bourdieu（1984）認為，品味是表達文化資本和社會地位的重要方式，個人根據擁有的文化資本通過品味進行交流；而品味的概念則必須從 Bourdieu 所提出的「慣習」（habitus）討論。Bourdieu 在社會理論當中強調個體與社會兩者發展是互相牽動的，這是一種關係性（relational）與生成性（generative）的過程，不論是個體論或者是集體論者，個人在社會當中的生活皆會經過社會化的過程，發展出「建構的結構化」（structuring structure），以及「被結構的結構化」（structured structure），社會運作的模式與結構也就是經由人們在社會當中日積月累的互動所形成（謝佩珊，2015：18-19）。

再者，「慣習」在社會當中會有許多不同的象徵與資本內涵，大致可分為文化資本、社會資本與象徵資本，這些資本彼此有對應上的運作邏輯，但是卻互相獨立，Bourdieu 認為當中最重要的關鍵作用是文化資本。文化資本是指個人所擁有的知識、能力與資格的總體，經由教育，以及家庭所傳承，可分為三種主要的形式，包括：（一）內化形式，是指內化與心理的長期秉性；（二）客觀形式，是指文化商品被賦予的文化價值形式；（三）制度化的形式，是指經由合法的制度所確認的各種教育資格，具有普遍性的社會認可（謝佩珊，2015：23）。因此，文化中介平臺會形成一種場域（field），

03 連結藝術與社會民眾：日本國立美術館之實踐經驗

這也是 Bourdieu（1984）所提出來的「場域理論」（field theory），其認為這是由各種社會地位和職務所建構出來的空間，場域的性質會決定於這些空間當中個體所佔有的地位與權力象徵；而場域會依附著權力的軌道運作，它的功能在於維繫社會勢力或資本的分配。故而文化中介平臺雖然在互聯網時代時的角色被置換，但是「場域」依舊存在，相同的經濟、社會、文化、象徵資本的競爭依然存在（張蕙敏，2004：21）。

Smith-Maguire 與 Matthews 提到（2010: 405-416; 2012: 551-562），文化中介者必須以消費者的眼光，使文化產品具有價值，並與正統的（legitimisable）文化共謀，賦予文化產品合法化的品味；給予文化產品符號意義，塑造特定文化產品正統性，從而提升了其附加價值。基此，文化中介者中介了文化藝術生產和消費。象徵符號的生產（symbolic production）即是他們的核心工作之一，他們經常運用不同的遊說和行銷技巧，藉由串連文化產品和日常生活的關係，喚起消費需求。也就是他們嫻熟於運用「再現」、「意義」及「符號」（Negus, 2002: 504）。文化中介者也中介了創作者和接收者。創作者生產的作品在吸引接收者的注目之前，通常已經過激烈競爭，才能從成堆的初稿或雛形中脫穎而出，遴選（selection）或過濾（filtering）這些藝術作品及教育的工作，即由文化中介者所擔綱。然而他們的中介並非中性、不帶價值判斷，而是以自身的品味、或對銷路的考量做為篩選的判準（Alexander, 2003: 76；李令儀，2014：97-147）。也就是說，國立美術館文化中介平臺在中介的同時，具有「守門人」的性質。

據此，日本獨立行政法人國立美術館主任學藝員（P3）針對「**國立美術館文化中介平臺作為藝術教育的「守門人」，如何利用其文化資本影響藝術教育的發展趨勢，同時維持對藝術資訊的敏銳度和品味？在這一過程中，它面臨哪些挑戰，以及如何評估其在連結社會民眾與藝術教育之間的作用？**」他則提出其見解，他說：

> 在美術館藝術教育的篩選過程中，守門人角色至關重要，他們除了依據審美標準來把關外，還需評估社會對藝術教育的接受度及其實質內涵。國立美術館文化中介平臺必須不斷吸收新興藝術資訊，隨時關注全球藝術的最新發展，這種對「永不滿足的追求」的堅持源於其在傳遞藝術資訊方面的責任。因此，文化資本在形成國立美術館文化中介平臺的品味上不僅發揮了關鍵作用，還與這個平臺在藝術網絡中的地位緊密相連。這使得國立美術館文化中介平臺對藝

術作品的敏感度和品味遠超一般社會民眾，並具備更強的判斷力與自覺性。所以在與藝術教育的關係中，那這個平臺能夠更有效地控制藝術知識的滲透，進一步掌握話語權，並將經過篩選的藝術知識傳遞給社會民眾。因此，國立美術館文化中介平臺在藝術教育的形塑與定義中扮演著關鍵角色，是操縱文化資本的核心群體。所以這個平臺透過守門機制積累並鞏固文化資本，決定藝術教育的意義與流動過程，並擁有五個方面的特質，第一就是傳遞與篩選藝術新資訊的能力；第二是影響藝術教育發展的趨勢；第三則是具備藝術知識與品味；第四個是與社會民眾建立直接或間接聯繫；最後則是能定義、影響，甚至藝術教育體系的流動過程。（P3）

質言之，文化藝術及教育政策的制定與發展，深受對文化藝術現象的認知與思考所影響。文化藝術現象是人們在互動中集體建構出來的生活秩序，反映了整體社會型態（林信華，2002：9-12）。這意味著，文化藝術及教育政策不僅是政府對文化藝術及教育現象的反思與回應，同時也建構出特定的文化藝術及教育觀點，塑造其發展環境，進而影響整體社會的接受與推動，形成「文化藝術及教育」與「社會」之間的深層關聯。

在日本，美術館藝術教育的發展受到政府文化藝術及教育政策的強力引導。政府所制定的「中期目標」法律制度，以及《博物館法》中對專業人員的資格標準規範，都是為了強化國立美術館在文化中介平臺中的角色。這種主導角色不僅協調各方資源，還推動文化藝術及教育政策的執行。透過協同共治的方式，這些政策促進了文化藝術、文化遺產與美術館藝術教育的認同，進一步擴大了國立美術館的公共性。

歸納而論，文化藝術及教育政策的制定，旨在為每位社會民眾創造適切的空間，以詮釋並表達其個人意義。這些政策所營造的藝文環境，旨在鼓勵社會民眾積極參與文化藝術活動，並實現其行動目標。具體而言，這些行動包括：社會民眾參與美術館藝術教育的收集、典藏、展示、創作、研究、傳達、教育、接收、理解與鑑賞等環節。這些要素共同構成了促進美術館藝術教育發展的關鍵基石，其成效最終取決於文化藝術在日本社會民眾心中的意義與價值。

日本政府在文化藝術及教育政策中運用「臂距原則（ALP）」，強調事後監督與「外部評價委員會」的評價機制，這一設計使文化中介平臺在政策推動過程中保持了

自主性與自律性。這種獨立性不僅增強了組織和財務運作的彈性與透明度，也為文化藝術及教育的長遠發展奠定了堅實基礎。文化菱形框架的設計連結創作者、國立美術館文化中介平臺與接受者之間的各條直線，構建一個互動且互補的網絡結構，促進藝術生態系統內各要素的有機協作與共生發展。

作為藝術資訊的傳遞者，國立美術館文化中介平臺必須不斷吸收全球最新的藝術資訊，掌握藝術發展脈動。如此持續的追求，使得該平臺的文化資本得以不斷積累，形成獨特的藝術品味。更為重要的是，文化資本的積累與該平臺在藝術網絡中的地位密切相關，使其成為形塑與定義藝術教育的重要角色，也是操控文化資本的核心群體。透過守門人機制，國立美術館文化中介平臺能夠積累文化資本，並鞏固其象徵資本。這一機制賦予該平臺決定藝術教育意義與流動過程的能力。在此過程中，社會民眾透過參與各種藝術行動與互動，共同建構出美術館藝術教育在日本社會中的文化意義，進一步強化該平臺在藝術教育領域的核心地位。

此外，這種互動過程反映了藝術教育接受者對藝術的理解，也是文化資本在社會中流動的結果。國立美術館文化中介平臺透過其傳遞與篩選藝術新資訊的能力，影響藝術教育的發展趨勢，並以直接或間接的方式與一般社會民眾建立聯繫。這種關聯使社會民眾能夠更深入地理解美術館的藝術教育，也為文化藝術及教育的持續發展注入了新的活力。

總結來說，國立美術館文化中介平臺在文化藝術及教育政策中扮演著不可或缺的角色。它是文化資本的操控者，也是形塑藝術教育的重要力量。通過有效的守門機制與持續吸收最新資訊，該平臺在藝術網絡中的地位日益重要，其不只是推動社會對文化藝術的認知及參與，最終形成一個更加豐富、多元的文化藝術環境。

III 藝術知識詮釋與經驗轉譯──「創作者」作用

藝術的存在需要接受者的鑑賞，同時也需要創作者的專業知識，美術館的藝術教育亦是如此，其持續發展仰賴學藝員、藝術家與藝術團體的專業知識支持。從文化菱形框架的角度來看，當一個文化物件由具備專業知識的創作者創造後，唯有經過接收者的經驗與詮釋，並賦予其文化意義，該文化物件才能真正進入文化圈，進而具有文化價值。因此，美術館藝術教育需要透過創作者的專業詮釋來進行，包括：學藝員對藝術品的深度解讀、藝術家對經驗的轉譯，以及藝術團體的積極參與，以策畫與藝術

品相輔相成的教育活動。如此一來，接收者——即文化觀眾、文化企業及傳播媒體——便能更深入地體驗藝術知識，並在這過程中，透過文化中介平臺與其他接受者共同建構屬於日本的美術館藝術教育。透過創作者與接收者之間的合作與互動，美術館不但能夠提升社會對藝術的認識及參與度，還能促進文化交流與學習經驗的豐富化，最終為藝術教育的持續發展奠定堅實基礎。

壹、學藝員是日本美術館的思想觸媒

日本在專業人才養成及培育方面，於《文化藝術基本法》第十六條中有明確規範，即：「政府應建立促進文化藝術培訓的教育制度，以支持從事文化藝術相關工作的專業人士，包括：進行創作活動、傳承傳統表演藝術、保護與利用文化資產的專業知識與技能者，以及策畫或製作文化藝術活動的技術人員、管理和經營文化設施的專業人士，與其他負責文化藝術相關工作的個體（例如，藝術家等）。該制度應為這些專業人才的發展提供支援，創造展示成果的機會，並構建有利於文化藝術創作的環境。」（e-Gov 法令檢索，2019）。

根據日本 2022 年 4 月 12 日修訂的《博物館法》，其中對學藝員的定義載於第四條，「博物館應任用具有專業的職員為學藝員，學藝員負責執行博物館資料的收集、典藏、展示、調查研究及其他相關專業職務（e-Gov 法令檢索，2022a）。另依據黃貞燕（2019）的研究，學藝員是日本美術館的核心，日本今日所有的都道府縣都設有歷史博物館、科學館、美術館，而學藝員的專業職能與地域內的各類文化財的保存、研究與活用密切相關。換言之，學藝員被認為是參與博物館、美術館整體管理運營的關鍵專業人員，負責包括收集、典藏、展示及調查研究等核心職務。他們的關鍵作用在於透過連結不同的社會群體與實踐活動，創造讓多元文化與觀點相互激盪的條件，並由此形成深度討論的社群。因此，學藝員作為思想的觸媒或引導者，需致力於消弭藝術家、社會民眾、美術館、相關機構與其他社群之間的隔閡，擔任溝通的橋樑，推動文化交流與藝術教育的發展。

學藝員的職責已遠超過傳統的守門人或照顧者角色，他們不但需要提出展覽企劃案，還承擔展覽中的多重任務。這些任務包括：設計展覽主題、選擇參與的藝術家及藝術作品，同時撰寫具高度學術性且經過深入研究的專文、畫冊或書籍等內容。此外，學藝員仍需要綜合處理與展覽相關的身體與智識經驗，並能將複雜的藝術觀念轉化為適合一般社會民眾理解的形式，以在展覽空間中實現預期效果。因此，學藝員的定位

已經發展為具活力且具前瞻性的角色，作為閱聽民眾、藝術家及藝術工作之間的促媒者（Ernest, Zafer, and Lizzie, 2009: 141-151）。他們不僅需要調節這三者之間的關係，還需滿足閱聽民眾的需求與期待，並促進社會對藝術的認識與參與。

然而，過往學藝員多被視為展覽最終呈現的發言人，但美術館的工作範圍實際上十分廣泛，業務繁瑣且多元。因此，學藝員的專業職務應以美術館的機能為基礎，整合研究、技術與教育三大領域的工作，涵蓋資料調查及學術研究、資料的收集、整理、保存與管理的專門技術，以及資料展示與教育活動（張妃滿，2003：36-41）。此外，學藝員還需負責美術館經營、設備與設施管理及文化藝術活動等相關職務，尤其在展示策畫方面，涉及多層次的機制與流程（陳泰松，2009：125-128）。這些綜合性與專業性的職務，進一步凸顯學藝員在美術館運作中的核心地位與不可或缺的角色。

「作為美術館學藝員，如何看待自己在政府、美術館政策、藝術家與社會民眾之間的橋樑角色？在篩選藝術作品和推動藝術教育的過程中，哪些知識或技能對學藝員來說是最重要的？又如何將這些知識轉化為有效的教育和溝通策略？」據此，訪談日本獨立行政法人國立美術館主任學藝員（P3），他表示說：

> 嗯……學藝員在美術館中扮演著重要角色，他們是藝術知識的傳遞者，也是政府政策的執行者。日本政府推動的美術館藝術教育用意在讓社會民眾透過專業的學藝員獲得有關藝術的知識。所以，深化藝術史的理解對學藝員來說至關重要，無論是西方美術史、日本美術史，還是文化史，這些都是學藝員在職業生涯中積累的寶貴知識。除了這些歷史知識的積累外，我還深入學習了美術館經營管理，這一部分的知識使我對藝術經營的運作有了更全面的理解。這樣的學習不僅豐富了我的專業背景，也增強了我在美術館中的專業能力，使我能夠更有效地傳遞和詮釋藝術及其背後的文化意義。（P3）

貳、學藝員是知識詮釋者

世界各國的美術館經常與日本美術館共同舉辦相關企劃展、特別展，所以社會民眾若想要理解藝術作品，首要之務則是造訪美術館；而若是要了解美術史，則必須要從藝術鑑賞開始。安田知加（2010：8）認為：

藝術作品可增強我們的感受力和觀察力，並通過鑑賞喚起潛在的興趣和好奇心。當人們在觀看一件藝術品時，會以自己的方式處理從眼睛接收到的信息，解讀藝術家賦予作品的意義，想像藝術家創作作品時的處境，可以加深對作品的興趣和理解。看著眼前的作品，尋找可以推測藝術家創作的意圖，辨別藝術家的感受和自己的感受之間的差異，在腦海中反覆思考外，也可以提高觀察力和感受力，拓寬自己的視野。

藤田令伊（2015）指出，日本是世界上參觀美術館人數最多的國家之一，但參觀者對藝術作品的「鑑賞」是不自覺地被美術館學藝員所引導。齋藤久嗣（2022）認為，對於藝術鑑賞，社會民眾無論如何都是被動的汲取藝術知識。三ツ木紀英（2021）則指出，藝術鑑賞的重要之處在於面對藝術品本身，但有些時候，藝術知識必須透過學藝員的詮釋與解說，才可以增加藝術鑑賞的深度，而對藝術作品有更清楚的理解。

美術館是建構藝術知識的載體，因此知識詮釋是美術館核心價值之一。從詮釋學得出的「理解及詮釋」觀念，並不將知識視為已然完成的閉合系統，而是透過理解及詮釋，使其得以承接豐饒的敞開場域。「詮釋」一詞有解說、注釋、闡述及詳細深入了解的意思，將詞語拆開作單獨的解釋，則「詮」有解釋及評說事理的意思；「釋」有解說及說明的意思（耿鳳英，2011：99-111）。Tilden（2008）對詮釋所下的定義為：「詮釋即是一種教育活動，利用真實作品展示、社會民眾個人經驗及實例，揭露作品蘊含的意義及其關聯性，而非提供單向的資訊傳遞。」因此，就詮釋的過程而言，它是一種交談的活動，主要是指當傳達者與接收者隨著自己既有的思考與經驗，在雙方相互交流時達到互相理解的結果，而這樣的結果往往會超出原本詮釋者的預期，形成富有創造性的現象（蘇淑雯，2009；陳昱璉，2017：36）。易言之，美術館的收集、紀錄與保存，其目的是為了詮釋及增進參觀者對展示物件的了解。由此，「詮釋」在美術館中包含基本的作用分別為：（一）展現研究結果；（二）詮釋研究結果可以透過展示、導覽、演講等方式傳達給參觀者；（三）教育（張譽騰譯，2000）。

接續提問**「在美術館的藝術教育中，學藝員應如何運用專業知識和上下文脈絡來有效詮釋藝術作品，如何平衡感官刺激與知識內容，以提高社會民眾對藝術作品的理解與興趣？」**日本獨立行政法人國立美術館主任學藝員（P3）則專業的回應：

在美術館中，藝術作品應從教育的角度理解，但對於一般社會民眾而言，這並不總是適用。大多數人缺乏足夠的背景知識，容易導致對作品的詮釋不足，從而認為美術館顯得無趣或難以理解。此外，過多的感官刺激而缺乏知識內容，會分散社會民眾的專注力，使他們無法深入理解展示想要傳達的訊息。藝術作品常激發情感反應，不論是積極還是消極的。高價值藝術品通常不具實用性，其目的在於情感的引發，而非功能性。學藝員需從歷史和思想中詮釋藝術文本，因為藝術鑑賞並非客觀過程。雖然一般人有權視任何事物為藝術，但理解其上下文脈絡是詮釋藝術意義的關鍵。作為藝術家與社會民眾的橋樑，學藝員在美術館中扮演靈魂人物，需學習更多專業知識，從收集、典藏到教育普及，這些都是美術館與社會民眾接觸的前線，有助於有效傳達藝術教育的內容與引發興趣。（P3）

參、藝術家是經驗轉譯者

教育活動經常被指為一種藝術（林逢祺，1998：52）。Dewey（姜文閔譯，1995：388）認為，教學就是一種藝術，真正的教師就是藝術家。藝術活動是一種智慧，需透過學習來達成；藝術家是思想家，深刻感受其思想、意象與感情，並將之轉譯為社會民眾能了解的形式，藝術家也就是藝術作品經驗轉譯者；藝術家的角色更不再只是被動受邀為作品創生者，而是可以主動成為學習經驗的建構者。

藝術家的創作是一種獨立且純粹的高雅藝術表現。當問及「**藝術家如何看待藝術符號（例如，顏色、線條、形狀、紋理）在表達藝術家的情感和思想時的作用？這些元素如何幫助觀眾與作品之間建立對話？**」日本當代藝術家（P2）感性地說：

我認為，藝術家的創作是為了滿足自身的審美需求而展開的精神生產活動。通過對現實生活的觀察、體驗、研究、分析、選擇、加工和提煉，藝術家形成了獨特的藝術形象。這種創作是一種獨立、純粹且高度審美的形式，雖然源於社會生活，但並不僅僅是對生活現象的模仿。藝術家的生活經歷、思想傾向、性格和藝術修養是創作成功的基礎。我的創作是生活經歷的結果，受家庭環境、社會背景和同齡人影響，形成了獨特的價值觀。文字能夠傳達思想和經驗，藝術則能沉澱理性和消化人類情感。我希望通過面具的顏色、線條、形狀

和紋理，讓觀眾在鑑賞作品的過程中思考生命的力量。面具的設計也與人產生關聯，借助漫畫和動畫的元素表達我們共同的存在。藝術教育應進一步擴展，促使社會民眾之間的對話與思考，這正是美術館藝術教育的最佳方式。（P2）

肆、藝術團體的參與有助於美術館藝術教育的拓展

位於日本東京都港區六本木的國立新美術館（The National Art Center, Tokyo）由公募團體主導構想、籌備並興建，隸屬於國立美術館文化中介平臺管轄，是唯一一座不進行藝術作品收集與典藏的法人美術館；其最大特色是廣泛提供一般藝術團體舉行公募展，旨在讓藝術團體自由發揮（国立新美術館，2023）。藝術團體以參與國立新美術館公募展為主軸，為社會民眾提供通過「藝術」接觸各種藝術知識與文化價值的機會，並從相互理解的角度創造新的文化與共存關係。而藝術團體的參與，連動著國立新美術館建築主體的延伸，創造絡繹不絕的人潮，展現了日本社會民眾對藝術創作的熱情，更使公募展吸引來自全國各地的眾多藝術愛好者青睞。

當問及提升社會民眾的藝術鑑賞和參與意願方面上，「**藝術團體會針對哪些具體措施或活動能有效促進藝術家與參觀者之間的深度交流？哪些因素最能影響社會民眾對藝術展示的興趣和參與度？**」公益社團法人日本美術展示會（日展）事務局長（P4）表示：

> 我們是一個私人藝術組織，每年在東京六本木的國立新美術館舉辦秋季展示，展示眾多藝術家的新作品。展示開幕後，我們於11月的週六和公共假期舉辦相關活動，包括作品評論視頻、藝術家圓桌討論、創作座談會等，鼓勵社會民眾積極參與藝術教育計畫。特別是我們推出的「鑑賞課程」，向小學生和初中生免費發放門票，旨在與學校教育合作，培養年輕一代的藝術觀賞者。此次活動不僅限於秋季日展展示，更是我們傳達和擴大藝術影響力的願望。我們希望所有參與者在創作者和觀眾的身份中拓展自己的視野，重新體驗藝術家的魅力，進一步促進藝術的鑑賞和理解。（P4）

雖然2019年末起即受到新型冠狀肺炎病毒的影響，國立新美術館於2020年2月29日至6月10日暫時關閉，共有47個公開徵集展示被取消（独立行政法人国立美

術館，2021c）。然而，自 2006 年籌備開館以來，國立新美術館舉辦的公募展數量眾多，參觀人次亦屢創佳績。彙整 2006 年至 2020 年國立新美術館公募展入場者數，如表 3-2。可以說，藝術團體透過參與國立新美術館的公募展，從東京六本木出發，致力於支持國家文化建設與推動新藝術創作的宏大願景。不僅如此，這些展示在發揮藝術團體影響力的同時，也拓展了社會民眾接觸藝術的機會，並進一步促進藝術創造力的擴散與傳播。

表 3-2 國立新美術館公募展入場者數（2006 至 2020 年）

年度 和曆	年度 西曆	公募展 展覽會數	公募展 開展日數	公募展 入場人數	入場者數累計
平成 18	2006	-	-	-	-
平成 19	2007	69	832	1,317,508	1,317,508
平成 20	2008	69	840	1,309,747	2,627,255
平成 21	2009	69	833	1,246,840	3,874,095
平成 22	2010	69	811	1,266,989	5,141,084
平成 23	2011	69	831	1,253,764	6,394,848
平成 24	2012	69	834	1,259,966	7,654,814
平成 25	2013	69	837	1,205,249	8,860,063
平成 26	2014	69	846	1,193,917	10,053,980
平成 27	2015	69	837	1,194,428	11,248,408
平成 28	2016	69	820	1,211,856	12,460,264
平成 29	2017	74	888	1,193,576	13,653,840
平成 30	2018	75	888	1,208,258	14,862,098
令和元	2019	76	878	1,087,814	15,949,912
令和 2	2020	34（原 81 個）	369	186,973	16,136,885

資料來源：作者彙整。

美術館藝術教育的成功，無疑有賴於學藝員的專業能力與不懈努力。正如水嶋英治所述，學藝員被譽為美術館的生命與靈魂（水嶋英治，2004；蔡世蓉譯，

2010：27）。在美術館的發展過程中，對專業知識的重視及人才的培育變得尤為重要。學藝員除了需要符合日本政府法律規定的專業素養與職業技能外，還須具備多元化的能力。這些能力構成其日常工作的核心內容，更是美術館吸引並教育社會民眾的關鍵。

首先，學藝員的經紀能力尤為重要。他們必須具備與一般企業管理者相似的技能，包括：語言能力、商業談判能力和公關經驗等，這些能力能幫助學藝員與藝術家、贊助者和社會各界建立緊密聯繫。在當今競爭激烈的藝術環境裡，學藝員需創造性地推廣藝術品，選擇適合的時機和途徑進行宣傳，讓展示能在眾多活動中脫穎而出。舉例來說，當一位新興藝術家展出作品時，學藝員可以充分運用社交媒體及電子郵件、報紙和網絡平臺等多種媒介，加強宣傳力度，吸引社會民眾的關注，引導更多社會民眾參與藝術世界。

其次，教育能力是學藝員的重要職能之一。他們需要針對不同群體的需求，設計適合的教育計畫，向社會民眾和內部員工傳遞藝術知識。因此，學藝員必須要具備深厚的藝術知識，也還需要擁有出色的溝通與組織能力，以確保美術館藝術教育活動的順利進行。例如，學藝員可以為中小學生設計藝術體驗課程，透過實際操作與藝術品互動，激發年輕世代對藝術的興趣，並培養未來的藝術鑑賞者。同時，學藝員也能與學校合作，開展校外教學活動，讓學生在美術館中學習藝術歷史、理論與實踐，提升他們的藝術素養。

此外，學藝員需要具備資訊資料管理能力。展示籌備過程中需要整理大量藝術相關資料，因此學藝員必須擅長資料的歸納與系統化編排，以提升藝術品展示與研究的效率。學藝員不僅負責管理藝術品資料庫，確保資訊的準確性與完整性，還需提供便捷的查詢與使用途徑，讓研究者與社會民眾能輕鬆獲取所需資訊。良好的資料管理有助於藝術品的展示與保存，亦能為學術研究提供關鍵支持，進一步強化美術館的教育與研究功能。

藝術品的意義需要經過學藝員的詮釋、藝術家的創作轉譯及藝術團體的參與協助，才能真正「說話」，與社會民眾建立對話。美術館的藝術知識詮釋工作涵蓋收藏、保存、研究、展示和教育普及等多個層面，這些功能彼此依存、循環往復，共同構築「環鏈式藝術教育體系」。透過這樣的模式，美術館是藝術品的保存與展示空間，更是知識傳遞與文化交流的核心場域。

在推廣藝術教育的過程中，創作者與文化中介平臺同樣扮演著至關重要的角色。透過緊密合作，不同專業領域的參與者能夠共同培養社會民眾的藝術鑑賞能力。學藝員可與藝術團體合作，設計與展示主題相關的工作坊和座談會，為參觀者提供與藝術家直接交流的機會，從而加深他們對藝術作品的理解。這一過程中，學藝員的專業能力是提升社會民眾對藝術的認識，還能激發他們的積極參與，最終促進整體社會文化與藝術水準的提升。通過這樣的循環機制，藝術作品是文化的載體，更是社會交流的橋樑，幫助每一位參與者在藝術世界中找到自身的位置，深化藝術與生活的連結。

歸納論之，在當代美術館藝術教育的使命中，學藝員的角色不容忽視。他們作為藝術知識的詮釋者與傳遞者，憑藉其專業知識和技能，搭建藝術與社會民眾之間的橋樑。隨著全球藝術教育的持續推動，學藝員在促進文化共融、提升社會民眾的藝術素養及推動文化發展方面的影響力日益彰顯。然而，學藝員的職責並非局限於美術館內部，而是涵蓋更廣泛的藝術生態。除了負責藝術教育，學藝員還需與藝術家、藝術團體及文化中介平臺協作，共同推動藝術教育的深化與擴展。藝術家憑藉獨特的創作視角與理念，為學藝員提供豐富的靈感與素材，深化藝術教育的內涵。藝術團體則透過整合多元資源與經驗，策畫具創意與啟發性的活動與展示，拓展藝術教育的表現形式。文化中介平臺則作為藝術與社會之間的重要紐帶，協調各方互動，促進藝術教育的多樣性與包容性（共融性），確保更多群體能夠參與並受益。三者相互協作，共同構築充滿活力的藝術教育生態，讓藝術成為社會文化發展的重要推動力。面對全球化和數位化的藝術環境，學藝員必須持續深化專業知識，掌握新興技術，靈活運用創新方法，以因應當代藝術教育的需求。他們不僅要確保美術館在變革中持續發展，還需拓展藝術教育的邊界，使更多人能夠接觸並感受藝術的魅力。透過學藝員與各方的緊密合作，美術館將持續發揮藝術教育的影響力，最終推動文化藝術的繁榮與發展。

III 民間自發性的推廣與傳承 ──「接收者」作用

日本美術館藝術教育的拓展主要力量來自民間。在文化菱形框架的視角下，藝術教育的核心動力無論針對何種受眾，始終圍繞著「推廣與傳承」。推廣意味著讓更多社會民眾接觸藝術，提升其鑑賞力與參與度，而傳承則關乎藝術教育如何在不同世代間延續，使文化資產得以長久保存並發展。文化觀眾、文化企業和傳播媒體在其中扮演了關鍵角色。文化觀眾透過參與與互動，使藝術教育不再僅限於學校或美術館，而

是滲透至日常生活之中；文化企業則透過贊助、合作與專案策畫，促成藝術教育資源的擴展與創新；傳播媒體則以多樣化的管道，讓藝術教育的內容得以廣泛傳遞，促進社會各階層對藝術價值的理解。這些多元力量的協作，使藝術教育不再僅是靜態的文化資產，而是成為一種動態的社會交流方式，有效推動藝術的普及與認同。透過這些多元力量的推動，日本社會的藝術鑑賞力大幅提升，藝術教育的推廣亦獲得持續動能。更重要的是，這一生態系統讓藝術不再局限於特定場域，而是逐步進入學校教育、公共空間與社區生活，最終讓文化藝術的種子深植於社會，使藝術成為日本文化發展的重要基石。

壹、文化觀眾參與的重要性

為什麼人類需要藝術？藝術的作用在於達致精神層面上的滿足，更在於其能喚起並接納人心中千變萬化的情緒。無論是鑑賞還是創作藝術，人們的情緒在此過程中得以紓解，並與作品產生共鳴，甚至激發讚嘆與欣羨之情，最終轉化為眾志成城的行動力量（Lin, 2021）。藝術鑑賞是一種透過形體、材質、肌理、構圖、配色等表現手法，深入理解作品中藝術家對形象、情感，以及世界觀詮釋的方式，激發共鳴、分享與批判的的體驗。

對於「**藝術鑑賞如何影響個體的社會互動和家庭生活？如何促進不同年齡層之間的對話與交流？請您分享一些具體的經驗或觀察**。」訪談公益社團法人日本美術展示會（日展）事務局長（P4），他表示：

> 鑑賞藝術作品不僅能幫助我們觀察和思考世界，還能提升與他人相處的禮儀。美術館在此扮演重要角色，提供人們新的親近體驗，改變過去的思維慣性。在美術館中，人們以參與式的方式體驗藝術，運用頭腦和雙手形成自己的感知與經驗。無論是兒童、學生，還是工作成年人，這都是在鑑賞藝術時自我教育的有效方法。這種行為微妙地影響著家庭生活、學校生活及與同齡人的互動，最終形成良善的社會循環。（P4）

Barthes（1977）指出，一個文本的真正作者其實是讀者，而非文本的創作者。讀者是意義的「作者」。換言之，藝術品的意義不依附於藝術家的意圖，而是產生於鑑賞，以及文化觀眾對藝術品再生產的過程之中。德國 19 世紀末至 20 世紀初以移情

理論（Einfühlung）探討美學的學者Theodor Lipps（1951-1914）（Christian, 2017: 223-243）則認為，要產生真正的鑑別與欣賞，必須透過身體與精神的結合。藝術作品從本質上來說是一個精神的及想像的綜合體，將印象融合成一個統一的整體，而藝術反映的就是人的經驗與情感。因此，藝術鑑賞的意義在於人類本質屬性的培育與發掘、藝術鑑賞力、審美感知能力的提高，以及對基於生命本質的快樂享受，進行觀照與領悟。

　　社會民眾在欣賞或鑑賞藝術作品時，往往透過其色彩、構圖與主題激發情感共鳴。這種共鳴不僅能喚起個人回憶，還能促進情感交流，使社會民眾在藝術中找到認同與慰藉，深化對生活的理解。與文化觀眾-家庭主婦（P6）聊及此話題時提問，「**當您觀賞雷諾瓦的作品《詩人愛麗絲・瓦利耶爾・梅爾茲巴赫的肖像》時，在您與作品之間的情感聯繫中，您認為藝術如何影響我們對於家庭回憶和個人經歷的理解？**」他不假思索地回應：

> 當我看到雷諾瓦的作品《詩人愛麗絲・瓦利耶爾・梅爾茲巴赫的肖像》時，我不禁想起母親在臺灣童年時的生活回憶。即使到了今天，母親仍然清晰地記得那些快樂的日子。儘管她年事已高，但依然充滿活力，每天都過得非常快樂。這讓我意識到，自己生命中的經歷與藝術作品的相遇，正是我認為生活中最美好、最無瑕的部分。（P6）

同樣地問題詢問文化觀眾-大學生（P11），他則說明：

> 鑑賞維梅爾和17世紀荷蘭繪畫作品的目的在於揭示人類最隱私的思想、性格、品德與缺陷，從而引導我們認識自我，促進尊嚴的發展，達到人性的完善。正如愛因斯坦所言，想像力比知識更重要，因為知識是有限的，而想像力則涵蓋了一切，是推動知識進步的源泉。作為大學生，我的視野逐漸擴大，這不僅改變了我對人生的看法，還讓我從藝術作品中獲得的啟發，推動我在學術方法和思維上的學習。（P11）

貳、文化企業與傳播媒體的關鍵角色

日本藝術展示最獨特的存在始於明治時期三越百貨所舉辦沒有銷售的展示，於此開啟藝術與企業的關係（田中裕二，2021：14）。在1980年代中期至2000年期間的文化藝術及教育政策上，「企業贊助」、「民間藝術支援」等得到完備的發展。由政府出資500億日元，民間企業贊助112億日元，合計共612億日元（約新臺幣13,735,969,545元），共同設立文化藝術振興基金。民間藝術支援則是1984年由朝日新聞社與法國文化與傳播部合作，以「文化與未來」為主題，啟動第一屆「日法文化峰會」。1988年11月23日第三屆日法文化峰會則以「文化與商業」為主題，重點探討了企業對文化藝術的支持，以及文化藝術政策的相關議題。由於日法文化峰會的召開，使得企業贊助支持文化藝術在日本廣泛傳播（志賀野桂一，2018：147-167）。也因此，在日本現代化的進程中，民間企業對美術館的贊助與支持充分發揮企業的優勢，甚至在某些層面上取代了公共美術館的功能，展現出點石成金的效益。

所謂「藝企合作」（Collaboration between Art and Business）是指藝術團體或文化單位與企業之間進行某種資源的整合與利用，以使雙方的運營更有效益（李庭珊，2010：i）。一方面，企業在拓展市場的同時實現全球收益；另一方面，企業憑藉自身資源與網絡，不僅追求經濟效益，還助力日本文化藝術走向國際，進而實現國家戰略目標。透過這種合作模式，使全球消費者更加了解並喜愛日本文化藝術，同時提升日本的國家形象與民族認同（志賀野桂一，2018：147-167）。

從藝企合作的觀點上，探詢企業メセナ協議會（Corporate Mecenat Association of Japan）常務理事兼事務局長（P1），對於「**日本企業與政府之間，如何協作推動藝術發展，以促進社會文化的繁榮與可持續性？日本企業如何在文化藝術及教育政策中扮演積極角色，以支持政府在藝術領域的發展與創新？**」他提到：

在當今社會，藝術與文化為人們的生活帶來快樂與興奮，企業活動越來越重視「地區」、「可持續發展目標（SDGs）」和「企業價值創造」。大日本印刷（DNP）致力於「實現精神豐富的社會」，提供人們接觸藝術與文化的機會，並結合虛擬實境和擴增實境等最新數位技術。DNP專注於視覺藝術，推動平面設計及藝術的發展，並以「靠近主要業務的地方長壽」為理念。在文化體驗方面，DNP推動DNP美術館實驗室，旨在建立文化遺產和藝術品的高階數

位檔案,並與全球美術館合作,開發新的藝術觀賞方式,如與東京國立近代美術館和京都國立美術館共同舉辦鏑木清方逝世50週年展。透過這些文化活動,DNP希望為社會提供接觸不同地區和時代的藝術與文化的機會,理解多元觀點,促進相互承認不同的價值觀,並探索新的合作方式。(P1)

當我們提到當代對於永續議題的討論時,得以讓社會民眾重新思考「以人為本」的全新未來,更形成企業發展社會責任(Corporate Social Responsibility,CSR)的重要指標。再者,傳播媒體作為傳播資訊、知識的實體企業,以生產各種文字、圖形、語言、聲音、藝術、符號等形式存在的資訊產品,以及提供各種增值服務的社會經濟組織。對於傳播媒體而言,不僅要專注於獲利面的成長和讀者群的擴大,傳播媒體經營策略還要適時導入落實聯合國於2015年所公佈的17項永續發展目標(Sustainable Development Goals,SDGs),以邁向永續企業具體的做法。

與朝日新聞文化藝術部長(P5)研究討論時,他對於**「傳播媒體在推廣文化藝術活動中,如何有效地讓文化弱勢群體獲得藝術接觸機會,並達成企業社會責任(CSR)與永續發展目標(SDGs)?」**的提問時,提出他的見解:

> 隨著泡沫經濟破裂後,朝日新聞和國立美術館面臨廣告收入急劇下降及讀者人數減少的挑戰,決定通過三種主要方式共同贊助藝術活動,藉以促進文化與藝術的發展,達成「回饋讀者」和「企業交流」。這些贊助涵蓋音樂領域,如古典音樂、歌劇、芭蕾舞以及日本傳統音樂(能樂、文樂、歌舞伎等),同時也包括藝術作品的展示,如繪畫、雕塑、電影和照片。朝日新聞希望透過合理的票價,鼓勵讀者參觀展示,豐富他們的生活。面對全球形勢的變化,媒體的可持續發展愈加重要,因此朝日新聞於2004年成為第一個簽署聯合國全球契約的日本媒體公司,並在2006年成為《可持續發展目標媒體契約》的創始成員,展現其在推動可持續發展目標方面的責任與榮耀。(P5)

從藝術教育的觀點析之,藝術具有促進多元、包容異質、創發新意的教育特性與意涵,人類對藝術的高度接納,也令其成為永續理念的合適載具。藝術鑑賞對社會民眾的意義在於它能極大地豐富人們的精神生活,久而久之便形成滋養生命的精神之泉。從審

美的角度思考，審美是一種主觀的認識或審美感知的創造與體驗活動，涵蓋個體面對生命現象時的理性判斷與感性認知的整體過程。藝術審美教育的意義在於透過審美活動培養審美興趣，提升審美素質，進一步整合心靈中的感性與理性，使其自然、和諧且統一。審美能力與品味，彰顯出一個人的內在修養與審美素質（Yu, 2021）。

因此在這觀點上，針對「**藝術鑑賞，您或企業如何看待藝術作品引發的情感反應，是否有助於促進社會民眾對環境、社會問題或弱勢群體的關注？**」同時詢問企業メセナ協議會（Corporate Mecenat Association of Japan）常務理事兼事務局長（P1），以及朝日新聞文化藝術部長（P5），他們回應：

> 文化藝術直接觸動社會民眾的感官與心靈，帶來精神與身心的滿足與啟發。透過鑑賞過程，藝術展現出改變社會的力量，並能提供解決各種社會問題的創意建議。因此，企業Mecenat理事會以推動文化藝術促進社會發展為宗旨，同時加強文化藝術的推廣。當今，文化藝術的創作者與觀眾之間的關係越來越流動，讓社會民眾有更多元的參與機會。（P1）

> 我們與國立美術館聯合舉辦了特別展示，不僅考慮到報紙報導的宣傳效果，更希望藉由此展示鼓勵社會民眾關注環境議題。透過藝術家的作品，民眾能發現並思考被忽略的環境層面。我們希望觀眾和讀者不僅鑑賞展示，更能在作品中引發對環境、文化、社會問題及弱勢群體的關懷。這也是美術館藝術教育的延伸與實踐。（P5）

政府與企業的合作關係能有效促進公共利益，推動經濟發展及履行社會責任。透過資源共享與創新合作，雙方能在各領域中發揮優勢，形成合力，共同提升社會整體福祉。當問及，「**在推動美術館藝術教育政策中，哪些國際合作機會最能提升日本美術館的國際影響力？如何看待美術館在少子化和老齡化社會中所扮演的角色，特別是在藝術教育和社會參與方面？對於改善針對身體殘疾者與外國人的美術館軟體措施？美術館應如何有效提升對學校的吸引力，促進學生參與藝術鑑賞與創作？您有何具體建議？**」企業メセナ協議會（Corporate Mecenat Association of Japan）常務理事兼事務局長（P1）直截地回應：

「如果沒有美術館，這個城市就不完整。」美術館作為社會教育與文化設施，不僅具備終身學習和國際交流的潛力，還能促進志願者活動和旅遊。因此，我們建議政府針對美術館藝術教育政策進行多項改進。首先，應加強美術館的管理與運營政策，以提升對其重要性及功能的認識。其次，制定具體的國際戰略，促進與亞洲美術館館長會議、亞洲國家美術館協會及ICOM-ASPAC國際博物館會議的合作，強調日本的領導地位。同時，考慮到少子化、老齡化及終身學習的社會趨勢，必須改善對兒童、老年人、身體殘疾者與外國人的支援措施，並普及針對兒童和學生的教育。國立美術館作為國家藝術中心，應完善培訓制度，推動專責教育專家的安置。美術館的藝術教育在培養兒童和學生情感方面至關重要，應強調藝術鑑賞與表達的互動性，讓他們在創作中體現對「善」和「美」的理解。為促進學校對美術館的利用，必須推動美術館學藝員的任命，並透過視覺思維策略（VTS）實施「美術館啟動運動」，[1]創造學校與美術館之間的新學習機會。（P1）

當代社會裡，文化物件的創造不僅僅依賴於藝術創作者的才能，仍取決於接收者的經驗與意義賦予。當一個文化物件被創造出來後，若無法被接收者所經驗、接受，則其文化意義無法真正實現。這一點凸顯了接收者在文化藝術領域中的關鍵角色——他們不只是被動的觀眾，更是文化創造的積極參與者。因此，文化藝術和文化遺產對於日本而言，是其核心價值的體現，更於國內外受到高度重視。許多日本的文化藝術與文化遺產因而被聯合國教育、科學及文化組織（UNESCO）列入世界文化遺產名錄，彰顯其全球認可的文化價值。

對於日本美術館的藝術教育接收者而言，藝術教育的意義不再局限於文化藝術領域的一個單一文化物件，而是轉變為多元文化世界中全人類共享的文化資源。這個轉

---

1 視覺化思維策略（Visual Thinking Strategies，VTS）是由認知心理學家Abigail Housen和博物館教育家Philip Yenawine共同設計的一套以藝術作品分析為基礎的教學方法和課程體系。VTS課程的最初目標是提升學習者的審美能力和認知能力。經過擴展後的VTS課程也可以應用於非藝術類學科（例如，數學、語文、科學等），促進學生在這些學科的表現。在VTS的教學上，教師的角色是輔助學習和引導討論，不是灌輸內容，教師可以用自己的話複述學生的答案，但不能直接將答案告訴學生，教師也可以對比不同的答案，讓學生注意到這些答案之間的異同，但不能輕易作出對錯的評價，而是要引導學生相互提問和討論，讓他們形成自己的觀點和意見（Yenawine and Housen, 1999: 1-30; Yenawine, 2013）。

變不單單促進了對文化的認識,更激勵了美術館藝術教育的擁護者,使其更願意積極參與推動美術館藝術教育相關工作。在這樣的情境下,藝術不再只是供人鑑賞的作品,而是與社會緊密相連的文化實踐,展現出深遠的社會影響力。

文化藝術作為感性認知的表達形式,具有直擊人心的力量,同時也承載著深厚的社會責任。藝術作為個人審美體驗的一部分,被視為一種文化使命,連結個人與社會之間的情感。文化觀眾往往因對作品的深刻喜愛,而希望將這份感動分享給更多人。他們努力透過交流與推廣,將藝術融入日常生活中,實現一種文化的共鳴與傳承,並在這過程中強化對社會與文化的共同責任感。

文化企業與傳播媒體在推動文化藝術發展中扮演著重要角色。透過多元化的運作模式,例如,舉辦講座、示範演出、電臺訪問,以及媒體報導等行銷策略,這些機構能有效回饋社會,亦可藉此建立獨特的品牌形象。尤其在與政府及美術館合作時,文化企業與傳播媒體以促進公共利益為核心,特別關注社會民眾與文化弱勢群體的需求,展現出高度的社會責任感。同時,透過整合資源與創新策略,這些機構在推廣藝術價值的同時,積極助力可持續發展目標(SDGs)的實現,充分體現文化藝術與社會責任交融的獨特價值。

在此基礎上,文化企業與傳播媒體積極推動多樣化的文化藝術策略,例如,經營文化設施、籌辦國際藝術節、設立藝術創作獎項、提供展覽空間、捐贈藝術品及建立人力資源開發機制等。這些努力專注於實現營利成長與擴大受眾群體外,更致力於為目標觀眾提供深入的藝術知識,幫助他們在進入美術館鑑賞藝術之前,掌握必要的基礎能力。藝術知識的傳遞有助於提升潛在觀眾對藝術作品的品味及鑑賞能力,也賦予美術館藝術教育在日本社會中的深層意義,進一步推動藝術文化的廣泛傳播與內化。

隨著文化藝術日益融入人們的日常生活,跨領域的合作與交流也逐步深化。國立美術館不再僅僅是一個展示藝術品的場域,而是轉變為承擔社會教育功能的重要文化中介平臺。通過多元形式的藝術教育,美術館促進社會民眾對藝術的認識與鑑賞,更進一步提升其藝術素養,營造濃厚的文化氛圍,並推動社會的和諧發展。

政府、企業、文化機構及社會民眾之間的良性互動,對於推動美術館藝術教育具有深遠的影響。政府在制定相關政策時,應需要充分考量文化藝術在社會發展中的重要性,為美術館的運營與發展提供支持與保障。同時,文化企業與傳播媒體則應積極承擔社會責任,主動參與文化藝術活動的策畫與推廣,運用自身資源與專業能力,促

進公共利益的實現。

　　質言之，文化藝術的創造、接收與意義賦予的過程，既是藝術品本身的價值體現，也是成為社會文化發展的重要指標。在這個充滿機遇與挑戰的時代，唯有各方共同攜手合作，方能推動文化藝術的持續發展，實現文化的多樣性與豐富性，為未來創造更多的可能性。

III 以多元循環形式擴大藝術鑑賞人口 ──「文化中介平臺」開展創作者與接收者接觸道路

　　在國立美術館文化中介平臺的主導下，創作者與接收者通力合作，透過多元循環的藝術教育形式，激發接收者的興趣，進而促進他們對藝術的認識、鑑賞，甚至學習與實踐。一方面，這種推動使一般社會民眾漸而轉變為核心觀眾，為藝術教育的推廣創造更多機會，進而對次要觀眾產生正面影響；另一方面，創作者、接收者與文化中介平臺的積極參與，共同拓展藝術教育的實踐範疇，逐步增加美術館藝術教育的受眾人口，更為其長遠的蓬勃發展奠定基礎。擴大藝術鑑賞人口的策略除常設展、特別企劃展與公募團體展外，同時涵蓋五大面向的藝術教育拓展工作，包括：多元行銷推廣、社會教育、執行策略及其他特色項目（教育計畫詳見第四章）。

壹、多元行銷推廣

一、收藏作品檢索

　　國立美術館文化中介平臺與國立國會圖書館合作推出「館藏目錄檢索系統」，該系統整合東京國立近代美術館、京都國立近代美術館、國立西洋美術館、國立國際美術館，以及國立電影資料館的館藏內容。透過此檢索系統，社會民眾可根據流派、作者、作品名稱等多種方式，查詢五所美術館的收藏作品（独立行政法人国立美術館，2022a）。

二、收藏品圖像授權

　　在收藏品圖像授權方面，基於收藏品屬於公共文化財，其圖像亦被視為公共資產。因此，各美術館目前開放低解析度影像供社會民眾免費使用；若需用於商業目的並要求高解析度檔案，則設有相應的收費機制（独立行政法人国立美術館，2021c）。

三、鑑賞教材《國立美術館藝術卡系列》

藝術鑑賞的意義在於極大地豐富人們的精神生活，經年累月形成滋養生命的精神之泉。透過鑑賞藝術作品，社會民眾能拓展生活視野，深化對人生與社會的理解。藝術審美教育需要從小紮根，而《國立美術館藝術卡系列》作為學習與鑑賞藝術的教學工具，其內容由國立美術館文化中介平臺負責教育的學藝員精心規劃。從西方宗教繪畫到當代藝術，涵蓋繪畫、雕塑、版畫、攝影、工藝和設計等多種形式，旨在鼓勵社會民眾進行藝術對話。值得一提的是，該系列內容未標註藝術家或作品名稱，而是透過引導社會民眾仔細觀察作品，進而自由發揮創意思考，拓展其獨特經驗與想像力。此工具的特點不僅限於「看」與「思考」，還融入語言活動，例如，「說」與「聽」，以愉快的方式幫助兒童學習藝術的基本知識，培養其藝術素養與審美能力。

貳、社會教育

一、獨立行政法人國立美術館校園會員網

「館校合作」是 21 世紀美術館的發展趨勢，美術館與學校是一種榮辱與共的合作型態，應有責任承諾及共同目標的關係（廖敦如，2005；顧翠琴，2018：29-36）。基於美術館與學校教育相輔相成的理念，國立美術館文化中介平臺專為日本各大學、專門學校及短期大學的學生與教職員，建立聯合推廣計畫──「校園會員網」。該制度的設立目的是鼓勵學生與教職員在日常生活中積極利用美術館、博物館等文化場所，透過親身體驗藝術，接觸真實實物，藉此增加接觸藝術的機會與理解，並獲得更多文化與感性知識。

截至 2023 年 5 月，加入校園會員網的教育單位包括：（一）一般大學，例如：早稻田大學、金澤美術工藝大學、共立女子大學、國際基督教大學等；（二）短期大學，例如：東京家政大學短期大學部、上野學園大學短期大學部等；（三）高等專門學校，例如：東京醫科大學霞浦看護專門學校、東京國際大學附屬日本語學校、文化外國語專門學校等；（四）專修學校，例如：國際文化理容美容專門學校涉谷校與國分寺校、日本寫真藝術專門學校、Hollywood 美容專門學校等。而這些學校的法人機構也參與其中，總計超過 100 所教育機構加入合作。參與校園會員網的學生與教職員可憑學

生證或教職員工證，在年度有效期限內，[2] 不限次數免費參觀五所國立美術館的館藏展（國立新美術館除外）。此外，學生可享受大學團體折扣票價，教職員則可享一般團體折扣票價，用於特別企劃展的鑑賞（独立行政法人国立美術館，2021d）。

二、獨立行政法人國立美術館巡迴展

為有效利用館藏資源，每年經協商後，主動與各都道府縣法令指定的教育委員會組織、地方公共團體及各會場共同規劃未來三年的巡迴展覽計畫，如表 3-3，展出內容包括：日本畫、西洋畫、雕塑、工藝品等，並配合舉辦藝術講座及研討會。同時，邀請企業、報紙及其他媒體加入贊助，共同籌辦巡迴展，為當地社會民眾提供鑑賞、認識與親近藝術的機會，促進當地文化發展（独立行政法人国立美術館，2022b）。

表 3-3 獨立行政法人國立美術館文化中介平臺巡迴展示時間表

實施年度	會場（期間）
平成 15（2003）	丸亀市豬熊弦一郎現代美術館（2004.2.14 － 3.14） 鹿兒島市立美術館（2004.1.2 － 2.1）
平成 16（2004）	新津市美術館（2004.7.24 － 8.29） 礪波市美術館（2004.9.4 － 10.11）
平成 17（2005）	愛媛縣美術館（2005.6.24 － 7.31） 宮崎縣立美術館（2005.8.10 － 9.11）
平成 18（2006）	石橋美術館（2006.11.3 － 12.17）
平成 19（2007）	姬路市立美術館（2007.11.4 － 12.2） 松本市美術館（2007.12.11 － 2008.2.3）
平成 20（2008）	福井縣立美術館（2008.11.14-12.14） 高知縣立美術館（2008.12.21 － 2009.3.1）
平成 21（2009）	香川縣立美術館（2009.9.12 － 10.12） 德島縣立近代美術館（2009.10.24 － 12.6）
平成 22（2010）	宮城美術館（2010.8.5 － 10.3） 都城市立美術館（2010.10.16 － 12.5）

---

2 有效期間為每年 4 月 1 日至次年 3 月 31 日。

表 3-3 獨立行政法人國立美術館文化中介平臺巡迴展示時間表（續）

實施年度	會場（期間）
平成 23（2011）	江別市陶瓷藝術中心（2011.8.6 － 9.19） 瀨戶市美術館（2011.10.1 － 11.27）
平成 24（2012）	島根縣立石見美術館（2012.12.22 － 2013.2.18） 井原市立田中美術館（2012.10.5 － 11.25）
平成 25（2013）	川越市美術館（2014.1.5 － 2.11） 佐倉市立美術館（2014.2.15 － 3.23）
平成 26（2014）	新潟縣立萬代島美術館（2014.5.17 － 6.22） 茨城縣立近代美術館（2014.8.9 － 9.28）
平成 27（2015）	釧路市立美術館（2015.7.18 － 8.23） 神戶市立小磯記念美術館（2015.9.12 － 11.3）
平成 28（2016）	山梨縣立美術館（2016.9.3-10.10） 北海道立帶廣美術館（2016.10.22-11.27）
平成 29（2017）	福島縣立美術館（2017.4.22-.7.2） 秋田縣立近代美術館（2017.7.15-9.18）
平成 30（2018）	福岡縣立美術館（2018.12.18-2019.2.5） 豐橋市美術博物館（2019.2.16-3.24）
令和元（2019）	熊本市現代美術館（2019.9.21-11.24）
令和 02（2020）	北海道立旭川美術館（2020.7.11-8.30） 高崎市塔美術館（2020.9.19-11.8）
令和 03（2021）	山形美術館（2021.7.17-8.27） 高岡市美術館（2021.9.14-10.31）
令和 04（2022）	廣島縣立美術館（2022.4.2-5.29） 大分縣立美術館（2022.6.11-8.21）
令和 05（2023）	熊本縣立美術館（2023.7.22-9.18） 高松市美術館（2023.9.30-11.19） 國立藝術研究中心「國立美術館收藏＋合作計畫」 長崎縣美術館（2023.4.7-6.11）
令和 06（2024）	長崎縣美術館（預定） 靜岡市美術館（預定）

資料來源：独立行政法人国立美術館，2022b。

參、專業人才培育執行策略

根據《文化藝術基本法》第十五條規定，「為促進國際交流和對文化藝術的貢獻，進而推動日本文化藝術活動在世界的發展，國家應支持從事文化藝術活動人員的國際交流、舉辦或參加藝術節及其他與文化藝術有關的國際活動。」此外，在藝術家養成和培訓上，該法第十六條規定，「政府應支持對開展與文化藝術相關的創作者、具有與文化財保護和活用相關專門知識和技能者、策畫或製作文化藝術學藝員，以及從事文化藝術活動者。更為促進人力資源的發展，美術館行政人員、參與解決當地問題和美術館中長期未來規劃人員等，亦提供學習美術館所需角色的基本知識，以提高參與管理和運營能力的機會。」（e-Gov 法令檢索，2019）。因此，國立美術館文化中介平臺在藝術教育拓展的執行策略有三大面向，分別是：「促進國際交流的新生代藝術家海外研修培訓」、「美術館管理相關課程、講座等人才培育計畫」，以及「活用美術館加強鑑賞教育講師培訓」，茲說明如下：

一、促進國際交流的新生代藝術家海外研修培訓

為培養日本藝術界的未來人才，文化廳自 1967 年起實施「新生代藝術家海外研修培訓制度」。該制度旨在支持青年藝術家赴海外相關機構進行 1 年至 3 年的研修與培訓，協助其發展未來的藝術事業，從而提升日本藝術和文化的水準，並培養對未來藝術發展具有重要作用的人才。此外，該制度還包括針對高中生的特別培訓計畫（日本文化廳，2022b）。自 1998 年起，研修結束後的藝術家受邀參與「DOMANI・明日展」，發表其研修成果（日本文化廳，2022c）。自 2008 年起，「DOMANI・明日展」由文化廳以委託方式交由國立美術館文化中介平臺轄下的國立新美術館承辦，內容涵蓋各類展覽、藝術座談及研討會等活動。

二、美術館管理相關課程、講座等人才培育計畫

將獨立行政法人企業經營思維與美術館運作進行深度結合，旨在全面強化美術館管理人員的專業知識。為此，除前述針對新生代藝術家促進國際交流的海外研修培訓外，文化廳與國立美術館文化中介平臺每年還定期舉辦與美術館管理相關人才的在職進修計畫，例如，課程與講座等。這些計畫涵蓋範疇廣泛，包括：博物館與美術館高層管理培訓、文化廳相關單位的學藝員專業進修，以及文化財保護專業技術人員的專業課程等，致力於提升從業人員的專業素養與管理能力（日本文化庁，2022d），如表 3-4。

表 3-4 美術館管理、學藝員及文化財保護專業技術人員人才在職進修計畫

研修課名稱	對象	要點	主管部門	舉辦時間
博物館（美術館）高層管理培訓					
獨立行政法人國立美術館學藝員研修	公私立美術館學藝員	公私立美術館學藝員培訓，以提高其專業知識和技能。	獨立行政法人國立美術館	時間為4月1日至次年3月31日，由接收單位根據學員意願批准。
博物館（美術館）高層管理培訓	主要登錄於博物館（美術館）和相當於博物館美術館）相關設施的館長、副館長即管理職。	為博物館（美術館）館長和管理人員提供學習博物館（美術館）的作用和功能、管理方面的專業知識、專案評價和改進，以及圍繞博物館（美術館）的社會趨勢，以提高其博物館（美術館）作為管理負責人的能力。	文化廳企劃協調課博物館振興辦公室	2022年10月5日-10月7日
學藝員、文化財保護專業技術人員等培訓課程（與文化廳等相關）					
博物館和美術館收藏維護工作的學藝員培訓（基礎課程）	國公私立的博物館、美術館等的資料保存負責人、教育委員會等的神社寺院資料保存負責人。	關於展示和收藏空間環境管理的基本知識和技術的講座和實踐課程。	獨立行政法人國立文化財機構文化財活用中心	【第1回】2022年8月1日-5日 【第2回】2023年1月23日-27日

表 3-4 美術館管理、學藝員及文化財保護專業技術人員人才在職進修計畫（續）

研修課名稱	對象	要點	主管部門	舉辦時間
博物館（美術館）高層管理培訓					
指定文化財產（工藝美術品）企劃與展示研討會	博物館（美術館）和其他指定文化財（工藝美術品）公開展示規劃學藝員	提供與公開展示有形文化財（工藝美術品）有關專業知識和技能培訓。	文化廳文化財第一課	東京國立博物館黑田記念館：2022年6月6日-10日 京都國立博物館：2022年8月1日-5日
博物館和美術館收藏維護工作的學藝員培訓（高級課程）	國公私立的博物館、美術館等的資料保存負責人，或在教育委員會負責保護有形文化財產（美術工藝品）的人員，在2020年前參加過博物館和美術館負責保護工作的學藝員培訓，或從2021年起參加過同樣的培訓（基本課程），或具有同等經驗。	關於文化財產保護方面高度專業化的知識和技術的講座和實踐培訓。	獨立行政法人國立文化財機構東京文化財研究所	2022年7月4日-8日

表 3-4 美術館管理、學藝員及文化財保護專業技術人員人才在職進修計畫（續）

研修課名稱	對象	要點	主管部門	舉辦時間
博物館（美術館）高層管理培訓					
博物館（美術館）公關培訓	在博物館（美術館）工作的學藝員和其他專業人員	對博物館（美術館）的學議員和其他專業人員進行培訓，培養博物館（美術館）未來角色所需的知識和技能，如宣傳推廣、區域交流、解決區域問題和數位化等，進而培養能夠參與博物館（美術館）管理的人力資源。	文化廳企劃協調課博物館振興辦公室	預定 2023 年 2 月期間

資料來源：日本文化庁，2022d。

三、活用美術館加強鑑賞教育講師培訓

　　兒童接觸文化藝術的鑑賞教育被認為是中小學教育中的一項重要活動。同時，視覺思維策略（Visual Thinking Strategies, VTS）作為當代美術館藝術教育的一種新興鑑賞方法，通過觀賞者之間的對話來加深對藝術作品的理解，並培養學生的「觀察力」、「批判性思維」以及「表達與溝通能力」。自 2006 年起，國立美術館文化中介平臺為擴大美術館的公共性，持續整合並規劃針對藝術教育工作者的藝術鑑賞教育講師培訓課程。該課程以對話式鑑賞模式為核心，培訓對象包含全日本的小學、國中、高中教師、美術館學藝員，以及主事督導人員等。參與者齊聚一堂，分組討論如何有效運用美術館資源強化藝術鑑賞教育，並深化學校與美術館之間的合作關係（日本文化庁，2022d），如表 3-5 所示。此外，國立美術館文化中介平臺亦致力於將藝術作品實際借展至學校，設計與學習者互動的藝術鑑賞課程，藉以提升及加強兒童與青少年的藝術鑑賞能力（独立行政法人国立美術館，2019）。

表 3-5 博物館、美術館加強鑑賞教育講師培訓

研修課名稱	對象	要點	主管部門	舉辦時間
博物館（美術館）加強鑑賞教育講師培訓	1. 小學、國中、高中和特殊需要學校的教師（所有國立、公立和私立學校） 2. 美術館學藝員 3. 主管人員	基於鑑賞教育的重要性，來自全國各地的教師和博物館（美術館）學藝員等，進行小組討論，以便利用博物館（美術館）加強鑑賞教育，促進學校和博物館（美術館）的進一步合作。	獨立行政法人國立美術館	2022 年 8 月 1 日 -2 日

資料來源：日本文化庁，2022d。

　　由於新型冠狀肺炎病毒的疫情全球蔓延，2020 年適逢美術館鑑賞教育講師培訓課程創辦 15 週年，原計畫舉辦以「美術館和學校：鑑賞教育的現狀和未來」為主題的座談會，然而，受疫情影響，該座談會推遲至 2021 年 2 月 14 日，並改為線上形式進行。座談會的重點在於探討後疫情時代美術館鑑賞教育的可能方向與未來發展，並透過四個具體案例，引導參與者深入理解藝術鑑賞教育的本質與精髓，計有：（一）八王子市東城小學的「玩轉藝術課」實踐報告。該課程分享如何在小學階段透過藝術課程啟發學生的創造力與鑑賞能力；（二）「無論你在哪裡，都可以與美術館聯繫。該課程強調數位技術如何突破時空限制，讓更多人參與美術館活動；（三）N 高中與大原美術館的合作。該課程展示學校與美術館聯手，創新鑑賞教育模式的成功範例；（四）如何創建一個『連接機制』─醫院參觀與美術館的合作。該課程探討藝術鑑賞教育如何跨越領域，實現與醫療機構的聯繫，提升特殊環境中個體的藝術感受能力（独立行政法人国立美術館，2022c）。

肆、其他特色

　　國立美術館文化中介平臺雖然主要依賴政府提供的運營經費及設施等相關支持，但為達成縮減經費的政策目標，日本政府積極鼓勵平臺向外部籌措資金，即自籌款。基於此，國立美術館文化中介平臺的外部資金來源涵蓋多種形式，包括：捐款、遺贈機制與會員服務制度、商業機制與研究合作開發、展覽場地租金、《眾籌募資》計畫。這些多元化的外部資金籌措方式，為國立美術館文化中介平臺在經費縮減的背景下，提供穩定的財務支持，同時促進與社會的互動與合作，茲說明如下：

一、捐款、遺贈機制與會員服務制度

　　國立美術館文化中介平臺於 2010 年依據日本政府內閣決議的「獨立行政法人改進基本方針」，設立捐款與遺贈機制，旨在以「不增加國家負擔的形式充實法人業務」。捐款機制接受個人與企業捐助，金額範圍從 1 萬日元至 750 萬日元以上，募集資金用於支持美術館的藝術活動和業務發展（独立行政法人国立美術館，2022d）。遺贈則是指個人去世後，依遺囑將全部或部分財產指定給某團體或個人。國立美術館文化中介平臺的遺贈計畫通過這種方式，將寶貴的財產用於展示會和放映會的舉辦、調查研究、收藏品與電影的修復、教育推廣、建築物與設施的維護，以及資料與資訊的收集等，從而持續推動文化藝術的發展與傳承。參與遺贈計畫的方式包括：手寫遺囑、公證遺囑及秘密契約遺囑，為遺贈者提供多元選擇，讓他們在生命結束時將資產貢獻於未來的社會與下一代（独立行政法人国立美術館，2022e）。此外，遺贈者可享有遺產稅的優惠政策，若遺贈的資產為美術作品，則適用遺產稅減免的「相關稅制措施」，藉以鼓勵更多社會民眾參與文化藝術的支持與推廣（独立行政法人国立美術館，2022e）。

　　除了捐款與遺贈機制外，國立美術館文化中介平臺在各美術館內亦設置募款箱，鼓勵社會民眾針對各項計畫進行不定期的小額捐款。該平臺收藏了超過 4 萬件國內外優秀的藝術作品，每年吸引約 400 萬名遊客參觀鑑賞，並為社會民眾提供加入會員的機會，參與、展示相關活動，從而拓展親近藝術文化的可能性。目前，東京、京都國立近代美術館，大阪國立國際美術館，國立西洋美術館，以及國立電影資料館均設有會員服務制度，接受個人或企業團體以年費形式加入。其中，東京國立近代美術館還特別設立針對個人或企業的「MOMAT」會員組織制度。[3] 例如，京都國立近代美術館的會員制度分為【一般會員】、【特別會員】與【法人會員】，會員可廣泛參加由國立美術館文化中介平臺規劃的各類活動（京都国立近代美術館，2023b）。成為美術館會員除了享有參觀美術館的福利外，亦對平臺相關業務的提升與永續發展作出貢獻，包括：1. 藝術品的購買與修復；2. 展示業務的強化；3. 教育促進與研究資料的增強；4. 設施的維護；5. 建築物的保養與提升等，進一步鞏固美術館在文化藝術推廣中的核心角色。

3　「MOMAT」是由東京近代美術館發起。東京国立近代美術館（2021）。〈東京国立近代美術館概要〉，《東京国立近代美術館》，網址：https://www.momat.go.jp/ge/about/，檢索日期：2021 年 10 月 30 日。

二、商業機制與研究合作開發

商業機制與研究合作開發是國立美術館文化中介平臺擴大自籌經費的重要手段。各館根據實際情況與外部廠商簽訂合作協議，以運營美術館的商店與餐廳。例如，國立新美術館的法式餐廳 Brasserie Paul Bocuse Le Musée、Salon de Thé Rond 咖啡廳，以及東京國立近代美術館的 L'ART ET MIKUNI 等餐飲設施。這些合作的主要收入來源並非來自餐飲本身，而是來自餐廳場地租金的收益。近年來，為了進一步拓展經費來源，美術館開始專注於具有較高利潤潛力的文化創意產品。這些產品與美術館的藝術作品相關，並通過與外部合作廠商的合作研究與開發進行生產。在合作過程中，外部廠商需支付美術館的收藏專利金和場地租借費用。此類合作不僅推動美術館資源的有效利用，也拓展了其收入來源（独立行政法人国立美術館，2022f）。

三、展示場地租金

自 2013 年起，日本觀光廳開始推廣特色會場（Unique Venue），以及會展（MICE：Meeting, Incentives, Conferencing, Exhibitions），以鼓勵社會民眾參與世界文化遺產及文化設施相關的活動（日本文化庁，2014）。為響應這一政策，自 2014 年起，國立美術館文化中介平臺積極發行手冊，旨在打造獨具特色的博物館與美術館。這些手冊除推廣美術館的文化價值，實際上也促進美術館場地租借機制的運作，[4] 成為美術館自籌經費的又一途徑。此外，各美術館亦將場館設施開放給各美術團體，用於展示、演講、座談等活動。這些場地不但能夠用於承辦大型活動，也適用於規模較小的文化交流和創意展示。無論是靜態攝影，亦或是影片拍攝等多種合作方式，皆成為國立美術館文化中介平臺拓展其社會影響力及經濟收入的手段（独立行政法人国立美術館，2022g）。

四、獨立行政法人國立美術館《眾籌募資》計畫

《眾籌募資》是一種結合眾包與替代性融資的形式，即通過互聯網向眾多個人募集資金，以支持項目或風險投資的運作（Calic, 2018: 112-114）。為積極拓展社會民眾的深入參與，國立美術館文化中介平臺於 2019 年 3 月 15 日正式啟動《眾籌募資》計畫

---

4 文化廳特色會場手冊，日本文化庁（2014）。〈文化財を活用したユニークベニューハンドブック〉，《日本文化庁》，網址：https://www.bunka.go.jp/tokei_hakusho_shuppan/shuppanbutsu/bunkazai_handbook/pdf/r1421344_01.pdf，檢索日期：2022 年 4 月 5 日。

網站。該計畫依托六座國家級法人美術館的館藏特色，並結合政府文化資產政策推動，旨在構建社會民眾、藝術家與政府之間的夥伴關係。透過群眾的力量，該計畫協助藝術創業者將創意轉化為資金，同時促進社會民眾間接參與文化藝術及教育政策的實踐，推動文化藝術及教育的長遠發展。在專業集資輔導機制的支持下，計畫匯聚群眾力量，幫助藝術家實現創意，亦提升社會民眾對文化資產修復的關注及參與，並助力政府政策的有效落實，共同穩健邁向文化藝術的永續發展（独立行政法人国立美術館，2022f）。

國立美術館文化中介平臺《眾籌募資》涵蓋三項重點計畫，分別為：「國立西洋美術館 60 週年紀念 Claude Monet《睡蓮·柳影》（Water Lilies, Reflection of Willows）數位估價修復計畫」、「紀念國立工藝物館石川新館開幕的 12 位手工藝和美術藝術家的新作品創作計畫」、「國家電影資料館拯救我們電影磁帶遺產《我的電影生活》數位計畫」。《眾籌募資》三項計畫實施日期、社會民眾與目標達成率等，茲說明如下（独立行政法人国立美術館，2022f）：

（一）國立西洋美術館 60 週年紀念 Claude Monet《睡蓮·柳影》數位估價修復計畫

該計畫旨在紀念國立西洋美術館成立 60 週年，運用先進的數位技術與人工智慧，對 Claude Monet 的經典作品《睡蓮·柳影》（Water Lilies, Reflection of Willows）進行估價與修復，確保其藝術價值得以長期保存。修復過程依賴完整黑白照片的展示與對遺存部分的科學研究，結合尖端數位技術進行精細修復。《眾籌募資》活動於 2019 年 3 月 15 日至 6 月 2 日舉行，吸引 348 位社會民眾參與，募資金額達 3,642,000 日元，達成率高達 121%。

（二）紀念國立工藝物館石川新館開幕的 12 位手工藝和美術藝術家的新作品創作計畫

為慶祝國立工藝物館石川新館的啟用，該計畫支持 12 位新銳手工藝與美術藝術家創作新作，旨在促進手工藝文化與現代藝術的融合與傳承。文化遺產是日本文化的核心之一，其中工藝文化尤具代表性；涵蓋自明治時代至今的 3,800 餘件國內外工藝作品，涉及陶瓷、玻璃、漆器、木工、竹工、染織、人偶、金工、工業設計和平面設計等領域。為紀念東京國立近代美術館國立工藝館搬遷至石川縣金澤市並更名為「國立工藝館」，該計畫特別邀請 12 位出生於 1969 年至 1981 年的藝術家進行專場創作。《眾籌募資》活動於 2020 年 4 月 1 日至 8 月 11 日舉行，共吸引 137 位社會民眾參與，

募資金額達 3,926,000 日元，目標達成率高達 130%。

（三）國家電影資料館拯救我們電影磁帶遺產《我的電影生活》數位計畫

因應聯合國教育、科學及文化組織（UNESCO）於 2019 年發布的「磁帶警報」，以及 2023 年 3 月有關播放設備生產和維護服務全面停止的預警，再加上技術人員減少與磁帶老化的挑戰，該計畫旨在搶救珍貴的電影文化資產，並提升社會民眾對磁帶影音資料保存危機的認識。計畫內容包括：對磁帶上具價值的影像和記錄進行數位修復與收藏，例如，電影、媒體藝術、檔案片段、採訪和家庭電影等，特別聚焦於歷史與文化意義重大的影片——《我的電影生活》。《眾籌募資》活動於 2021 年 12 月 1 日至 2022 年 3 月 31 日舉行，共吸引 257 位社會民眾參與，募資金額達 5,442,000 日元，目標達成率為 108%。

綜合歸納而言，日本美術館藝術教育能夠在社會中成功拓展，關鍵因素主要在於日本政府政策的制度化支持。2001 年，日本政府受到英國政策影響，仿效英格蘭藝術理事會（Arts Council England）的模式，推行國家資助的「獨立行政法人」制度，並採用「臂距原則（ALP）」，將官僚權力與專業機構決策分離，成立國立美術館作為文化中介平臺，以維護藝術專業性。為避免政治意識形態對藝術創作內容的干預，確保文化藝術創作的思想自由，日本政府認識到社會民眾才是文化藝術的真正主體。因此，基於保障集會、結社、言論、出版及其他形式的表達自由原則，於 2017 年修訂《文化藝術基本法》，明確規定政府在推動文化藝術時不得介入創作內容，並強調尊重文化藝術從業者的自主權及言論自由的重要性。此一舉措是促使文化藝術的社會接受度，也賦予國立美術館文化中介平臺更大的獨立運營權與專業資源分配的靈活性，促進文化藝術生態更加健全。

獨立行政法人在正式啟動運作前，須依照主管機關設定的「中（長）期目標」，擬定「中（長）期計畫」，經主管機關認可後制定「年度計畫」，並獲批准後方能執行。主管機關透過「業務範圍設定」、「業務方法書」、「中（長）期目標」、「中（長）期計畫」、「年度計畫」，以及國立美術館文化中介平臺依照規定提交的「自我評價書」與「事業報告書」，實施評價制度，審核業務執行成效，從而管控法人業務的方向與進度。同時，在提供行政資源（包括：資金）時，日本政府亦要求法人履行公共任務，以確保其社會責任與文化使命的落實。

然而，為尊重法人的自主性與自律性，國立美術館文化中介平臺在完成《文化藝

文化中介之於文化菱形：從日本國立美術館看臺灣的藝術教育拓展

How cultural intermediaries work within the cultural diamond：
The Expansion of Art Education in Taiwan through Insights the National Art Museum of Japan.

術振興基本計畫》中所列的「中期目標」後，日本政府的監督及參與僅限於業務與組織運營方面，並主要集中於事後監督。為有效促進國立美術館文化中介平臺在專業領域的靈活發展，日本政府也透過評價機制了解其實際執行情況，並據此調整下一期目標的設定。在此評價機制中，作為「第三機關」的「外部評價委員會」擔任日本政府與國立美術館文化中介平臺之間的溝通橋樑。該委員會由文化藝術領域的專家學者組成，且政府官員（包括：公務員）不能參與評價。這一設計的實施，有助於平衡評價者（主管機關）的權力，進而提升評價制度的公平性與有效性，成為該評價制度的優點。

再者，文化菱形框架的最大優勢在於，它揭示了藝術與社會之間的關聯並非直接作用的結果，而是經由創作者、國立美術館文化中介平臺和接收者三者的中介影響所形成。從另一個角度而言，藝術的消費方式、藝術的意義建構，以及藝術如何滲透至整個社會，都受到個人或團體的中介作用影響，而這些影響又進一步受個人或團體的態度、價值觀、社會地位與社會網絡所塑造。換言之，「日本社會」作為菱形結構的最終結點，不僅影響藝術創作者、行銷體系及消費者文化，亦在此過程中形塑了美術館藝術教育的發展方向。

從日本政府根據文化藝術及教育政策所制定的法律規範、提供經費與行政支援，以及營造美術館藝術教育發展環境的文化菱形框架介面來看，所有美術館藝術教育的行動者——創作者、國立美術館文化中介平臺、接收者——皆得以在此框架內展開各項美術館藝術教育活動，包括：收藏、展示、研究、教育、理解與鑑賞等。作為藝術資訊的傳遞者，國立美術館文化中介平臺必須不斷吸收新的藝術資訊，亦須密切關注全球藝術的最新發展。其所積累的文化資本不單單塑造了自身的品味，更確立了其在藝術網絡中的定位，而這種文化資本與其網絡地位，對藝術教育的形塑與定義而言，皆扮演了極為關鍵的角色。基於此，國立美術館文化中介平臺透過「守門人」機制所積累的文化資本，進一步獲取並鞏固象徵資本，從而決定藝術教育的意義與流動過程，並將美術館藝術教育與日本社會緊密聯繫。同時，社會民眾亦在這些行動與互動中，共同建構美術館藝術教育於日本社會中的文化意義，使其成為一種具有公共價值與社會影響力的藝術教育實踐。

在藝術知識詮釋與經驗轉譯方面，學藝員是藝術家、藝術團體與社會民眾之間溝通的橋樑，亦是美術館的靈魂人物。美術館的藝術作品要轉化為可供理解的藝術知識，必須經由學藝員的專業詮釋、藝術家經驗的轉譯，以及藝術團體的協作，使藝術作品

能夠「說話」，並促使美術館參觀的社會民眾進行對話，開啟雙向的藝術知識交流與溝通。根據日本2022年4月12日修訂的《博物館法》第四條，學藝員的定義為：「博物館應任用具有專業的職員為學藝員，學藝員負責博物館資料的收集、保管、展示、調查研究及其他相關事項。」因此，美術館學藝員的資格必須通過國家考試，並在大學期間完成規定學分及接受實習培訓，方可在美術館擔任專業職位。換言之，日本政府透過學藝員任用的法律規範，確保美術館專業人員的素質外，也對美術館藝術教育的發展產生深遠影響。

民間自發性的推廣與傳承在日本社會中發揮著舉足輕重的影響力。這些民間力量的努力往往能突破政府或制度性框架的限制，形成一種由社會民眾驅動的文化傳遞機制。通過藝術教育的傳播、教育與宣揚，民間力量成功將美術館藝術教育推廣至社會各階層，並在其中扮演文化中介者的角色。無論是文化觀眾、文化企業，還是傳播媒體，這些機構與個人皆積極參與藝術教育的推動，使藝術知識不再僅限於精英群體，進而使美術館藝術教育能夠在日本社會的文化土壤中深深扎根，並培養出許多社會民眾成為「藝術愛好者」。

文化藝術及教育政策的核心出發點在於「文化民主化」，透過多元循環形式擴大藝術鑑賞人口，關鍵在於創作者、國立美術館文化中介平臺與接收者之間的互動關聯。創作者與國立美術館文化中介平臺合作，推動美術館藝術教育的展示與傳播，使美術館藝術教育透過收集、展示、研究與教育普及等活動，讓更多接收者得以認識，並理解美術館中的藝術作品。隨著藝術鑑賞人口的增加，日本國立美術館藝術教育也將持續蓬勃發展，進一步促進文化的廣泛普及與深化。

質言之，國立美術館文化中介平臺的藝術教育拓展，不僅依賴創作者對藝術知識的詮釋與經驗轉譯，更仰賴接收者的推廣與傳承。最關鍵的是，接收者必須親身經歷美術館藝術教育，賦予其在日本社會中的深刻意義，並與創作者和國立美術館文化中介平臺共同建構屬於日本的美術館藝術教育文化。換言之，美術館藝術教育的拓展，是社會民眾透過創作、傳播、教育、接受、理解與詮釋等活動共同推進的結果。這不僅體現在多元行銷推廣、社會教育、藝術教育計畫和專業人才培育等執行策略上，也促使美術館藝術教育逐步深入日本社會，最終成為日本多元文化中一道獨特且深具內涵的美麗風景。

04 藝術與教育之激盪——日本國立美術館藝術教育翻轉與拓展

||| 縱向遞變：從物到「人」的演繹轉變
||| 橫向闡釋：「藝術傳播員」啟動「學習門扉」
||| 翻轉與拓展：打造美術館多元參與循環結構
||| 建構式學習與環鏈式實踐：「以人為本」
　　的美術館藝術教育

Ⅲ 縱向遞變：從物到「人」的演繹轉變

誠如楔子（第一章）所述，在文化菱形框架中，鑲嵌於各節點的「國立美術館文化中介平臺」，劃破了藝術教育及日本社會間直接關聯的簡化。藝術教育與日本社會之間的連結，一方面受到創作者的中介，另一方面也受到接收者的影響。從文化生產面來看，藝術教育的創造與生產不僅受到學藝員、藝術家、藝術團體影響，也會因為不同型態的分配體系而影響被傳播的藝術教育類型，以及傳播的廣泛程度。從文化消費面來看，藝術教育的接收者並非單一的「日本社會」，而是來自各種不同類型的文化觀眾、文化企業和傳播媒體。這些接收者如何理解與消費藝術教育，並從中獲得意義，往往取決於其社會背景與網絡。換言之，社會民眾從藝術教育中獲得的意義，以及他們選擇消費的藝術教育類型，皆受到其社會背景與文化脈絡的形塑。

作為第四世代美術館的「國立美術館文化中介平臺」，在面對人類生存和社會諸多挑戰，以及隨著新型冠狀肺炎病毒、互聯網等因素對世界造成的滲透，在為創作者與接收者逐步開展接觸道路中，進一步讓美術館學藝員、大學教師等專業人士和社會民眾作更深入的交流。本章接續第三章以多元循環形式擴大藝術鑑賞人口，提出推動以「人」為本的【藝術門扉實驗場】（とびらプロジェクト）藝術教育計畫，藉以走入社會，創造多元參與的循環式美術館藝術教育，讓藝術真正融入社會，實現多元共創。

壹、當代美術館的社會角色轉變

日本戰敗後的美術館政策，正如博物館學者伊藤壽朗在其著作《開放的美術館》與《市民中的美術館》中所闡述，將美術館劃分為三個世代。他指出，第一世代美術館以古典美術館為典型，核心目標是保存國寶、天然紀念物等珍貴文物，著重於歷史遺產的保護與珍藏。第二世代美術館則強調開放性，其運作的核心不僅是收藏稀有珍貴文物，還積極從多角度收集資料，並加以宣傳與發佈。第三世代美術館則更進一步，根據社會需求來發掘與創造必要的資訊，並將「社會民眾的參與及體驗」視為其核心。這一世代的美術館不再僅限於展示與保存，而是致力於培養社會民眾主動學習能力，使其不再是被動接受知識的場域（伊藤壽朗，1991、1993；緒方泉，2018：101-114）。

面對世界局勢變化與新時代來臨，日本政府致力於打造適應 21 世紀社會需求的「理想美術館」，其目標與聯合國教育、科學及文化組織（UNESCO）的理念相呼應，

強調美術館在多元社會中的角色,並促進其發展與保護。因此,從教育政策面向上言之,1998年文部科學省生涯學習審議會迅速提出《對話與合作的美術館——從對話到理解,從合作到行動,與公民共同創造新時代美術館》報告,強調「對話與合作」應成為21世紀美術館的核心運作原則。該報告指出,理想的美術館不僅要滿足知識社會中民眾的需求,還應與公眾共同創造新價值,並透過終身學習活動發揮更深遠的社會影響力(財團法人日本博物館協会,2003)。報告同時揭櫫「對話與合作」的八項原則,作為新時代美術館的指導方針,包括:美術館內部的對話與合作(跨部門協作);不同美術館之間的對話與合作(館際資源共享);學校、家庭與社區之間的對話與合作(跨界教育合作)(山西良平、佐久間大輔,2017:1)。從文化藝術及教育政策的視角而論,由日本內閣批准的《文化藝術振興基本計畫》中也指出,未來的文化藝術及教育政策應賦予博物館、美術館、圖書館等更多功能,使其不僅是文化藝術的保護、傳承、創造、交流與傳播中心,更應成為當地終身學習、國際交流、志願者活動及觀光旅遊的樞紐。同時,美術館應積極與教育、福利、醫療等相關組織合作,發展為解決社會問題的重要場域(日本文化庁,2018:6;2019)。

　　隨著時間推移,社會結構日趨多元,無論是在社會階層、性別或族群組成上,都呈現出更豐富多元的樣貌。與此同時,美術館從業人員及研究者開始反思美術館作為知識建構工具的角色,並越來越關注美術館與社會、文化、政治,以及個人和社群之間的相互作用(張釋、陳郁婷,2020:37-67)。根據清水麻記、今井寬、渡辺政隆、佐藤真輔(2007:1-118),以及中嶋厚樹(2021:173-185)的觀點,新時代的美術館——即第四世代美術館,除了延續基本的「收集與交流」功能外,更應積極與社會民眾共同參與「探索素材」的過程,讓知識建構成為一種共享的樂趣,進而共同創造美術館文化。此外,第四世代美術館也應推動多元社群的參與,促進社會包容,並逐步轉型為以社會民眾視角為核心、與社會民眾共同創建的美術館,真正實現社會民眾參與及共創的理念。

　　因此,進入21世紀,日本當代美術館逐漸從過去強調珍稀藏品的收藏、開放設施,以及參與和體驗式學習模式,轉向打造一個強調「對話與合作」的跨文化平臺(Macdonald and Fyfe, 1996; Clifford, 1997: 1-21)。在這一轉變中,社會民眾的參與成為美術館管理與運營的核心。實際上,「對話與合作」不僅意味著開放交流,更進一步涵蓋:參與(participation):鼓勵社會民眾積極投入美術館活動;合作

(collaboration)：透過多方協作，促進資源與知識共享；共創（co-creation）：讓美術館與社會民眾共同策畫與創造文化內容；共同生產（co-production）：強調社會民眾與美術館並肩推動文化價值。這些概念同時涉及社會民眾參與（civic engagement）、社會參與實踐（socially engaged practice）和參與式博物館（participatory museum）等（林玟伶，2021：49-76）新興博物館學思潮。在此框架下，強化連結、多樣化和動態轉化的美術館，不再將展示和教育活動局限於館內空間，而是透過多元溝通技能與管道，包含數位科技與網絡工具，將服務傳遞到更廣的範圍，積極建立更多維度的連結網絡，或與社區共同生產知識，挑戰傳統美術館的理念和實踐，並超越以館藏為主的文物保存模式（邱家宜譯，2012：7-28；殷寶寧，2021：5-30）。

在追求民主化思潮湧入美術館領域，第四世代美術館被賦予更深遠的社會責任。正如 Hooper-Greenhill 在 2000 年所提出的「後美術館」（Post-Museum）概念，第四世代美術館強調回應性（responsiveness）、鼓勵並維持長久的相互支持與培育夥伴關係（mutually nurturing partnerships），以及提倡文化的多樣性（Hooper-Greenhill, 2000:153）。換言之，美術館管理者的角色已不再侷限於展示與保存文物，而是進一步承擔社會與倫理責任，致力於推動公平與正義，並激發社會民眾學習與身份認同塑造。這樣的美術館不僅服務於在地社區，更需創造多元文化的呈現、揭露與互動（Hooper-Greenhill, 2007: 1-30）。因此，美術館的定位正從傳統知識權威的展示空間，逐步轉向思考如何與社會民眾建立「對話與合作」的深遠關係，使其成為文化交流與社會參與的核心樞紐。

基於上述觀點，日本當代美術館在「對話與合作」的框架下，逐步強調社會民眾的參與，並轉向以「人為本」的賦權模式。這不僅涉及物理空間與文化資源的再分配，更是對美術館社會角色的重新界定——從傳統上掌握權力的機構，轉變為賦予社會民眾能量、知識與參與權的場域。在聯合國教育、科學及文化組織（UNESCO）2019-2025 年以「從獲取到賦權」為主題之教育領域和通過教育實現性別平等戰略（"From access to empowermnet" UNESCO strategy for gender equality in and through education 2019-2025）報告中指出，教育不僅是一項基本權利，更是推動經濟、社會與政治變革的強大力量。「賦權」的概念指的是透過學習、參與及合作等過程或機制，使個人、組織與社區增強對自身事務的掌控能力，進而提升個人生

活品質、增強組織效能,並促進社區發展。在這樣的脈絡中,賦權的核心重點在於促進社會民眾的參與、協同合作及社群意識的強化,並推動從下而上的變革(bottom-up change)。這一過程具有多層次與多面向的特性,涵蓋人際關係、社會行為、組織動力與社區結構的改變,使個人與社區能夠更有力地塑造自我,並促進社會的公平與正義。因此,日本當代美術館已逐步從傳統的文物保存與展示功能,轉向強調社會民眾對文化知識的共同創建與交流,並以賦權為核心價值,實現真正的社會包容(共融)及多元參與(Dalton, Maurice, and Abraham, 2007;Rappaport, 1987;Perkins and Zimmerman, 1995;Fernandez-Ballesteros, 2003)。

在賦權過程中,專業者的角色已從傳統的權威性專家或諮詢者,轉變為協作夥伴與促進者(collaborator & facilitator)。這一轉變體現了專業者與社會民眾關係的重構——從單向的知識傳授轉向雙向的合作與互動。作為協調者或促進者,專業者需要深入理解賦權對象(參與者)的文化背景、世界觀及生命經歷。使其不僅是引導者,更是和參與者共同努力、共同創建知識和經驗的夥伴。專業者的角色應是輔助性的,他們的專業知識、技術、利益與計畫不應該強加於社區,而應該作為社區的資源之一,並在尊重當地文化和人文背景的基礎上進行適切的介入與指導。這樣的介入方式必須依據當地的特定情境與需求靈活調整,而非套用一個事先設計「一刀切」的方案 (Freund, 1993: 65-73)。唯有如此,才能真正尊重每個社區的獨特性,並促進更有效的社會互動與文化交流。

在美術館的語境中,美術館學藝員及其他專業人士作為協調者或促進者,協助社會民眾開展一系列「對話與合作」,引導他們在文化和藝術的脈絡中進行積極參與、探索與創新。這種專業角色的轉變,使得美術館不再只是知識的傳播者,而是多元文化對話的推動者。透過對話與合作機制,美術館專業者鼓勵社會民眾發掘自身的文化觀點,並與不同背景的參與者相互交流,從而形塑共享的藝術經驗。同時,這種對話與合作並非單向的灌輸,而是一種開放的學習模式,讓專業者與參與者之間形成雙向互動,並共同拓展對藝術與文化的理解。

因此,以「對話與合作」為基礎的第四世代美術館,突破了傳統美術館將權利集中於機構自身的框架,轉而將權利歸還給社會民眾,這一轉變促使美術館從單純的收藏與展示機構,發展為社會參與及文化共創的開放場域。在這個過程裡,美術館學藝員等專業人員不再扮演權威性的「專家」角色,而是轉為協調者或促進者,幫助社會

民眾在美術館內學習決策技巧、運用資源,並與他人協作以完成共同目標。這樣的角色轉變使社會民眾不僅能夠積極參與決策過程,還能培養爭取資源、分擔責任與共享領導的能力。美術館因此不再只是知識的傳播者,而是多元文化對話的推動者,使社會民眾能夠建立多元網絡聯繫,並在開放的文化環境中體驗不同層次的合作機會。「對話與合作」的轉型也促使美術館成為城市文化的核心,不但維持與社會的緊密聯繫,更透過其多重功能吸引新觀眾群,深化與現有觀眾的互動。作為一個開放且具包容性(共融性)的文化場域,美術館強化其社會教育功能,積極推動多元文化對話,進一步成為具有強大社會影響力的文化機構。

綜合上述,日本社會民眾與第四世代美術館之間的關係可從兩個主要面向來探討:(一)社會民眾不再僅是美術館啟蒙的對象,而是美術館與社會民眾共同學習的夥伴。美術館應保障社會民眾的學習權利,協助他們進行自我教育;(二)當代美術館經營的核心價值在於「對話與合作」,強調社會民眾的主動參與和體驗。美術館不僅應提供促進社會民眾積極參與活動的場域,還應建構不同階段的持續學習機制,並逐步累積社會民眾學習的成果(伊藤壽朗,1993:159-160;黃貞燕,2011:5-34)。這一轉變改變了美術館的角色定位,也深化了其社會功能。因此,未來美術館應持續發展「文化共學」機制,進一步推動社會參與,以實現更開放且具包容性(共融性)的藝術環境。

貳、美術館是致力於社會民眾參與藝術知識創造及實踐的文化公共領域

「公共領域」是一個可以讓社會中的所有公民,透過批判理性的思維,並以凝聚共識為方向,與其他公民平等且自由地討論各種公共事務的場域(洪貞玲、劉昌德,2004:341-364)。其核心價值建立在討論的平等性、自由性和公開性之上,無論社會地位如何,每個人都應享有平等參與的權利。對於藝術作品的理解應依靠自律和理性,而非權威的主導。只要具備必要的資源和教養,任何人都有權作為公民參與公開討論(吉田純,2000:196)。因此,「公共領域」也可視為具有文藝性質的公共空間。

劉俊裕(2014:9)指出,「文化公共領域」的概念反思了社會民眾於社會中的溝通、參與和批判,挑戰國家官僚體系的文化權力與控制。它旨在超越資源爭奪和權力角力,回歸到日常生活中基於理性溝通和相互理解的共通基礎。公共領域應促進社會民眾意志的形成、理性批判的公共辯論,以及媒介科技在文化治理中的角色。同時,

文化中介之於文化菱形：從日本國立美術館看臺灣的藝術教育拓展
How cultural intermediaries work within the cultural diamond：
The Expansion of Art Education in Taiwan through Insights the National Art Museum of Japan.

「文化公共領域」不能屈服於權力的角力或官僚體系的專業利益。只有通過媒介凝聚社會民眾的意志，培養批判理性思維，才能抵抗國家體系的威權統治，延伸溝通的理性邏輯，並促進生活世界中的相互理解 (Habermas,1981,1989: 51-52;Thompson, 1995; Reviglio and Anselmino, 2018: 285-294)。因此，「文化公共領域」則是注入常民情感、審美與感動人等人文的元素，讓悲哀、傷慟、喜悅與歡愉等常民共同情感經驗，以及對於文化藝術審美價值的共鳴，得以透過常民文化論述和人文理性的公共溝通模式（McGuigan,2010: 15-16)。

前述提及，日本當代美術館的社會角色已從過去的權力掌握、授權，進一步發展至「賦權」，並強調「以人為本」的理念。在現代國家的理性框架下，美術館的核心價值在於賦予社會民眾參與「對話與合作」的權利，並鼓勵他們投入藝術知識的創造與實踐，從而形塑「文化公共領域」。從文化藝術及教育政策的視角而言，美術館作為公共文化機構，依據「公共制度」運作，受到民意機構監督，並遵循現代國家文化發展中的文化藝術政策；其核心職責在於美術館負有保存與運用藝術作品的責任，更透過專業的「公共空間」，藉由藝術相關專業人員的協作，將藝術知識轉化為「公共知識」；運用專業的方法，美術館促使「社會民眾」更容易親近藝術知識，積極參與其中，進而建立一個具有深遠意義且良性循環的「文化公共領域」。

在日本當代社會中，隨著「文化公共領域」概念的興起與重視，美術館的角色也發生了顯著變化。日本當代美術館不再僅是藝術品的展示空間，而是積極參與社會議題討論的文化場域。作為「文化公共領域」的一部分，美術館承擔著傳播藝術的職能，除了收藏、研究、展示、教育普及外，其最核心的功能則是促進社會民眾參與藝術知識創造及實踐。透過多樣化的展示、教育活動，美術館將藝術與社會議題相連結，激發社會民眾對當代社會現象的思考，推動社會文化對話、公共討論及社會變革。因此，如何透過美術館作為「文化公共領域」，深化社會民眾參與藝術知識的創造及實踐，仍是具有四個核心觀點：

（一）知識與文化的傳遞：文化資本的傳遞往往通過美術館等機構實現，尤其是在教育活動和展示的推動下。Bourdieu（1993）指出，許多導覽服務、教育教育計畫和工作坊等活動，向社會民眾展示藝術作品的同時，並促進社會民眾對文化的理解和認同，其不僅是藝術知識的傳遞媒介，也影響社會民眾對文化的理解，進而深化他們對社會文化背景的認同，促進文化的再生。因此，美術館是「文化公共領域」，承

擔著傳遞和普及知識的職能。社會民眾透過參觀和互動，能夠理解藝術作品的背景和創作過程，並進一步思考作品所反映的社會、歷史和文化內涵。在具有深度意義的藝術教育活動中，美術館鼓勵並引領參與者從自身的視角重新詮釋藝術作品，拓展社會中的公共討論空間，促進藝術與社會對話的多元發展。

（二）社會與文化的討論平臺：Foster (1996) 指出，當代藝術的職能之一在於觸及，並挑戰當代社會的議題，特別是對消費主義、政治權力與社會結構的反思與批判。許多現代和當代藝術展示經常涉及種族、性別、環境、政治等議題，使美術館成為社會討論和批判的重要場域。例如，Andy Warhol 的作品挑戰了大眾文化和商業化的界限，而當代藝術則更關注社會公義和全球化議題。因此，美術館是「文化公共領域」，其展示已不局限於藝術創作本身，更涵蓋了多樣的社會問題和文化議題，提供社會民眾進行深層次對話與反思的公共空間。

（三）增進社會包容性（共融性）與多樣性：John Dewey 在《藝術即經驗》（*Art as Experience*）中提到，藝術是社會生活的一部分，應該反映和促進社會的包容性（共融性）與多樣性。他認為，藝術是個體表達的方式，也是促使社會理解和接受差異的橋樑 (Dewey, 1934)。基於這一理念，美術館是「文化公共領域」。在多元文化的社會背景下，它提供不同群體文化表達的空間，讓各種族群、性別、階級的社會民眾都能夠在同一場域中找到屬於自己的文化象徵。這是對藝術的展示，更是對社會文化多樣性和差異性的尊重。例如，許多美術館設置針對特定社會群體的展示，或者邀請來自不同背景的藝術家創作與展示，這類活動有助於縮小社會差異，優化不同文化群體之間的理解和接納。

（四）藝術作為社會變革的催化劑：Jacques Rancière 在《藝術與政治的關係》（*The Politics of Aesthetics*）中提到，藝術具有挑戰既有權力結構的潛力，能夠為社會變革提供動力。他認為，藝術作品和展示能夠引發觀眾對社會不公的關注，並促使集體行動的發生 (Rancière, 2009)。作為一種變革場域，藝術透過展示與對話，促進社會的自我反思與轉變。因此，美術館是「文化公共領域」，它是藝術的展示場所，更是推動社會變革的催化劑。在許多情況下，藝術作品能夠喚起社會民眾對社會問題的關注，進而推動社會和政治變革。例如，20 世紀的現代藝術運動（如達達主義、現代主義）便是對當時社會秩序的挑戰和反思，而這種反思至今仍持續激發對當代社會議題的討論。

基於上述，日本當代美術館在「文化公共領域」中的角色已發生顯著變化，從傳統的藝術展示場所轉型為一個積極促進社會對話、擴大包容性（共融性），並推動社會變革的核心公共領域。美術館的功能已不再局限於藝術教育，而是進一步涵蓋知識傳遞、社會與文化的討論，以及多元文化交流，使其在日本社會中扮演不可或缺的角色。社會民眾的參與是日本當代美術館發展的核心，它回應了社會民眾的興趣，同時不斷發掘和回應「社會民眾」的需求與期待，進一步強化美術館作為「文化公共領域」的價值。

美術館的發展以「人」為中心，強調社會民眾的參與，使其親近文化藝術經驗，奠定第四世代美術館個人化的基礎。隨著美術館朝向個體化發展，它逐步認同、承認，並回應社會民眾的興趣與需求（Simon, 2010: 35）。因此，社會民眾是美術館的服務對象，更是「文化公共領域」的核心，因為美術館本身就是屬於社會民眾。為此，美術館應持續鼓勵及激發社會民眾的參與，主動發掘其需求，引導其進入美術館，共同參與藝術知識的創造與實踐。

質言之，作為「文化公共領域」的美術館，對社會共融性、包容性、民主討論及藝術的公共性產生深遠影響。美術館的發展關乎藝術教育的推動，更在於挑戰既有權力結構，為社會民眾提供創造和參與文化知識的機會，促進社會反思與變革。

歸納而論，文化藝術及教育政策的發展，不但關乎精神文化提升，更須緊密連結社會民眾的日常生活與生存條件，並影響其適應瞬息萬變的政治、社會與經濟環境的能力。如何促進文化藝術與教育的健康、可持續發展，始終是日本政府所關注的核心議題。因此，在推動美術館藝術教育的過程中，日本政府與社會民眾攜手合作，雙方角色皆不可或缺。

日本的美術館政策經歷了顯著轉變，從早期以物件保存為核心的展示方式，逐步發展為知識啟蒙，並進一步強調社會民眾的參與和體驗。當代第四世代美術館則聚焦於「對話與合作」，將關注點從物件轉向人，使美術館轉型為社會交流的場域。這些美術館賦予社會民眾更多的權利與責任，激發他們的感官體驗，更成為溝通和交流的橋樑，讓社會民眾得以深入理解當代世界，共同建構「文化公共領域」。

美術館是「文化公共領域」，緊密聯繫公共制度、公共空間與公共知識，最終回饋社會民眾。隨著人類生活方式的轉變，特別是網路、數位技術和虛擬設備的普及，這些科技改變了「文化公共領域」的內涵與規模，也直接影響美術館的專業性及藝術

知識的詮釋方式，拓展其表達潛能。然而，作為「文化公共領域」的美術館，其範疇除限於具體的實質面，更涵蓋抽象的理念層次。當代社會民眾是文化公共資源的使用者，更是知識創造的積極參與者。

在整個「文化公共領域」中，最終的受益者仍然是社會民眾。因此，作為藝術知識詮釋的載體，美術館的核心目標在於向社會民眾傳遞正確且具啟發性的藝術知識。這些知識應在「文化公共領域」中被詮釋與交流，並進一步內化於社會民眾的私領域，成為其持久的精神資源，以促進價值的創造與實踐。簡而言之，文化藝術及教育政策的健全發展有賴於政府與社會民眾的共同努力。美術館不僅是知識的領域，更是情感與經驗的場域。在面對廣大社會民眾時，美術館需深刻理解他們的生命經驗、思想與情感，並將其轉化為藝術創造與實踐的動力。此外，美術館應持續探索如何在維持專業性的同時，積極促進社會民眾的參與及協作，為「文化公共領域」的發展注入新的活力與動能。

III 橫向闡釋：「藝術傳播員」啟動「學習門扉」

壹、藝術傳播員啟動的背景

一方面，日本正面臨迅速的少子化與老齡化挑戰，再加上新型冠狀肺炎病毒感染症與數位技術影響，產生多重的社會問題。與此同時，透過互聯網舉行大量由社會民眾主導的會議，推動針對這些問題的具體行動，並提出超越美術館網路化社會的對策。此外，與大學合作的研究專案逐漸興起，也為美術館的未來發展帶來影響。另一方面，「社會設計」在近年來被視為有效的解決方案，廣泛應用於美術館藝術教育中。歐美國家亦針對「社會設計」納入美術館教育項目，以強化社會聯繫，對兒童、老年人及癡呆症患者等群體的福祉產生顯著影響（佐久間大輔，2019：7-11）。[1] 因此，承接伊藤壽朗所提出的第三世代美術館概念，第四世代美術館以「對話與合作」為核心理念，進一步回應當代多元文化社會的需求，將人的對話與合作置於美術館運作的核心

---

1 據厚生勞動省統計，截至 2012 年，65 歲以上的老年人中約有七分之一患有癡呆症。據估計，每 4 人中就有 1 人患有癡呆症或患有初級相關症候。隨著人口老齡化的加劇，預計患有癡呆症的老年人數量將會增加；到 2025 年，癡呆症患者人數將達到約 700 萬，估計 65 歲以上的人口中約有五分之一患有癡呆症（日本生命保險相互会社，2020）。

位置（大橋正司，2020）。換言之，第四世代美術館強調以「人的對話與合作」為中心，將其構築為深化社會聯繫的場域，促進所有參與者——涵蓋「人、事、物」——的互動，藉以提升社會民眾的參與和體驗。

當問及「**日本在少子化和老齡化加劇的背景下，【藝術門扉實驗場】中的『藝術傳播員』如何通過藝術教育來促進社會包容，並建立一個尊重差異的社會？**」擔任日本文部科學省暨文化廳美術館振興室政策制定科企劃統籌科長（A1）很直截地回應：

> 日本少子化和老齡化越來越加劇，還有新冠疫情和數位化變革對社會帶來的影響，美術館成為社會包容的重要推動力。厚生勞動省 2021 年報告顯示，日本新生兒數量減少 3.5%，達到歷史新低，婚姻數量也降至二戰以來的最低水準。在此背景下，美術館推動的【藝術門扉實驗場】計畫中，「藝術傳播員」的角色強調社會包容，致力於創建尊重差異的社會，並支持各類困難群體，如殘疾人、老年人、兒童、外國人、經濟弱勢群體、受災者、精神疾病患者等。美術館在社會設計中成為促進共生社會的工具，助力解決人際孤立和社會疏離問題。該教育計畫的目標是創建「成熟的社會」，應對未來的兩大挑戰：「尊重多樣性」和「他的網絡」。即在尊重價值觀與文化背景差異的同時，將個人生活與社會聯繫起來，避免孤立。（A1）

貳、藝術傳播員的建構與培訓

以社會民眾作為「藝術傳播員」，[2] 連結美術館資源與學藝員、大學專家學者，共同展開美術館藝術教育，促進社會民眾藝術素養的提高，以及與藝術作品的深度交流（東京芸術文化評議会、文化制度檢討部会，2007；中嶋厚樹，2021：173-285）。關於「藝術傳播員」的建構及培訓，在提問「**『藝術傳播員』計畫如何在美術館與社**

---

2 由於東京都有為數甚多的美術館，因此，藝術傳播員，日文為「とびラー」，其中的「とび」，取自東京都（とうきょう）的「と」，美術館（びじゅつかん）的「び」，簡稱為「とび」。而「とび」與「扉」（とびら），其前二字「とび」音同，「扉」（とびら）中文解釋為「門」。因此，藝術傳播員「とびラー」，則是取自「扉」（とびら）為稱呼。也就是說，藝術傳播員「とびラー」在東京都的美術館開啟一扇新的大門「新しい扉（とびら）を開く」（稲庭彩和子、伊藤達矢，2020：13-15）。另外，「とびラー」是由社會民眾擔任，並以美術館的藝術及資源做為基礎，通過安排系列專業課程的訓練，將藝術知識與其他社會各階層民眾交流（Communication）。因此，中文名稱以「藝術傳播員」解釋較為適宜。

會民眾間建立對等合作，並確保參與者能發揮個人創意以促進社區發展？」擔任日本獨立行政法人國立美術館主任學藝員（P3）以專業的態度回應說：

> 因為福祉和社會共融是美術館藝術教育的重中之重，因此實施社會共融必須由所有人共同推動。美術館擁有豐富的文化資源，能成為思考的場所。2012年，我在東京都美術館擔任學藝員時，發起了「藝術傳播員」教育計畫，這是一個旨在通過與東京大學及社會民眾合作，促進社區發展的藝術教育社會設計活動。這計畫的目的是讓所有「藝術傳播員」關注社會中被孤立的族群，並思考如何創造包容的社會。參與者來自各行各業，包括上班族、教師、學生、自由職業者、家庭主婦和退休人員，年齡需滿18歲。每年公開招募約50位新成員，通過提交企畫書和面談篩選具備溝通能力的參與者。獲得資格後，「藝術傳播員」將以平等的立場，與學藝員、大學教授及專家合作，利用美術館的文化資源，以藝術作品為媒介，連結人與藝術、彼此及社區，擴大社會民眾參與，確保每個人都有平等的藝術參與機會。值得一提的是，「藝術傳播員」並非志工，而是可以實踐個人想法的角色，美術館則負責協助實現。自計畫啟動以來，受到了多家美術館的支持，社會民眾的積極參與和卓越成效使計畫至今持續運行。（P3）

「藝術傳播員」是以學習者為中心，在積極建構知識的過程中，致力於培養新世紀善於學習的終身學習者。使他們透過從學習到實踐的經歷，構築藝術知識，同時發展出自我學習控制、自我分析與評價、反思與批判能力，以及創新精神（Hein,1998:14-40）。基於此，「藝術傳播員」的核心原理則是包括：為參與者設置適當的限制條件（constrains），以吸引更多社會民眾參與，並避免參與僅停留在無限制的自我展現。同時，為促進參與者與陌生人的順利互動與合作，需要提供個性化而非單純社交化的切入點（喻翔譯，2018：28-29）。

在探討「在『藝術傳播員』的基礎培訓課程中，哪一類講座（鑑賞實踐、近用實踐、或建築實踐）對社會民眾參與美術館活動影響最深？在促進社區與藝術連結上，這些講座分別具備哪些獨特的價值？」曾經擔任該計畫的日本椙山女學園大學教育學院教授（S4）指出說：

文化中介之於文化菱形：從日本國立美術館看臺灣的藝術教育拓展
How cultural intermediaries work within the cultural diamond :
The Expansion of Art Education in Taiwan through Insights the National Art Museum of Japan.

「藝術傳播員」計畫是一個從學習到實踐的藝術知識培訓方案，主要在提高參與者對藝術作品的鑑賞能力和社會問題的認識。所有新加入的藝術傳播員都必須參加基礎培訓課程，這些課程以藝術史、審美學、人文社會及跨學科為方向，探索人與物、人與人及人與環境的關係。基礎課程為期6周，每年4月至6月進行，共24小時，透過研討會形式讓參與者學習美術館活動的基本思維。而參與者還可選擇參加三大類的實踐講座，這包括鑑賞實踐講座、近用實踐講座和建築實踐講座。鑑賞實踐講座旨在幫助參與者仔細觀察藝術作品，並以對話的方式深化對作品的理解；近用實踐講座則鼓勵參與者研究如何利用美術館的藝術品和文化資產來聯結不同社會群體，並探討社會問題，例如為殘障人士舉辦特別觀賞會等活動；建築實踐講座則讓參與者從更廣泛的角度思考建築的吸引力和社會功能，並設計能夠連結社會民眾的公共空間。所有的課程均由專業的外部講師、學藝員及大學教學人員授課，並重視參與者在實際情況中遇到的問題進行反思。這樣的設計不僅提升了「藝術傳播員」對藝術的理解和鑑賞能力，也促進了社區的文化參與，確保每個人都有接觸藝術的機會。（S4）

歸納而言，文化藝術在當今社會中扮演著極其重要的角色，尤其在促進社會共融方面尤為顯著。它不僅是個人表達的手段，更是一種構築社會基礎的力量，為兒童、青少年、老年人、殘疾人、失業者，以及外國居民等群體提供參與社會的機會。社會共融是一種以接納和支持弱勢群體為核心的社會理念，這些群體常常面臨經濟、社會或文化上的障礙。在這樣的背景下，文化藝術被重新定位為一項具有戰略意義的投資，而非僅僅是社會支出的公共支持形式。

日本國立美術館文化中介平臺的建立正是促使這種思維轉變的具體體現。美術館不再將文化藝術視為一種單純的消費品或消費服務，而是更深入地認識到其在藝術知識增長、教育推廣與社會參與方面的重要價值。這一轉變不但激發社會民眾潛力，在強化社會資本的同時，為文化藝術及教育政策的定位提供了更為明確的方向。隨著這種觀念的改變，藝術在社會中的角色愈加積極，進一步促進包容（共融）社會的建構，避免文化資源僅服務於特定群體的局限性。因此，在這樣的背景下，「藝術傳播員」的角色顯得尤為關鍵。作為以學習者為中心的核心參與者，他們不僅在知識構建的過程中成為終身學習者，更在學習與實踐中培養自我分析、評價、反思與批判的能力，使藝術教育從單

04 藝術與教育之激盪：日本國立美術館藝術教育翻轉與拓展

向傳授轉變為多向交流與互動。透過【藝術門扉實驗場】藝術教育計畫，「藝術傳播員」的培訓不單單涉及藝術史、審美學、人文社會及跨學科的知識，亦強調利用美術館的藏品和其他資源作為媒介，促進參與者對藝術有更深入的理解與鑑賞。

【藝術門扉實驗場】相關課程，包括：「基礎課程」、「鑑賞實踐講座」、「近用實踐講座」和「建築實踐講座」，其設計是循序漸進的，旨在幫助藝術傳播員從理論學習到實踐應用，最終實現人與藝術作品、以及人與人之間的深度連結。在這一過程中，「藝術」不僅是學習的對象，更是啟發思維和促進交流的重要工具。這些課程通過藝術作品的鑑賞、實踐應用，以及社會功能的探索，打破常規框架，為參與者提供了嶄新的視角，且深化彼此之間的理解與交流。藝術在此過程中成為了促進人際互動、理解差異並促進社會共融的重要媒介。

在包容性（共融性）社會的建設中，「藝術傳播員」作為美術館的文化催化劑，通過系統性的培訓和學習，建構自己的藝術知識，這不惟有助於他們自信與自我認同的提升，更加促進其思維與價值觀。「藝術傳播員」在培訓過程中學會如何與來自不同背景的人共同參與創造性的活動，欣賞彼此的文化差異，並在此過程中提升自身的文化素養與社會責任感。

隨著文化資本的積累，「藝術傳播員」的建制和培訓是一個能夠開啟各種形式的「藝術之門」，亦能夠與美術館合作，為社會的發展做出極為關鍵的貢獻。他們的存在除了是在美術館內的角色，但同時也是激勵社會變革的先驅，通過不斷的學習與實踐，為實現社會包容性（共融性）和文化多元化的深化貢獻力量。最終，他們將成為未來社會的文化引導者，影響著更多的社會民眾參與藝術和文化的活動，促進一個更加包容性（共融性）的社會發展。

質言之，文化藝術不僅是一種社會基礎，同時是推動社會包容（共融）的重要力量。日本國立美術館透過「藝術傳播員」的專業培訓和社會參與，使文化藝術成為連結各個社會群體的橋梁，深化社會的發展和社會民眾的相互理解。這樣的努力不僅具有立竿見影的效果，亦將在未來的社會中持續發揮影響力，使「文化中介」的角色成為推動社會進步的重要支柱。

Ⅲ 翻轉與拓展：打造美術館多元參與循環結構

壹、藝術門扉實驗場計畫的多元參與循環結構

美術館透過「藝術傳播員」機制，邀請社會民眾參與其藝術教育活動，旨在重新連結來自不同背景的社會群體，彰顯美術館的社會價值與當代意義。然而，隨著日本藝文人口面臨逐年減少、萎縮及老化等挑戰，「藝術傳播員」的設計必須更加以社會民眾為核心，關注其興趣和需求，同時將重點轉向能夠促進「對話與合作」的美術館文化公共領域，以實現更深層次的社會連結與互動。當問及「**『藝術傳播員』如何能夠有效促進社會民眾之間的交流與互動，以增強社區意識？**」日本文部科學省暨文化廳美術館振興室政策制定科企劃統籌科長（A1）確切地指出說：

> 嗯……「藝術傳播員」也就是為了「人」所設計的啊，這就是一個可以促進社會交流互動，經由社會民眾分享他們的經歷和關於他們過去的故事，讓他們更好地了解彼此，並增強他們的社區意識，那在這其中有三項不同的思考就是，一是洞見，從他人的生活學習反思，看見問題；二是觀察，看人們不做的，聽人們不說的，找到行動方案；三是同理心，設身處地、感同身受，找到符合人性的解決方案。（A1）

當討論【**藝術門扉實驗場計畫**】的哪些策略能夠最有效地促進社會民眾之間的互動與交流，並增強他們對文化藝術的參與感？」時，日本椙山女學園大學教育學院教授（S4）指出說：

> 國立美術館文化中介平臺作為日本政府推動文化藝術的核心「社區樞紐」，提供了一個進行各種對話與聯繫的平臺。在此背景下，我們規劃的【藝術門扉實驗場計畫】專注於促進美術館的收藏、研究、展示和教育，特別針對從兒童到成人的包容性(共融性)教育項目。這些項目旨在讓社會民眾能夠在美術館內安心地進行相互學習、個人成長及與他人互動，以積極的方式激勵並影響他們對文化和藝術的參與，同時提供接觸不同價值觀的寶貴機會。我們也鼓勵每位「藝術傳播員」將美術館視為多元社群和活動的新據點，並自由發揮創意，

提出具前瞻性的計畫提案，從中培育出新的文化藝術價值觀，並將這些價值觀傳遞至更廣泛的社會中。（S4）

承前述，不同於一般志工，「藝術傳播員」招募來自各行各業、年齡在 18 歲以上的社會民眾。參加者須提交完整的企畫書面資料，經美術館團隊審查後方可取得資格。在取得資格後，參加者需完成為期三年的培訓。培訓期間，由學藝員、大學教學人員及外部專業講師共同規劃，提供涵蓋藝術知識學習與實踐的系列課程。當提到「**【藝術門扉實驗場】計畫的三階段培訓循環機制中，該如何有效地鼓勵和支持『藝術傳播員』在團隊協作過程中提出和實現創新想法？**」日本獨立行政法人國立美術館主任學藝員（P3）明確地說明指出：

在【藝術門扉實驗場】計畫的最後一年，「藝術傳播員」將思考如何在畢業後獨立開展計畫工作或設計相關課程和工作坊，並在美術館學藝員等專業人士的協助下實現自己的創意。該計畫的核心機制在於「藝術傳播員」可自行組隊，當有三名以上的成員聚集時，即可啟動小型計畫。他們可以在小組內互相交流，激發新想法，並與美術館團隊協商，共同推進活動。一旦計畫目標達成，小組會對活動過程與成果進行反思並解散。如果後續出現新構想，「藝術傳播員」可再度號召夥伴執行新的藝術教育計畫。此外，「藝術傳播員」也能設計自己的課程以提升技能，如舉辦客座講師班或研討會，並與其他機構合作開發互動式的藝術鑑賞課程。在三年任期結束後，他們可以運用所學的技能及人脈，回到社區開展各種「對話與合作」。每位「藝術傳播員」的計畫都是公開透明的，並在專屬網站上共享資訊，美術館團隊可以隨時掌握計畫進展，進而提供支持。因此，三階段的藝術教育循環機制展現出強大的活力，是【藝術門扉實驗場計畫】的一大特色。（P3）

與目前都在擔任「藝術傳播員」的文化觀眾 - 上班族（P7）、文化觀眾 - 退休人士（P9）、文化觀眾 - 大學生（P11）討論時問及，「**在擔任『藝術傳播員』的期間，您如何確保來自不同年齡層和階層的參與者在專案中感受到平等和尊重，並有效地促進彼此之間的對話與合作？**」他們皆說出參與此計畫擔任「藝術傳播員」後的想法，他們說：

文化中介之於文化菱形：從日本國立美術館看臺灣的藝術教育拓展

我以前喜歡去美術館參觀，但並未真正參與藝術作品的創作或鑑賞，僅僅滿足於觀看。成為「藝術傳播員」後，我的藝術感知和思考方式發生了變化。這個計畫的主旨在於透過藝術開啟對社會和世界的想像，尤其在與其他「藝術傳播員」共同啟動專案時，我感受到潛能被激發。藝術作品曾經治癒過我，讓我表達無法言喻的感受，並展示全新的視角。如今，我能更深入地鑑賞藝術，透過作品接觸未知的世界，了解不同的觀點和價值觀。在「藝術傳播員」的開門計畫中，如果我帶著問題仔細觀察，並將作品與日常經驗聯繫，就能更貼近藝術作品。這就是藝術的力量，它能通過計畫和研究與更多人分享，讓大家體會到藝術的魅力。（P7）

作為退休的大學教授，我的角色常讓我站在專業的立場，要求學生遵循我的規定方向進行學習。退休後，我意識到這樣的思維變得狹窄，因此我加入了東京國立博物館擔任志願者，慢慢調整心態。在這七年的「藝術傳播員」經歷中，我學會了透過對話來鑑賞藝術作品，並與各年齡層的人合作，從年輕學生到七十多歲的參與者，共同激盪智慧。在這個過程中，我們始終清楚每項活動的目的和期望效果，並定期反思討論活動成效。每次回顧中，我們不僅檢討錯誤，還會思考如何改善，針對未來專案的關注點和預防措施進行構思。這樣的經驗不僅促進了我的學習，還讓我們的方案逐步完善，集思廣益，站在同理心的立場，共同創造更好的藝術交流環境。（P9）

每個人的思維方式和價值觀都各不相同，傳統的社會結構常常使年輕人受到限制，必須聽從父母、老師或長輩的意見。然而，這種根深蒂固的等級關係限制了我們的意見與想法。在成為「藝術傳播員」後，我發現這個平臺聚集了來自不同年齡層和社會階層的人，大家因為對藝術的熱愛而共同參與，這樣的背景促進了彼此之間的溝通與對話。在執行藝術開門計畫的過程中，我驚訝於參與者之間的互相尊重，甚至有 70 多歲的長者與我共同合作，這讓我們能夠在平等的立場上進行對話。不論年齡或社會地位，每個人都被視為需要被尊重的個體，這樣的環境讓我感到自己被真正地當作一個人來對待，並激勵我更深入地參與和分享藝術的力量。（P11）

貳、美術館藝術傳播員與日本社會的連動

前述提及「藝術傳播員」計畫自 2012 年起在東京都美術館啟動，與東京藝術大學及社會民眾共同合作，充分發揮美術館作為據點的功能。藉由「藝術」的培育，該計畫成功連結了人與藝術品、人與人，以及人與地方，並積極運用社區的文化資源，在實踐過程中創造出新的價值，進一步傳遞給更廣泛的社會群體。換言之，「藝術傳播員」計畫啟動了美術館藝術教育的大門，更為社會民眾開啟了學習藝術知識的契機，成為連結藝術與社會的重要引子。

日本上野公園匯聚九個文化機構，擁有豐富的文化藝術資源，彼此緊密聯結，致力於共同創造一個平等且多元的學習環境，為社會民眾提供更多元化的文化藝術參與機會。與日本椙山女學園大學教育學院教授（S3）討論提到，**「如何看待『藝術傳播員』計畫在促進社區藝術對話與學習的作用？這個計畫如何連結兒童和成人對藝術展品的興趣？，如何連動上野公園區內的九個場館促進藝術教育的發展，並提高居民對文化遺產的認知。」** 他說：

> 美術館是兒童與成人學習的理想場所，因為它匯聚了來自世界各地的珍貴展品，如國立西洋美術館的建築、Monet 的《睡蓮》和 Rodin 的雕塑等，這些文化遺產能激發他們對文化的興趣，並與所生活的社會建立連結。「藝術傳播員」計畫旨在將美術館與周邊地區聯繫起來，使兒童與成人能夠接觸、思考和學習不同的價值觀。從 2013 年起，位於上野公園的「藝術傳播員」以促進平等學習的環境為目標，與「Museum Start i Ueno」（讓我們在上野相會）的理念相結合，涵蓋包括上野之森美術館、恩賜上野動物園、國立科學博物館等九個文化機構。這一合作旨在創造一個讓社會民眾能適生活的環境，並透過共同主辦的藝術教育計畫，讓所有參與者在美術館的舞臺上共同拓展藝術教育的機會。（S3）

從美術館藝術教育功能而言接續問到，**「在美術館的藝術教育功能中，【藝術門扉實驗場計畫】如何通過『藝術傳播員』的參與來強化社會民眾對藝術歷史和文化知識的理解？具體來說，此計畫在推動教育普及和促進社區參與方面有哪些成效？」**【藝術門扉實驗場】計畫的首席規劃師日本獨立行政法人國立美術館主任學藝員（P3）指出說：

【藝術門扉實驗場】計畫作為社會教育的一部分，貫穿了美術館的藝術教育功能，包括：收藏、研究、展示和教育普及。透過展示各種藝術作品，美術館不僅傳遞藝術歷史的知識，還透過一系列的教育活動影響社會民眾，讓不同年代和流派的藝術家所創作的作品得到重視。這些活動不僅涉及美術館的學藝員，還包括東京藝術大學和其他外部專家的合作，為「藝術傳播員」提供了接觸藝術的機會。而「藝術傳播員」的角色是引導社會成員自然接近和享受藝術，透過這一過程提升自身的審美敏感度和文化素養。這不僅是對藝術品的鑑賞，還是建立潛移默化的審美觀念，鼓勵社會民眾自發親近和了解藝術。那麼結合「Museum Start Aiueno」的合作，該計畫從多個角度提供了豐富的藝術知識和人文經驗，幫助參與者深化對藝術的理解和技能培養。這一計畫關注的是整個社會，無論是兒童、成人、老人，還是身心障礙人士及居住在日本的外國人，目的是強調以人為中心的互動，促進各年齡層及背景的人士共同參與藝術教育，形成更包容的文化環境。（P3）

進一步問及日本文部科學省暨文化廳美術館振興室政策制定科企劃統籌科長（A1），關於「**在『Museum Start Aiueno』計畫中，如何設計以滿足不同年齡層和背景學習者需求的課程，並促進他們的積極參與？這些設計對於提高學習者的批判性思維和解決問題能力有何具體影響？**」他表示說：

『Museum Start Aiueno』教育計畫不僅專注於「教育」，還強調「學習」的重要性，致力於促進學習者的積極參與，並基於探究與建構的學習模式。這計畫的課程涵蓋多個層面，包括：「為父母與青少年的家庭計畫」、「為學校老師的學校計畫」，以及針對寄養兒童、經濟困難兒童、老人痴呆症患者、身心障礙者和居住在日本的外國人等的「多元文化課程計畫」。特別在「為父母與青少年的家庭計畫」中，課程設計針對6至18歲的學生及其家長。內容涵蓋多樣主題，如透過美術館的建築探索其獨創性和細節的「特寫鏡頭！美術館」、在數位與現實生活中感受藝術作品的「徜徉在奇跡中的奇跡──尋找上野的奇跡！」，以及專為青少年設計的「Miru Labo：未知的開始」暑假三天特別課程等。這些課程由「藝術傳播員」引導，讓學習者在上野公園的九個文

04 藝術與教育之激盪：日本國立美術館藝術教育翻轉與拓展

化場館中接觸科學、歷史和藝術等知識，提升思維能力和感受力。通過仔細觀察真實事物，學習者被鼓勵進行自主思考和發現。這樣的對話與合作，不僅培養跨時代的溝通能力，還促進獨立學習與探究的能力，幫助他們找到解決當代問題的的方法。（A1）

在『為父母與青少年的家庭計畫』中，向兩位參與的文化觀眾 - 上班族（P7）、文化觀眾 - 大學生（P11）提到，問及「**如何透過 VTS 的鑑賞方法和線上介紹，讓青少年與其父母共同學習如何觀察和對話，從而激發他們對藝術品的興趣，並拓寬他們的視野？**」文化觀眾們回應道：

> 藝術的價值不僅在於經濟收益，還在於它對視野的拓展與思考的激發。在國立西洋美術館的鑑賞課程中，我運用了 VTS（視覺思考策略）方法，讓青少年在約 15 分鐘內仔細觀察館藏的《睡蓮》作品。透過與他們的對話，我發現他們在觀賞過程中逐漸提出更深層的問題，如「我為什麼喜歡這幅畫？」或「這幅畫讓我感到悲傷的原因是什麼？」隨著對藝術品的深入了解，這些青少年對美術館及其他藝術作品的興趣愈發濃厚。我注意到，不僅是我，連同學習者在討論中所使用的藝術詞彙量也在不斷增加，他們開始將藝術品與其他學科知識聯繫起來，進而拓展視野。這些藝術作品促使我們思考多樣的觀點，激發出更豐富的思維交流，讓學習變得更加深刻而富有意義。（P7）

> Picasso 曾說，兒童是偉大的藝術家，我完全認同這句話。因此，我們特別為 6 至 12 歲的兒童及其父母安排了一場在美術館休館日的特別鑑賞活動。在進入美術館前，我透過線上講解介紹了館外著名的羅丹雕塑。當他們面對真實的藝術作品時，我與參與者展開了關於藝術的對話，探討他們的感受與看法。實際的臨場經驗讓我收到的反饋超過我提問的兩倍。透過對話，參與者的個人經驗、作品的視覺元素以及他們的知識相互交織，讓內心的形象擴展，彷彿雕塑開始活了起來。每一個故事隨之浮現，某些氣味或聲音的印象也逐漸勾勒出來，彷彿作品在與我們對話，喚起各種情感。尤其是當我與孩子們共同進行項目時，他們會分享自己對作品的發現並興奮地提問，這正是他們感受藝術的瞬間，也是我感受到教學成就感的時刻。（P11）

再者，木下周一、橫山千晶（2020：66-73）指出，完整的美術館藝術教育是一個「以學習者為中心」的互動式教育環境，並重視參與、交流和對話，以及邁向更平易近人的教育活動風格與環境。針對「『**以學習者為中心**』**的美術館藝術教育課程的建構式探究學習，對於增進學生們觀察力和思考能力的影響為何？**」日本椙山女學園大學教育學院教授（S4）指出：

> 「Museum Start Aiueno」教育計畫針對兒童設計了主動學習方案，實現「主動、互動、深度學習」。即使是未曾造訪美術館或博物館的教師，也能輕鬆製作課程，並可利用各種文化資產資源向計畫申請支持。上野公園作為「真正的」文化資產寶庫，擁有藝術館、博物館、動物園、圖書館和音樂廳，讓兒童接觸多樣的文化經驗，豐富他們的視覺和感受。在計畫中，學校課堂首先讓兒童初步認識藝術品，進入美術館後則可加深學習。在對話鑑賞藝術作品的過程中，「藝術傳播員」陪伴兒童，開展集體活動並促進積極對話，激發他們的「獨立學習」。此外，根據每所學校的需求，提供訂製學習指南，包括：實地考察和工藝美術鑑賞課程，適用於日語、社會研究和綜合研究。這計畫還免費提供大量原始教學素材，包括：美術館鑑賞啟動包，內含上野公園9個文化設施的指南、筆記本、藝術作品卡片等。為便利教師與兒童的學習，我們提供免費專車接送，讓他們以建構式探究學習方式仔細觀察真實事物，通過對話與合作共同學習。整個學習過程中，「Museum Start Aiueno」負責提供教材與交通接送，並在活動中讓教師與兒童自由創作，進一步鞏固學習成果。（S4）

同樣的問題深入追問擔任「藝術傳播員」的文化觀眾-家庭主婦（P8）及文化觀眾-小學老師（P10），他們說：

> 我們負責為特殊學校安排殘障兒童的藝術鑑賞課程，當時國立西洋美術館展出了「縱觀西方版畫——蝕刻：掌握線條，超越線條」展示。在引導殘障兒童的過程中，我們考慮如何能更好地協助他們進行觀賞活動。在正式進入美術館前，我們從殘障兒童的角度出發，坐在輪椅上檢查藝術品的外觀和展示室的流動線，發現從坐姿觀看時燈光反射會影響視野，這讓某些藝術品無法清晰可

見。為了解決視力低下或坐輪椅者的觀賞困難，我們計畫在美術館閉館日舉行特別觀展活動，並使用 iPad 作為輔助工具，讓他們能放大細節，輕鬆獲取藝術作品的資訊。參觀中，殘障兒童透過 iPad 仔細觀察版畫的構造和線條，並積極展開對話與交流。我們相信，無論參觀者的背景如何，「藝術傳播員」與他們能在平等的基礎上，共同享受美術館的藝術魅力。（P8）

在「為學校老師安排的課程計畫」中，我們於美術館休館日為品川區城南小學六年級的兒童舉辦特別活動。美術館根據當期展示為老師們提供簡單的遊戲，以幫助兒童了解藝術家的作品。在進入美術館進行藝術品鑑賞時，學藝員首先提供說明講解，隨後我們將兒童分為小組，由 2 至 3 位藝術傳播員以陪伴者的角色進行藝術品解說。每位兒童根據觀察填寫學習包中的問題，例如，「你發現了什麼？」和「與你的生活有什麼關聯？」等，進行對話交流並最終發表意見。這次課程以國立西洋美術館的「紀念西班牙與日本建立外交關係 150 週年普拉多美術館《委拉斯奎茲和繪畫的榮耀》」展示為主題，特別是《侍女》這幅作品引起了兒童對實景與虛景的探討。兒童們提到顏色的明暗對比及人物大小的不同，進一步探討權力的不對等，從而建構了觀察者與畫中人物間的不穩定關係。透過這樣的藝術鑑賞，我們不僅幫助兒童仔細觀察作品，還激發了他們的思維，培養獨立的觀察能力，並鼓勵自由對話，重視每個孩子的個人思考。（P10）

隨著全球化進程的推進，各族群之間的文化交流與碰撞日益頻繁，美術館作為重要的文化交流場域，其角色日益凸顯。在多元文化的社會背景下，美術館透過藝術教育致力於促進不同族群之間的理解與尊重，並以建立共同價值為核心目標，體現了其在文化對話中的關鍵作用與願景。關於美術館「多元文化課程計畫」，進一步向日本文部科學省暨文化廳美術館振興室政策制定科企劃統籌科長（A1）問及，「**美術館學藝員在設計多元文化課程時，應該考慮哪些關鍵因素以確保活動的有效性？又如何看待『藝術傳播員』在促進不同族群之間理解和尊重方面的角色？**」他表示：

在 2020 年，國際博物館日的主題是「博物館促進平等：2020 年的多樣性和包容性(共融性)」。作為連接不同人群的場所，美術館應在平等基礎上分享各種價值觀。為了實現這一理念，我們推出了多元文化課程計畫，旨在跨越文

化和語言障礙，讓來自不同背景的兒童享受藝術教育。該計畫有兩個主要面向。首先是「美術館之旅」，專為經濟困難家庭、寄養家庭和孤兒院的兒童設計，通過美術館專業人士如學藝員和「藝術傳播員」提供藝術教育，讓他們接觸來自全球的博物館珍品。其次是「美術館裡的簡易日語課程」，為母語非日語的外國兒童提供用簡易日語鑑賞藝術作品的方案，利用攝影、雕刻和繪畫等視覺圖像，確保每個人都能參與。自 2019 年起，「藝術傳播員」通過簡單的表演遊戲融入課程，幫助兒童理解自己和他人的個性，並培養對不同文化的尊重和理解。這一多元化課程計畫讓兒童和成人跨越文化和語言的界限進行互動，並安排至少 12 位「藝術傳播員」陪伴參與的兒童學習。（A1）

在討論如何探索美術館的多元文化課程時，與兩位擔任「藝術傳播員」的文化觀眾 - 家庭主婦（P6）及（P8）更深入地提問到，**「從兒童到成人，多元文化課程計畫如何影響不同年齡層的藝術觀察與反思？參與者如何在美術館的互動體驗中，透過藝術重塑對美的理解？或是對話與合作？」**他們說：

在台東區，約有來自 90 個國家的 15,000 名外國居民，許多人與日本人缺乏真正接觸。作為「美術館裡的簡易日語課程」的「藝術傳播員」，我希望透過這次活動促進不同族群間的理解與尊重。我提出的計畫與 NPO 法人 Sharing Caring Culture 合作，旨在創造一個多元文化社會，讓不同國籍和文化的人能相互支持。活動參加者包括來自澳大利亞、英國、加拿大、韓國和日本的兒童與成人，以及美術館學藝員、日本語教學專家和約 6 至 7 位「藝術傳播員」。學藝員首先介紹主題「什麼是漂亮的字母？」，引導參與者思考美的定義，並展示來自不同國家的書法作品，強調書法的多樣性。在分組討論中，「藝術傳播員」引導提問，鼓勵參與者分享對美的感受，如秋天的紅葉和波光粼粼的大海。孩子們使用簡單的日語交流，形成自然的合作氛圍，探索「美」的多樣性。即使語言有限，參與者仍能通過簡單日語理解對方的感受，並分享彼此的欣賞。這種互動讓外國兒童感受到深刻的意義，而「藝術傳播員」則在過程中創造安全的空間，讓每個人都能享受美術館的豐富體驗。（P6）

04 藝術與教育之激盪：日本國立美術館藝術教育翻轉與拓展

  我負責兩次「美術館之旅」，對象是來自臺灣、中國、韓國、奧地利及日本的學生及其父母，共計 101 人。此次活動由臺灣慈濟日本會東京分會主辦，專注於支援在日本的外國居民，每年暑假舉辦特別活動。活動首先在上野公園進行，讓孩子們觀察周圍環境，撿拾小石頭和葉子，並進行排序和觸感體驗，強調美術館展示前的準備工作。接著，孩子們參觀「龐畢度藝術中心的傑作」展示，並選擇想看的藝術作品，介紹進入美術館的三項規則。孩子們以小組形式與「藝術傳播員」交流，學習如何謹慎地鑑賞藝術品。成人參與者則在上野公園周圍遊覽，了解當地的美術館和博物館，並聆聽東京藝術大學教授介紹『Museum Start Aiueno』。在展示室，成人被鼓勵自由表達感受並寫下發現，一位參與者表示這讓他重新思考生活中的細節。整體而言，此次活動透過觀察、交流與創作，促進了不同文化背景參與者之間的理解與尊重，讓他們以新的視角鑑賞藝術並思考生活的美。（P8）

  從上述訪談中得知，美術館藝術教育深植於藝術世界的網絡之中，是一個由多元參與者構成的社會文化體系。它並非僅限於美術館內部的教育活動或藝術知識的傳授，而是一種嵌入整個社會文化結構的動態機制。這一視角強調藝術教育的多元參與者、文化背景與社會功能，揭示了其如何影響，並形塑文化與社會。在這個體系中，參與者透過對既有慣例的共同認知，協力完成各項活動，並展開學習與實踐。創作者、美術館與接收者的互動共同塑造藝術教育的成果，體現其作為社會文化體系的價值與影響。藝術教育由此成為連結藝術世界與社會的關鍵橋樑。當談及藝術教育與日本社會文化背景交織下，「**國立美術館文化中介平臺在建構文化藝術品味的過程中，是否有具體策略或方法來促進多樣性的藝術表現？是否出現過具體挑戰或限制？又如何平衡藝術教育中的創新與傳統？**」日本椙山女學園大學教育學院教授（S4）回應：

  美術館藝術教育可以視為一個環鏈式、互動的社會文化體系，它超越了創作者──國立美術館文化中介平臺──接受者的線性傳遞模式。相反，藝術教育在創作者、美術館文化中介平臺和接收者之間，形成了一種環鏈式的相互交織和互動關係。從宏觀角度看，這種「文化菱形」框架下的美術館藝術教育發展依賴於平臺的調節角色。平臺不僅在藝術教育推展上扮演核心角色，也影

文化中介之於文化菱形：從日本國立美術館看臺灣的藝術教育拓展　　195

How cultural intermediaries work within the cultural diamond :
The Expansion of Art Education in Taiwan through Insights the National Art Museum of Japan.

響並平衡著各方之間的互動。藝術教育活動與日本的社會文化背景密不可分，並非封閉的組織，而是深受文化變遷與社會發展影響的體現。國立美術館文化中介平臺在此框架中負責建構文化藝術的品味，並引領藝術教育方向，成為連結創作者和社會民眾、促進藝術教育深入推展的重要樞紐。（S4）

　　綜合上述訪談討論，美術館藝術教育的核心在於促進創作者、文化中介平臺及接受者之間的互動，透過藝術的多層次交流，這些角色在環形網絡中相互激盪與支撐。儘管藝術作品最初由創作者製作，但其真正的文化意義需要經由接受者的主動參與及理解來建構。由此，藝術教育並非單向的知識傳遞，而是一種互動的文化實踐。從文化菱形觀點看，藝術作品若要在社會民眾中獲得認同，必須經歷創作、傳播、接受與再詮釋的過程，最終才能在文化與藝術圈內扎根，並被賦予深刻的社會意義。這一過程不僅仰賴創作者與接受者之間的對話，更需要美術館作為文化中介平臺，主動將文化意涵引介至社會層面。特別是透過「藝術傳播員」的積極推動，使藝術教育得以在社會中生根，進而影響不同層面的社會民眾。

　　【藝術門扉實驗場】計畫為兒童和成人提供創新且互動的平臺，促進藝術知識的探索與建構，同時推動美術館在收藏、研究、展示與教育普及方面的發展。作為美術館與社會之間的橋樑，「藝術傳播員」的角色不僅是藝術教育的推動者，更是文化的守護者與分享者。他們以自發的方式將藝術介紹給不同階層的社會民眾，讓多元背景參與者共同體驗藝術的價值，並在此過程中創造出環狀的藝術教育關係。無論是家庭計畫、學校課程或多元文化課程，「藝術傳播員」計畫均能依目標群體需求靈活調整。從兒童的視角出發，參與者透過美術館建立對藝術的親密感；針對成人的課程則提供反思的契機，使每位參與者得以透過藝術重新審視生活，感受藝術對日常生活的深遠影響。

　　日本的美術館藝術教育深受其社會文化背景影響，不僅是組織化課程，更是社會變遷的文化再現。在此架構下，國立美術館作為文化中介平臺，肩負著建構文化品味與推動藝術教育發展的重任。由「藝術傳播員」引領的多元課程，提供成人與兒童從觀察、創作到討論的全方位藝術體驗，為社會各階層創造深入接觸藝術的機會，促進對不同文化的尊重與理解。尤其是針對非日籍兒童，這些課程不僅提升了他們的自信心，還促進了社會連結與語言學習。透過跨文化交流，參與者得以更深入地理解日本的文化背景，強化社會融合。以「Museum Start Aiueno」為中心的【藝術門扉實驗場】計畫，作為自下而上推動藝術教育的基地，連結家庭、學校與社區，將藝術教

育融入日常生活，有效推動社會文化的多元化與融合。

在這過程中，美術館成為傳播藝術知識、承載歷史記憶與推動藝術教育的重要節點，為社會民眾提供豐富的文化體驗。國立美術館作為文化傳承與創新的核心，透過擴展服務範圍，從學校延伸至社區，乃至整座城市，成為地方文化傳承與再創造的樞紐。透過「藝術傳播員」策畫多元的課程活動，使藝術教育深植於社會，逐步建立具有特色的美術館藝術教育文化，並培養未來的藝術鑑賞群體，確保藝術在不同世代間持續傳承與發展。

歸納而言，自 1951 年日本政府頒布《博物館法》以來，美術館被定位為重要的社會教育機構，強調其地域性及與社會的緊密連結。該法案明確要求美術館應以服務社會需求為核心，圍繞收藏、研究、展示與教育普及四大功能展開運作。在實現文物保存目標的基礎上，美術館的使命逐漸轉向知識啟蒙與社會參與，最終發展出「第四世代美術館」模式。該模式以「對話與合作」為核心，強調社會民眾更多的參與，使社會民眾不僅是觀賞者，更成為藝術創造的共同體。透過這種方式，國立美術館不但促進藝術與社會的互動，也進一步構建多元共存的「文化公共領域」。

隨著社會教育需求的轉變，美術館的角色已超越傳統藝術品的收藏與展示，逐步發展為可持續的教育與社會交互基地。在這一理念的引領下，日本國立美術館文化中介平臺應運而生，致力於為社會民眾創造接觸及參與藝術的機會，其中，以【藝術門扉實驗場】計畫為核心，推動一系列藝術教育實踐。該計畫圍繞四大教育原則展開：一是發掘並扶持新興藝術表現形式及藝術家；二是提升社會民眾的藝術素養，讓藝術更貼近社會民眾；三是鼓勵社會民眾積極參與創意與藝術表達，促進文化共創；四是提供多元藝術作品的鑑賞機會，拓展審美視野。通過這些原則的推動，美術館不僅深化了藝術的普及性與可及性，更讓藝術從少數精英的領域擴展為全社會共享的文化財富。

在文化菱形框架的宏觀視角下，美術館藝術教育呈現出交互影響的環鏈式結構，連結創作者、美術館與接收者三者的動態互動。依託於國立美術館文化中介平臺，藝術教育突破了單向知識傳遞的侷限，而是轉變為創作者、美術館與社會民眾之間的環鏈式互動網絡，成為日本社會與文化背景交融的具象產物。換言之，美術館是知識與藝術的傳遞場域，更是一個隨社會文化動態不斷再現與反思的開放性系統，透過此一特性，美術館在引領藝術教育、構建文化資產與塑造審美品味方面，擔當著不可或缺的關鍵角色。

在實踐層面，美術館藝術教育不惟依賴專業人士的參與投入，還需學藝員、大學教師及外部講師等多方協同合作。這些專業群體依托豐富的館藏與跨學科知識，開設「基礎課程」、「鑑賞實踐講座」、「近用實踐講座」與「建築實踐講座」等，並為「藝術傳播員」提供專業培訓。「藝術傳播員」通過課程提升藝術素養，在學習與實踐中強化自我評價與多元文化的接納意識。藝術不僅是知識傳遞的工具，更是促進思維開放的重要途徑，幫助「藝術傳播員」突破既有認知框架、獲得全新視角，進而促進人與藝術的深層連結，擴展社會聯繫網絡，深化藝術教育的社會意涵。

此外，透過「Museum Start Aiueno」的跨場館合作行動，「藝術傳播員」實踐社群營造的理念，並以社會參與的方式擴展美術館的影響力。針對家庭、學校及多元文化團體量身設計的教育項目，不僅促進認知發展和社會互動，還幫助非日本籍兒童提升日語學習興趣，加深對日本文化的理解。這種美術館藝術教育模式不但深化參與者的自信心，促進積極正向的人際關係，更以藝術為橋樑推動跨文化交流，拓展參與者對日本社會的理解與連結。

在「對話與合作」的行動中，美術館專業人士擔任協調者，賦予「藝術傳播員」作為藝術橋樑與倡導者的責任，促進社會與藝術之間的深度交流。這一角色不僅限於館內，而是延伸至學校、社區等多個社會場域，形成一種循環教育模式——從館內到館外，再由館外回流至館內。這樣的模式加強了藝術教育與社會的緊密聯繫，使社會民眾在藝術參與過程中能夠體驗創作，並進一步塑造出日本獨特的美術館藝術教育文化。

日本的美術館藝術教育在可持續發展的道路上展現出顯著的社會影響力。從藝術鑑賞的基礎出發，透過「藝術傳播員」的共同努力，將藝術深深紮根於社會，改變並拓展藝術鑑賞的群體，激發社會民眾的興趣，並為藝術教育的多元發展注入了活力。這種從館內延伸至館外的教育模式，不但將藝術教育融入社會生活，更構建一個多層次、多維度的「文化公共領域」，使美術館成為推動藝術教育與社會共融的核心基地。在這一體系中，藝術與社會、個人與文化之間相互影響、共同成長，賦予國立美術館在日本文化環境中獨特的教育使命與社會價值。

III 建構式學習與環鏈式實踐：「以人為本」的美術館藝術教育

以「人」為本的美術館藝術教育理念根植於人的本質需求，致力於創建一個尊重

個體及多元化的教育環境，促進學習者的全面發展。該理念重視技能的掌握，也強調情感與思想的成長，為建構式學習與藝術六層次教育的實踐奠定堅實基礎。

　　建構式學習強調學習者透過主動參與來建構知識，並以個體經驗和思考為核心。學習者通過與環境的互動形成對知識的獨特理解。與此相輔相成，藝術六層次教育從感知與鑑賞開始，逐步深入到創作、批判與反思的過程，為學習者提供多元教育經驗，支持其綜合能力的發展。兩者的結合強調學習者的主動性，並透過經驗的累積，促進深層次的學習與成長，為環鏈式教育模式的探索提供重要理論支撐。

　　以社會民眾為主體的日本國立美術館文化中介平臺，在文化菱形框架下體現了公共制度、公共空間與公共知識的價值。該美術館主導創作者與接收者之間的協同合作，並結合收藏、研究、展示、教育普及四大核心功能，構建多元循環的藝術教育模式。這種模式在於激發創作者與接收者的興趣及深入參與，更促進藝術的交流與知識的共建，使美術館成為促進社會文化對話的重要場域。

　　「藝術傳播員」作為文化中介者，兼具創作者與接收者的雙重角色。在美術館四大功能的支撐中，積累自身的藝術知識與實踐經驗，並在藝術與社會民眾之間架起橋樑。他們的行動提升社會民眾的藝術參與度，同時亦促進藝術知識的交流與理解，為美術館藝術教育的普及與深化奠定堅實基礎。

　　本章結合「文化公共領域」的核心價值、美術館四大功能，並融合建構式學習與藝術六層次教育理論，提出「文化公共領域中的環鏈式美術館藝術教育」概念。以建構式學習與藝術六層次教育的內在邏輯為切入點，進行理論整合與應用，深入分析其意義及實踐價值。基於四者的契合點，本書作者經由訪談日本受訪者，聚焦兩大核心議題：一是「建構式學習與藝術六層次教育的內在邏輯及應用」，二是「環鏈式模式中建構式學習與藝術六層次教育的交互與循環深化」。進一步探討其對「藝術傳播員」的影響，並挖掘其對學習者創造力、感知力與文化素養提升的深遠意義，茲說明如下：

壹、建構式學習與藝術六層次教育的內在邏輯及應用

　　在全球藝術教育改革浪潮中，「建構式學習」作為一種以學習者為中心的教育理念，日益成為日本當代美術館實踐的重要指引。這一理念強調以社會民眾的經驗為起點，連結舊有知識與新視角，讓社會民眾在探索中形成獨立觀點與價值觀。Hein（1998: 156-179）提出，美術館展示應融入多元視角，結合「新」與「舊」的知識，讓社會民眾從熟悉的事物探索未知，進而構建個人價值。他同時強調社會民眾經驗的

獨特性，主張美術館應提供自由、多樣的選擇空間，並透過層次化詮釋、多媒體及戲劇等形式，提升展示的可近用性與互動性。

具體而言，「建構式學習」與美術館四大功能緊密相扣，形成一個有機整體，彼此互為補充，共同促進學習者在探索與互動中深化理解並建構價值。「收藏」作為展示的基礎，其核心在於保存文化價值，並反映多元性。在展示詮釋中融入「新」與「舊」的連結，既是對收藏品歷史意義的再現，也是對其當代價值的重新建構，讓社會民眾在與藏品的互動中賦予其新的意義。「研究」則專注於深入挖掘藏品的文化內涵與學術價值，並為展示提供理論基礎。透過從熟悉的事物出發，逐步探索未知的領域，研究成果得以轉化為展示內容，使社會民眾在參與展示的過程中體驗知識探索的樂趣。「展示」作為美術館與社會民眾互動的橋樑，其詮釋方法的創新（例如，多媒體、音樂劇、戲劇等形式）不僅能吸引不同背景的社會民眾，還能活化展示內容，增強沉浸感，使社會民眾更容易進入展示情境，深化對藏品的理解與情感共鳴。「教育普及」則透過層次化的詮釋設計，滿足不同受眾的需求，使兒童、一般社會民眾與專家學者皆能在自主探索中形成個人觀點，實現深度學習。其核心在於尊重每位社會民眾的獨特經驗，提供自由探索的空間，使其逐步形成獨立觀點，進而內化對藝術的理解。因此，「建構式學習」為美術館的四大功能整合提供了清晰的路徑，促使其在文化保存、知識探索、展示創新與教育普及之間形成良性循環，更好地回應多元社會的需求。

「藝術六層次教育」模式以其系統化的學習層次——從感知、表現到創新、反思——構建出一個完整的藝術學習進路，為學習者提供多層次的藝術鑑賞體驗與成長空間。赤木里香子（1987）指出，藝術作品透過身體與自然的互動，創造出生態性審美體驗，讓社會民眾在鑑賞過程中反思情感，構築個人藝術與集體意識的連結。因此，從生態學視角看，美術館與藝術作品共同構成一個包含藝術、人與環境關係的生態系統。當代美術館藝術教育的思潮，特別是以「通過藝術的教育」為核心，秉持著以個體人格形成為目的的教育觀念（磯部錦司，2020：196）。這一教育理念與西方審美教育傳統一脈相承，並在 20 世紀的藝術教育運動中發展成熟。石川毅（1985：253）進一步指出，藝術教育在個體人格形成中具有根本意義，這不僅是藝術與教育功能的交集，更是全面承擔個體發展的核心任務。

日本學者磯部錦司（2020）從藝術鑑賞的視角出發，基於生命本位自然觀，運用心理學中的「軌跡等終模型」（TEM）與「三層生成模型」（TLMG），構建出「藝

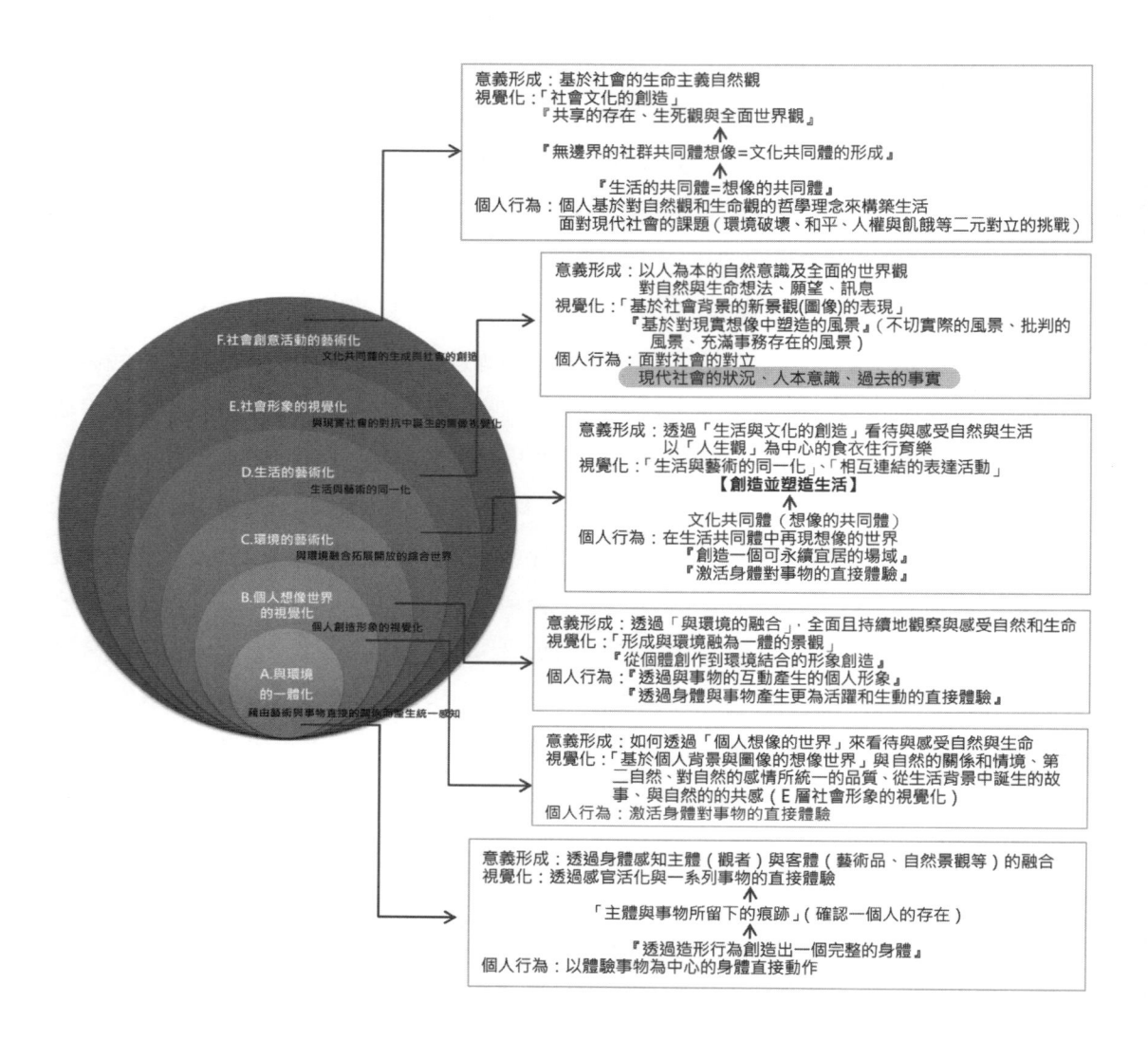

04 藝術與教育之激盪：日本國立美術館藝術教育翻轉與拓展

圖 4-1　美術館藝術六層次教育概念

資料來源：修改自磯部錦司，2020：61。

術六層次教育」框架。該框架解析藝術創作與鑑賞感知過程，強調透過「個人行為」、「視覺化」及「意義形成」之間的多層次關聯，促進個體與自然的聯結，深化人類經驗與審美實踐。本書作者引用磯部錦司的「藝術六層次的整體構造及功能」，繪製「美術館藝術六層次教育概念」，如圖 4-1。

根據圖 4-1，「個人行為」在藝術教育中，從感知到反思經歷多層次發展。A 層以體驗事物為核心，通過身體與物體（環境）的直接接觸，激發感官反應。B 層深化

身體與物體的互動，表達創作及鑑賞意圖，強化直接體驗。C層強調技巧與表達方式，透過與事物的互動形成個人形象，並促進深入反思。D層創造一個可持續的生活場域，將藝術與自我關係結合，並融入文化背景，引發對藝術的深層思考。E層關注現代社會的對立與困境，探索社會與文化因素如何影響藝術體驗，提升對藝術的理解深度。最終，F層在自然觀與生命觀的哲學基礎上，回應環境、和平、人權等議題，整合感知、創作、鑑賞與反思，達成全面的藝術理解。

「視覺化」過程從 A 層到 F 層逐步深化，展示了個體從身體體驗到社會文化表現的轉化歷程，並強調藝術創作、感知、鑑賞、反思、社會互動和文化傳播的發展。在 A 層，透過感官體驗和觸覺互動激發圖像，確認個體的存在。B層進一步將個體與自然環境的關聯視覺化，融合個人背景、故事及社會圖像，形成獨特的視覺表達。C 層則強調個體形象與環境的整體融合，創造綜合的視覺圖像，強調環境與個體的整體結合。D 層通過創造性活動將藝術與日常生活結合，形成文化共同體，促進集體表達。E 層則以社會背景為基礎，創造新的社會景觀，深化藝術與社會的連結，帶來更深層的文化反思。最終，F 層實現共享的文化意識和綜合世界觀，推動文化共同體的形成，將視覺化過程拓展至更廣泛的社會文化層面。

「意義形成」的過程從 A 層到 F 層展現了意義如何從個體感知逐步擴展至社會文化層面，強調個體與自然、環境及社會之間的互動關聯。在 A 層，觀者透過身體感知與藝術品或自然景觀互動，確認自我存在。進入 B 層後，觀者開始將個人背景與想像結合，將自然與生命視為個人經驗的延伸。C 層則進一步深入，透過持續的觀察與體驗，使觀者與環境產生更深層的聯繫。到了 D 層，觀者將藝術、文化與生活經驗交織，並透過「人生觀」反思自然與生命的關係。E 層則以人為本的自然意識為基礎，促使觀者對自然與生命建立更全面且深刻的理解。最終，在 F 層，生命主義的自然觀在社會層面深化，促進社會共同體對自然與生命的共享理解，形成更具整體性的文化意識。

根據「個人行為」、「視覺化」及「意義形成」構建為美術館藝術六層次教育概念的主軸，訪談日本椙山女學園大學教育學院教授（S4），當問及**「如何評價『建構式學習』與『藝術六層次教育』在『藝術傳播員』培訓中的作用？該理念如何幫助他們深化對作品的理解，並提升『藝術傳播員』引導社會民眾參與藝術鑑賞的能力？在學習和互動中的效應為何？」**他表示：

「建構式學習」與「藝術六層次教育」整個結合後，它形成了一個完整而系統的教育框架，我認為，特別適合用於「藝術傳播員」的培訓。那麼這套框架是強調藝術理解的層次性，也注重將知識實踐化，對引導社會民眾參與藝術鑑賞有著很大的幫助。首先，「建構式學習」強調知識是逐步建構的。「藝術傳播員」需要學會引導社會民眾從感官層面入手，學會『看見』與『感受』藝術作品。這些基於視覺和觸覺的初步經驗，能幫助學習者與作品建立起基本的聯結。其次，情感的探索是關鍵的一步。在『視覺化』層面，「藝術傳播員」幫助社會民眾挖掘自身的情感反應，並將這些反應轉化為具體的互動和表達。這不僅促進了情感共鳴，還拉近了藝術與生活的距離，使人們更容易深入理解作品的內涵。再者，在更高層次的『意義形成』過程中，「藝術傳播員」運用批判性思維，幫助社會民眾理解作品的社會與歷史背景。他們將這些知識用簡單易懂的方式傳遞出去，讓社會民眾在互動中獲得更深層次的藝術體驗與思考。所以整個來說，這種教育模式對「藝術傳播員」而言，我想是滿重要的。那一方面，它提升了他們的專業能力；另一方面，也幫助他們更有效地與社會民眾互動，實現從感官認知到情感共鳴，再到意義建構的全方位進步。我認為，這正是美術館藝術教育公共性與社會價值的重要體現。（S4）

與日本獨立行政法人國立美術館主任學藝員（P3）討論提及「**如何通過『建構式學習』支持『藝術傳播員』在實際操作中構建理解，並結合『藝術六層次教育』的逐步引導過程，幫助他們深化感官、情感到批判性思考的層次，促進他們對社會與文化的反思，並更好地理解當代社會問題？**」他回應表示：

其實「建構式學習」就像是一種讓他們「自己動手做」的方式。比如說，我們不只是讓他們聽講座，而是安排互動性的活動，像是小組討論或者是角色扮演，讓他們實際參與、思考和發現。這樣，他們會在做的過程中逐步理解藝術，然後自己去探索每個作品的背後故事，慢慢去建構他們自己的想法。那這個「藝術六層次教育」，它其實就像是我們的導航系統，幫助「藝術傳播員」從感官開始，帶著參與者慢慢走進更深層的情感和思考。那我們也會引導他們從最簡單的，比如說，「這幅畫讓你想到什麼？」開始，到後來讓他們思考「這幅畫在

當時的社會背景中有什麼含義？」然後這樣一步步地加深他們對藝術和社會的理解。所以我們的訓練方式就是透過實際操作和引導，讓「藝術傳播員」學會怎麼幫助參與者從感官到情感、再到批判性思考，這樣循序漸進的方式，引發他們對藝術和當代社會的反思。我想經過這樣的訓練方式，讓每一位「藝術傳播員」都能在自己的學習過程中成長，並且能夠幫助社會民眾深入理解美術館藝術作品，然後延伸這個作品和他們的日常生活，或是整個社會文化。（P3）

在藝術發展的脈絡中，藝術家既是創作的引領者，也是教育的推動者。藝術作品作為情感與思想的載體，承載著深厚的文化背景與社會意涵，能激發社會民眾的反思與理解。當藝術創作與教育結合時，藝術便不再是靜態的視覺體驗，而成為一個具有溫度的學習過程，讓社會民眾從感官體驗出發，逐步進入深層的文化與社會理解。當訪談藝術家提到「**在您的創作中，是否有意識地創作某些元素或互動形式，來促使社會民眾從感知到理解，進而進行更深層的反思，並探索作品的文化或社會意義？**」日本當代藝術家（P2）表示：

當我在創作時，我會有意識地設計一些元素，讓社會民眾從感知作品開始，進入理解，並反思它背後的文化和社會意義。這跟你提到「藝術六層次教育」有些相同。我覺得，藝術不是讓人只看一眼，那是要從感官接觸開始，讓每個人都能感受到作品的情感，然後逐步理解它的背景，最後進行更深的批判性思考。舉個例子，我可能會設計一些視覺元素或觸摸的部分，讓社會民眾在感官層面與作品互動。因為不是觀看，是要讓他們用手、用心去感受。所以在這個點上，我希望社會民眾真的能從感覺出發，慢慢去理解作品的歷史背景或它所代表的社會議題。因為我喜歡從「感知」到「理解」，再到「反思」的思維過程。因為那是一種讓社會民眾自主探索的方式。那我也會在作品旁放些問題或設計互動環節，讓他們主動思考：「這件作品帶給我哪些情感上的反應？我為何會有這樣的感受？它與我的生活經驗有什麼關聯？它挑戰了我哪些既有的觀點或想法？」這樣，那他們能建構自己這方面的理解，就不只是被動地接受我的意圖。簡單來說，我希望他們能像學習一樣，從自己的感受出發，經由反思，深入理解作品，並對社會與文化有更深層次的理解。那這樣跟藝術家和作品的互

動方式,可以讓我感受到自己在創作上展現的活力,而會讓我的藝術有了生命。最後就形成我和社會民眾的藝術對話。（P2）

當代藝術是一個創新且多樣化的領域,不斷挑戰傳統藝術的界限,其作品形式涵蓋裝置藝術、數位藝術等,反映社會文化的變遷,並關注政治與環境等當前議題。藝術家利用作品進行社會批評,使藝術超越純粹的視覺享受,成為促進社會對話和思考的重要工具。「藝術傳播員」如同一座橋樑,連接藝術作品與社會民眾之間的距離；其是藝術鑑賞的靈魂,能夠激發社會民眾的情感共鳴；亦是文化中介者,將藝術家的創作意圖和社會文化背景轉化為易於理解的資訊。藉由「藝術傳播員」的引導,社會民眾能更深入參與藝術,提升對藝術的理解,使其在藝術鑑賞教育中發揮關鍵作用。與3位擔任「藝術傳播員」的文化觀眾（P7、P9、P11）輕鬆閒談提到「**您擔任『藝術傳播員』是如何運用『藝術六層次教育』的概念透過感官體驗啟發感知層次的理解？如何引導情感共鳴以深化民眾的情感層次參與？如何促使社會民眾參與社會議題的討論,逐步建構自己的藝術知識,達到社會參與和文化反思的目的？**」他們回答：

大友良英的裝置藝術作品運用廢棄的家電、金屬片和木材,創造出既具視覺吸引力又能發出聲音的獨特體驗。在我的引導下,社會民眾得以深入探索這些極具啟發性的作品,並在自由移動中體驗聲音的變化。這些裝置不僅是一種視覺上的吸引,更是一種動態的音響裝置,讓觀眾在互動中理解聲音生成與物質之間的關聯。大友的設計鼓勵社會民眾在空間中自由探索,強調聲音的瞬時性和環境的互動性。在這個過程中,社會民眾能夠感知聲音如何隨著他們的移動而變化,進而反思與周遭環境的關係,理解藝術的互動性。同時,這些裝置使用回收材料,引導觀眾關注環境可持續性,並激發他們對社會文化問題的批判性思考。那這樣的互動體驗促進對藝術的鑑賞,還使社會民眾對聲音、空間及其社會文化背景有更深刻的理解。透過這樣的藝術探索,社會民眾從被動的接收者轉變為積極的參與者,讓藝術創作成為充滿創造性和社會意義的過程。那這場藝術旅程也成為一個有效的社會對話平臺,刺激社會民眾思考和創造的潛力。（P7）

作為一位退休人士，我深感藝術在生活中的重要性，尤其是當我們談到草間彌生的作品時。草間的創作是一種視覺享受，更是一場心靈的探索。她的波點和無限鏡裝置，讓我們看見藝術的純粹，還能感受到她個人故事的深度與情感。在與社會民眾分享這些作品的過程中，我常常會引導大家思考藝術如何反映我們的內心世界。草間的藝術雖是靜態的作品，但這些作品常常邀請社會民眾進入一個互動的空間，讓我們反思自我與周遭環境的關係，我們可以在無限的反射中找到自己的身影，這種經歷讓我們對聲音、空間乃至於社會文化的理解更加深刻。我鼓勵每位社會民眾都能將自己的情感和觀察帶入這場藝術之旅。我們可以一起討論草間的作品如何挑戰傳統，探索性別、孤獨與創造力之間的關聯。這樣的對話不但創造增進我們對藝術的鑑賞，更是社會文化交流的一部分，讓我們在藝術的框架中，共同探討生命的多重面向。（P9）

我感覺武田慎平的作品讓人震撼，特別是在北九州市立美術館展出與福島核災相關的影像紀錄。他的作品採用無攝影機流程，通過將感光材料暴露在微量輻射中，直接捕捉當前日本的現狀，這展示了科技與藝術的融合，也引發我們對環境與人類關係的深思。在引導社會民眾的過程中，我們不僅可以鑑賞視覺和聲音效果，更可以探索科技如何影響藝術的表達。透過互動裝置，社會民眾可以親身體驗影像隨動作變化的過程，這讓藝術變得更具參與感。我們可以一起討論作品背後的主題，比如它如何反映我們與科技的互動，並思考科技藝術和傳統藝術的不同。那這樣的互動讓人感受到藝術的趣味，刺激對福島核災影響的討論。藉此機會，我們不妨思考：如果有機會使用科技創作，我們能做些什麼來應對這些社會挑戰？我相信，這樣的對話能促進大家對科技與藝術結合的理解，並探索出更深層的意義。（P11）

歸納上述「建構式學習」和「藝術六層次教育」的理論探討及訪談結果分析發現，兩者在美術館藝術教育中展現深刻的相互關聯和應用價值。「建構式學習」強調學習者的主動參與，透過個人經驗與社會互動來構建知識，而美術館的四大功能——收藏、研究、展示和教育普及——在這此框架下相輔相成，優化學習者的藝術知識建構歷程。收藏功能幫助學習者將過去的藝術知識與當前作品聯繫，激發新的理解；研究功能則

將藝術作品的分析轉化為易於理解的展示內容，深化學習的過程；展示功能利用多媒體和互動裝置等，強化學習者的感官體驗，進一步引發情感與視覺共鳴；教育普及則藉由層次化的學習活動，幫助學習者的個性化學習，深化對藝術的理解。「藝術六層次教育」則是提供一個更完整的藝術教育框架，強調個人行為、視覺化和意義形成之間的多層次關聯。此框架深化學習者的感知、情感與批判思維，並進一步促使其從藝術鑑賞延伸至創作，最終促進對藝術作品的理解和情感共鳴。這不但能提升文化素養，也使學習者更加深刻地體會藝術與日常生活的連結。

　　此外，在「藝術傳播員」的培訓過程中，相關理論得以具體化並落實於實踐。「藝術傳播員」是知識的傳遞者，更是引導學習者情感與認知發展的關鍵角色。在藝術鑑賞過程中，「藝術傳播員」協助學習者與藝術作品建立初步的感官連結，並進一步引導他們探索藝術作品背後的社會與歷史背景。透過這些互動活動，學習者的參與感得以提升，幫助學習者深入理解藝術的多重層次，還能激發更深層次的情感共鳴。

　　質言之，「建構式學習」和「藝術六層次教育」的結合不但促進學習者對藝術知識的建構，並加深他們對藝術內在價值的理解，同時也為美術館藝術教育提供全新的視角與方法。兩者的結合進一步強化美術館藝術教育的公共性與社會價值，拓展其在文化與教育領域的影響力。

貳、環鏈式模式中建構式學習與藝術六層次教育的交互與循環深化

　　廖仁義（2020：52-58）指出，美術館是根據「公共制度」設立，並受到民意機構監督的公共文化機構，其運作須遵循現代國家的文化藝術政策。作為專業的「公共空間」，美術館不但負責保存與運用藝術作品，亦致力於讓社會民眾參與並親近藝術，成為藝術學習的場域，而非僅是藝術品的展示空間。透過藝術專業人員的努力，美術館將藝術知識轉化為「公共知識」，促進自主學習與教育活動的參與，並結合網路與閱讀實現知識的廣泛共享。美術館最終以「文化公共領域」的核心價值為導向，目標則是回歸「社會民眾」。

　　日本當代美術館的核心功能可視為一種循環式運作模式，強調收藏、研究、展示與教育普及之間的相互聯繫與回饋。這四大功能相互依存、共同推動，構築出一個不斷發展的美術館藝術教育知識系統。其中，「環鏈式美術館藝術教育模式」則是建基於建構式學習與藝術六層次教育的理論基礎。建構式學習理論強調學習者主動參與知識構建，而藝術六層次教育則細化了藝術理解的不同層面，從感知到反思，深化學習

文化中介之於文化菱形：從日本國立美術館看臺灣的藝術教育拓展　207

How cultural intermediaries work within the cultural diamond：
The Expansion of Art Education in Taiwan through Insights the National Art Museum of Japan.

第一層：
美術館藝術教育四大功能結合建構式學習與藝術六層次教育的循環模式。

第二層：
政府制定「公共制度」，建置美術館作為「公共空間」，學藝員及藝術傳播員運用理論結合美術館四大功能建構「公共知識」的循環運作。

第三層：
導向社會民眾的參與及回饋

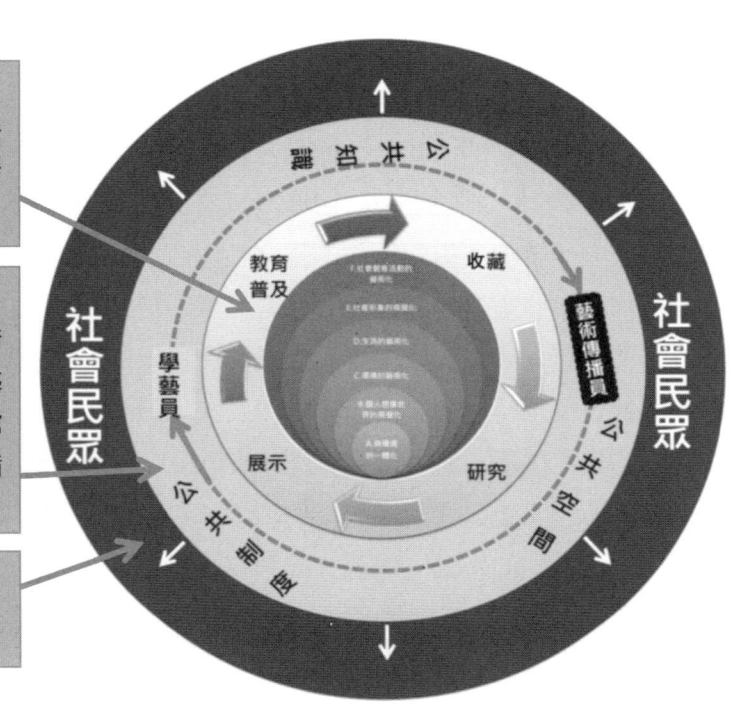

圖 4-2　文化公共領域中的環鏈式美術館藝術教育模式

資料來源：作者繪製。

歷程的層次與廣度。根據日本數位辭典「Kotobank」（コトバンク）的解釋，「環」（かん）具有「環狀」之意，[3] 象徵一個無終點、持續發展的過程，體現美術館在收藏、研究、展示、教育普及功能之間的連續性與循環性；而「鏈」（くさり）則強調各功能之間的「相互連結與聯繫」，[4] 如同鏈條中的每個環節，彼此並非獨立存在，而是相互影響，並推動下一階段的學習與創造。具體而言，前端工作涵蓋藝術品的收藏、維護和研究，以確保資源穩定與學術基礎；後端則將研究成果應用於展示與教育普及，進而實現文化藝術的傳播與價值延伸。這樣的教育流程強調每個環節的專業性和緊密聯繫，構成一個持續運行的動態循環系統，如圖 4-2。

根據圖 4-2，該模式包含三層架構。首先，第一層為美術館的四大核心功能 ──

3　「環」の意味：いくつもの環をつらねること。環をつらねたように結び合わせること（デジタル大辞泉，2024a）。
4　「鏈る」の意味：つながる。続く。つながり合う（デジタル大辞泉，2024b）。

收藏、研究、展示、教育普及。收藏負責保存藝術資源，研究支撐學術發展與展示策畫，展示則將藝術以視覺形式呈現給社會民眾，而教育普及則透過各類活動，促進藝術的廣泛傳播。這四大功能彼此相互促進，並透過回饋機制推動知識的持續再生，構成一個動態循環。其次，第二層涉及政府與公共制度的介入與保障。政府以政策框架與資源投入，確保美術館運作的穩定性與公共性。同時，學藝員與「藝術傳播員」發揮橋樑作用，將專業知識轉化為社會民眾易於理解的公共知識，促進美術館功能的有效協同與運行。最後，第三層聚焦於社會民眾的互動與回饋。透過教育普及與展示活動等，社會民眾得以參與藝術學習與交流，最終，這一模式形成一個以社會民眾需求為核心的良性循環，使美術館的公共價值得以不斷擴展與深化。

綜上，「文化公共領域」中的環鏈式美術館藝術教育模式，突顯其連續性（環）與聯結性（鏈）的特點，展現美術館核心功能的協同運作與動態互促。收藏、研究、展示與教育普及四大功能緊密相連，構成循環推進的藝術知識系統，推動知識的生產、傳播與回饋。該模式不僅深化藝術文化的交流，還為多元文化的融合提供契機，進一步推動文化共融與公共價值的建構。作為一種理論與實踐相結合的藝術教育框架，它為美術館的公共教育實踐與文化藝術政策制定提供了重要參考，尤其是在促進公共文化發展與提升社會包容性（共融性）方面，展現出深遠的實踐價值與影響力。

隨著社會的快速變遷，當代美術館越來越強調跨領域合作與知識共享，並積極尋求更具多樣性與實效性的方式，以促進藝術的流通與交流。美術館的四大核心功能——「收藏」、「研究」、「展示」與「教育普及」——各自在其領域發揮著關鍵作用，然而，如何有效整合這四大功能，使其協同運作，仍然是推動全面藝術教育與促進社會參與的重要挑戰之一。當前，美術館不僅承擔藝術作品的保存與展示職能，更需思考如何構建一個能夠充分發揮多重功能的教育體系，以實現藝術知識的廣泛傳播，並深化社會民眾對藝術的理解與參與。因此，如何透過系統性的運作模式，使美術館成為知識生產與文化交流的場域，進而提升公共文化的影響力，已成為當代藝術教育與美術館運營的核心議題。當問及**「如何有效整合藝術館的收藏、研究、展示與教育普及，形成有機的環鏈式教育系統，並促進藝術教育的廣泛流通及社會參與？」**日本文部科學省暨文化廳美術館振興室政策制定科企劃統籌科長（A1）提出他的看法：

過去，美術館的收藏、研究、展示、教育普及這四大功能通常是獨立發展的，較常見的推動方式集中於展示和教育普及。那如果將這些功能整合成環鏈式美術館藝術教育模式具有重大意義，因為這種整合可以建立系統化的教育框架，促進資訊與資源的流通，提高整體教育效果。環鏈式美術館藝術教育模式也能允許美術館從各個環節收集社會民眾的反饋，並根據需求和學習成果調整展示與教育內容，使之更具相關性。雖然收藏屬於美術館的專業核心功能，通常由專家根據學術研究、歷史價值和文化意義進行，但觀眾的反饋可在策展和展示層面發揮作用，輔助教育內容設計。例如說，在專業性與觀眾需求的平衡上，學藝員可根據反饋調整展示的解說內容、設置互動體驗，甚至探索新的展示方法，讓展示更具吸引力和教育價值，而不干涉專業收藏決策。這種整合能增強社會民眾的參與感和學習效果，讓他們在參觀過程中深入理解藝術作品背後的研究和收藏歷史，豐富其學習體驗。所以環鏈式美術館藝術教育模式能更有效地將研究成果融入展示設計，並圍繞收藏進行教育活動，最大化資源效用。所以我認為整合這個模式能擴大藝術教育的社會影響力，還能吸引更廣泛的群體參與，支持終身學習，促進個人和社會的共同成長。（A1）

同樣的問題訪問了日本椙山女學園大學教育學院教授（S4），他以不同角度回應指出：

要將收藏、研究、展示和教育普及整合成一個環鏈式美術館藝術教育模式，首先需要建立一個系統性框架，以促進這四大功能之間的相互連結與協同作用。可以考慮幾個策略：首先，數位美術館平臺可以促進藝術作品、研究成果及教育資源的共享，也可以加強各功能部門之間的協作，讓社會民眾全面了解每件作品的背景和意義。其次，設計涵蓋收藏、研究、展示、教育普及的跨領域課程，讓參與者在學習過程中理解這些功能如何互相影響與支持，例如，透過研討會或工作坊，邀請「藝術傳播員」和學藝員共同探討如何將研究成果融入展示設計中。此外，與學術界及其他文化機構建立合作關係，邀請專家學者參與收藏和研究的過程，以提供專業指導，進一步加強「藝術傳播員」在研究

和教育方面的能力。通過這些策略,我想能夠提升藝術教育的有效流通,還能促進社會的廣泛參與,實現文化的可持續發展。(S4)

美術館的社會教育功能在於傳遞藝術知識,更在於促進社會民眾的全面發展,提升社會民眾文化素養,並強化社會整體的文化參與。然而,過往美術館在運作模式中仍面臨諸多挑戰。傳統上,美術館的四大核心功能——「收藏」、「研究」、「展示」與「教育普及」——多以獨立方式運作,部門間溝通與資源共享不足,影響整體效益。此外,社會民眾在美術館中的角色多為被動接收者,缺乏主動建構知識的機會,限制了藝術教育的深度與影響力。儘管美術館擁有豐富的藝術資源,若未能有效轉化為推動社會參與的動力,其社會影響力便難以充分發揮。教育活動方面,由於缺乏統一目標與策略,許多活動零散且缺乏持續性,削弱了藝術教育的成效。因此,整合「收藏、研究、展示、教育普及」四大功能,構建「環鏈式美術館藝術教育模式」,已成為當代美術館藝術教育的新趨勢。這一模式強調四大功能的協作與連結,透過系統性框架和數位平臺的建構,提升資源流通與共享,並鼓勵社會民眾的參與及反饋。此外,設計跨領域課程、強化與學術界的合作,不但能提升藝術教育的參與度與影響力,亦能促進終身學習,深化社會對藝術的理解與鑑賞,實現推動文化藝術的可持續發展。當訪談提及「**在環鏈式美術館藝術教育中,建構式學習如何幫助學習者主動建構藝術知識?您認為結合藝術六層次教育的方式是否能有效提升學習者的參與度、自主性與藝術素養?**」日本椙山女學園大學教育學院教授(S4)回應指出:

建構式學習讓學習者主動參與知識建構,這與美術館藝術教育理念是契合。因為美術館提供豐富的學習資源,那再結合建構式學習,就可以讓學習者不再只是被動接受知識,而是能主動學習並深入理解藝術。那在這個環鏈式模式框架下,結合藝術六層次教育,其實是更讓學習者能從多角度學習藝術,形成全面的藝術素養。逐漸地從理解術、感受術、鑑賞藝術,甚至到創作術、分析與評價,每個層次有助於提升學習者的參與度和自主性。例如,在「理解」與「感受」層次,學習者通過觀察藝術作品來理解情感與表達,而建構式學習讓他們主動與藝術品互動,幫助批判性思考藝術,深化理解。那在「欣賞」層次,學習者能主動探索藝術的細節,理解形式與內容,並接觸藝術的歷史與文

化背景，讓學習更具層次感。在「創作」與「分析」層次，學習者透過創作和分析來理解藝術表達，並進行批判性反思。建構式學習讓他們根據個人經驗進行創作，增強創造力，深化理解。最後在「評價」層次，學習者可以從多角度評價藝術作品，那這種有助於培養批判性思維和藝術素養。所以我認為，將建構式學習與藝術六層次教育結合，能有效提高學習者的參與度、自主性和藝術素養，幫助他們在學習過程中形成全面的藝術理解，並發展多樣化的學習途徑。（S4）

同樣的問題進一步訪談日本獨立行政法人國立美術館主任學藝員（P3），他表示：

> 我認為建構式學習和藝術六層次教育是一對很好的搭檔，尤其是在協助社會民眾學習和理解藝術方面。建構式學習其實就是每個人透過自己的生活經驗、反思，以及和他人的互動來建立自己的知識。那在藝術六層次教育中，社會民眾能夠在美術館四大功能這些環節中不斷地接觸到藝術作品，每一個層次慢慢去領悟，這讓學習的過程變得更加豐富和有趣。或許我們可以想像一下，藝術六層次教育教育就像一個多層次的學習場域，提供各種資源，讓社會民眾在不同階段都有機會去理解藝術。那建構式學習就是鼓勵你在這些資源中主動探索，找到最適合自己的學習方式。從以人為本的角度，那這樣子不僅能讓我們對藝術產生更多的興趣，還能更加積極地參與各種藝術活動。那最後就是這會幫助我們，也就是學藝員等等，提高社會民眾學習的自主性和藝術素養。（P3）

作為文化中介者，「藝術傳播員」同時承擔創作者與接收者的雙重角色，是藝術與社會之間的溝通橋樑。他們在美術館四大功能（收藏、研究、展示、教育普及）的支持下，不斷積累藝術知識和實踐經驗，透過對話、詮釋與參與式活動，使藝術更加貼近社會民眾。這一中介角色直接提升社會民眾的藝術參與度，也促進藝術知識的流通與理解，縮短藝術與社會民眾的距離。透過藝術傳播員的引導，美術館得以轉化為一個開放且互動的學習場域，推動藝術教育的普及與深化，並奠定堅實基礎。當訪問日本獨立行政法人國立美術館主任學藝員（P3）提及「**您認為應如何整合美術館收藏、研究、展示和教育普及的功能？可以採取哪些策略，以幫助『藝術傳播員』有效地落**

實美術館四大功能的環鏈式藝術教育模式，支持美術館的整體使命和社會參與？」，他回應：

> 在我們現有的藝術門扉實驗計畫中，確實逐步培訓「藝術傳播員」，並已取得一定的成果。現在，我們正考慮如何將這些培訓延伸至收藏與研究的領域。為此，我們可以從數位美術館的方向著手，設計跨領域的培訓課程，結合收藏和研究的基本知識，並與展示和教育活動相結合。這樣的整合能讓「藝術傳播員」在實際工作中理解收藏的重要性，並學會如何將研究成果有效地應用到展示和教育中。另外就是，我們也會與大學教授和研究人員共同開設這方面的課程，促使「藝術傳播員」在展示和教育活動中提出對收藏和研究工作的見解，並鼓勵這些觀點在美術館內的分享與討論。協助增強他們的專業能力，促進美術館內部的知識交流，進一步提升整體美術館的教育效果。（P3）

前述提及，賦權是透過學習、參與及合作，讓個人、組織或社區獲得掌控自身事務的能力，進而提升生活品質與社會功能。它涵蓋公民參與、協同合作與社群意識，並具有多層次、多面向的特徵，其變革方式往往是由下而上的。在此框架下，「藝術傳播員」作為文化中介者，是美術館和社區的橋樑，負責傳遞文化與藝術知識，透過互動性活動啟發社會民眾的思考，促使其主動參與文化藝術的學習與討論。這種參與過程強化個體對文化藝術的素養與認同感，並促進文化的包容性（共融性）和多樣性。透過「藝術傳播員」的引導，美術館不再只是靜態的知識殿堂，而成為促進社會民眾賦權與藝術共創的動態場域。當問及「**您如何看待美術館的收藏、研究、展示、教育普及的四大功能之間的相互關係？在環鏈式美術館藝術教育模式的框架下，您擔任『藝術傳播員』，如何將這些功能有效整合來提升社會民眾的藝術鑑賞及體驗？**」文化觀眾（P6、P10、P11）回答：

> 「藝術傳播員」面臨的挑戰主要來自資源限制和社會民眾的多樣性，例如，缺乏足夠資金和專業培訓可能會影響教育效果。所以，美術館可以建立系統性的培訓計畫，幫助我們掌握最新的藝術教育趨勢，並透過調查和訪談了解日常任務中遇到的具體困難，以此提升專業素養，改善整體的藝術教育質量。（P6）

其實除了在美術館內工作,「藝術傳播員」也需要積極走入社區,與學校及社會團體合作,舉辦工作坊和講座,讓更多人接觸藝術。例如,安排校外教學和開放的藝術創作活動,這樣能增強社區對美術館的認識,並讓社會民眾感受到與藝術的聯繫,提升參與感和支持度。(P10)

在我看來,美術館的四大功能——收藏、研究、展示、教育普及,實際上是密切相連的。收藏是我們的基礎,而研究則幫助我們深入理解這些作品,並在展示中呈現它們的價值。我覺得可以定期舉辦工作坊或交流會,讓學藝員、大學教授、教育工作者和「藝術傳播員」共同探討如何在展示中融入研究成果,這有助於提升社會民眾對藝術的理解與鑑賞。所以,跨部門的合作是促進有效藝術教育和社會參與的關鍵。(P11)

歸納上述討論,「文化公共領域」中的環鏈式美術館藝術教育模式」強調美術館——收藏、研究、展示和教育普及——四大功能的有機連結,通過協作與資源共享,實現藝術教育全面流通與深化。該模式結合建構式學習和藝術六層次教育,賦予學習者自主探索和知識建構的自由,並在理解、感受、鑑賞與創作等多層面培養藝術素養與批判性思維,實現學習的深度與廣度平衡。在實踐層面,該模式應透過數位平臺整合數據,促進四大功能間的知識流通,並推動跨領域課程設計,加強專業知識的交流與應用。同時,「藝術傳播員」的專業培訓至關重要,應涵蓋收藏與研究的基礎知識,幫助其將收藏及研究成果轉化為展示與教育普及的有效資源,促進內部協作與知識共享。儘管該模式面臨資源不足和多樣性需求等挑戰,但透過公共與私營部門合作及數位技術應用,即可深化收藏和研究,並提供更具彈性與多元性的展示和教育計畫。最終,該模式強調協同合作和社會參與,支持終身學習,推動藝術教育的普及與深化,為文化藝術的可持續發展奠定基礎。

歸納而論,第四世代美術館不僅是知識的傳遞者,更是社會民眾參與及共創的場域,強調「對話與合作」,共同創造藝術知識與實踐。政府透過政策支持與資源投入,確保美術館的運營與發展,而學藝員和「藝術傳播員」則擔任知識轉譯者,將專業知識轉化為易於理解且具啟發性的藝術體驗,推動藝術教育的協同發展。同時,社會民眾的積極參與及回饋是促進藝術教育深化與普及的關鍵驅動力。這些需求與回應不僅

影響美術館的策展與教育策略,也透過動態互動與共創機制,進一步融入藝術活動,構築持續演進的藝術學習與文化共享生態。

基於此,「文化公共領域」中的環鏈式美術館藝術教育模式」強調收藏、研究、展示與教育普及四大功能的動態整合,形成相互促進的閉環系統。並透過建構式學習與藝術六層次教育,該模式賦予學習者主動探索與知識建構的能力,促進對藝術的深度理解與批判性思維發展。此外,該模式不僅提供系統化的教育資源,還打破傳統美術館學習的線性限制,鼓勵學習者跨越單一環節,在收藏、研究、展示與教育普及之間建立知識聯繫,進而獲得更完整的藝術體驗與反思歷程。最終,透過協作與知識共享,該模式推動藝術教育的持續深化,強化「文化公共領域」的多元參與及共創機制。

藝術教育的最終目標在於將美術館塑造為知識與文化傳播的核心節點。在學藝員與「藝術傳播員」的引導和中介中,建立雙向交流機制,讓公共知識回饋於社會民眾,進而推動多元文化共同體的發展。這不僅讓社會民眾從被動接受者轉變為文化藝術生產的主體,更強化社群的文化認同及參與,促進文化的共創與共享。儘管日本國立美術館在資源與多樣性發展上仍面臨挑戰,但仍可透過數位美術館的建置及跨領域課程設計,可進一步擴大社會民眾的參與,提升藝術教育的互動性與覆蓋範圍,最終實現藝術教育的深度發展與廣度拓展。

質言之,「文化公共領域」作為一個多元交流與共融的公共空間,美術館則是其重要的實踐場域,透過藝術教育活動提升社會民眾的文化素養與參與感。在這一框架下,以「人」為本的美術館藝術教育應以學習者為中心,尊重個體的主體性與多樣性,賦權社會民眾,使其不僅是知識的接受者,更能成為文化藝術的參與者及共創者。此一模式的推動,有助於文化藝術的可持續發展,更為美術館藝術教育的未來提供創新且多元的發展方向,促進社會民眾與美術館之間更緊密的連結,開拓文化藝術教育的更多可能性。

05 文化藝術法制與美術館專業化治理
——日本經驗對臺灣之啟示

||| 文化藝術及教育政策核心：
　　日本與臺灣當前文化藝術法制評析
||| 以日本為鑑：臺灣國立美術館的發展啟示
||| 本章總結

「文化菱形」（Cultural Diamond）是由文化對象（Cultural Object）、創作者（Creators）、接收者（Receivers）和社會世界（Social World）四個元素相互作用構成一個動態的文化分析框架。透過這一框架，可以檢視文化物件在創造、生產、分配、接收及詮釋過程中的多重面向，並深入理解這些活動所反映的文化現象及其背後的社會脈絡。

基於該框架，日本「國立美術館文化中介平臺」在創造者、接收者及文化中介角色之間形成協同作用，將藝術傳遞至社會民眾，進一步影響藝術普及的類型與傳播範圍。研究結果顯示，「文化藝術及教育政策與法律制度」在美術館藝術教育的拓展中扮演關鍵角色。日本政府透過完善的政策與法律，營造支持文化藝術發展的環境，確保「國立美術館」的藝術教育活動得以順利推進。

第四世代美術館強調與社會民眾的共同參與，通過「對話與合作」共同創造藝術知識並實踐其價值。「國立美術館」「文化公共領域」，其政策目標在於推廣文化藝術價值，並致力於建立相關機制與環境。其核心目標是透過公共制度的完善、公共空間的運用及公共知識的建構與普及，最終將文化藝術的成果回饋於社會民眾。

為實現上述目標，推動文化藝術的發展需要完善的文化藝術及教育政策及法律制度。一套健全的政策與法律框架，能保障文化資源的平等獲取，推動藝術教育的普及，保護文化遺產，促進文化產業創新，並鼓勵多元文化的交流與理解。最終目標在於提升社會的文化素養與凝聚力，實現文化藝術的可持續發展。

由此可見，日本「國立美術館」的經驗彰顯了「公共制度」的核心價值，即公共性與普及性。這些制度旨在為全體社會民眾提供平等的機會與權利，同時促進「國立美術館」在文化推廣與藝術教育等領域的全面發展。

此外，臺灣總統賴清德先生在其國政願景中將《博物館法》修法列為施政方針之一，顯示出臺灣政府對優化相關政策的重視。此舉旨在進一步推動文化藝術發展，並為「文化公共領域」的建設奠定堅實的制度基礎。美術館的合法運作有賴於健全的法律制度。作為文化藝術及教育政策的推動者，美術館不僅肩負藝術作品展示與保護的責任，更應積極參與社會文化建設，促進社會多元發展。

借鑑日本「國立美術館」在文化中介平臺上的制度與運營經驗，特別是其法律制度及專業人員培訓體系，對於臺灣在文化藝術法制建設及美術館專業運作的發展具有重要啟示。這些經驗不僅有助於提升臺灣美術館的專業能力，更能為未來的文化藝術發展提供實質的參考。

III 文化藝術及教育政策核心：日本與臺灣當前文化藝術法制評析

壹、日本與臺灣博物館法制架構比較

一、博物館與美術館的區別

　　法國羅浮宮（Louvre）一直被稱為「美術館」，這一稱呼雖然源於傳統習慣，但「美術館」一詞本身就表明該場所主要收藏和展示的物品是藝術品，這一點無庸置疑。與此相對，「博物館」通常指其收藏和展出的物品，涵蓋自然或歷史材料等（暮沢剛巳：2022：62）。從歷史與規模的角度來看，若羅浮宮（Louvre）被視為「美術館」的代表，那麼大多數人也會認同英國的大英博物館（The British Museum）則可視為「博物館」的另一典範。

　　暮沢剛巳（2022：63）認為，羅浮宮（Louvre）和大英博物館（The British Museum）在性質上的顯著差異，導致英語和德語中將「美術館」和「博物館」皆統稱為「Museum」，而法語則使用「Musée」來涵蓋兩者。由於日語中並無完全對應的詞彙，因此在強調藝術相關的專門性與功能時，日語通常使用「Art Museum」或「Museum of Art」來表示「美術館」，以區別於一般的「博物館」，從而更清楚地傳達藝術展示與其他博物館的不同定位。德國文學作家松宮秀治（2009：9-10）則以宏觀的視野指出：

> 「博物館」的概念既具有綜合性，也包含功能的分割性，在不同文化和語言中具有不同的理解方式。以綜合性與功能獨立性言之，博物館的概念試圖為多樣化的功能和領域提供框架，一方面將各個功能獨立存在，但同時包含眾多的細分領域，形成一個包羅萬象的概念。以分割性的風險論之，博物館的分割性帶來了潛在的問題，即各個功能被單獨分割開來，這樣的實用性概念有時會導致功能之間的脫節。以文化差異下的理解述之，在西方語境中，博物館常被視為一個「整體性」的傘狀概念，涵蓋所有與知識、教育、藝術等相關的展示空間。而在日語中區分為「美術館」和「博物館」，其則是強調不同展示空間的專門性和領域劃分。

日本對於「Museum」的法律規範，源自於 1951 年（昭和 26）制定的《博物館法》。依據該法案，博物館的定義是：

> 本法律中所謂的「博物館」，是指收集、保管（包括育成，以下同）、展示與歷史、藝術、民俗、產業、自然科學等相關的資料，並在教育性的考量下供社會民眾使用，以增進其教養、調查研究、休閒娛樂等目的的機構，同時以進行這些資料的相關調查研究為目的的機構（不包括《社會教育法》規定的公民館及《圖書館法》（昭和二十五年法律第一百十八號）規定的圖書館）」（e-Gov 法令檢索，2022a）。

此處所稱「博物館」一詞涵蓋各種類型，例如，自然資源博物館、藝術博物館、文學博物館、科學博物館及歷史博物館，甚至動物園、植物園和水族館亦屬於廣義的博物館範疇。博物館不只是收藏大量作品和資料、舉辦展示的場所，也是推動研究與教育的重要機構。儘管日本的博物館歷史相對較短，其概念主要源自於明治時期（1868-1912）自歐美引進，並透過翻譯和學習逐步發展。然而，許多展示並非都在博物館這類符合上述定義的場域中舉行，而是經常出現在其他場所，例如，百貨公司的活動大廳（暮沢剛巳，2022：19）。

成立於 1946 年的國際博物館會議（ICOM）是與聯合國教育、科學及文化組織（UNESCO）合作的諮詢機構及國際博物館網絡。根據其職業道德準則（起草憲章）對博物館的定義如下：

> 博物館是一個非營利、永久性機構，向社會民眾開放，致力於服務社會及其發展。博物館收集、研究、交流並展示與人類及其環境相關的有形和無形證據，並用於研究、教育和娛樂等目的（ICOM,2017）。

針對 ICOM 的定義，大多數西方國家都是國際博物館會議的成員，因此定義在許多國家的博物館中被普遍認可，並視為標準。可以說，這一標準與日本《博物館法》的定義幾乎無異。日本《博物館法》的條款最初也是依據國際博物館會議的章程草擬而成，符合相關規範。日本最早從媒介理論角度關注博物館的先驅之一梅棹忠夫

（1987：44）在《博物館作為媒介》中寫道：

> 博物館是意義的寶庫，而這些意義即是資訊。博物館中存放的物品並不是單純作為實體存在的，而是以資訊的形式被保存。因此，博物館被視為一個資訊的寶庫。當博物館向社會民眾開放展品供參觀時，這意味著它將藏品中所包含的訊息傳遞給社會民眾。由此可見，博物館實際上是一個資訊傳播的裝置。

從美術館的空間討論，20 世紀 50 年代至 70 年代北美頂尖美術館研究人員 Carol Duncan 在《文明儀式：美術館的幻想》(*Civilizing Rituals: Inside Public Art Museums*) 中深入探討美術館是「從聖殿到舞臺」的公共空間指出：

> 美術館如同寺廟或宮殿，創造出一種帶有儀式感的空間，賦予展示場所神聖的社會意涵。通過藝術品的儀式化展示，強調了視覺體驗中的文化和社會意義，影響觀眾的觀看方式和藝術理解。因此，美術館不僅僅是展示和收藏藝術品的建築，而是超越展示功能的公共場域。它是一個集藝術、建築、社會交流於一身的平臺，讓社會成員聚集並共享思想，促進公共對話（川口幸也訳，2011：16）。

Silverstone Roger（1994: 171）則從媒體理論的角度探討，美術館像傳統媒體一樣，具備資訊傳遞與意義建構的功能。透過展示與闡述，美術館創造出一個有助於社會民眾理解歷史、文化與藝術的框架，將物件和藝術品轉化為可供解讀的「文本」。專注於美術館與媒體理論關係的日本研究者村田麻里子（2014：48-49）提出以下核心立論：

（一）美術館與視覺和身體的關係：美術館是展示藝術和文化物件的場所，也是一個與社會民眾的視覺和身體體驗密切相關的空間。通過不同的展示方式和互動體驗，影響社會民眾如何感知和理解展品。

（二）美術館作為媒介效應的空間：在 21 世紀，美術館的空間已經變得越來越媒介化，這意味著美術館的功能和作用正在不斷變化，社會民眾的體驗受到新媒體和數位技術的深刻影響。

（三）媒介理論的多變性：美術館具有多變性。這種多變性體現在美術館如何適應和回應時代的變化，以及如何通過不同的媒介形式與社會民眾進行交流。

（四）外部與微觀的視角：媒介理論的視角允許我們在思考美術館時保持外部和微觀的視角。這意味著在分析美術館時，不僅要關注其宏觀的社會文化背景，也要細緻考察社會民眾的具體體驗和互動。

綜合上述觀點，美術館在當代社會中扮演著多重角色。作為儀式空間，它展示藝術品的同時，也承載神聖的社會意義，並促進文化交流和公共討論。從媒介理論的角度看，美術館在資訊傳遞和意義建構中發揮著關鍵作用，幫助社會民眾理解歷史、文化與藝術。隨著新媒體和數位技術的發展，美術館的功能持續演變，影響觀眾具體的互動和體驗。這意味著，美術館是藝術的展示場，更是文化知識生產與傳播的核心場域。

什麼是美術館（美術館とは何か）？大島清次（1995）從美術館的本質與定位指出，美術館是展示藝術作品的場所，是一個文化知識生產、保存與傳播的空間。美術館通過藝術作品的收藏、研究、展示等功能，為社會民眾提供與藝術和文化、歷史對話的機會，以及提升文化素養。換言之，美術館的存在是展示藝術作品，更是培養社會民眾對藝術的自主理解與批判性思維的重要場域。通過與藝術的互動，社會民眾能夠提升對美的感知力，並增進對文化的尊重。美術館提供的收藏、研究、展示與教育普及活動，是鼓勵社會民眾探索多元的文化意義，從而形成更深層次的藝術體驗和社會參與。這種文化素養的提升，對於培養具批判性的公民意識具有重要意義。

因此，當我們在思慮「美術館」和「博物館」的區別時，前者通常被認為是『專門收藏藝術品的博物館』，而後者通常被認為是一個更大的類別，這背後的動力則是藝術史和藝術批評扮演著祭司和女巫的角色（暮沢剛巳，2022：64）。松宮秀治（2009：9-10）則分析指出：

> 藝術史始於 Giorgio Vasari（1511-1574）的《藝術家傳記》，以及 Denis Diderot（1713-1784）早期的藝術展示評論，19世紀時被納入德國大學體系中，逐漸形成一門學科，並通過報紙等媒體擴展其影響力。當時藝術史研究以「風格史」為主，根據作品的創作年份、傳記事實和風格特徵來解釋藝術，這種方法也促進了「藝術自主性」和「為藝術而藝術」（Art for art's sake）的觀念發展。從某種程度上看，藝術史和藝術批評成為一種「新神學」，為「藝術的自主性」創造了理論基礎，並形成「為了藝術而藝術」的神話。這一觀點將藝術作品看作獨立於社會的存在，並進一步強調美術館在保持「藝術自治」中的重要作用，

即為藝術品提供一個隔離、尊重的展示空間，使其免受社會影響並集中展現其藝術價值。美術館展出的藝術史也就是現代公民社會的意識形態。

根據日本文化廳官網所刊載的定義，針對國立博物館、國立美術館和國立科學博物館進行了明確的區分（日本文化庁，2024a），強調這些機構在文化、藝術和科學領域中的不同角色與貢獻。這樣的區分不僅有助於各自定位和發展，也能在公共教育、資源配置和展示策畫等方面提供明確的指導，最終促進社會對於文化、藝術和科學的廣泛認識與鑑賞。

從表 5-1 中顯示，在國立博物館、美術館與科學博物館的理念、目的和使命側重上，國立博物館著重「文化財的保護與利用」，以保護文化遺產為主，同時強調如何有效利用這些文化資源，使其延續於未來傳播日本歷史及傳統精髓，並為社會民眾提供教育和文化的價值。國立美術館則是強調「文化藝術的創造與發展」，以此為核心，透過藝術作品來培養人們的感性，致力於推動藝術的創新與繁榮，並促進藝術在社會中的影響力，使美術館成為藝術創作、展示及推廣的平臺。國立科學博物館以「自然科學與社會教育的振興」為使命，主要目標在於推廣自然科學知識，提升社會民眾科學素養，同時成為科學教育的基地，營造社會民眾深入了解地球、生命與科學技術，並思考人類與自然、科學技術之間理想的關係，支持學術和科普活動。

從國家中心的功能、收藏及展示而言：（一）國立博物館：負責在適當的環境中收集、保存、展示日本歷史的珍貴文化財，並進行綜合研究，向全球傳播日本的歷史與傳統。收藏包括：文化遺產、屏風畫、掛軸、佛像、考古資料及刀劍等，所有展示均遵循嚴格的保存管理標準。（二）國立美術館：支持藝術家及公私立美術館，精進美術館活動的整體品質，並作為美術活動的國際交流中心。該場館收藏以現代及當代藝術為主的油畫、媒體藝術和攝影作品，展示中使用多種創新技術以刺激社會民眾的感官體驗。（三）國立科學博物館：作為自然歷史研究的核心機構，該博物館積極促進國際合作與聯繫，並整合、傳播日本國內的標本與資料。博物館發展普及模式，並在展示與學習支援方面引領潮流，致力於收藏與自然歷史及科學技術史相關的各類資料，並基於深入的研究成果進行標本化與展示。

從專業領域、調查研究方法而言：（一）國立博物館：主要專注於近世以前的美

術史、考古學、歷史、文化史和文學等領域,[1] 深入分析文化財和資料如何反映、體現人類的信仰、價值觀和美感等精神活動。此外,重視作品和資料的保存狀況,並進行材質、製作技法與修復歷史等方面的研究。(二)國立美術館:主要專注研究近代以來的美術史、藝術學和審美學,關注平面及立體藝術作品,[2] 並涵蓋多樣表現媒介。探討作品的創作意圖與脈絡,分析藝術作品與當代思想及價值觀之間的聯繫。(三)國立科學博物館:主要專注於自然科學領域,包括:生物學、地質學、人類學、物理學及機械工程等。透過標本資料和實地考察,研究地球與生命的歷史,並探索科學與技術的發展演變。

表 5-1 日本國立博物館、國立美術館和國立科學博物館的區別

	國立博物館	國立美術館	國立科學博物館
目的／使命	文化財的保護與利用。	文化藝術的創造與發展。	自然科學與社會教育的振興。
理念	・保存與傳承。 ・收集和傳播日本歷史和傳統精髓的場域。	・創造與發展。 ・透過藝術作品等來培養人們的感性的場域。	・是社會民眾深入了解地球、生命與科學技術,並思考人類與自然、科學技術之間理想的關係的場所。

---

1 「近世以前」通常指約公元前300年至公元794年(包括:繩文時代、彌生時代、古墳時代等)、794年～1573年(包括:平安時代、鎌倉時代、室町時代等)。中國古典中,己有上古、中古、下古或上世、中世、下世等三段的用法。近世的時代區分論,其淵源當非來自上述的古典分類,而是受西洋三段(上世、中世、近世)分法,以及唯物史觀的歷史發展階段論的影響(高明士,2006)。日本將直到西元五世紀西羅馬帝國滅亡為止的時代稱為古代,之後直到西元十五世紀東羅馬帝國滅亡為止的時代稱為中古,之後的時代稱為近代。對於這樣的區分方式,幾乎所有人都不抱有一點疑問,這就是日本將中國正統觀念套用在西洋史之上最好的證據(陳心慧譯,原作者:岡田英弘,2016:209-210)。

2 在日本,近代的時期通常從明治維新(1868年)開始,這是日本由封建社會過渡到現代化國家的關鍵時期。明治維新標誌著日本社會、政治和經濟的全面改革,推動了工業化、軍事現代化和教育體系的變革,使日本逐步融入國際體系並成為現代化國家。可以分為幾個階段:1.明治時期(1868年-1912年):日本在這段期間迅速推行現代化改革,包括廢除封建制度、引進西方技術和文化,並強化中央集權。2.大正時期(1912年-1926年):這是一段相對穩定和自由的時期,政治上出現了「大正民主」,社會上也開始受到西方文化和思想的影響,經濟則逐漸工業化。3.昭和前期(1926年-1945年):此時期包括了經濟蕭條和第二次世界大戰前後的動盪。軍國主義抬頭,國家逐漸朝向軍事擴張,直到戰後日本戰敗為止。日本的「近代」時期在戰後(1945年後)逐步進入「現代」,這一點與西方歷史的時期劃分也有相似之處,但具日本自身的獨特歷史背景和社會轉型特點(楊汀、劉華譯,原作者:坂野潤治 2019)。

表 5-1 日本國立博物館、國立美術館和國立科學博物館的區別（續）

	國立博物館	國立美術館	國立科學博物館
國家中心功能	・在適當的環境中收集、保存、展示日本的珍貴文化財產，並對文化財產進行綜合研究。 ・向世界各地傳播日本的歷史和傳統。	・支持藝術家和公私立美術館，促進美術館活動的整體品質。 ・關於美術活動等的國際交流中心。	・作為自然史等核心研究機構，進行國際協作與聯繫，以及日本國內標本與資料的整合與傳播。 ・發展和普及模式，並帶領展示和學習支援活動。
收藏	・日本的文化遺產。 ・屏風畫、掛軸、佛像、考古資料、刀劍等。	・日本及海外的現代及當代藝術作品。 ・以現代及當代藝術為主的油畫、媒體藝術、攝影等。	・與自然歷史及科學技術史相關的資料（經過標本化過程，具備資料的價值）。
展示	・適當的保存管理是必要條件。	・多種刺激感官的創新技術。	・在研究基礎上收集的資料進行標本化並展示。
專業領域	・人文學科（主要是近世以前的美術史、考古學、歷史、文化史、文學等）。	・人文學科（主要是近代以降的美術史、藝術學、審美學等）。	・自然科學領域（生物、地質學、人類學、物理學、機械工程等）。
調查研究方法	・在日本的歷史與文化史上，分析文化財和資料如何作為人們的信仰、價值觀和美感等精神活動的體現。 ・掌握作品和資料的保存狀況，調查研究其材質、製作技法和修復歷史等。	・研究對象包括：平面和立體作品，以及以各種表現媒介創作的作品。 ・研究與探討作品的創作意圖與脈絡，並從作品表現與當代人類的思想和價值觀，分析與關聯作品表達所包含的意念與價值。	・利用標本資料和實地考察，了解地球和生命的歷史，以及科學和技術的歷史。

資料來源：日本文化庁，2024a。

歸納言之，日本美術館與博物館之間的主要區別反映了兩者在功能、目的及社會文化角色上的不同。博物館著重於教育與科學理解，專注於自然史、科學、歷史、文化和人類學等領域，旨在保存並活化文化財，提升科學與歷史知識的理解。博物館通常設有互動展示，促進社會民眾的學習與參與。而美術館則專注於視覺藝術，強調藝術作品的審美價值及其文化創造性。其主要目的是促進藝術文化的發展與保護，收藏、保存，並展示各種視覺藝術作品，例如，繪畫、雕塑、版畫、攝影及工藝品等。美術館不但進行藝術作品的研究與展示，還積極舉辦教育活動，致力於普及藝術知識，並培養社會民眾的藝術鑑賞能力。因此，從功能與運營目的的角度而言，雖然博物館和美術館在其收藏品的性質、展示方式及教育功能上各具特色，但仍共同豐富日本社會的文化景觀。

二、日本與臺灣博物館法制的關鍵差異

日本《博物館法》於 1951 年制定，旨在確保博物館的基本角色與功能，並與《社會教育法》和《圖書館法》共同構成為「社會教育三法」體系，以推動戰後憲法體制下的社會教育發展。近年來，隨著博物館設立形式和功能的多樣化，文化藝術在社會發展中的重要性愈發凸顯，相關法律也進行若干次修訂，包括：2017 年修訂《文化藝術基本法》（e-Gov 法令檢索，2019），鼓勵跨領域合作，並強調文化藝術在促進社會發展中的核心作用；2018 年《文部科學省設立法》部分修訂，將博物館的行政管理統一歸屬於文化廳，進一步強化文化藝術政策的集中化與專業化；2019 年在 ICOM 京都大會上，博物館被定位為「連接文化的場所」，面對全球化的文化旅遊與社會包容（共融）等問題，博物館被賦予新的社會功能。在此背景下，2022 年依據《文化藝術基本法》的精神，修正法律目的在於強調博物館資料的數位化與檔案化，並鼓勵與其他博物館及地方多元主體的合作視為提升文化觀光和地區活力的義務。此修訂還重新審視博物館的登記制度，允許各類法人進行登記，並強化對資料收集、保管和展示的標準審查，以及助理學藝員的資格要求及培訓條件範圍等，進一步完善博物館的管理制度與運營標準。日本《博物館法》全條文修訂總計 31 條，主要涵蓋：總則（第 1 條至第 10 條）、登錄（第 11 條至第 22 條）、公立博物館（第 23 條至第 24 條）、私立博物館（第 29 條及第 30 條）、相當於博物館的設施（第 31 條），如附件二，並於 2023 年（令和 5 年）4 月 1 日施行。

在臺灣，《博物館法》正式誕生之前，公私立博物館主要依《社會教育法》進行管理。隨著《終身學習法》於 2014 年施行，該法取代了《社會教育法》，並在 2015

年正式廢止（秦裕傑，1993）。在 1980 年代，全球博物館發展的趨勢影響下，當時的文化建設委員會開始推動主題博物館和社區博物館的發展，並於 1990 年代進行「社區總體營造」運動，強調地方自主及居民參與。隨後，2000 年代推出「地方文化館計畫」，在各鄉鎮設立地方文化館，這反映出民主化進程對博物館發展的影響。然而，這些發展仍受到中央政策的主導，與西方強調的「去中央化」存在一定差距（徐純，2000；涂雅玲，2008）。自 1990 年代起，專家學者和文化界開始推動制定《博物館法》，旨在透過專門的法律保障博物館的設立標準、經營管理和文化保存職能。隨著文化部的成立，博物館法制化的進程加速，於 2015 年 7 月 1 日正式公布並施行，旨在符合現代化博物館的專業需求，保障其在公共服務中的重要地位。臺灣《博物館法》全條文總計 20 條，主要包括：總則（第 1 條至第 8 條）、功能及營運（第 9 條至第 12 條）、輔助、認證及評鑑（第 13 條至第 18 條）（全國法規資料庫，2015）。

　　前述第三章提到，日本國立美術館任務是推動政府政策意志，回應社會發展需求，並促進文化藝術產業及美術館藝術教育的發展，成為政府與民間市場之間的溝通橋樑。美術館藝術教育受到政府文化藝術及教育政策的強力引導，特別是在博物館法中對專業人員的聘任與資格，以及專業人才的養成與培育方面，這些規定依據《文化藝術基本法》第十六條而訂定。該條文規定：「政府應建立一個促進文化藝術培訓的教育制度，由從事與文化藝術有關的創作活動、傳承傳統表演藝術、具備保護和利用文化資產等專業知識和技能、策畫或製作文化藝術活動技術、管理和經營文化設施，以及其他負責文化藝術者（包括：藝術家等）的發展，提供展示成果的機會，以及開展和文化藝術有關的創作環境。」（e-Gov 法令檢索，2019），進一步促進社會整體發展。

　　於此，本書聚焦於日本與臺灣《博物館法》中關於「專業人員資格及聘任」和「專業人員再進修訓練」等法制議題，如表 5-2。進一步分析兩國在專業人員聘任與資格的要求，以及再進修訓練制度的差異比較。

表 5-2 日本與臺灣《博物館法》專業人員資格及聘任、培訓制度規範差異比較

比較項目	臺灣《博物館法》	日本《博物館法》	差異比較
專業人員資格及聘任	第八條之1 公立博物館人事應視其規模、特色與功能，衡平考量、優予編制，置館（院）長、副館（院）長及其他各職稱之人員，必要時得比照教育人員之資格聘任。	第四條 博物館應設立館長。 2. 館長負責管理館務，監督所屬職員，並努力完成博物館的使命。 3. 博物館應設立學藝員作為專業職員。 4. 學藝員負責博物館資料的收集、保存、展示及調查研究，以及與這些相關的專業事項。 5. 除館長及學藝員外，博物館亦可以設立助理學藝員及其他職員。 6. 助理學藝員的職責是協助學藝員的工作。	【日本】 在 2022 年 4 月 7 日的參議員文教科學委員會議上，文部科學大臣末松信介（參議院文教科学委員会，2022）指出，「館長」是管理博物館事務的重要職位，應理解展示內容的專業性，並具備向社會傳播博物館魅力及建立與社區關係的能力。由於各博物館的領域和特性不同，館長的素質和能力須根據博物館的目的、地區情況及面臨的課題，由各設立單位自行判斷，因此政府一律不會制定館長的資格要求。 【臺灣】 根據《博物館法施行細則》第 2 條之 2「館所營運應符合：1. 有明確設立者及管理者；2. 有一名以上專職並具相關專業之館員負責收藏、研究、展示、教育及公共服務等工作。」（全國法規資料庫，2017）。 又由於博物館等文化機關構附屬於文化部，館長一職由主管機關派任公務員執行館長職務，必要時得比照教育人員的資格聘任。故，依據《教育人員任用法》第 22 條「社會教育機構專業人員及學術研究機構研究人員之聘任資格，依其職務等級，準用各級學校教師之規定。」（全國法規資料庫，2014）。 準用各級學校教師規定，根據《教育人員任用條例》第 18 條「教授應具有

表 5-2 日本與臺灣《博物館法》專業人員資格及聘任、培訓制度規範差異比較（續）

比較項目	臺灣《博物館法》	日本《博物館法》	差異比較
			左列資格之一：一、具有博士學位或其同等學歷證書，曾從事與所習學科有關之研究工作、專門職業或職務八年以上，有創作或發明，在學術上有重要貢獻或重要專門著作者。二、曾任副教授三年以上，成績優良，並有重要專門著作者。」（全國法規資料庫，2014）。 另，根據《教育人員任用條例施行細則》第4條「1.本條例所稱社會教育機構專業人員，指依原社會教育法第4條、第5條及終身學習法第8條第1項、第3項設立之社會教育機構，其組織法規中，除行政人員外，定有職務名稱其職等列為聘任之人員。2.前項專業人員之職務等級，依社會教育機構專業人員與各級學校教師職務等級之社教機構與教職人員等級比照表（全國法規資料庫，2019d）之規定。3.社會教育機構專業人員之遴聘及審查，依教育部之規定。」（全國法規資料庫，2019c）。
	第八條之2 前項專業人員之聘任，另以法律定之。	第五條 符合下列任意一項條件者，可具備學藝員資格： 一、具備學士學位（包含根據《學校教育法》（昭和二十二年法律第二十六號）第百四條第二項中由文部科學大臣規定的學位，僅限授予職業大學畢	【日本】 具有和學藝員資格相當或更高學歷及經驗者則是根據《博物館法施行規則》第三條「應符合任一條件：1.符合《學校教育法施行規則》第百五十五條第一項各款規定，並在大學取得博物館相關科目學分者。 2.通過《博物館法施行規則》規定考試認定或審查認定的『資格認定』合格者。」

表 5-2 日本與臺灣《博物館法》專業人員資格及聘任、培訓制度規範差異比較（續）

比較項目	臺灣《博物館法》	日本《博物館法》	差異比較
		業者的學位），並在大學修得由文部科學省令規定的與博物館相關課程學分者。 二、符合第二條各項條件之一規定，且擔任學藝員助理職務三年以上者。 三、經文部科學大臣依據文部科學省令認定，具備與前兩項條件相當或以上學歷及經驗者。	該資格認定施行日期等則依據《博物館法施行規則》第四條「1.資格認定至少每兩年由文部科學大臣進行一次。2.資格認定施行日期、地點及申請截止日期等，應事先透過網際網路及其他適當方式進行公告。」（e-GOV法律檢索，2023）。 關於「博物館相關科目學分」是依據《博物館法施行規則》第一條「1.根據《博物館法》第五條第一項第一款規定，博物館相關科目學分應依下表所列項目進行認定。2.在博物館相關科目學分中，已在大學修習並取得的科目學分，或符合第六條第三項規定，考試科目達到合格標準的，亦可作為前項應修習科目學分的替代條件。」（e-GOV法律檢索，2023）。 | 修習科目 | 學分數 | |---|---| | 終身學習概論 | 2 | | 博物館概論 | 2 | | 博物館經營論 | 2 | | 博物館資料論 | 2 | | 博物館資料保存論 | 2 | | 博物館展示論 | 2 | | 博物館教育論 | 2 | | 博物館情報及媒體論 | 2 | | 博物館實習 | 3 |

表 5-2 日本與臺灣《博物館法》專業人員資格及聘任、培訓制度規範差異比較（續）

比較項目	臺灣《博物館法》	日本《博物館法》	差異比較
			關於「博物館實習」根據《博物館法施行規則》第二條「1.第一條所述的博物館實習應在《博物館法》第二條第一項所規定的博物館或第三十一條第一項的規定，由文部科學大臣、都道府縣或指定城市（《地方自治法》第二百五十二條之十九第一項所規定的指定城市）的教育委員會指定，相當於博物館的設施（包括：大學認定為相當設施的場所）中進行修習（e-Gov 法令檢索，2022a）。2.博物館實習應包括：在大學進行的博物館實習的事前及事後指導。」（e-GOV 法律檢索，2023）。 為進一步提高博物館人才數量和素質，帶動博物館整體的振興，對未來學藝員的品質要求包括：以博物館的可持續發展管理為目標，提升使用者滿意度，拓展新的觀眾群體；提供廣泛服務，運用高水準的專業知識進行研究；通過與不同參與者合作，共同創造新價值；能應對現代社會的新任務，例如，數位歸檔、文化旅遊和區域振興等。2022年4月15日《博物館法》部分法律修正，重新審視法律目的、博物館業務及登錄制度。在 2024 年 3 月 25 日文化審議會第 5 期博物館部會中，針對設有學藝員養成訓練課程（日本文化庁，2024b）的 290 所大學（含短期大學）（日本文化庁，2024c），以及博物館實習的 8 所大

表 5-2 日本與臺灣《博物館法》專業人員資格及聘任、培訓制度規範差異比較（續）

比較項目	臺灣《博物館法》	日本《博物館法》	差異比較
			學（日本文化庁，2024d）提出「學藝員養成訓練課程系統化修讀順序」，如圖 5-1，各大學應充分運用於授課計畫的制定與指導，確保適當實施學藝員養成訓練。 關於「資格認定」分為「考試認定」及「審查認定」，通過合格者，由文化科學大臣頒發合格證書，如圖 5-2。考試認定應考資格根據《博物館法施行規則》第五條「符合任一條件者可申請考試認定。」審查認定應考資格根據《博物館法施行規則》第九條「符合各款之一者，得以接受審查認定。」（e-GOV 法律檢索，2023）。 考試認定方法及考試科目根據《博物館法施行規則》第六條「1. 考試認定應以大學畢業程度，採用筆試方式進行。2. 考試認定可分為兩次以上進行，並可就每次考試涉及一個以上的考試科目。3. 考試科目應按照下表規定。」（e-GOV 法律檢索，2023）。 　終身學習概論 　博物館概論 　博物館經營論 　博物館資料論 　博物館資料保存論 　博物館展示論

表 5-2 日本與臺灣《博物館法》專業人員資格及聘任、培訓制度規範差異比較（續）

比較項目	臺灣《博物館法》	日本《博物館法》	差異比較
			博物館教育論
			博物館情報及媒體論
			考試科目免除則根據《博物館法施行規則》第七條「在大學修習並取得符合前條規定之考試科目相當學分者，或依文部科學大臣另行規定完成相當學習者，可申請免除該科目考試。」（e-GOV法律檢索，2023）。
			審查認定方法則根據《博物館法施行規則》第十條「審查認定依據第十一條規定，對申請者的博物館相關學識及業績進行審查後作出決定。」該十一條為「1. 欲接受資格認定者，必須將應考申請書與應考資格的證明文件、履歷書、申請前六個月內取得之戶籍抄本或居民票副本、申請前六個月內拍攝的無帽正面半身照片等文件一併提交給文部科學大臣。另根據《居民基本臺帳法》第三十條之九規定規定，若文部科學大臣能確認申請人的姓名、出生日期及地址，則無需附上第三號所列居民票副本。2. 前項所列文件，在文部科學大臣特別認可有不得已的理由時，可用其他證明文件替代。3. 根據《博物館法施行規則》第七條規定請求試驗認定科目免除者，必須提交能證明其免除資格的文件。4. 申請審查認定者，除需提交第一項所列各號外，仍必須提交：一、根據

表 5-2 日本與臺灣《博物館法》專業人員資格及聘任、培訓制度規範差異比較（續）

比較項目	臺灣《博物館法》	日本《博物館法》	差異比較
			第九條「①或②申請者，需提交與博物館相關的著作、論文、報告等。二、根據第九條③申請者，需提交與博物館相關的著作、論文、報告等或證明博物館相關顯著成就的文件。三、根據第九條④申請者，需提交類似於前兩項的資料或文件。」（e-GOV 法律檢索，2023），如圖 5-2。 【臺灣】 依據《教育人員任用法》第 22 條「社會教育機構專業人員及學術研究機構研究人員之聘任資格，依其職務等級，準用各級學校教師之規定。」（全國法規資料庫，2014）。 準用各級學校教師規定，根據《教育人員任用條例》第 16 條「講師應具有左列資格之一：一、在研究院、所研究，得有碩士學位或其同等學歷證書，成績優良者。二、大學或獨立學院畢業，曾任助教擔任協助教學或研究工作四年以上，成績優良，並有專門著作者。三、大學或獨立學院畢業，曾從事與所習學科有關之研究工作、專門職業或職務六年以上，成績優良，並有專門著作者。」第 16-1 條「助理教授應具有左列資格之一：一、具有博士學位或其同等學歷證書，成績優良，並有專門著作者。二、具有碩士學位或其同等學歷證書，曾從事與所習學科有關之研究工作、專門職業或職務四年以上，成績優良，並有專門

表 5-2 日本與臺灣《博物館法》專業人員資格及聘任、培訓制度規範差異比較（續）

比較項目	臺灣《博物館法》	日本《博物館法》	差異比較
			著作者。四、曾任講師三年以上，成績優良，並有專門著作者。」第 17 條「副教授應具有左列資格之一：一、具有博士學位或其同等學歷證書，曾從事與所習學科有關之研究工作、專門職業或職務四年以上，並有專門著作者。二、曾任助理教授三年以上，成績優良，並有專門著作者。」第 18 條「教授應具有左列資格之一：一、具有博士學位或其同等學歷證書，曾從事與所習學科有關之研究工作、專門職業或職務八年以上，有創作或發明，在學術上有重要貢獻或重要專門著作者。二、曾任副教授三年以上，成績優良，並有重要專門著作者。」（全國法規資料庫，2014）。另，根據《教育人員任用條例施行細則》第 4 條「1.本條例所稱社會教育機構專業人員，指依原社會教育法第 4 條、第 5 條及終身學習法第 8 條第一項、第三項設立之社會教育機構，其組織法規中，除行政人員外，定有職務名稱其職等列為聘任之人員。2.前項專業人員之職務等級，依社會教育機構專業人員與各級學校教師職務等級之社教機構與教職人員等級比照表（全國法規資料庫，2019d）之規定。3.社會教育機構專業人員之遴聘及審查，依教育部之規定。」（全國法規資料庫，2019c）。

表 5-2 日本與臺灣《博物館法》專業人員資格及聘任、培訓制度規範差異比較（續）

比較項目	臺灣《博物館法》	日本《博物館法》	差異比較
		第六條 符合下列任意一項條件者，可具備助理學藝員資格： 一、具備短期大學士學位（包含根據《學校教育法》第百四條第二項由文部科學大臣規定的學位（不包括授予職業大學畢業者的學位）及同條第六項中由文部科學大臣規定的學位），並修得前條第一項第一款中由文部科學省令規定的與博物館相關課程學分者。 二、經文部科學省令規定，具備與前項所列條件相當或以上學歷及經驗者。	【日本】 具有成為助理學藝員資格或同等以上學歷與經驗者，根據《博物館法施行規則》第十八條「根據《博物館法》第六條第二款規定，符合助理學藝員資格或同等以上學歷與經驗者，由文部科學省令規定，符合任一項條件者： 1. 在大學學習兩年以上，且修滿含括博物館相關課程在內 62 學分以上者。 2. 符合《學校教育法施行規則》第百五十五條第二項各款條件之一，且在大學修得博物館相關課程學分者。」（e-GOV 法律檢索，2023）。 【臺灣】 依據《教育人員任用法》第 22 條「社會教育機構專業人員及學術研究機構研究人員之聘任資格，依其職務等級，準用各級學校教師之規定。」（全國法規資料庫，2014）。 準用各級學校教師規定，根據《教育人員任用條例》第 15 條「大學、獨立學院及專科學校得聘任助教協助教學及研究工作。助教應具有左列資格之一：一、大學或獨立學院畢業，成績優良者。二、三年制專科學校畢業，曾從事與所習學科有關之研究工作、專門職業或職務二年以上；或二年制、五年制專科學校畢業，曾從事與所習學科有關之研究工作、專門職業或職務三年以上，成績優良者。」

表 5-2 日本與臺灣《博物館法》專業人員資格及聘任、培訓制度規範差異比較（續）

比較項目	臺灣《博物館法》	日本《博物館法》	差異比較
專業人員再進修訓練課程		（館長、學藝員及助理學藝員等培訓） 第七條 文部科學大臣及各都道府縣的教育委員會應努力為館長、學藝員、助理學藝員及其他職員提供必要的培訓，以提升其素質。	【日本】 由於博物館與文化財保護領域對專業能力的要求日益提高，比以往任何時候都更需強化培訓，以提升在職館長及專業技術人員的素質。在前述第三章中亦提及，基於《文化藝術發展基本法》第十六條（日本文化庁，2022a）規定，為培養並確保具備文化財產保護與活用專業知識與技能的人才資源，應採取必要措施。此外，2022年4月博物館法部分修正，規定應為博物館館長、學藝員及其他從事博物館業務的人員提供在職進修教育課程（日本文化庁，2022d）。文化廳於2024年舉辦相關在職研修訓練課程，包括：強化專業人員在博物館公關訓練、連結文化的博物館訓練、博物館最高管理人員訓練、博物館教育訓練等（日本文化庁，2024e），以因應世界的局勢變化。 【臺灣】 文化部為提高博物館的專業性與國際競爭力，鼓勵、支持與協助公、私立博物館、國內大學校院及民間從事博物館相關事業的組織或團體等共同推動博物館事業，以增進博物館人員專業職能，表徵國家文化內涵，並建構相關資源支持體系，以服務專業社群，於2012年特訂定《文化部博物館事業推展補助作業要點》。

表 5-2 日本與臺灣《博物館法》專業人員資格及聘任、培訓制度規範差異比較（續）

比較項目	臺灣《博物館法》	日本《博物館法》	差異比較
			補助進修或培訓範圍包括：博物館人才培育、博物館國際（兩岸）合作與交流、博物館研究專案、完成評鑑之國立博物館專業功能強化等。 補助對象（即申請單位），包括：博物館法第五條規定的公立博物館、完成設立登記的私立博物館、國內公、私立大學校院，以及依法立案或登記，從事博物館相關事業的教學、研究、教育推廣及經營管理的法人或團體。 根據文化部博物館事業推展補助作業要點》第三點之七「博物館人才培育以補助非學分課程、研習活動（講座及研討會等）、人員駐館實習及產學合作等為原則，並須於提案計畫提出課程、研習活動、人員駐館實習及產學合作規劃。各項課程的參與學員，至少應有二分之一為博物館從業人員……。」又第四點補助經費原則「（一）本要點補助經費原則採取競爭型機制，由評審小組決議後，簽報本部首長或其授權人核定之。（二）補助金額：1、每一年度執行計畫補助金額最高以新臺幣二百萬元為上限，但申請第一點第四款補助或經評審小組決議具重要意義的提案，不在此限。」（文化部，2012）。

資料來源：作者彙整。

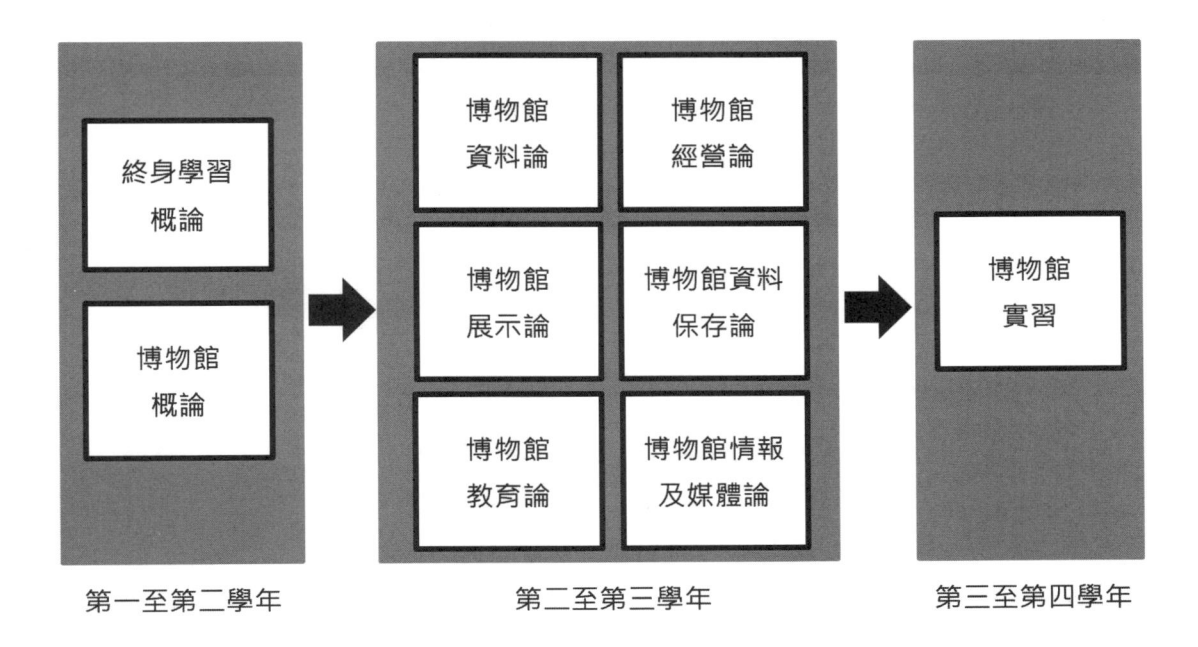

圖 5-1 大學學藝員養成訓練課程修讀順序

第一至第二學年：終身學習概論、博物館概論

第二至第三學年：博物館資料論、博物館經營論、博物館展示論、博物館資料保存論、博物館教育論、博物館情報及媒體論

第三至第四學年：博物館實習

資料來源：日本文化庁，2024d。

歸納而言，日本與臺灣在博物館專業人員的資格、聘任方式和再進修訓練方面存在差異，前者較為強調專業知識和技能的系統性養成，而後者對教育背景的要求較為寬泛。針對日本與臺灣在博物館專業人員資格、聘任方式和再進修訓練的差異，茲說明如下：

（一）「專業人員資格與聘任」方面

臺灣依據《博物館法》和《教育人員任用法》制定博物館聘任標準，主要參考教育背景和經驗。公立博物館館長的任命由主管機關根據博物館的規模、特色和功能進行選任。專業人員的資格多比照教育人員，強調學術或教育適應性，因此對專業要求較為寬泛。相較之下，日本根據《博物館法》對博物館專業人員的資格進行規範。學藝員須修讀博物館專業相關課程，並通過文部科學省的資格認證。此外，日本政府與290所設有學藝員課程的大學（含短期大學）合作，建立嚴謹的學藝員養成體系，將學術教育、實務訓練和持續發展相結合，以培養兼具專業知識和文化使命感的博物館專業人員。

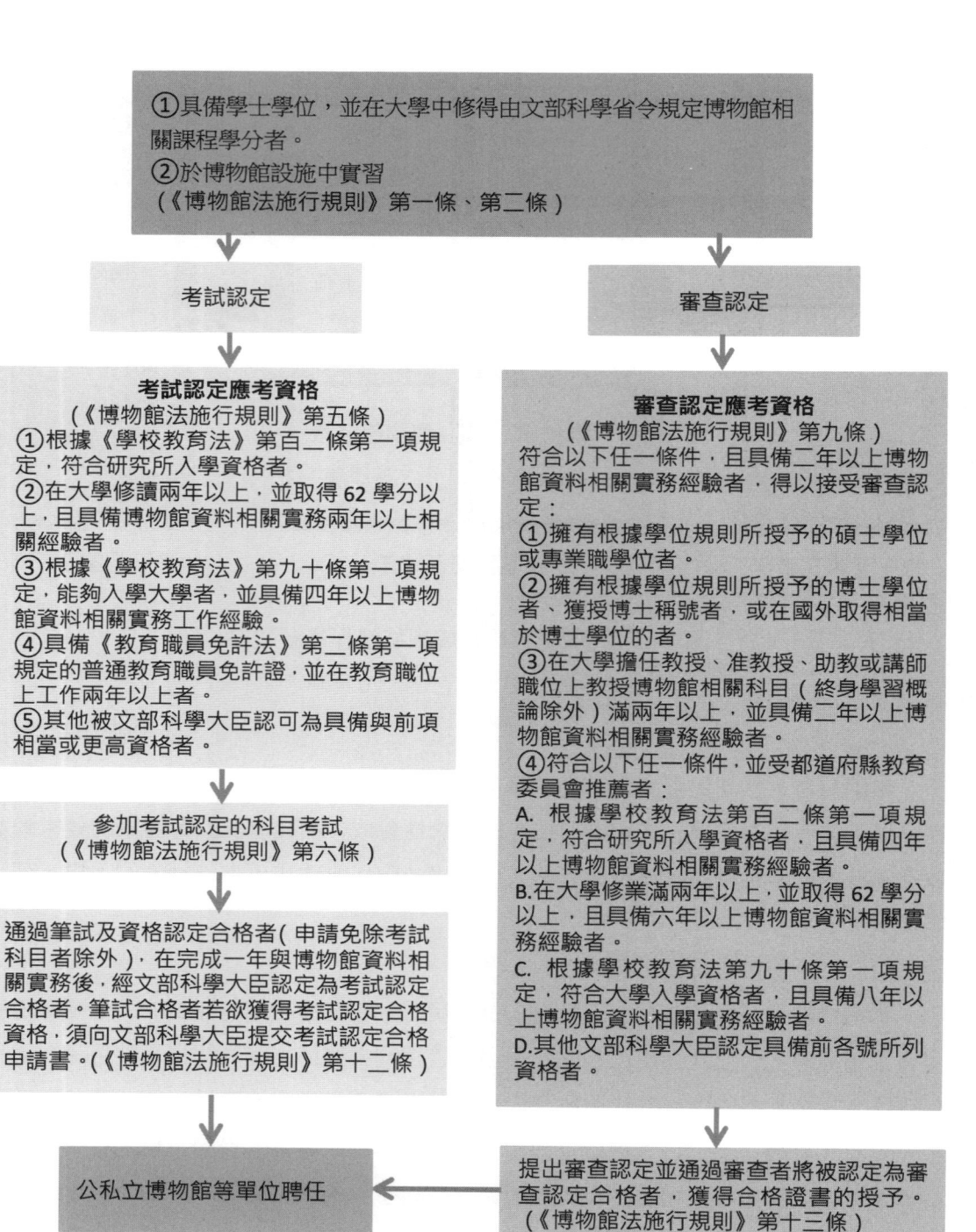

```
┌─────────────────────────────────────┐
│ ①具備學士學位，並在大學中修得由文部科學省令規定博物館相 │
│   關課程學分者。                      │
│ ②於博物館設施中實習                    │
│ （《博物館法施行規則》第一條、第二條）      │
└─────────────────────────────────────┘
```

考試認定　　　　　　　　　　　　**審查認定**

考試認定應考資格
（《博物館法施行規則》第五條）
①根據《學校教育法》第百二條第一項規定，符合研究所入學資格者。
②在大學修讀兩年以上，並取得 62 學分以上，且具備博物館資料相關實務兩年以上相關經驗者。
③根據《學校教育法》第九十條第一項規定，能夠入學大學者，並具備四年以上博物館資料相關實務工作經驗。
④具備《教育職員免許法》第二條第一項規定的普通教育職員免許證，並在教育職位上工作兩年以上者。
⑤其他被文部科學大臣認可為具備與前項相當或更高資格者。

參加考試認定的科目考試
（《博物館法施行規則》第六條）

通過筆試及資格認定合格者（申請免除考試科目者除外），在完成一年與博物館資料相關實務後，經文部科學大臣認定為考試認定合格者。筆試合格者若欲獲得考試認定合格資格，須向文部科學大臣提交考試認定合格申請書。（《博物館法施行規則》第十二條）

公私立博物館等單位聘任

審查認定應考資格
（《博物館法施行規則》第九條）
符合以下任一條件，且具備二年以上博物館資料相關實務經驗者，得以接受審查認定：
①擁有根據學位規則所授予的碩士學位或專業職學位者。
②擁有根據學位規則所授予的博士學位者、獲授博士稱號者，或在國外取得相當於博士學位的者。
③在大學擔任教授、准教授、助教或講師職位上教授博物館相關科目（終身學習概論除外）滿兩年以上，並具備二年以上博物館資料相關實務經驗者。
④符合以下任一條件，並受都道府縣教育委員會推薦者：
A. 根據學校教育法第百二條第一項規定，符合研究所入學資格者，且具備四年以上博物館資料相關實務經驗者。
B.在大學修業滿兩年以上，並取得 62 學分以上，且具備六年以上博物館資料相關實務經驗者。
C. 根據學校教育法第九十條第一項規定，符合大學入學資格者，且具備八年以上博物館資料相關實務經驗者。
D.其他文部科學大臣認定具備前各號所列資格者。

提出審查認定並通過審查者將被認定為審查認定合格者，獲得合格證書的授予。
（《博物館法施行規則》第十三條）

圖 5-2　文部科學省制定學藝員及助理學藝員資格認定程序
資料來源：e-GOV 法律檢索，2023。

（二）「專業人員再進修訓練」方面

臺灣的博物館專業人員進修課程由文化部補助，根據《文化部博物館事業推展補助作業要點》提供非學分制的學習機會，例如，研討會和國際交流等。申請計畫資格涵蓋《博物館法》第五條規定的公立博物館、完成設立登記的私立博物館、國內公、私立大學校院，以及從事博物館相關事業，具有教學、研究、教育推廣及經營管理，並依法立案或登記的法人或團體。此模式鼓勵多元學習，但由於缺乏強制性規範，進修內容由申請單位自行決定，導致再進修訓練課程系統性不足，且內容可能不夠全面。相較之下，日本的進修課程由文化廳主導，針對館長和學藝員提供嚴謹的在職進修，包括：數位化管理、文化資產保護、博物館經營等領域。這些課程設計符合現代文化需求，並強調專業深度與制度化培訓，確保博物館專業人員具備持續發展的能力。

總結而言，臺灣與日本在博物館專業人員的資格、聘任方式和再進修訓練上呈現不同取向。臺灣較注重教育背景的寬泛性，聘任標準相對不夠嚴謹，專業人員多比照教育人員資格，對學術或教育適應性要求較高。進修課程則由文化部補助，透過研討會與國際交流等非學分制學習機會推動，雖鼓勵多元學習，但缺乏統一的系統性規範，進修內容由申請單位自行決定，難以確保訓練的全面性與一致性。日本則透過《博物館法》明確界定學藝員的專業資格，強調學術教育與實務訓練的結合並重，並與290所開設學藝員課程的大學（含短期大學）合作，建立嚴謹的專業養成體系。此外，日本由文化廳主導的在職進修體系，針對館長與學藝員提供數位化管理、文化資產保護、博物館經營等專業課程，確保博物館人員符合現代文化需求，並維持高度專業性。

貳、日本《獨立行政法人通則法》與臺灣《行政法人法》法制架構差異比較

在當代治理中，政府面臨公共服務效率提升和多元需求應對的挑戰，傳統科層式管理模式因此受到檢討。為提升行政效能，日本於2001年制定《通則法》，將部分公共事務從政府機構中分離，透過法人化運作，以提高管理效率，並促進社會與經濟穩定發展。本書楔子（第一章）指出，獨立行政法人制度的核心目標在於減少政府行政負擔、提升運作效能，同時降低公部門人力成本，進而實現精簡政府（administrative streamlining reform）的改革目標。第二章則進一步闡述獨立行政法人的制度與類型，含括組織設計、運作模式、財務會計制度與資訊公開等基本核心原則，為提升公共服務效率提供具體指導。

以日本國立美術館為例，其負責管理六所國家級法人美術館（包括：國立電影資料館），係依據《通則法》第十三條設立。該條規定：「各獨立行政法人的設立程序，除非個別法有特別規定外，應依本節的規定進行」（e-Gov 法令檢索，2018）。此外，《國立美術館個別法》第一條明確規範「獨立行政法人國立美術館的名稱、目的及業務範圍等事項」；第二條進一步指出該機構係依據本法及《通則法》設立；第三條則訂明其主要目標職責為設立美術館，透過藝術作品（包括：電影）與相關資料的收藏、保存與展示，以及推動調查研究、教育推廣等活動，促進藝術與文化發展。因此，《國立美術館個別法》在法人實際運作中扮演指導性角色，為其各項業務提供法律依據與規範，詳細法條內容如附件四。

臺灣則於 2011 年制定《行政法人法》，旨在規範行政法人的設立、組織、運作、監督及解散等共通事項，以確保公共事務的執行具備彈性與高效性，並能兼顧公共利益（全國法規資料庫，2011）。作為基準法，該法確立行政法人運作的共通事項，並提供一般性指導原則，允許各行政法人根據實際需求靈活設計組織架構。全法共六章，共計 42 條（行政院人事行政總處，2021）。根據第二條之三款規定：「行政法人應制定個別組織法律設立；其目的與業務性質若相近，則可歸為同一類型，由通用性法律統籌設立。」（全國法規資料庫，2011）。與日本國立美術館相對應的臺灣文化機構為文化部監督的「國家電影及視聽文化中心」。該中心依據《國家電影及視聽文化中心設置條例》設立，條例第一條規定：「為典藏國家電影與視聽資產、推廣及促進電影、視聽文化發展，特設國家電影及視聽文化中心。」（全國法規資料庫，2019e）。

本書比較日本《通則法》與臺灣《行政法人法》的核心規範，涵蓋定義與設立條件、組織設計、運營模式、財務會計制度與績效評價制度等，並進一步引用《國立美術館個別法》及《國家電影及視聽文化中心設置條例》作為案例，分析其法制設計的異同，如表 5-3。日本《通則法》詳細法條如附件三。

表 5-3 日本《獨立行政法人通則法》與臺灣《行政法人法》法制比較

比較項目	臺灣	日本	相同／相異
定義與條件	第 2 條 1. 本法所稱「行政法人」，指國家及地方自治團體以外，由中央目的事業主管機關，為執行特定公共事務，依法律設立之公法人。 2. 前項特定公共事務須符合下列規定： 一、具有專業需求或須強化成本效益及經營效能者。 二、不適合由政府機關推動，亦不宜交由民間辦理者。 三、所涉公權力行使程度較低者。	第二條 1. 本法律所稱「獨立行政法人」，是指基於國民生活和社會經濟穩定等公共利益角度，必須確實執行的事務及業務，而這些事務及業務中，屬於無需國家直接作為主體實施。但若交由民間主體執行，可能存在無法確保執行的風險，或是需要由一個主體壟斷實施的事務（以下稱為「公共事務等」）。為有效且高效地執行這些事務及業務，依據本法律及個別法的規定，設立的中期目標管理法人、國立研究開發法人或行政執行法人。 2. 本法律中所稱「中期目標管理法人」，是指在公共事務等中，根據其特性，需要在發揮一定自主性和自律性的同時，從中期視角執行的事項（不包括由國立研究開發法人所執行的事項）。該法人依據	【相同點】 1. **設立目標**：兩國均強調行政法人滿足公共利益，承擔具公共性但非國家直接執行的事務。臺灣稱「執行特定公共事務」，日本為「確實執行的事務及業務」。 2. **避免由政府或民間主體直接處理**：兩國均認為部分公共事務不宜由政府直接推動，也難以完全交由民間處理。臺灣認為「不適合政府推動，亦不宜民間辦理」，日本則認為民間執行可能難以確保目標達成。 3. **追求經營效能**：兩國均強調高效完成公共事務，臺灣重視成本效益與經營效能，日本則強調多樣化且高品質的服務以滿足國民需求。

表 5-3 日本《獨立行政法人通則法》與臺灣《行政法人法》法制比較（續）

比較項目	臺灣	日本	相同／相異
		國家為中期期間規定的業務運營目標，通過基於該目標的計畫開展活動，旨在通過提供多樣且高質量的服務，精確滿足國民需求，促進公共利益的提升。其設立依據個別法規定。	【相異點】 1. 強調的管理模式： ・臺灣：強調行政法人為「公法人」，未特別強調其管理或自主性。 ・日本：設立「中期目標管理法人」，強調自主性與自律性，並依中期目標管理，確保法人持續依公共需求改進服務。 2. 專業需求及公權力行使： ・臺灣：強調行政法人需具備「專業需求」，並適用於「公權力行使程度較低」的領域。 ・日本：未特別提及公權力行使程度，而是更側重於國民生活與社會穩定的需求。
業務的公共性、透明性及自主性等		第三條 獨立行政法人應當基於其所開展的事務及業務對國民生活和社會經濟穩定等公共利益的重要性，必須確實執行其業務的適當性和有效性，妥善進行運營。	【相異點】 ・臺灣：未明文規定行政法人在運作中須考慮公共利益、確保業務適當性與高效率，或公開運營狀況。

表 5-3 日本《獨立行政法人通則法》與臺灣《行政法人法》法制比較（續）

比較項目	臺灣	日本	相同／相異
		2. 獨立行政法人應當根據本法律的規定，通過公開其業務內容等方式，努力向國民明確其組織及運營狀況。 3. 在本法律及個別法的實施過程中，應充分考慮獨立行政法人的事務及業務特性，並尊重其業務運營中的自主性，以確保獨立行政法人的事業及業務能夠結合國內外社會經濟形勢，得到適當執行。	・日本： 1. 公共利益的考量：強調應基於「國民生活和社會經濟穩定」等公共利益，確保業務適當性與高效率性，以滿足國民需求。 2. 透明化和公開：要求法人透過業務公開等方式展示組織與運營情況，體現對透明化與資訊公開的重視，促進社會理解與監督。 3. 自主性與彈性運營：強調法人應考量內外部社會經濟情勢，保障業務自主性，並依業務特性彈性運作，以適應變動的社會需求。
監督機關與內部治理規範	第3條 行政法人之監督機關為中央各目的事業主管機關，並應於行政法人之個別組織法律或通用性法律定之。 第4條 1. 行政法人應擬訂人事管理、會計制度、內部控制、稽核作業及其他規章，提經董	根據《國立美術館個別法》第十四條 國立美術館相關的通則法中的主務大臣及主務省令，分別為文部科學大臣及文部科學省令（e-Gov法令檢索，2015b）。 根據「獨立行政法人國立美術館第23期事業年度（令和5年度）事業	【相同點】 1. 監督機關： ・臺灣：行政法人的監督機關為中央目的事業主管機關，例如，文化部監督國家電影及視聽文化中心。 ・日本：國立美術館的監督機關為文部科學省。

表 5-3 日本《獨立行政法人通則法》與臺灣《行政法人法》法制比較（續）

比較項目	臺灣	日本	相同／相異
	（理）事會通過後，報請監督機關備查。 2. 行政法人就其執行之公共事務，在不牴觸有關法律或法規命令之範圍內，得訂定規章，並提經董（理）事會通過後，報請監督機關備查。 根據《國家電影及視聽文化中心設置條例》第 2 條　本中心為行政法人；其監督機關為文化部。 第 5 條 1. 本中心應訂定組織章程、人事管理、會計制度、內部控制、稽核作業及其他規章，提經董事會通過後，報請監督機關備查。 2. 本中心就其執行之公共事務，在不牴觸有關法律或法規命令之範圍內，得訂定規章，並提經董事會通過後，報請監督機關備查。	報告書」刊載內容包括：法人負責人的理念、經營方針與策略等；宗旨及業務內容；在政策體系中的地位與角色（使命）；中期目標；中期計畫／年度計畫；提供可持續和適當服務的來源（治理狀況、官員等的地位、人員狀況、重要設施等維護保養狀況、淨資產狀況、財務資源狀況、社會和環境考量等狀況、維持和創造法人優勢和基礎的來源）；經營中存在的問題與風險及對策；正確評價業務績效的先決訊息；工作成果與使用資源的比較；預算與財務報表比較；財務報表（資產負債表、行政費用表、利潤表、淨資產變動表、現金流量表）；法人負責人對財務狀況及經營狀況的說明資料；內部控制運作情況（成立內部控制委員會、合約監視委員會、資訊安全委員會、風險管理委員會）；法人基本狀況等資訊（独立行政法人国立美術館，2023e）。	2. 法規依據： ・臺灣：行政法人須依個別組織法或通用性法律訂定相關規章。 ・日本：根據《國立美術館個別法》，制定相關法律規範作為依據。 3. 內部控制與稽核： ・臺灣：行政法人須制定人事管理、會計制度、內部控制與稽核作業等規章，經董（理）事會通過後報監督機關備查。 ・日本：國立美術館報告書提及內部控制委員會，並定期提交財務報告。 4. 制定規章的流程： ・臺灣：規章須經董事會通過後，報請監督機關備查。 ・日本：須由法人負責人提供相關報告，報請主務大臣核備。 5. 關於公共事務的規章訂定： ・兩國在不牴觸法律規範前提下，可自主制定規章，展現一定彈性。

表 5-3 日本《獨立行政法人通則法》與臺灣《行政法人法》法制比較（續）

比較項目	臺灣	日本	相同／相異
			【相異點】 1. 法律與監督結構的明確性： ・臺灣：行政法人監督結構較為一般，強調中央目的事業主管機關的角色，但未以特定法律文件明確界定監督範疇。 ・日本：《國立美術館個別法》明確規範主務大臣與主務省令的監督職責，確立清晰的監督結構。 2. 報告內容的詳盡程度： ・臺灣：雖要求提交報告，但未明確規定其具體內容與範疇。 ・日本：報告書涵蓋法人負責人理念、經營方針、政策定位、經營問題與風險等，內容要求全面且具體。 3. 內部控制委員會的運作： ・臺灣：內部控制要求較為概括，重點在於訂定相關規章。 ・日本：設立合約監視、資訊安全、風險管理等專門委員會，顯示日本內部控制

表 5-3 日本《獨立行政法人通則法》與臺灣《行政法人法》法制比較（續）

比較項目		臺灣	日本	相同／相異
				的細緻與專業化運作。
獨立行政法人評價制度委員會	設置		第十二條　總務省轄下設立獨立行政法人評價制度委員會（以下稱為「委員會」）	【相異點】 ・臺灣：無此類制度。 ・日本：為未來發展奠定基礎，評價機制由「第三機關」平衡權力，促進獨立行政法人與政府溝通。
	所掌事務		第十二條之二　委員會負責以下事務： 一、根據第二十八條之二第二項規定，向總務大臣提出意見。 二、根據第二十九條第三項、第三十二條第五項、第三十五條第三項、第三十五條之四第三項、第三十五條之六第八項、第三十五條之七第四項或第三十五條之十一第七項規定，向主務大臣提出意見。 三、根據第三十五條第四項或第三十五條之七第五項規定，向主務大臣提出建議。	【相異點】 ・臺灣：無此類制度。 ・日本：獨立行政法人評價制度委員會需兼顧意見提出、建議提供、透明度維護及法律授權範圍內的職責，凸顯其在法人運作、政策制定與評價機制中的關鍵角色。包括以下： 1. 提出意見的職責： ・根據第二十八條之二第二項規定，委員會須就相關事項向總務大臣提供建議，顯示其在政策制定過程中的參與程度。 ・根據第二十九條第三項、第三十二條第五項等條款，所掌須就獨立行政法人業務運營向主務大臣提出建

表 5-3 日本《獨立行政法人通則法》與臺灣《行政法人法》法制比較（續）

比較項目	臺灣	日本	相同／相異
		四、根據第三十五條之二（包括在第三十五條之八中被替換適用之情狀）規定，向內閣總理大臣提出意見。 五、調查審議涉及獨立行政法人業務運營評價（以下稱為「評價」）制度的重要事項，並在認為有必要時向總務大臣提出意見。 六、調查審議涉及評價實施的重要事項，並在認為評價實施嚴重缺乏適當性時，向主務大臣提出意見。 七、處理法律規定委託其權責的其他事項。 2. 委員會根據前項第一款或第二款規定，或同項第五款或第六款規定向有關大臣提出意見時，必須公開其內容。[3]	議，並清楚理解相關法律規定。 · 委員會需熟悉國家政策與法規，定期評價成效並提出建設性建議。向內閣總理大臣建言時，應確保公開性，以提升政府透明度與社會民眾信任。 2. **建議及調查職責：** · 委員會需調查、審議評價制度運行狀況，並主動向主務大臣提出改進建議。 · 負責調查與審議獨立行政法人業務運營的重要事項，特別關注評價實施的適當性。 3. **公開透明度：** · 根據條文第二項規定，委員會依第一款或第二款提出意見時，須公開內容，以確保運作與決策透明，增強公信力。

3　日本內閣總理大臣相當於臺灣行政院長，總務大臣則相當於臺灣財政部長；主務大臣根據所掌事務做區分，本書案例中，日本國立美術館主務大臣為文部科學省大臣（文化廳），在臺灣則對應為文化部長。

表 5-3 日本《獨立行政法人通則法》與臺灣《行政法人法》法制比較（續）

比較項目	臺灣	日本	相同／相異
			4. 法律授權範圍內的其他職責： · 所掌需具備靈活性，能依法律授權處理相關事務，並具備敏銳的法律理解與應用能力。
委員會組成		第十二條之三　委員會由不超過十名的委員組成。 2. 當需要委員會調查和審議特定事項時，可以設立臨時委員。 3. 當需要委員會調查專業事項時，可以設立專門委員。	【相異點】 · 臺灣：無此類制度。 · 日本：獨立行政法人評價制度委員會成員，如表 2-3。
委員等的任命		第十二條之四　委員和臨時委員由內閣總理大臣從具有學識和經驗的人員中任命。 2. 專門委員由內閣總理大臣從在相關專業事項方面具有學識和經驗的人員中任命。	【相異點】 · 臺灣：無此類制度。 · 日本：獨立行政法人評價制度委員會的委員由內閣總理大臣任命，如表 2-3。
委員任期		第十二條之五　委員的任期為兩年。但補缺委員的任期為前任委員剩餘的任期。 2. 委員可以連任。 3. 臨時委員在其所涉及的特定事項的調	【相異點】 · 臺灣：無此類制度。 · 日本：獨立行政法人評價制度委員會的委員任期為兩年，臨時委員和專門委員在專業調查結束後依法解散。

表 5-3 日本《獨立行政法人通則法》與臺灣《行政法人法》法制比較（續）

比較項目	臺灣	日本	相同／相異
		查審議結束時，應被解任。 4. 專門委員在其所涉及的專門事項的調查結束時，應被解任。 5. 委員、臨時委員和專門委員為兼任職。	
委員會主席		第十二條之六　委員會設有主席，由委員互選產生。 2. 主席負責總理會議事務，並代表委員會。 3. 如果主席發生事故，由事先指定的委員代理其職務。	【相異點】 ・臺灣：無此類制度。 ・日本：獨立行政法人評價制度委員會委員長為澤田道隆（花王股份有限公司特別顧問），如表2-3。
要求提交資料等		第十二條之七　為執行其所掌管的事務，委員會認為必要時，可以要求相關行政機關負責人提交資料、表達意見、進行說明或提供其他必要的合作。	【相異點】 ・臺灣：無此類制度。 ・日本：委員會依法有權請求行政機關負責人提交資料。
授權政令		第十二條之八　除本節所規定的事項外，委員會的組織、委員及其他職員的事項，以及與委員會相關的必要事項，由政令規定。	【相異點】 ・臺灣：無此類制度。 ・日本：委員會組織、成員及職員事項需依政令規定。

表 5-3 日本《獨立行政法人通則法》與臺灣《行政法人法》法制比較（續）

比較項目		臺灣	日本	相同／相異
組織設計	董（理）事會、監事（監事會）設置、人數與性別比例	第 5 條 1. 行政法人應設董（理）事會。但得視其組織規模或任務特性之需要，不設董（理）事會，置首長一人。 3. 行政法人應置監事或設監事會；監事均由監督機關聘任；解聘時，亦同；置監事三人以上者，應互推一人為常務監事。 4. 董（理）事總人數以十五人為上限，監事總人數以五人為上限。 5. 董（理）事、監事，任一性別不得少於三分之一。但於該行政法人個別組織法律或通用性法律另有規定者，從其規定。 第 13 條　兼任之董（理）事、監事，均為無給職。 根據《國家電影及視聽文化中心設置條例》	第十八條 1. 各獨立行政法人應根據個別法的規定，設有一名法人負責人及一名監事。 2. 除前項規定的理事外，各獨立行政法人依個別法律規定設置其他主管人員。 3. 各獨立行政法人法人負責人的名稱，前項規定之主管人員名稱及職員人數、監事人員人數，應根據個別法規定辦理。 根據《國立美術館個別法》第六條 1. 國立美術館設有理事長及兩名監事作為理事，其中理事長為其負責人。 2. 國立美術館可設三名以內的理事作為理事。 理事會名單計有，理事長 1 名；其他理事包括專任 1 名、兼任 2 名；兼任監事 2 名，男女性比例各為 3 名，如表 2-5。	【相同點】 1. 組織結構： · 兩國行政法人均設有負責人與監事，顯示對管理層的重視，並建立明確的監事制度以監督法人運作。 2. 監督機關： · 兩國均由監督機關負責聘任與解聘董（理）事及監事，顯示政府對機構的監管。 3. 專業要求： · 兩國均強調董（理）事會成員及監事需具備相關專業背景或經驗，以提升法人運作的專業性與效率。 【相異點】 1. 董（理）事會的設置： · 臺灣：行政法人應設置董（理）事會，但得視組織規模或任務特性不設置，置首長一人。《國家電影及視聽文化中心設置條例》第 6 條則明確規

表 5-3 日本《獨立行政法人通則法》與臺灣《行政法人法》法制比較（續）

比較項目	臺灣	日本	相同／相異
	第 6 條 1. 本中心設董事會，置董事十一人至十五人，由監督機關就下列人員遴選提請行政院院長聘任之；解聘時，亦同： 一、政府相關機關代表。 二、電影、電視及廣播相關之學者、專家。 三、具法律、財務、行銷管理等相關專業人士或對藝術文化界有重大貢獻或傑出表現之社會公正人士。 2. 前項第一款董事人數，不得逾董事總人數三分之一。 3. 第一項董事，任一性別不得少於董事總人數三分之一。 第 7 條 1. 本中心設監事會，置監事三人至五人，由監督機關就下列人員遴選提請行政院院長聘任之；解聘時，亦同： 一、政府相關機關代表。 二、具會計、審計、稽		定董事會人數為 11 至 15 人。 ・日本：根據《國立美術館個別法》第六條，法人須設 1 名負責人及 2 名監事，並可設至多 3 位理事作為主管人員。 2. 監事（監事會）的構成與職責： ・臺灣：監事或監事會由監督機關聘任，若監事達 3 人以上，須互推 1 人為常務監事。 ・日本：每個獨立行政法人僅設一名監事，由主務大臣任命。 3. 董（理）事會成員的遴選標準： ・臺灣：董事會成員含括政府機關代表、相關學者及具專業背景人士，且政府機關代表不超過總人數的三分之一。 ・日本：法人負責人及主管人員任命依個別法律規定，無明確限制董（理）事會成員比例或數量，但會考量人事成本。目前

表 5-3 日本《獨立行政法人通則法》與臺灣《行政法人法》法制比較（續）

比較項目	臺灣	日本	相同／相異
	核、法律或管理相關學識經驗者。 2. 監事應互選一人為常務監事。 3. 第一項監事，任一性別不得少於監事總人數三分之一。（全國法規資料庫，2019e）。 目前董事會名單計有：政府相關機關代表 3 名；電影、電視及廣播相關之學者、專家 12 名；監事會名單計有：政府相關機關代表 1 名；具會計、審計、稽核、法律或管理相關學識經驗者 2 名（國家電影及視聽文化中心，2024）。		理事會成員包括理事長 1 名，專任理事 1 名，兼任理事 2 名。 4. 監事人數與選舉機制： ・臺灣：監事會設置需 3 人以上，並選舉 1 名常務監事。目前名單包括：政府機關代表 1 名，具會計、審計、稽核、法律或管理經驗者 2 名，未指明專任或兼任。 ・日本：監事人數與職責依個別法規定，未強制要求互選或特定人數，但會考量人事成本。目前監事會計有兼任 2 名。 5. 性別比例的適用範圍： ・臺灣：根據《行政法人條例》第 5 條，董（理）事及監事須符合性別比例要求，特定情況下可依個別組織或通用性法律規定進行調整。 ・日本：法律條文未明確規定或載明。目前，理事會與監事

表 5-3 日本《獨立行政法人通則法》與臺灣《行政法人法》法制比較（續）

比較項目	臺灣	日本	相同／相異
任期、解聘任與連任條件	第6條 1. 董（理）事、監事採任期制，任期屆滿前出缺，補聘者之任期，以補足原任者之任期為止。董（理）事、監事為政府機關代表者，依其職務任免改聘。 2. 有下列情事之一者，不得聘任為董（理）事、監事： 一、受監護宣告或輔助宣告尚未撤銷。 二、受有期徒刑以上刑之判決確定，而未受緩刑之宣告。 三、受破產宣告尚未復權。 四、褫奪公權尚未復權。 五、經公立醫院證明身心障礙致不能執行職務。 3. 董（理）事、監事有前項情形之一或無故連續不出席董（理）事會議、監事會議達三次者，應予解聘。	第二十條 2. 監事由主務大臣任命。 4. 根據第十八條第二項規定設置其他理事，由法人負責人從第一項各款所列人員中任命。 5. 法人負責人根據前項規定任命理事後，應立即向主務大臣報告，並予以公開發佈。 第二十一條 中期目標管理法人負責人之任期自任命之日起，至包含該任命之日的中期目標管理法人依第二十九條第二項第一款規定的中期目標期間（下段簡稱「中期目標期間」）的末日為止。 2. 中期目標管理法人的監事任期根據各中期目標期間確定，自任命之日起，至對應中期目標期間最後一個事業年度的財務報表批准日（指依據第三十八條第	名單中，男女性各為3名。 【相同點】 1. 任期制： · 兩國皆規定董事（理事）與監事採任期制，補缺者任期應繼承原任者剩餘時間，以確保組織穩定。 2. 解聘條件： · 兩國均訂定解聘條件，例如，身心障礙、工作不力或怠忽職責，以確保行政法人管理層的專業性與效能。 3. 聘任及解聘權限： · 臺灣：明確規定董（理）事和監事均由監督機關聘任與解聘。 · 日本：主務大臣或法人負責人可解任被認為不適任的理事。 【相異點】 1. 任期長度： · 臺灣：依《行政法人條例》第6條，未明確規定任期長度，但《國家電影及視聽文化中心設置條例》第8條規定董事、

表 5-3 日本《獨立行政法人通則法》與臺灣《行政法人法》法制比較（續）

比較項目	臺灣	日本	相同／相異
	4. 董（理）事、監事有下列各款情事之一者，得予解聘： 一、行為不檢或品行不端，致影響行政法人形象，有確實證據。 二、工作執行不力或怠忽職責，有具體事實或違反聘約情節重大。 三、當屆之行政法人年度績效評鑑連續二年未達監督機關所定標準。 四、違反公務人員行政中立法之情事，有確實證據。 五、就主管事件，接受關說或請託，或利用職務關係，接受招待或餽贈，致損害公益或行政法人利益，有確實證據。 六、非因職務之需要，動用行政法人財產，有確實證據。 七、違反第七條第一項、第二項利益迴避原則及第八條第一項前段特定交易行為禁止之情事，有確實證據。	一項規定的該項財務報表的批准日。下同）為止。但補缺的監事任期為前任者的剩餘任期。 3. 中期目標管理法人的理事（不包括法人負責人及監事，以下同）的任期由個別法律另行規定。但補缺的理事任期為前任者的剩餘任期。 4. 中期目標管理法人的理事可以連任。 第二十二條　政府或地方公共團體的職員（不包括兼職人員）不得擔任獨立行政法人理事。 第二十三條　主務大臣或法人負責人所任命的理事因符合前條規定而失去擔任理事資格時，必須解除該理事的職務。 2. 主務大臣或法人負責人在其任命的理事符合以下各項之一，或被認為不適合繼續擔任理事時，可以解除該理事職務。	監事任期為三年。 · 日本：依《通則法》第二十一條，未明確規定任期長度，中期目標管理法人的理事與監事任期依中期目標期間而定。《國立美術館個別法》則規定理事任期為四年。 2. 續聘限制： · 臺灣：《國家電影及視聽文化中心設置條例》第 8 條規定，董事與監事可續聘一次，但續聘人數不得超過總數三分之二，且不得少於三分之一，明確限制續聘比例。 · 日本：《中期目標管理法人法》規定理事可連任，且無續聘比例限制。 3. 規範的具體性： · 臺灣：解聘理由與程序有詳細規範，例如，不檢行為、工作不力等，並明定解聘事由與方式，顯示監督機關對組織管理的直接介入。

表 5-3 日本《獨立行政法人通則法》與臺灣《行政法人法》法制比較（續）

比較項目	臺灣	日本	相同／相異
	八、其他有不適任董（理）事、監事職位之行為。 5. 董（理）事、監事之資格、人數、產生方式、任期、權利義務、續聘次數及解聘之事由與方式，應於行政法人個別組織法律或通用性法律定之。 根據《國家電影及視聽文化中心設置條例》第8條 1. 董事、監事任期為三年，期滿得續聘一次。但續聘人數不得逾各該總人數三分之二，不得少於三分之一。 2. 代表政府機關出任之董事、監事應依其職務異動改聘，不受前項續聘次數之限制；依第六條第一項第二款、第三款及前條第一項第二款規定聘任之董事、監事，任期屆滿前出缺者，由監督機關遴選提請行政院院長補聘之，其任期至原任者之任期屆滿為止。	一、因身心障礙無法履行職務時。 二、違反職務的行為時。 3. 除前項規定外，主務大臣或法人負責人認為其任命的理事（不包括監事）因職務執行不當導致該獨立行政法人業務成果惡化，並認為該理事繼續執行其職務不合適時，可以解除其職務。 4. 法人負責人根據前兩項規定解除其任命的理事時，必須及時向主務大臣報告，並對外公佈該解職資訊。 根據《國立美術館個別法》第八條 理事的任期為四年。	・日本：除法律規定外，主務大臣或法人負責人可解任理事；若理事因職務不當導致業務惡化，法人負責人可予以解任，並向主務大臣報告且公開相關資訊。

表 5-3 日本《獨立行政法人通則法》與臺灣《行政法人法》法制比較（續）

比較項目	臺灣	日本	相同／相異
董（理）事長的設置與任命	第 9 條 1. 行政法人設董（理）事會者，置董（理）事長一人，由監督機關聘任或提請行政院院長聘任；解聘時，亦同。 2. 董（理）事長之聘任，應由監督機關訂定作業辦法遴聘之。 4. 董（理）事長以專任為原則。但於該行政法人個別組織法律或通用性法律另有規定者，從其規定。 6. 董（理）事長及執行長初任年齡不得逾六十五歲，任期屆滿前年滿七十歲者，應即更換。但有特殊考量，經行政院核准者，不在此限。 另根據《國家電影及視聽文化中心設置條例》第 10 條 1. 本中心置董事長一人，由監督機關就董事中提請行政院院長聘任之；解聘時，亦同。	第二十條 1. 法人負責人由主務大臣從以下人員中任命。 一、具備與該獨立行政法人所執行的事務和事業相關高度知識經驗的人員。 二、除前項所列人員外，能夠適當且有效地運營該獨立行政法人所執行之事務及業務者。 3. 主務大臣依前兩項規定任命法人負責人或監事時，應視需要採用公開招聘（即公示該職務內容、工作條件及其他必要事項以進行候選人招聘）方式。即使未採用公開招聘，亦應確保透明度，通過候選人推薦或其他必要措施，任命適任人員。	【相同點】 · 監督機關的主導作用：兩國法律均規定董事長或法人負責人由監督機關或主務大臣任命。 【相異點】 1. 遴選方式的公開性： · 臺灣：依《行政法人法》第 9 條第 2 項及《國家電影及視聽文化中心設置條例》第 10 條第 2 項，監督機關須訂定遴聘辦法規範遴選過程，但無公開招聘要求。 · 日本：依《獨立行政法人法》第二十條第 3 項，主務大臣任命法人負責人時，應盡力公開招聘，公示職位條件與工作內容徵選候選人。 2. 年齡限制： · 臺灣：規定董事長初任年齡不得超過 65 歲，任期內滿 70 歲須更換，特殊情況可經行政院核准延任。 · 日本：未設置年齡限制。

表 5-3 日本《獨立行政法人通則法》與臺灣《行政法人法》法制比較（續）

比較項目	臺灣	日本	相同／相異
	2. 董事長之聘任、解聘、補聘之方式及其他相關事項之辦法，由監督機關定之。 4. 董事長初任年齡不得逾六十五歲，任期屆滿前年滿七十歲者，應即更換。但有特殊考量，經行政院核准者，不在此限。		
董（理）事長、董（理）事會職權	第 9 條 3. 董（理）事長對內綜理行政法人一切事務，對外代表行政法人。 第 10 條 1. 董（理）事會職權如下： 一、發展目標及計畫之審議。 二、年度營運（業務）計畫之審議。 三、年度預算及決算之審議。 四、規章之審議。 五、自有不動產處分或其設定負擔之審議。 六、其他重大事項之審議。	第十九條 1. 法人負責人代表獨立行政法人，並總理其事務。 2. 根據個別法規定，除法人負責人外的其他理事，按照法人負責人指示，在法人負責人發生事故時代理其職務，法人負責人缺位時履行其職務。 3. 根據前條第二項規定設立理事的職務及權限，由個別法規定。 第二十一條之四　獨立行政法人的理事在執行其業務時，必須遵守法律法規、根據法律法規	【相同點】 1. 法人負責人的角色與責任： ・臺灣：依《行政法人法》第 9 條第 3 款及《國家電影及視聽文化中心設置條例》第 10 條第 3 款，董事長需承擔內外責任。 ・日本：《獨立行政法人法》第十九條第 1 款明確規定法人負責人的職責。 2. 理事／董事的忠誠責任： ・臺灣：董事會的決議和執行有相應規範。 ・日本：《獨立行政法人法》第二十一條之四規定理事需遵循

表 5-3 日本《獨立行政法人通則法》與臺灣《行政法人法》法制比較（續）

比較項目	臺灣	日本	相同／相異
	2. 董（理）事會應定期開會，必要時，得召開臨時會議，由董（理）事長召集，並擔任主席。 3. 監事或常務監事，應列席董（理）事會議。 根據《國家電影及視聽文化中心設置條例》 第 10 條 3. 董事長對內綜理本中心一切事務，對外代表本中心；其因故不能執行職務時，由其指定之董事代行職權，不能指定時，由董事互推一人代行職權。 第 11 條 董事會之職權如下： 一、發展目標及計畫之審議。 二、設立分支機構之審議。 三、年度營運計畫之審議。 四、年度預算、決算及績效目標之審議。 五、規章之審議。	主務大臣的處分，以及該獨立行政法人制定的業務方法書和其他規章，忠實地為該獨立行政法人履行職務。 第二十一條之五　獨立行政法人的理事（不包括監事）在發現可能對該獨立行政法人造成顯著損害事實時，應立即將該事實報告給監事。 第二十四條　在涉及獨立行政法人與法人負責人或其他具有代表權的理事利益衝突的事項上，該等人員不得行使代表權。在此情狀下，由監事代表該獨立行政法人。 第二十五條　法人負責人及其他具有代表權的理事，可以從不具有代表權的理事與職員中選任代理人，賦予其對獨立行政法人某部分業務的一切訴訟內外行為的權限。	法律和規章履行職務。 3. 董事（理事）會職權：兩國法規均規定董事（理事）會負責重大事項審議，含括年度計畫、預算決算審議及法規制定或修訂。 4. 法人負責人／董事長主持會議召開： ・臺灣：由董事長召集會議，並擔任主席。 ・日本：由法人負責人或理事召集，並主持會議。 【相異點】 1. 利益衝突與代理權： ・臺灣：法律未對此細節作出規範。 ・日本：第二十四條與第二十五條規範法人負責人與具代表權理事的利益衝突，明定法人負責人於利益衝突時不得行使代表權，並可授權代理人處理業務。 2. 法人負責人缺位時的代理規範：

表 5-3 日本《獨立行政法人通則法》與臺灣《行政法人法》法制比較（續）

比較項目	臺灣	日本	相同／相異
	六、自有不動產處分或其設定負擔之審議。 七、本條例所定應經董事會決議事項之審議。 八、執行長之任免。 九、本中心經費之籌募與財產之管理及運用。 十、其他重大事項之審議。 第 12 條 1. 董事會每三個月開會一次；必要時，得召開臨時會議，由董事長召集，並擔任主席。 2. 董事會會議應有過半數董事之出席，其決議應有出席董事過半數之同意。但前條第一款至第九款之決議，應有董事總人數過半數之同意。	第五十條之三 中期目標管理法人之理事（非全職者除外）在任期間，除非經任命權者的批准，否則不得擔任營利性目的團體的理事，亦不得從事營利事業。 另根據《國立美術館個別法》 第七條 理事根據理事長指示，協助理事長掌管國立美術館業務。 2. 《通則法》第十九條第二項中由個別法律規定的高級官員為理事。但未設理事時，由監事擔任。 3. 在前項但書情狀，依據通則法第十九條第二項規定，代理或履行理事長職務的監事在此期間不得履行監事的職務。	• 臺灣：規定董事長無法執行職務時，由其指定董事代行。 • 日本：由法人負責人指派理事為代理人，並對其權力與職責作出更詳細的規範。 3. 兼職規定： • 臺灣：未明確規定於法律條文中。 • 日本：規定理事在職期間，除非獲任命權者批准，不得擔任營利性團體理事或從事營利事業。 4. 董事會決議要求： • 臺灣：特定重大事項（如預算、決算及績效目標）須經董事會過半數同意決議。 • 日本：法條無明文規範。 5. 理事輔佐理事長 • 臺灣：未明確規定於法律條文中。 • 日本：《國立美術館個別法》第七條規定，理事依理事長指示，輔佐其管理國立美術館業務。

表 5-3 日本《獨立行政法人通則法》與臺灣《行政法人法》法制比較（續）

比較項目	臺灣	日本	相同／相異
監事或監事會職權	第 11 條 監事或監事會職權如下： 一、年度營運（業務）決算之審核。 二、營運（業務）、財務狀況之監督。 三、財務帳冊、文件及財產資料之稽核。 四、其他重大事項之審核或稽核。 第 12 條　董（理）事、監事應親自出席董（理）事會議、監事會議，不得委託他人代理出席。 根據《國家電影及視聽文化中心設置條例》 第 13 條 1. 監事會之職權如下： 一、年度營運決算之審核。 二、營運、財務狀況之監督。 三、財務帳冊、文件及財產資料之稽核。 四、其他重大事項之審核或稽核。 2. 監事單獨行使職權，常務監事應代表全體監事列席董事會會議。	第十九條 4. 監事對獨立行政法人進行業務審計。在此情狀下，監事應根據主務省令的規定編制審計報告。 5. 監事可以隨時要求理事（不包括監事）和職員報告事務及業務，或對獨立行政法人的業務及財產狀況進行調查。 6. 當監事發現獨立行政法人擬提交以下文件給主務大臣時，監事必須對該等文件進行審查。 一、涉及本法規定的許可、批准、認證及報告書等檔，以及其他總務省令規定的文件。 二、其他總務省令規定的文件。 7. 監事在履行其職務時，如有必要，可以要求獨立行政法人的子法人（指由獨立行政法人控制經營的法人，總務省令規定的法人）報告其業務，或調查其子法人的業務及財產狀況。	【相同點】 1. 監事職權： ・臺灣：監事會負責審核決算、監督營運與財務、稽核帳冊及文件，並審查重大事項。 ・日本：監事負責審計業務，可隨時要求報告或調查業務與財產，具監督與審計功能。 2. 重要文件的審查： ・臺灣：監事會負責審核年度決算及重大事項。 ・日本：監事可依審計結果，必要時向法人負責人或主務大臣提出意見。 【相異點】 1. 職權行使方式： ・臺灣：監事在監事會中行使職權，並可單獨行使，常務監事應代表全體監事列席董事會。 ・日本：監事負責審計業務，可隨時要求報告與調查，強調其調查權限與持續性。

表 5-3 日本《獨立行政法人通則法》與臺灣《行政法人法》法制比較（續）

比較項目	臺灣	日本	相同／相異
		8. 前項子法人在有正當理由的情狀下，可以拒絕報告或調查。 9. 監事可以根據審計結果，在認為必要時，向法人負責人或主務大臣提交意見。 第十九條之二　監事在認為理事（不包括監事）有不正行為或有進行該行為的情況時，或者發現違反本法律，個別法或其他法律法規的事實，或發現明顯不當的事實時，應當立即向法人負責人報告，同時報告主務大臣。	2. 審計報告的要求： ・臺灣：監事的職權並未明確要求編制審計報告的條款。 ・日本：監事需依主務省令編制審計報告，必要時可向法人負責人或主務大臣提出意見，顯示日本監事制度的具體與正式性。 3. 子法人調查的權限： ・臺灣：未明確規定於法律條文中。 ・日本：監事有權要求子法人報告業務或調查，但子法人可在正當理由下拒絕。 4. 出席會議的義務： ・臺灣：監事應親自出席董（理）事會議與監事會議，不得委託代理。 ・日本：法律未強調監事必須親自出席的義務。 5. 不正當行為的舉報： ・臺灣：未明確規定於法律條文中。 ・日本：監事若發現理事有不正當行為或違法之虞，應立即報

表 5-3 日本《獨立行政法人通則法》與臺灣《行政法人法》法制比較（續）

比較項目		臺灣	日本	相同／相異
				告法人負責人，並同步通知主務大臣。
業務運營模式	業務範圍	在《行政法人法》中未明訂業務範圍，僅在《國家電影及視聽文化中心設置條例》列明業務範圍。 第3條 本中心之業務範圍如下： 一、電影與視聽文化之資產之修護、收藏、展示放映、再利用及行銷推廣。 二、電影與視聽文化之資產之教育輔助、推廣及國際交流。 三、電影與視聽文獻、歷史資料之收集、整理、分析及研究。 四、本中心與其電影及視聽場館設施之營運管理。 五、協助政府執行電影及視聽文化推廣相關業務。 六、受委託辦理電影及視聽相關場館設施之營運管理。 七、定期出版國際刊物，推動我國電影及視聽文化之國際宣傳。	第二十七條 各獨立行政法人業務範圍由個別法規定。 另根據《國立美術館個別法》 第十一條 國立美術館為實現第三條所述目的，開展以下業務： 一、設置美術館。 二、收集和典藏藝術作品及其他與藝術相關的資料，並提供給社會民眾鑑賞。 三、進行與前項所述任務相關的調查與研究。 四、收集、整理及提供與第二項所述任務相關的資訊和資料。 五、舉辦與第二項業務相關的講座、出版物的發行及其他教育與普及事業。 六、將第一項所設置的美術館用於促進藝術及其他文化的事業。 七、針對第二項至第五項業務，對美術館	【相同點】 1. 收藏、研究和展示：兩國業務範圍皆涵蓋藝術、電影及視聽資產的收藏、研究與展示。 2. 教育與推廣：兩國業務皆規範教育推廣，透過講座、展示、出版等提升文化認識與參與。 3. 國際交流：兩國業務範圍都提到促進文化的國際宣傳與交流。 4. 設施營運管理： ・臺灣：明確涵蓋電影與視聽相關場館設施的管理與營運。 ・日本：管理美術館，並運用設施促進藝術與電影文化活動。 【相異點】 1. 法規架構： ・臺灣：《行政法人法》未明確規範業務範圍，而是依據個別設置條例說明業務範疇。

表 5-3 日本《獨立行政法人通則法》與臺灣《行政法人法》法制比較（續）

比較項目	臺灣	日本	相同／相異
	八、其他與電影及視聽文化相關事項。	及其他類似設施的職員進行培訓。 八、應美術館及其他類似機構的要求，就上述第二至第五項所述任務提供協助和建議。 九、執行與前述各項業務附帶的任務。	・日本：《獨立行政法人通則》規定業務範圍由個別法律決定，如《國立美術館個別法》第十一條列出特定業務。 2. 業務範圍的整體規定方式： ・臺灣：目前《行政法人法》未統一規定各行政法人的業務範圍，僅在《國家電影及視聽文化中心設置條例》中針對特定機構詳細說明。 ・日本：《獨立行政法人通則法》規定，獨立行政法人業務範圍由各自個別法詳細規定，確保法律規範整體一致。 3. 協助與建議功能： ・臺灣：未規定協助其他機構，僅專注自身業務的推動與執行。 ・日本：特別規定藝術教育和普及業務（包括：電影）可根據需求向其他美術館或機構提供專業協助和建議。 4. 員工培訓： ・臺灣：未規定專門員

表 5-3 日本《獨立行政法人通則法》與臺灣《行政法人法》法制比較（續）

比較項目	臺灣	日本	相同／相異
			工培訓要求，僅關注業務執行與管理。 · 日本：明文規定須對美術館相關業務職員進行培訓，以確保專業水準。
業務方法書	第18條 1. 行政法人應訂定發展目標及計畫，報請監督機關核定。	第二十八條 獨立行政法人在開始業務時，應制定業務方法書，並獲得主務大臣的認可。變更時亦同。 2. 前項業務方法書應記載以下內容：確保理事（不包括監事）職務執行符合本法律、個別法或其他法令的相關體系，以及確保獨立行政法人業務適正性的體系整備相關事項，並包括主務省令所規定的其他事項。 3. 獨立行政法人在獲得第一項批准後，應及時公佈其業務方法書。	【相同點】 1. 制定計畫的要求與向主管機關的報備： · 臺灣：行政法人須訂定發展目標與計畫，並報監督機關核定。 · 日本：獨立行政法人開展業務前須制定業務方法書，並經主務大臣認可。 【相異點】 1. 計畫的內容要求： · 臺灣：法律條文未明確規定行政法人需制定的發展目標及計畫內容。 · 日本：業務方法書明確規定內容，包括：合規體制及相關事項，體現詳細規範。 2. 公佈的要求： · 臺灣：法律條文未規定行政法人須公開發展目標及計畫。

表 5-3 日本《獨立行政法人通則法》與臺灣《行政法人法》法制比較（續）

比較項目	臺灣	日本	相同／相異
			・日本：獨立行政法人獲批後須公佈業務方法書，強調透明度與問責。 3. 計畫的適用階段： ・臺灣：著重於發展目標與計畫制定，未明確涵蓋業務運營具體方法。 ・日本：業務方法書涵蓋業務啟動程序與要求，強調運作方法與適當性。
制定評價（鑑）準則	第 16 條 1. 監督機關應邀集有關機關代表、學者專家及社會公正人士，辦理行政法人之績效評鑑。 2. 行政法人績效評鑑之方式、程序及其他相關事項之辦法，由監督機關定之。 第 17 條　績效評鑑之內容如下：	第二十八條之二　總務大臣應制定關於第二十九條第一項中期目標、第三十五條之四第一項中長期目標、第三十五條之九第一項年度目標之策定指導方針，以及第三十二條第一項、第三十五條之六第一項及第二項、第三十五條之十一第一項及第二項評價指導方	【相同點】 1. 評價（鑑）範疇：兩國重視目標達成率與業務績效評價，納入績效指標，並審議經費核撥等重大事項。 【相異點】 1. 指導方針制定的角色： ・臺灣：文化部直接組

表 5-3 日本《獨立行政法人通則法》與臺灣《行政法人法》法制比較（續）

比較項目	臺灣	日本	相同／相異
	一、行政法人年度執行成果之考核。 二、行政法人營運（業務）績效及目標達成率之評量。 三、行政法人年度自籌款比率達成率。 四、行政法人經費核撥之建議。 根據《國家電影及視聽文化中心績效評鑑辦法》 第 2 條 1. 文化部為評鑑國家電影及視聽文化中心（以下簡稱影視聽中心）之營運績效，應組成績效評鑑小組（以下簡稱評鑑小組）。 2. 評鑑小組置委員七人至十一人，其中一人為召集人，由文化部指定，其餘委員由文化部邀集下列人員組成之： 一、政府相關機關代表。 二、電影、電視、廣播及經營管理領域之學者專家。 三、社會公正人士。	針，並將其通知主務大臣後予以公佈。變更時亦同。 2. 總務大臣在制定或更改前項指導方針時，應適當地反映綜合科學技術創新會議根據下一條規定所制定研究開發事務及業務相關指針草案內容，並事先徵求委員會的意見。 3. 主務大臣應根據第一項的指導方針，制定第二十九條第一項中期目標、第三十五條之四第一項中長期目標及第三十五條之九第一項年度目標，並執行第三十二條第一項、第三十五條之六第一項及第二項、以及第三十五條之十一第一項及第二項評價。	成評鑑小組，無總務大臣類似角色。 · 日本：由總務大臣制定指導方針。 2. 評價（鑑）目標的層級設置： · 臺灣：評鑑目標未進行分層。 · 日本：法條將評價準則分為中期目標、中長期目標、年度目標及評價指導方針。 3. 指導方針與意見聽取： · 臺灣：法規未見跨部會的具體要求。 · 日本：總務大臣制定或更改指導方針前，須反映綜合科學技術創新會議意見並聽取評價委員會意見，展現跨部會協作。 4. 公示與透明度： · 臺灣：未明確要求公開評鑑指導原則和結果。 · 日本：績效指導方針的制定或變更須先聽取評價委員會意見且須公示。

表 5-3 日本《獨立行政法人通則法》與臺灣《行政法人法》法制比較（續）

比較項目	臺灣	日本	相同／相異
	3. 前項第二款及第三款之委員不得少於三分之二。 第 3 條 1. 評鑑委員任期二年，期滿得續聘之；前條第二項第二款及第三款之評鑑委員，每年改聘人數以不超過三分之一為原則。 2. 前條第二項第一款之評鑑委員，應依職務異動改聘。 另根據「影視聽中心112年績效評鑑報告」之國家電影及視聽文化中心績效評鑑小組委員名單計有，政府相關機關代表2名；電影、電視、廣播及經營管理領域之學者專家9名（國家電影及視聽文化中心112年度績效評鑑報告，2023）。 第 4 條 1. 評鑑小組會議由召集人召集之，並擔任主席。召集人請假或因故未能行使職權時，得指定委員一人代		

表 5-3 日本《獨立行政法人通則法》與臺灣《行政法人法》法制比較（續）

比較項目	臺灣	日本	相同／相異
	理；未指定或不能指定者，由委員互推一人代理。 2. 評鑑小組會議應有過半數委員之出席，其決議應有出席委員三分之二之同意。 3. 評鑑委員應遵守利益衝突迴避原則。 4. 第二項應出席或已出席委員人數之計算，不包括應迴避或已迴避之委員。 5. 評鑑委員應親自出席評鑑小組會議，不得委託他人代理出席。 第 5 條　績效評鑑之內容如下： 一、年度執行成果之考核。 二、業務績效及目標達成率之評量。 三、年度自籌款比率達成率。 四、經費核撥之建議。 五、其他有關事項。 第 6 條 1. 影視聽中心應依發展目標及計畫、年度業務計畫，擬具前條第二款業務績效指		

表 5-3 日本《獨立行政法人通則法》與臺灣《行政法人法》法制比較（續）

比較項目	臺灣	日本	相同／相異
	標，提經董事會通過後，報送文化部，交由評鑑小組審議。 2. 影視聽中心得邀集文化部及專家學者召開會議，以研提前項業務績效指標。 第 7 條 1. 績效評鑑得採書面、定期或不定期實地訪視方式辦理。影視聽中心應提供評鑑所需資料並配合相關評鑑作業。 2. 前項不定期實地訪視，應經評鑑小組會議決議，且應有三位以上之評鑑委員出席（全國法規資料庫，2020）。		
評價（鑑）結果的處理等	雖位於《行政法人法》中明訂評價結果的處理，但根據《國家電影及視聽文化中心績效評鑑辦法》 第 10 條 1. 文化部應以影視聽中心年度績效評鑑結果，作為次年度核撥經費及補助之參	第二十八條之四　獨立行政法人必須將第三十二條第一項、第三十五條之六第一項或第二項，以及第三十五條之十一第一項或第二項評價結果，應適當地反映於第三十條第一項中期計畫、第三十一條第一項年度計畫、第三	【相同點】 1. 績效評價（鑑）的重要性： · 臺灣：文化部依影視聽中心績效評鑑結果，作為次年度經費核撥與補助參考，強調評鑑影響。 · 日本：獨立行政法人須將評價結果納入

表 5-3 日本《獨立行政法人通則法》與臺灣《行政法人法》法制比較（續）

比較項目	臺灣	日本	相同／相異
	考，並得為必要之處理。 2. 文化部得限期命影視聽中心就評鑑結果所列缺失事項積極改進，並納入業務規劃（全國法規資料庫，2020）。	十五條之五第一項中長期計畫、第三十五條之八中所提到年度計畫或第三十五條之十第一項事業計畫，並適當地反映到業務運營的改善中。同時，每年都應當公開評估結果的反映情況。	計畫，突顯績效評價的重要性。 2. **改進措施的要求：** ・ 臺灣：文化部可要求影視聽中心改進評鑑缺失，並納入業務規劃。 ・ 日本：獨立行政法人須依評價結果改善業務，重視績效提升。 【相異點】 1. **法律依據的明確性：** ・ 臺灣：《行政法人法》未明確規範評鑑結果處理，但《績效評鑑辦法》有相關要求。 ・ 日本：《通則法》明確規定評價結果的處理與反映，確保制度完整性。 2. **評價（鑑）結果的公開性：** ・ 臺灣：績效評鑑結果「得」公開，非強制，主要供內部參考。 ・ 日本：要求獨立行政法人每年公開評價結果反映情況，增強透明度與問責性。

表 5-3 日本《獨立行政法人通則法》與臺灣《行政法人法》法制比較（續）

比較項目		臺灣	日本	相同／相異
				3. 評價（鑑）結果的應用範圍： · 臺灣：績效評鑑結果主要用於特定文化機構的經費核撥與補助決策。 · 日本：評價結果須納入中期與年度計畫等，提升整合性。
業務目標	中期目標		第二十九條 主務大臣應在三年以上五年以下期限內，為中期目標管理法人設定應達成業務運營目標（以下稱為「中期目標」），並指示該中期目標管理法人，同時公開發佈相關資訊。變更時亦同。 2. 中期目標應具體規定以下事項。 一、中期目標期間（即主務大臣在前段所述期間範圍內指定期間。以下同）。 二、關於提供給國民的服務及其他業務品質提升相關事項。 三、關於業務運營效率化的事項。 四、關於財務內容改善的事項。	【相異點】 1. 中期目標的存在性： · 臺灣：無中期目標制度。 · 日本：規定中期目標設置，並要求主務大臣訂定法人業務目標。 2. 法律依據的差異： · 臺灣：無中期目標制度。 · 日本：法律明確規範主務大臣設立與管理中期目標。 3. 目標設定的程序： · 臺灣：無中期目標制度。 · 日本：主務大臣設立中期目標須經意見徵詢並公開發佈。

表 5-3 日本《獨立行政法人通則法》與臺灣《行政法人法》法制比較（續）

比較項目	臺灣	日本	相同／相異
		五、其他與業務運營相關的重要事項。 3. 主務大臣擬定或變更中期目標時，應事先取得該委員會之意見。	4. 運營管理的長期性： ・臺灣：無中期目標制度。 ・日本：中期目標制度確保運營長期穩定，便於評價成效。 5. 績效評估的方式： ・臺灣：無中期目標制度。 ・日本：中期目標有助於全面評價法人業務表現並調整績效。
中期計畫		第三十條　中期目標管理法人接到前條第一項指示時，應根據中期目標，按照主務省令規定，制定實現該中期目標的計畫（以下稱為「中期計畫」），並需獲得主務大臣的認可。變更時亦同。 2. 中期計畫應規定以下事項。 一、為實現提高向國民提供的服務及其他業務品質的目標應採取的措施。 二、為實現業務運營效率化的目標應採取的措施。 三、預算（包括人事費用的預算）、收支	【相異點】 1. 制度存在性： ・臺灣：無此類制度。 ・日本：建立中期目標管理制度，要求法人設立業務目標並評價。 2. 計畫的制定與監督： ・臺灣：無此類制度。 ・日本：中期計畫須依主務省令制定，並經主務大臣審核指導，以確保合理性與可行性。 3. 目標設定的法律依據： ・臺灣：無此類制度。 ・日本：中期目標設定有法律依據，並規範其制定與評價。

表 5-3 日本《獨立行政法人通則法》與臺灣《行政法人法》法制比較（續）

比較項目	臺灣	日本	相同／相異
		計畫及資金計畫。 四、短期借款的限額。 五、如有不必要的財產或預計將成為不必要財產，需制定該財產的處置計畫。 六、前項規定以外之重要財產擬移轉或抵押者，移轉或抵押之計畫。 七、盈餘資金之運用。 八、其他由主務省令規定的與業務運營相關的事項。 3. 主務大臣在認為第一項所批准中期計畫在實施上不適合於前條第二項第二款至第五款所列事項適當且可靠執行時，可以命令對該中期計畫進行修改。 4. 中期目標管理法人在獲得第一項批准後，應立即公佈其中期計畫。	4. 業務績效評估： ・臺灣：無此類制度。 ・日本：設有明確評價標準與程序，主務大臣依結果採取措施。 5. 透明度與社會民眾參與： ・臺灣：無此類制度，社會民眾參與和透明度相對不足，可能影響政府與社會民眾之間的信任。 ・日本：中期計畫經批准後須公佈，以增強透明度與社會監督。

表 5-3 日本《獨立行政法人通則法》與臺灣《行政法人法》法制比較（續）

比較項目	臺灣	日本	相同／相異
年度計畫	第 18 條 2. 行政法人應訂定年度營運（業務）計畫及其預算，提經董（理）事會通過後，報請監督機關備查。	第三十一條 中期目標管理法人應在各事業年度開始前，依據前條第一項所批准中期計畫，按照主務省令規定，制定該事業年度業務運營計畫（以下稱為「年度計畫」），並需向主務大臣報備，同時公開發佈。變更時亦同。 2. 關於中期目標管理法人最初事業年度的年度計畫，前項中提到的「每事業年度開始前，依據前條第一項所批准」應修改為「在其成立後最初中期計畫獲得前條第一項批准後，應立即進行」。	【相異點】 1. 制定時間點： ・臺灣：年度計畫須於每個年度開始前制定，但未明確規定具體時間點。 ・日本：年度計畫須於各事業年度開始前制定，首個事業年度則需在中期計畫獲批後立即制定。 2. 公開透明度： ・臺灣：雖須報請監督機關備查，但未明確要求公開發佈年度計畫，可能影響透明度。 ・日本：公開年度計畫，提高社會監督與透明度，強化中期目標管理。 3. 法律依據及程序： ・臺灣：法條未明確規範年度計畫的指導原則或制定程序，影響一致性與透明度。 ・日本：年度計畫須依主務省令，確保規範與合規。 4. 初始事業年度的特別規定： ・臺灣：未明確規定於

表 5-3 日本《獨立行政法人通則法》與臺灣《行政法人法》法制比較（續）

比較項目		臺灣	日本	相同／相異
				《行政法人法》條文中。 ・日本：最初事業年度的年度計畫須在中期計畫獲批後立即制定。
監督與評價（鑑）	監督機關及其職權（評價／鑑）內容	第 15 條 監督機關之監督權限如下： 一、發展目標及計畫之核定。 二、規章、年度營運（業務）計畫與預算、年度執行成果及決算報告書之核定或備查。 三、財產及財務狀況之檢查。 四、營運（業務）績效之評鑑。 五、董（理）事、監事之聘任及解聘。 六、董（理）事、監事於執行業務違反法令時，得為必要之處分。 七、行政法人有違反憲法、法律、法規命令時，予以撤銷、變更、廢止、限期改善、停止執行或其他處分。	第三十二條 中期目標管理法人在每個事業年度結束後，必須根據該事業年度屬於下列各項中那一項，接受主務大臣評價，具體事項如下： 一、除第一項和第三項所列事業年度外，該事業年度業務實際情狀。 二、作為中期目標期間最後一個事業年度的前一個事業年度，該事業年度業務實際情狀，以及在中期目標期間結束時預計業務實際情狀。 三、中期目標期間最後一個事業年度的業務實際情狀，以及中期目標期間業務實際情狀。 2. 中期目標管理法人在接受前項評價時，	【相同點】 1. 公開評價（鑑）結果：兩國均要求法人將年度評鑑報告公開，確保透明性。 2. 自我評價（鑑）： ・臺灣：法人單位應於會計年度結束時，擬具年度執行成果、業務績效、目標達成率及經費運用等自評報告，經董事會通過後，併同年度決算書於每年二月底前報送監督機關。 ・日本：中期目標管理法人在接受前項評價時，應根據主務省令的規定，在各事業年度結束後的三個月內，向主務大臣提交一份報告，內容包括第一項、第二項或第三項所規定的事項，以及對這些事項

表 5-3 日本《獨立行政法人通則法》與臺灣《行政法人法》法制比較（續）

比較項目	臺灣	日本	相同／相異
	八、自有不動產處分或其設定負擔之核可。 九、其他依法律所為之監督。 根據《國家電影及視聽文化中心績效評鑑辦法》第8條 績效評鑑之程序如下： 一、自評： 影視聽中心應配合年度決算於會計年度終了時，擬具年度執行成果、業務績效及目標達成率、年度自籌率比率達成率及經費核撥等事項之自評績效報告，提經董事會通過後，併同年度決算書，於每年二月底前報送文化部。 二、複評及核定： 評鑑小組得視需要辦理實地訪視，並參酌前款自評績效報告及其他相關資料，提出評鑑意見。影視聽中心應回覆評鑑小組之評鑑意見，並擬具年度績效評鑑報告於每年四月底前提交文化部予以核定。	應根據主務省令規定，在各事業年度結束後三個月內，向主務大臣提交一份報告，內容包括：第一項、第二項或第三項所規定事項，以及對這些事項進行自我評價結果，並同時公開發佈。 3. 第一項評價應對同項第一款、第二款或第三款所規定事項進行綜合評定。在此情狀下，關於該事業年度的業務業績評價，必須對該事業年度中期計畫實施情狀進行調查和分析，並根據其結果進行評價。 4. 主務大臣在進行第一項評價後，必須及時將該評價結果通知相關中期目標管理法人，並進行公開發佈。在此情狀下，如進行關於第二項所規定中期目標期間結束時預計業務業績評價，主務大臣應及時將該評價結果通知委員會。	・進行自我評價的結果，並需公開發佈該報告。 【相異點】 1. 評價（鑑）程序與中期目標： ・臺灣：未設立中期目標管理制度，評鑑主要針對年度營運績效及計畫執行情況。 ・日本：法律要求法人制定並遵守中期目標，並在期滿後全面評價業績，考量中期計畫的執行情況。 2. 評價（鑑）結果的反饋和外部委員會機制： ・臺灣：未設外部評鑑委員會，評鑑結果由文化部核定，送立法院備查，無外部意見反饋。 ・日本：主務大臣評價後須通知法人，法律條文並規定評價委員會可向主務大臣提出意見，形成雙向反饋機制。 3. 保密義務的明確性： ・臺灣：《國家電影及視聽文化中心績效

表 5-3 日本《獨立行政法人通則法》與臺灣《行政法人法》法制比較（續）

比較項目	臺灣	日本	相同／相異
	2. 前項年度績效評鑑報告，應由文化部提交分析報告送立法院備查。 3. 影視聽中心應主動公開年度績效評鑑報告。 第 9 條　評鑑委員及參與評鑑相關人員，對評鑑工作所獲取之各項資訊，應負保密義務（全國法規資料庫，2020）。	5. 委員會根據前項規定收到通知評價結果時，如認為有必要，應向主務大臣提出意見。 6. 主務大臣基於第一項評價結果，如認為有必要，可以命令該中期目標管理法人採取業務運營改進及其他必要的措施。	評鑑辦法》明定評鑑委員及相關人員須對評鑑過程中的資訊負有保密義務。 ・日本：法條中並沒有具體規定評價人員的保密責任。 4. 複評機制： ・臺灣：評鑑小組可視需要實地訪視，依自評報告及相關資料提出意見，法人須回覆評鑑意見，並於每年四月底前提交文化部核定。 ・日本：年度業績評價須調查與分析中期計畫的執行情況，並據此進行評價。中期目標期結束時，主務大臣將評價結果通知獨立行政法人評價委員會，以供進一步意見回饋。

表 5-3 日本《獨立行政法人通則法》與臺灣《行政法人法》法制比較（續）

比較項目	臺灣	日本	相同／相異
中期目標期間結束時的審查與檢討		第三十五條　主務大臣對第三十二條第一項第二款所規定中期目標期間結束時預計業務業績進行評價時，必須在中期目標期間結束前，審查該中期目標管理法人業務的持續性或組織的存續必要性，以及其業務和組織的整體情狀。基於該結果，主務大臣應採取必要措施，如業務廢止或移交、組織的廢止等。 2. 主務大臣必須將前項規定審查結果，以及根據同項規定採取措施的詳細內容通知委員會，並予以公佈。 3. 委員會認為有必要時，應就前項規定通知事項向主務大臣提出意見。 4. 在前項情狀下，委員會可以就中期目標管理法人主要事務和業務的修改或廢止向主務大臣提出建議。 5. 委員會依前項規定提出建議後，應將建議內容向內閣總理大臣	【相異點】 1. 主務大臣的評價職責： ・臺灣：無此類制度。 ・日本：主務大臣須在中期目標期間結束前，評價中期目標管理法人的業務績效及其持續性與存續必要性。 2. 必要措施： ・臺灣：無此類制度。 ・日本：根據評價結果，主務大臣可採取必要措施，例如，廢止或移交業務、解散組織等。 3. 結果通知與公開： ・臺灣：無此類制度。 ・日本：主務大臣必須將評價結果和採取的措施通知委員會，並公佈。 4. 委員會的意見陳述： ・臺灣：無此類制度。 ・日本：委員會在認為必要時，可以就通知的事項向主務大臣提出意見。 5. 建議權： ・臺灣：無此類制度。 ・日本：委員會可以就中期目標管理法人

表 5-3 日本《獨立行政法人通則法》與臺灣《行政法人法》法制比較（續）

比較項目	臺灣	日本	相同／相異
		報告並公佈。 6. 委員會在提出第四項建議時，主務大臣應報告其基於該建議採取的措施及計畫採取的措施。	的主要事務和業務的修改或廢止向主務大臣提出建議。 6. **報告要求：** · **臺灣**：無此類制度。 · **日本**：獨立行政法人評價委員會提出建議後，應將內容報告內閣總理大臣並公開，並可要求主務大臣報告措施實施情況。
向內閣總理大臣提出意見		第三十五條之二　委員會在根據前條第四項規定提出建議時，如果認為特別必要，可以向內閣總理大臣提出意見，要求針對該建議事項根據《內閣法》（昭和二十二年法律第五號）第六條規定採取措施。	【相異點】 1. **委員會的建議權：** · **臺灣**：無此類制度。 · **日本**：委員會依據第三十五條第四項提出建議時，可就建議事項表達特別意見。 2. **向內閣總理大臣提出意見：** · **臺灣**：無此類制度。 · **日本**：如果委員會認為特別必要，可以要求內閣總理大臣針對該建議採取行動。 3. **依據《內閣法》：** · **臺灣**：無此類制度。 · **日本**：所要求的措施是根據《內閣法》第六條的規定進行。

表 5-3 日本《獨立行政法人通則法》與臺灣《行政法人法》法制比較（續）

比較項目	臺灣	日本	相同／相異
糾正違法行為		第三十五條之三　主務大臣如發現中期目標管理法人或理事與職員，有或可能有違法行為違反本法、個別法律或其他法律法規的行為，或中期目標管理法人業務管理顯著缺乏正當性，且放任不管，明顯損害公共利益時，在其認為特別必要時，可命令中期目標管理法人或理事與職員採取必要措施，糾正上述行為或改善其業務管理。如果中期目標管理法人的行為或業務管理顯然會損害公共利益，主務大臣認為特別必要時，可命令中期目標管理法人採取必要措施，糾正這種行為或改善業務管理。	【相異點】 1. 主務大臣的權限： ・臺灣：未明確規定於《行政法人法》條文中。 ・日本：主務大臣有權在發現中期目標管理法人、理事與職員存在違法行為、違反法律法規的行為或業務管理不當時，進行干預。 2. 違法行為的範疇： ・臺灣：未明確規定於《行政法人法》條文中。 ・日本：涉及的行為含括明確的違法行為或可能的違法行為，且須有顯著的公共利益損害。 3. 必要措施的命令： ・臺灣：未明確規定於《行政法人法》條文中。 ・日本：在主務大臣認為特別必要時，可以命令中期目標管理法人及其理事與職員採取必要措施來糾正或改善行為和管理。

表 5-3 日本《獨立行政法人通則法》與臺灣《行政法人法》法制比較（續）

比較項目		臺灣	日本	相同／相異
				4. 公共利益的考量： ・臺灣：未明確規定於《行政法人法》條文中。 ・日本：若管理行為明顯損害公共利益，主務大臣可命令該法人採取措施加以改善。 5. 強調行為的整改： ・臺灣：未明確規定於《行政法人法》條文中。 ・日本：明確要求採取改善措施，以保障公共利益並確保法人業務合規與正當性。
財務管理	營業（會計）年度	第 31 條　行政法人之會計年度，應與政府會計年度一致。	第三十六條　獨立行政法人事業年度自每年四月一日開始，到翌年三月三十一日結束。 2. 獨立行政法人第一個事業年度，儘管有前項規定，應自其成立之日起開始，並於翌年的三月三十一日結束（如獨立行政法人於一月一日至三月三十一日間成立，則至該度年三月三十一日止）。	【相同點】 兩國法律均明確規定獨立行政法人（或行政法人）的會計年度結束時間。臺灣要求其會計年度與政府會計年度一致，日本則將獨立行政法人的會計年度訂為每年四月一日至翌年三月三十一日，亦與政府會計年度一致。 【相異點】 1. 會計年度例外規定： ・臺灣:未有例外規定。

表 5-3 日本《獨立行政法人通則法》與臺灣《行政法人法》法制比較（續）

比較項目	臺灣	日本	相同／相異
			· 日本：獨立行政法人首次會計年度自成立日起至翌年3月31日結束。若於1月1日至3月31日間成立，則該年度會計於當年3月31日結束。
企業會計原則		第三十七條 獨立行政法人之會計應依主務省令規定，原則上採用企業會計原則。	【相異點】 1. **會計準則依據的明確性**： · 臺灣：無此類制度。 · 日本：要求獨立行政法人依主管機關條例採用企業會計原則，突顯對財務透明性與會計標準的嚴格要求。 2. **監督機關的角色**： · 臺灣：無此類制度。 · 日本：主務大臣依企業會計準則監管，並要求提交符合該準則的報告。 3. **企業會計的適用性**： · 臺灣：無此類制度。 · 日本：以企業會計原則為基礎，強調獨立行政法人需實現企業級財務透明（enterprise-level financial transparency）與效益管理。

表 5-3 日本《獨立行政法人通則法》與臺灣《行政法人法》法制比較（續）

比較項目		臺灣	日本	相同／相異
財務報表等		第 19 條 1. 行政法人於會計年度終了一定時間內，應將年度執行成果及決算報告書，委託會計師查核簽證，提經董（理）事會審議，並經監事或監事會通過後，報請監督機關備查，並送審計機關。 2. 前項決算報告，審計機關得審計之；審計結果，得送監督機關或其他相關機關為必要之處理。	第三十八條　獨立行政法人應在每個事業年度結束後三個月內，編製貸借對照表、損益計算書、利益處理或損失處理檔，以及主務省令規定其他檔和附屬明細書（以下稱為「財務諸表」），應提交給主務大臣，並獲得其批准。 2. 獨立行政法人依照前項規定提交財務諸表給主務大臣時，應同時附上由主務省令規定編製該事業年度事業報告書及依預算分類編製決算報告書，並附上財務諸表和決算報告書監察審計報告（對於依本條第一項規定需接受會計監察的獨立行政法人，還需附上會計監察報告，以下同）。	【相異點】 1. 審核與審計的流程： ・臺灣：行政法人須委託會計師查核簽證，經董（理）事會審議並監事或監事會通過後，報監督機關備查，並送審計機關。 ・日本：獨立行政法人須於財務年度結束後三個月內，向主務大臣提交資產負債表、損益表、利潤分配或虧損處理相關文件及主務省令規定的其他資料與附屬明細表，並獲批准。 2. 會計監察人與會計師的角色差異： ・臺灣：由外部會計師進行查核。 ・日本：內部會計監察人負責審計，獨立行政法人須將其審計報告一併提交主務大臣。 3. 提交期限的規定： ・臺灣：法條僅規定會計年度結束後的一定時間內提交，未明確訂定具體期限。

表 5-3 日本《獨立行政法人通則法》與臺灣《行政法人法》法制比較（續）

比較項目		臺灣	日本	相同／相異
會計監察人	審計		第三十九條　獨立行政法人（除非其資本額及其他經營規模未達政令規定標準，以下同）必須對財務諸表、事業報告書（僅限與會計相關部分），以及決算報告書，除監事監督外，還必須接受會計監察人審	・日本：明確要求在財務年度結束後的三個月內完成提交。 4. 報告內容的要求： ・臺灣：要求提供年度執行成果及決算報告。 ・日本：除年度財務報表外，還須提交資產負債表、損益表、利潤分配或虧損處理文件及附屬明細表，並依主務省令規定編制。 5. 監督機關的審計方式： ・臺灣：決算報告可由審計機關審計，其結果得送監督機關或其他相關機關進行必要處理。 ・日本：由主務大臣直接進行批准。 【相異點】 1. 會計監察人制度的有無： ・臺灣：無此類會計監察人制度。 ・日本：獨立行政法人需接受會計監察人的審計，且會計監察人必須根據規定編

表 5-3 日本《獨立行政法人通則法》與臺灣《行政法人法》法制比較（續）

比較項目	臺灣	日本	相同／相異
		計。在此情狀下，會計監察人必須根據主務省令規定，編制會計監察報告。 2. 會計監察人可隨時查閱和複印下列檔案，並可以要求法人高層（不包括監事）及員工提供與會計有關的報告： 一、會計帳簿或相關資料以書面形式製作，則應提供該書面檔。 二、會計帳簿或相關資料是通過電子記錄（指以電子方式、磁性方式或其他人類感知無法識別的方式製作的記錄，並用於電子電腦的資訊處理，按照總務省令規定的方式製作）形成的，則應以總務省令規定方法公示。 3. 會計監察人為執行職責所需時，得要求獨立行政法人子法人提供會計相關報告，或者對獨立行政法人或其子法人的業務及財產狀況進行調查。	制會計審計報告。 2. **會計監察人的查閱權限：** ・臺灣：無會計監察人的專屬查閱權限制度。 ・日本：會計監察人可隨時查閱、複印會計帳簿或資料，要求理事與職員提交會計報告，並查閱電子記錄中的相關數據。 3. **對子法人機構的調查權：** ・臺灣：審計機構無明確權限直接查閱子機構或請求報告，通常依財務報表進行綜合評估。 ・日本：會計監察人可向獨立行政法人的子法人請求會計報告，並調查其業務與財產狀況。 4. **子法人拒絕提供報告的權利：** ・臺灣：無此制度安排。 ・日本：子法人在有正當理由時可以拒絕會計監察人的報告請求或調查。

表 5-3 日本《獨立行政法人通則法》與臺灣《行政法人法》法制比較（續）

比較項目	臺灣	日本	相同／相異
		4. 前項子法人在有正當理由時，可拒絕提供該報告或調查。 5. 會計監察人在執行其職務時，不得聘用下列任何一類人員： 一、第四十一條第三項第一款或第二款所列人員。 二、依第四十條規定被任命為監察人的獨立行政法人或其子法人理事與職員。 三、根據第四十條規定，自己被選為會計監察人的獨立行政法人或其子法人中，從公認會計師（包括根據《公認會計師法》（昭和二十三年法律第百三號）第十六條第二項第五款規定的外國註冊會計師）或監察法人業務以外的業務中，接受持續性報酬的任何人。	5. 會計監察人使用人員的限制： ・臺灣：無此限制條款，審計人員的選任多由內部管理規範。 ・日本：會計監察人執行職務時，不得聘用特定受禁止的個人或機構。

表 5-3 日本《獨立行政法人通則法》與臺灣《行政法人法》法制比較（續）

比較項目	臺灣	日本	相同／相異
向監事報告		第三十九條之二　會計監察人於執行職務時，如發現理事（不包括監事）在履行職務過程中有不正行為或違反本法、個別法或其他法令的重大事實，應立即向監事報告。 2. 監事在認為必要的情狀下，可以要求會計監察人提供有關其監察報告，以便執行其職務。	【相異點】 1. **會計監察人的報告義務：** ・臺灣：未明確規定於《行政法人法》條文中。 ・日本：會計監察人發現理事違法或不正行為時，必須立即向監事報告，強調對不法行為的快速反應與上報責任。 2. **監事的要求權：** ・臺灣：未明確規定於《行政法人法》條文中。 ・日本：監事可要求會計監察人提供審計報告，強化監事對財務審查的權限，有助於有效監控行政法人的財務狀況。 3. **監察與監督機制的分工與協作：** ・臺灣：未明確規定於《行政法人法》條文中 ・日本：會計監察人與監事之間的報告義務和資訊共享，強化內部監察機制的合作性，提升財務透明度。

表 5-3 日本《獨立行政法人通則法》與臺灣《行政法人法》法制比較（續）

比較項目	臺灣	日本	相同／相異
任命		第四十條　會計監察人由主務大臣任命之。	【相異點】 1. 會計監察人任命的制度性差異： ・臺灣：未明確規定於《行政法人法》條文中。 ・日本：會計監察人由主務大臣任命，顯示出政府對行政法人財務運作的強監督權，確保財務透明和合規。 2. 政府直接監督的強度： ・臺灣：未明確規定於《行政法人法》條文中 ・日本：確保政府在獨立行政法人財務管理中的直接參與與控制，並透過主務大臣的任命機制，增強其公信力與問責性。
資格		第四十一條　會計監察人必須是公認會計師或監察法人。 2. 獲委任為會計監察人的監察法人，應從其成員中挑選一人履行會計監察人的職務，並通知該獨立行政法人。在此情狀	【相異點】 1. 資格要求的明確性： ・臺灣：僅於第 19 條法條中列出委託會計師查核簽證。 ・日本：明確規定會計監察人必須是公認會計師或監察法人，強調專業資格的要求。

表 5-3 日本《獨立行政法人通則法》與臺灣《行政法人法》法制比較（續）

比較項目	臺灣	日本	相同／相異
		下，不得選定第二項第二款所列人員。 3. 下列人員不得擔任會計監察人。 一、根據《公認會計師法》規定，無法對財務報表進行監察者。 二、從被監察的獨立行政法人的子法人或其理事處，通過提供非審計業務的繼續報酬，或其配偶。 三、在監察法人中，超過一半成員為前項所列人員的法人。	2. **監察法人的選任規定：** ・臺灣：未明確規定於《行政法人法》條文中。 ・日本：強調受委任的監察法人須從成員中指定一位會計監察人並通知獨立行政法人，確保選任流程系統化。 3. **禁止擔任的條件：** ・臺灣：未明確規定於《行政法人法》條文中。 ・日本：不得擔任會計監察人者包括：不得監察財務報表的公認會計師、從子法人獲報酬的監察法人成員及其配偶，以及員工半數以上屬於上述情況的監察法人，突顯對利益衝突的重視。 4. **對利益衝突的規範：** ・臺灣：未明確規定於《行政法人法》條文中。 ・日本：明確條款限制利益衝突，確保會計監察人的獨立性與公正性。

表 5-3 日本《獨立行政法人通則法》與臺灣《行政法人法》法制比較（續）

比較項目	臺灣	日本	相同／相異
任期		第四十二條　會計監察人的任期至其選任日後，第一次結束事業年度的財務報表批准日為止。	【相異點】 1. 資格要求的明確性： ・臺灣：未明確規定於《行政法人法》條文中。 ・日本：明確規定會計監察人必須是公認會計師或監察法人，顯示出對專業資格的強調。 2. 監察法人的選任規定： ・臺灣：未明確規定於《行政法人法》條文中。 ・日本：強調監察法人需從成員中挑選一位擔任會計監察人，並通知獨立行政法人，顯示選任流程的系統化。 3. 禁止擔任的條件： ・臺灣：未明確規定於《行政法人法》條文中。 ・日本：詳細列出不得擔任會計監察人的具體人員，強調對利益衝突的高度重視。 4. 對利益衝突的規範： ・臺灣：未明確規定於《行政法人法》條文中。

表 5-3 日本《獨立行政法人通則法》與臺灣《行政法人法》法制比較（續）

比較項目	臺灣	日本	相同／相異
解任			・日本：明確條款限制利益衝突，確保會計監察人的獨立性與公正性。
		第四十三條　主務大臣在會計監察人符合下列情形之一時，可以解任其職位： 一、違反職務義務或怠忽職守。 二、有不適合擔任會計監察人的不當行為。 三、因身心健康問題，導致難以履行職務或無法勝任職務要求。	【相異點】 1. 解任的規範與條件： ・臺灣：未明確規定於《行政法人法》條文中。 ・日本：條款列出會計監察人解任的具體情況，包括：違職、不當行為及身心障礙無法履職，顯示更具體的規範。 2. 主務大臣的權限： ・臺灣：未明確規定於《行政法人法》條文中。 ・日本：主務大臣擁有明確的解任權，並依具體條件行使，顯示財務監管中的權責分明。 3. 處理不當行為的具體性： ・臺灣：未明確規定於《行政法人法》條文中。 ・日本：明確指出不適合擔任會計監察人

表 5-3 日本《獨立行政法人通則法》與臺灣《行政法人法》法制比較（續）

比較項目	臺灣	日本	相同／相異
			職責的行為，提升評估與決策透明度。 4. **對身心障礙的考量：** ・**臺灣**：未明確規定於《行政法人法》條文中。 ・**日本**：特別考慮因身心障礙無法履行職務的情況，保障會計監察人員職能的有效性。
借款等	第 36 條 行政法人所舉借之債務，以具自償性質者為限，並先送監督機關核定。預算執行結果，如有不能自償之虞時，應即檢討提出改善措施，報請監督機關核定。	第四十五條 獨立行政法人可以在中期目標管理法人中期計畫第三十條第二項第四款、國立研究開發法人的中長期計畫第三十五條之五第二項第四款或行政執行法人事業計畫（指經主務大臣第三十五條之十第一項獲得批准同項事業計畫，若經批准修改，則以修改後的計畫為準，以下同）第三十五條之十第三項第四款所規定短期借款限額範圍內，進行短期借款。但是在有正當理由情狀下，經主務大臣批准，可以超過該限額進行短期借款。	【相同點】 1. **核准要求：** ・兩國法條均要求在舉借債務前，必須先獲得監督機關或主管機關核准，確保借款合規。 2. **自償性要求：** ・**臺灣**：明確規定行政法人舉借的債務必須具備自償性質。 ・**日本**：雖未直接提到自償性質，但短期借款的規範與計畫限制顯示財務健康的重要性。 【相異點】 1. **借款範圍與條件：** ・**臺灣**：只允許具自償性質的借款，若無法

表 5-3 日本《獨立行政法人通則法》與臺灣《行政法人法》法制比較（續）

比較項目	臺灣	日本	相同／相異
		2. 根據前項規定短期借款，必須在當該財務年度內償還。但若因資金不足無法償還，則僅限於無法償還金額，在經主務大臣批准後，可以進行借款再融資。 3. 根據前項但書規定再融資的短期借款，必須在一年內償還。 4. 除非個別法律另有規定，獨立行政法人不得進行長期借款或發行債券。	自償，必須檢討並提出改善措施。 ・**日本**：原則上，短期借款應在中期計畫、事業計畫等規定的借款限額內進行。若有正當理由，且經主務大臣批准，可超過限額進行短期借款。 2. **償還要求**： ・**臺灣**：未明確規定短期借款的償還期限，但強調無法償還時需提出改善措施。 ・**日本**：規定短期借款必須在財務年度內償還，若無法償還，則需經主務大臣批准才能進行再融資，且再融資借款必在一年內償還，顯示出詳細的償還要求。 3. **長期借款與債券發行**： ・**臺灣**：未提及關於長期借款和債券發行的限制。 ・**日本**：明確規定獨立行政法人除非特別法律規定，否則不得長期借款或發行債券，顯示對借款行為的更高規範。

表 5-3 日本《獨立行政法人通則法》與臺灣《行政法人法》法制比較（續）

比較項目	臺灣	日本	相同／相異
財源措施	第 33 條　行政法人成立年度之政府核撥經費，得由原機關（構）或其上級機關在原預算範圍內調整因應，不受預算法第六十二條及第六十三條規定之限制。	第四十六條　政府得在預算範圍內，撥給獨立行政法人相當於其運作所需經費之全部或部分金額。 2. 獨立行政法人在執行業務時，應注意根據前項規定所獲得交付金是由國民所繳納稅款及其他貴重財源所提供，並且應依照法令規定及中期目標管理法人之中期計畫、國立研究開發法人之中長期計畫或行政執行法人之事業計畫，努力使其適當且有效地使用。	【相異點】 1. 經費撥款的調整方式 ・臺灣：第 33 條規定，政府核撥經費可在原預算範圍內由機關調整，無需遵守預算法第六十二條和第六十三條，顯示靈活性。 ・日本：第四十六條規定，政府可撥給獨立行政法人全部或部分運作經費，但必須在預算範圍內，未提及具體調整靈活性。 2. 對經費來源的關注 ・臺灣：法條未明確規範經費來源或使用，主要聚焦於撥款調整方式。 ・日本：第四十六條提到經費需根據國民徵收的稅款和其他資源撥款，強調資金來源及其重要性。
盈餘資金運用		第四十七條　獨立行政法人得將業務上剩餘金進行運用，但下列情形不在此限。 一、購買國債、地方債、政府保證債券（指政府保證償還本金及支	【相異點】 日本： 1. 明確禁止使用業務盈餘資金，顯示對盈餘使用的嚴格規範，確保資金安全與合規運用。

表 5-3 日本《獨立行政法人通則法》與臺灣《行政法人法》法制比較（續）

比較項目	臺灣	日本	相同／相異
		付利息的債券），以及其他由主務大臣指定有價證券。 二、將資金存入銀行或其他由主務大臣指定金融機構。 三、將資金進行信託，該信託需經（指根據《金融機構信託業務兼營等相關法律》（昭和十八年法律第四十三號）第一條第一項認可的信託業務金融機構運營。	2. **例外情形的具體性與範圍：** ・具體列出可使用業務盈餘的例外情形，包括： ＊ 購買特定政府證券（如國債、地方債）。 ＊ 存款於主務大臣指定的金融機構。 ＊ 向獲得信託業務許可的金融機構進行資金信託。 3. **主務大臣的權限：** 主務大臣在此條文中負責指定可購買的證券及金融機構，顯示其對行政法人財務運作的直接影響。 臺灣：未明確規定於法律條文中。

表 5-3 日本《獨立行政法人通則法》與臺灣《行政法人法》法制比較（續）

比較項目	臺灣	日本	相同／相異
主務省令的授權	第 35 條 1. 政府機關核撥行政法人之經費，應依法定預算程序辦理，並受審計監督。 2. 政府機關核撥之經費超過行政法人當年度預算收入來源百分之五十者，應由監督機關將其年度預算書，送立法院審議。	第五十條 除本法律及其基於本法律制定政令中所規定內容外，與獨立行政法人財務及會計有關必要事項，由主務省令規定。	【相同點】 1. 政府監督： ・臺灣：第 35 條第 1 項指出政府對行政法人經費需依法定預算程序並接受審計監督。 ・日本：第五十條授權主務省令管理財務和會計，賦予行政部門更多靈活性。 2. 經費來源規範：兩國皆規定應遵循法律進行財務管理和預算分配，以確保經費使用符合法令規範。 【相異點】 1. 超過預算比例的監督機制： ・臺灣：若政府核撥經費超過行政法人年度收入的 50%，需將預算書送立法院審議。 ・日本：未設比例限制，將財務管理細則授權給主務省令規範。 2. 法令層級規範： ・臺灣：依法律明確規定行政法人須依立

表 5-3 日本《獨立行政法人通則法》與臺灣《行政法人法》法制比較（續）

比較項目	臺灣	日本	相同／相異
			法院預算程序及審計監督，立法機關在控制經費方面權責明確。 ・**日本**：依主務省令管理財務和會計事項，賦予行政機關較大調整空間，顯示對其信任度較高。

資料來源：作者彙整。

歸納而言，日本與臺灣的法人法律制度皆以「提升公共事務執行效率」為核心目標，然而，在法律制度設計上，兩國在理念與發展方向上存在顯著差異，茲說明如下：

（一）定義與設立條件：法人定位與獨立性差異

臺灣的《行政法人法》將行政法人定位為「公法人」，由中央目的事業主管機關依法律設立，並適用於「公權力行使程度較低」且不適合政府或民間經營的事務。其核心特徵在於強調政府的監管權限，使法人仍處於公部門治理框架內，行政法人本質上仍與政府有高度關聯。相較之下，日本則採取「獨立行政法人」制度，並區分「中期目標管理法人」、「國立研究開發法人」及「行政執行法人」，其中「中期目標管理法人」最具代表性，賦予法人較高的自主權，並要求其依據國家設定的「中期目標」進行管理，確保公共事務的長期效能。日本強調法人獨立治理，行政機關僅透過目標設定與績效評價進行事後監督，避免政府干預過深，以此提高法人運營靈活度及市場適應力。

（二）組織設計：監督機關與法人內部治理機制

臺灣行政法人設有董（理）事會與監事會，其中董事會負責決策，監事會負責監督。但監督機關對法人有較強的介入權，包括：董（理）事、監事的聘免權，以及法人內部管理規章的審查權。這樣的設計雖可確保法人符合政策目標，但也壓縮了法人經營的靈活性，可能導致行政效率降低與市場應變力的雙重挑戰。相較之下，日本的獨立行政法人設有法人負責人、監事與理事等職位，其中法人負責人具有更大的管理自主權，並須對業務目標負責。此外，日本《國立美術館個別法》規定理事應接受

監事監督，但監事的職責更側重於內部審計與風險管理，而非直接干預法人決策。這樣的制度設計提升了法人自主決策的能力，同時確保內控機制有效運行，實現法人治理的專業化與分權管理。

（三）運營模式：中期計畫導向 VS. 個別條例依賴

臺灣行政法人的運營方式較依賴個別條例的規範，例如，《國家電影及視聽文化中心設置條例》，直接規定法人業務範圍與組織架構，但整體管理機制較為零散，缺乏統一的制度規範。這種做法可能導致法人治理模式不一致，影響政策執行的穩定性與可預測性。日本則透過《通則法》建立統一的「中期目標—中期計畫—年度計畫」三層架構，確保法人運營具有清晰的長期方向與可衡量的績效標準。其中，中期目標由主務大臣設定，法人依此制定中期計畫，再細化為年度計畫，以確保政策目標的落實。這樣的設計提高了法人經營的穩定性與可追蹤性，並確保法人能靈活調整策略應對社會需求變遷。

（四）財務會計制度：財務透明度與自主籌資能力

臺灣與日本的（獨立）行政法人皆須建立完善的財務會計制度，並依規定提交資產負債表、行政費用表、收益表（或收支決算表）、現金流量表等財務報告，以確保財務透明度及財務運作的合法性。然而，臺灣的行政法人在財務運作方面仍需遵循特定規範。例如，財務報表等，須委託會計師查核簽證，提經董（理）事會審議，並由監事或監事會通過後，報請監督機關備查，並送審計機關審查。這些程序旨在確保財務透明度與合規性，但相較於日本，可能在一定程度上增加行政負擔，影響財務運作的靈活性。儘管如此，法人仍可依照計畫進行財務管理與資金運用。此外，雖然臺灣行政法人具備自籌款機制，但目前尚未強制要求法人制定完整的財務策略及長期財務規劃，這可能會影響其財務可持續發展的能力。相比之下，日本的獨立行政法人則享有較高的財務自主權。除了提交完整的財務報告外，法人還可依據中期計畫制訂自主的財務策略，包括：盈餘資金運用與財產處置計畫等，確保財務規劃能夠符合政策目標，並具備自我調適的能力。日本的法制強調財務透明度，要求法人公開財務報告，並透過「獨立行政法人評價制度委員會」進行財務績效審查，以確保法人資源運用的合理性與效益。

（五）績效評價（鑑）制度：評價（鑑）機制的獨立性與透明度

臺灣的績效評鑑由監督機關主導，內容涵蓋業務績效、財務運用、自籌款比率等，

但未強制公開評鑑結果,且法人對評鑑結果的回應機制較弱,導致績效改善的驅動力不足。日本則設立「獨立行政法人評價制度委員會」,負責評價法人運營狀況,並要求法人將評價結果反映於未來的中期計畫與業務運營中。此外,評價結果須公開發佈,提高社會監督與政策調整的透明度。這種模式確保法人不僅接受政府監督,也需對社會民眾負責,促進法人治理的公信力與長期績效優化。

基此,日本的獨立行政法人制度透過中期管理機制、財務透明度提升與獨立評價體系,確保法人治理的長期穩定性與市場適應力。相比之下,臺灣雖然建立了行政法人制度,但監督機關的直接介入仍較強,法人運營自主性較低,且缺乏統一的長期規劃機制,導致法人發展模式較受限制,影響行政效能的提升。

基於上述結論,本書對臺灣提出建議如下:

(一) 強化法人自主性與長期規劃

臺灣行政法人仍受政府機關高度監管,缺乏自主決策空間。例如,行政法人需依賴監督機關審核內部規章與財務運營事項,導致行政法人難以靈活應對市場變化。此外,臺灣尚未建立如日本「中期目標管理法人」機制,法人運營較缺乏長期戰略導向,影響政策執行的一致性與可持續性。基此,具體建議包括:1. 建立中期目標管理制度:由監督機關設定行政法人「3-5 年中期目標」,法人需依此制定中期計畫,確保法人運營符合長期政策發展方向;2. 減少政府過度干預:調整監督機關對法人決策的介入程度,例如,允許法人在一定預算範圍內自主調整資源分配,而非事事須經監督機關核准;3. 建立定期檢討機制:規範行政法人定期檢視自身發展方向,並根據績效評鑑結果滾動修正計畫,以確保法人能適應社會需求變遷。

(二) 強化財務自主權與透明度

臺灣行政法人在財務管理方面仍需遵循監督機關的核定或備查程序,影響財務決策的靈活性。例如, 法人在年度預算調整、決算報告等方面須報請監督機關核定或備查,而自有不動產處分或其設定負擔則須經核可,這在一定程度上影響法人自主運用資源的空間。基此,具體建議包括:1. 適度調整財務監督機制:針對行政法人中期財務規劃,例如,盈餘資金運用與非必要財產處置,可採「備查」而非「核可」制度,以提升法人財務管理的自主性與彈性;2. 建立風險管理制度:設立「內部控制委員會、風險管理委員會」等,專責財務風險評估與管理,以降低財務運作中的潛在風險,確保法人資源運用的穩健性與合規性。

（三）優化組織架構與人事任用制度

臺灣行政法人董事（理）事會成員的任命主要由監督機關主導，缺乏公開透明的選任機制。此外，法人負責人（董事長、執行長）雖由監督機關遴選，但無強制公開徵選機制，可能影響人事決策的公信力。基此，具體建議包括：1. 引入公開遴選機制：法人負責人（董事長、執行長）應透過「公開招聘」方式選任，確保人選具備專業能力與管理經驗，減少政治干預；2. 明確董（理）事、監事職責：確立法人負責人與監事的權責範圍，確保監事職責聚焦於財務監管與風險控管，而非介入法人決策；3. 提升人事任用透明度：規範法人應公開董（理）事會成員的專業背景與決策紀錄，確保人事決策符合專業治理原則。

（四）建立更科學化的績效評鑑制度

目前臺灣的績效評鑑制度主要由監督機關主導，評鑑標準較為單一，缺乏長期績效評估機制，且法人對評鑑結果的回應機制較弱，影響績效改善成效。基此，具體建議包括：1. 建立多層次績效評鑑機制：將績效評鑑分為年度（短期）、中期（3-5年）、長期（10年以上），確保法人績效符合長期政策目標；2. 將評鑑結果納入法人計畫調整機制：強化法人依據績效評鑑結果修訂中期計畫、年度計畫，確保法人運營能隨環境變化持續優化；3. 引入外部專家與社會民眾參與評鑑：可參照日本設立獨立評鑑委員會，確保評鑑過程透明公正，並納入社會民眾的評鑑，提升法人運營的社會適配性。

（五）臺灣制定行政法人美術館個別法的必要性

隨著文化政策的發展，美術館在臺灣的公共文化領域中擔任於日盡重要的角色。為提升美術館的專業自主性、財務穩定性與營運效能，臺灣制定行政法人美術館個別法，將能確保美術館的專業自主性，提升營運效率，並增進財務透明度與社會監督機制。透過明確的法律規範，使美術館能夠在維持公共文化服務的同時，發展多元經營模式，確保長遠發展，進而提升臺灣文化產業的競爭力。基此，具體建議包括：1. 行政法人模式符合美術館的特性：根據臺灣《行政法人法》，行政法人適用於「具有專業需求或須強化成本效益及經營效能者」，並且「不適合由政府機關推動，亦不宜交由民間辦理」。美術館作為文化機構，須兼顧公共性與營運效能，符合行政法人模式的條件；2. 提升專業自主性與財務穩定：行政法人模式可賦予美術館更高的經營自主權，使其能夠通過彈性門票收入、展示贊助、文創開發等方式提高財務獨立性，減少對政府補助的依賴，同時維持其公共性；3. 強化透明度與社會監督機制：可明確組織

治理模式與評價機制，提高資訊透明度，增強社會監督，確保社會民眾利益；4. 法律與監督機制的強化：可將文化部作為主管機關，建立更明確的監督與考核機制，確保行政法人美術館的穩定發展。

　　隨著 ESG 理念的普及，行政法人化已成為推動公共治理改革的關鍵，特別是在文化藝術和社會責任領域。借鑑日本的經驗，臺灣應透過完善《行政法人法》，並制定《行政法人美術館個別法》，以提升公共服務品質，確保美術館的專業自主性，並強化營運效率與財務透明度，落實社會監督機制。此外，推動行政法人化與文化 ESG 的深度融合，不僅能夠提升公共文化機構的治理水準，還能促進政府與社會各界攜手邁向更加包容（共融）與可持續的未來。

　　然而，目前臺灣尚未制定《行政法人美術館個別法》，導致美術館在財務管理、績效評估及自主性上仍面臨諸多挑戰。若無法建立專門的法制架構，將影響美術館的長期發展與國際競爭力。因此，政府應審慎評估《行政法人美術館個別法》的必要性，以確保文化機構在專業治理與社會責任之間取得平衡，並順應全球文化與 ESG 趨勢，提升臺灣在國際文化領域的影響力。

III 以日本為鑑：臺灣國立美術館的發展啟示

壹、從日本國立美術館法人化的經驗思考

　　回顧日本文化藝術及教育政策的發展，日本政府以《文化藝術基本法》為治理根基，致力於實現「文化藝術立國」的目標。自 1951 年《博物館法》生效以來，國立美術館的角色和功能持續擴展，並承擔了更高的期望。特別是在 2001 年引入的獨立行政法人制度，成為國立美術館轉型的關鍵點，對其發展產生深遠影響。面對全球化、數位化及疫情衝擊，國立美術館在收藏、研究、展示和教育普及等基本職責中逐漸演變為社區終身學習的文化樞紐，推動社會包容 (共融) 與可持續發展，並促進文化藝術的保存與傳承。隨著時代和社會文化的變遷，國立美術館也在積極探索如何與社會民眾建立更深入的對話及合作，這不僅在回應社會議題上發揮領導作用，同時具備靈活應變的能力，以增強其公共性、多樣性和教育功能。

　　「日本社會」作為文化菱形的核心節點，深刻影響藝術創作者、行銷體系和消費者文化，並在此過程中塑造美術館的藝術教育。得益於政府根據文化藝術及教育政策

所建立的法律框架、資金支持和行政協助,透過文化菱形的協作介面,所有美術館藝術教育的參與者,包括:創作者、國立美術館文化中介平臺及接受者,得以有效參與各類藝術教育活動,全面涵蓋美術館收藏、展示、研究、教育普及等功能的理解與鑑賞。

在本書第二章提到,日本採用「PDCA 管理循環機能性目標與評價」,即「目標管理」與「業績評價」制度,成為此制度的一大特色。具體而言,主管機關設定法人目標,並制定涵蓋運營效率、財務改善和生活品質提升等範疇的三至五年中期目標,法人負責人據此編寫中期計畫,包括:預算編列、資金運用和效率提升等措施,並報主管機關核准。每年根據此計畫擬定年度計畫,並推動業務。在中期目標結束時,由第三方的評價委員會進行績效評價,主管機關根據結果檢討組織與業務,並提供改進建議,以供後續計畫持續優化法人運營(總務省,2021b;黃寧,2014;劉宗德,2010;劉一萍,2013)。明確而言,日本國立美術館依據《通則法》第三十七條「企業會計原則」(e-Gov 法令檢索,2018)進行運營,其最大優勢在於政府提供「政府交付運營經費」被視為「資本額」,並非單一年度決算,使盈虧可延至次年度統一計算。以下說明國立美術館法人化後,2019 至 2023 年間的運營狀況與財務變化等。

一、運營實施狀況概覽

自國立美術館轉型為獨立行政法人以來,該機構持續致力於提升其對社會的服務水平和業務品質,並根據《文化藝術基本法》的精神制定中期目標,推行一系列措施,包括:作為藝術推廣中心基地,展開多元活動;系統而具歷史性地展示日本現當代及海外藝術的國家收藏;作為日本國家級美術館中心,促進各美術館活動的發展。在此政策導向中,國立美術館積極拓展多方位發展,如表5-4。例如,在多元鑑賞機會方面,通過收藏展、企劃展、電影放映會及巡迴展等活動,美術館的參觀人數穩步增長。此外,2023 年 3 月成立的國立藝術研究中心,負責全國美術館的藏品搜索登錄及媒體藝術數據庫建置,並公開館藏電影的檢索系統。同時,美術館也提供各類學習機會和教育普及活動,例如,藝術講座,並不斷進行藏品的修復、購置及接受捐贈,以全面提升觀眾服務品質及實現各項重要指標。

表 5-4 獨立行政法人國立美術館運營實施狀況概覽（2019-2023 年）

單位：數量／人次

類別	項目			基準年度 年度	基準年度 實績值	最新年度 年度	最新年度 實績值	備註
作為推動美術振興的核心據點，展開多元的活動	提供多樣化的鑑賞機會	入館人數	收藏作品展	2019-2022	2,738,124	2023	1,073,024	
			企劃展		5,922,595		2,521,674	
			電影上映會		262,204		71,266	
			電影展示會		63,830		22,272	
			地方巡迴展		75,946		14,318	
			優秀電影推進事業		46,010		26,652	國家電影資料館
			電影巡迴上映會		142,968		8,197	
	推動美術創作活動的活躍	公募團體展示	參展團體數		276		82	國立新美術館公募團體展
			入館人數		2,643,854		1,082,300	
		提供國家表彰及培育藝術家的發表機會			60		6	
	提升作為美術資訊中心的功能	國立藝術研究中心向國內外發佈的國內美術館所藏作品等資訊	全國美術館收藏品搜尋登錄 / 登錄館數		-		198	國立藝術研究中心於2023年3月成立
			全國美術館收藏品搜尋登錄 / 登錄件數		-		287,307	
			媒體藝術數據庫登錄件數		-		1,069,786	
			所藏電影搜索系統的公開記錄		-		8,045	

表 5-4 獨立行政法人國立美術館運營實施狀況概覽（2019-2023 年）（續）

類別	項目			基準年度		最新年度		備註
				年度	實績值	年度	實績值	
作為推動美術振興的核心據點，展開多元的活動	提升作為美術資訊中心的功能	利用資訊通信技術（ICT）等發佈展示資訊和研究成果等	首頁訪問次數	2019-2022	139,602,373	2023	39,871,920	
			收藏作品資料庫 影像數位化		192,849		41,162	
			收藏作品資料庫 文字數位化		1,180,556		356,296	
		收集美術資訊和資料，增強參考功能	收集件數		2,163,968		571,722	
			圖書室等利用者數		57,043		39,285	
			圖書室等的線上使用次數		4,949,639		8,574,863	
		推動日本當代美術和媒體藝術的國際宣傳，支持現存藝術家的國際推廣	持續參與當代美術及媒體藝術國際展的藝術家		-		27	
			翻譯與國際宣傳美術相關的重要文獻		-		6	
			參加國際藝術節的媒體藝術作品展出數量		-		29	其中與媒體藝術相關的展出數量 7 件
	教育普及活動的充實	提供多元的學習機會及學習內容的開發			136,290		52,293	
		與志願者和支援團體合作的教育普及事業，與企業和地方社區協作進行教育普及與項目開發	志願者參加人數		3,566		1,510	
			課程參加者人數		26,018		9,985	

表 5-4 獨立行政法人國立美術館運營實施狀況概覽（2019-2023 年）（續）

類別	項目		基準年度 年度	基準年度 實績值	最新年度 年度	最新年度 實績值	備註
建立國家級收藏，系統性和歷史性地展示我國現當代及海外美術	調查研究的執行及其成果的應用與宣傳	電影膠卷及資料的所藏作品利用	2019-2022	-	2023	20	
		調查研究		542		184	
	調查研究成果的宣傳	展示繪圖錄		90		20	
		研究紀要		13		4	
		館內新聞		74		17	
		小冊子/指南		167		61	
	外部學術期刊、學術會議等傳播研究成果	學會等發表		396		152	
		論文等發表數		746		277	
	作品收集	購入		1,097		184	
		捐贈		750		354	
		收藏作品數		179,690		46,111	
	收藏作品的修復			1,030		295	繪畫、水彩、素描、版畫、雕刻、資料、工藝、其他

資料來源：作者彙整。

二、運營事業費用、事業收益及事業損益概況

根據第 2 章表 2-10 的數據，2023 年國立美術館的營運狀況顯示全年收入超過支出，主要支出集中在業務部門，這部分佔總支出的六成以上，人事及管理費用也占有

一定比例，這突顯了保持專業運營和管理的必要性。

近年來，國立美術館的各項業務持續擴張，運營事業費用支出合計達到近 120 億日元，2020 年為最高峰，如圖 5-3。從 2019 年至 2023 年，日本國立美術館的事業費用支出可分為三大區塊：人事費、一般管理費和業務費。人事費方面，2023 年達到 12.85 億日元，最低點為 2020 年的 4.057 億日元，這顯示出美術館為即時應對全球化及數位化浪潮，逐步增加的人事支出，且幾乎每年持續攀升。業務費在 2020 年達到 104 億日元，但受新冠肺炎病毒感染症影響，2021 年降至 72.7 億日元。一般管理費用方面，2023 年度達到 10.038 億日元，而最低點則是 2019 年的 7.98 億日元。

隨著法人化的進程推進，國立美術館不再受限於自由度較低的國家會計制度（陳敏芳，2021：194），其則是必須確保自身的收入，並實現自給自足。因此，如何穩定美術館的業務收入即成為關鍵課題。在圖 5-4 中，2019 年至 2023 年間，國立美術館事業費用收入狀況可分為由政府提撥的運營費交付金、展示事業等收入、其他收入，茲說明如下：

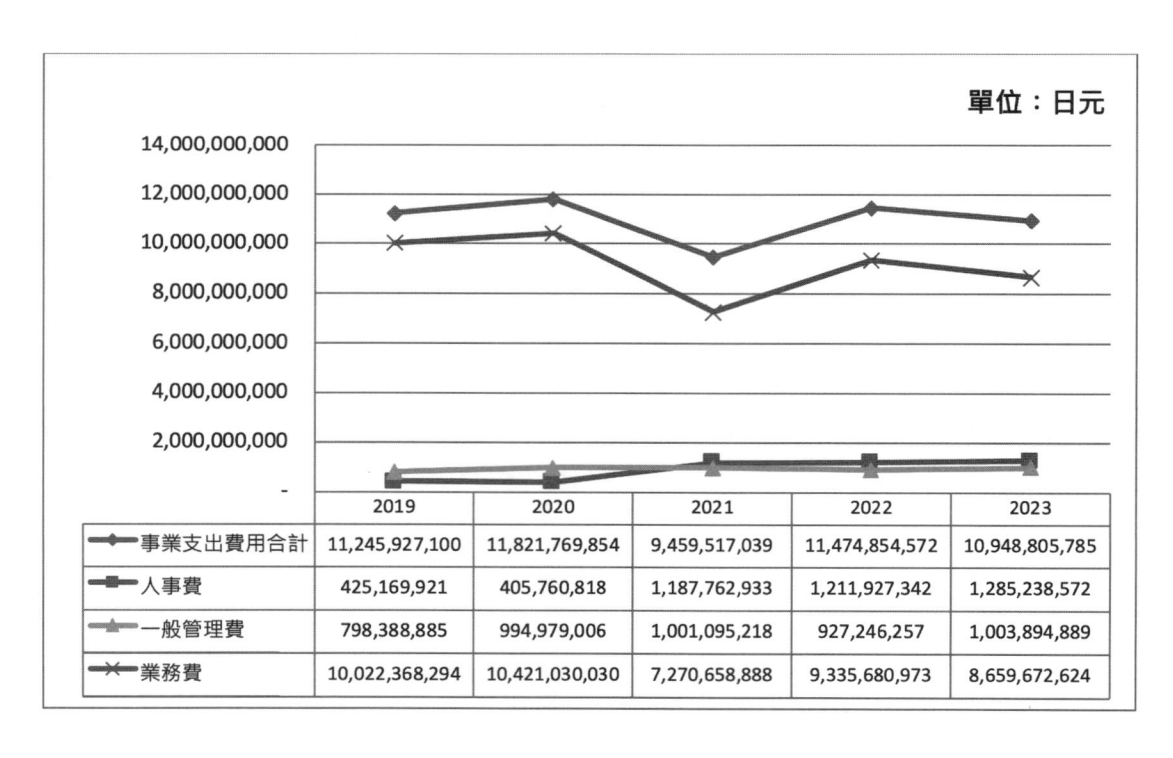

	2019	2020	2021	2022	2023
事業支出費用合計	11,245,927,100	11,821,769,854	9,459,517,039	11,474,854,572	10,948,805,785
人事費	425,169,921	405,760,818	1,187,762,933	1,211,927,342	1,285,238,572
一般管理費	798,388,885	994,979,006	1,001,095,218	927,246,257	1,003,894,889
業務費	10,022,368,294	10,421,030,030	7,270,658,888	9,335,680,973	8,659,672,624

單位：日元

圖 5-3　2019-2023 年度日本國立美術館事業費用支出狀況

資料來源：作者彙整。

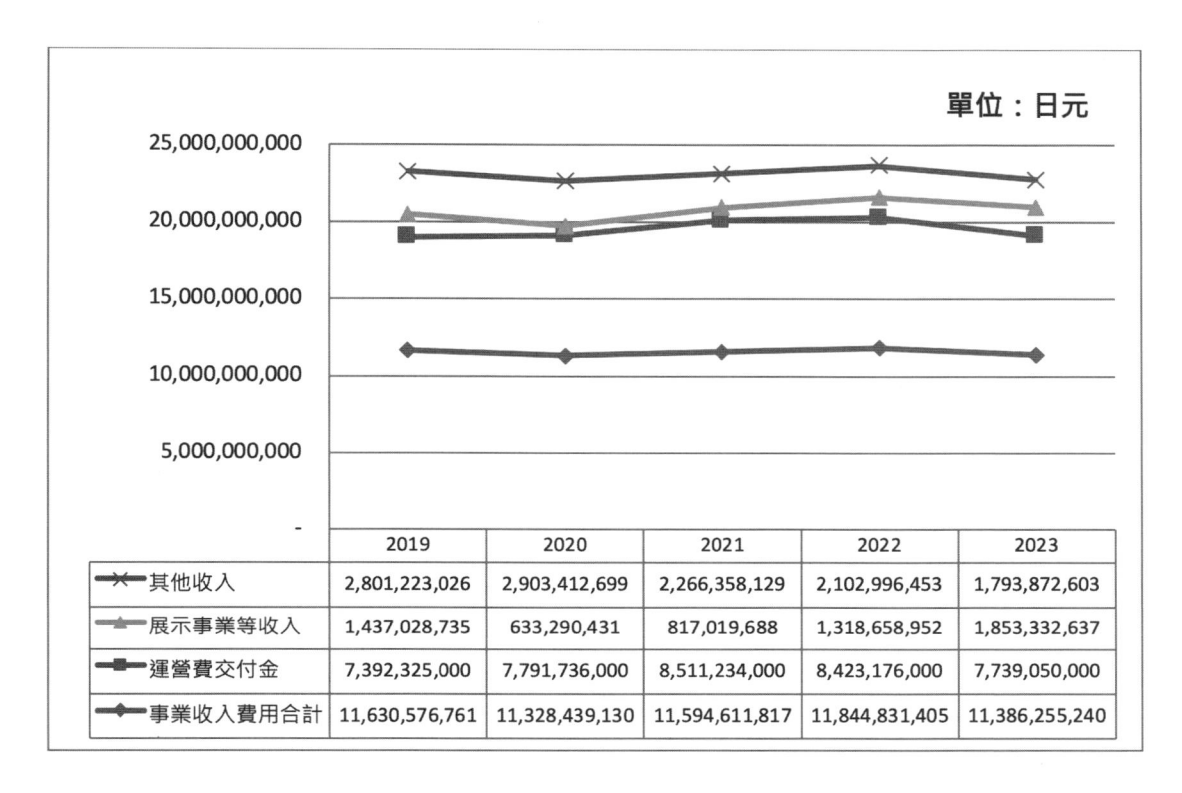

	2019	2020	2021	2022	2023
其他收入	2,801,223,026	2,903,412,699	2,266,358,129	2,102,996,453	1,793,872,603
展示事業等收入	1,437,028,735	633,290,431	817,019,688	1,318,658,952	1,853,332,637
運營費交付金	7,392,325,000	7,791,736,000	8,511,234,000	8,423,176,000	7,739,050,000
事業收入費用合計	11,630,576,761	11,328,439,130	11,594,611,817	11,844,831,405	11,386,255,240

單位：日元

圖 5-4　2019-2023 年度日本國立美術館事業費用收入狀況

資料來源：作者彙整。

（一）政府提撥的運營費交付金

政府提供給國立美術館的「運營費交付金」是專門用於日常營運及實現特定業務目標的資金。該交付金通常涵蓋美術館的基本支出項目，例如，人事費、設施維護費、展示及活動經費等，以保障美術館的穩定運作，並支持其推動藝術發展、文化保存、教育普及等社會服務職能。2021 年，國立美術館的運營費交付金達到最高金額 85.1 億日元，最低金額則出現在 2019 年，為 73.9 億日元。2021 至 2022 年為新冠疫情影響最嚴重的時期，隨著各國逐步解禁，日本政府在 2023 年相應調降了運營費交付金的撥款。

（二）展示事業等收入

由第二章表 2-10 的資料顯示，展示事業等收入包括：美術振興事業的門票入場費等、國家收藏形成與傳承事業的收藏品租賃收入、特別觀看收入和電影膠片租賃收

入、國家中心項目、共同事業的建築攝影和損壞賠償收入等。展示事業等收入在 2023 年達到最高點，為 18.53 億日元，最低則為 2020 年的 6.33 億日元，如圖 5-4。另外，從各展示類型來看，企劃展仍是日本社會民眾最熱衷的展示型態，如圖 5-5，其中 2023 年入館人數達 2,521,674 人，為歷年最高，最低則是 2021 年，受新冠疫情影響，人數降至 865,210 人。

（三）其他收入

其他收入包括：美術振興事業的文化藝術振興費補助金與受託收入、共同事業中的施設整備費補助金及捐款收入，如圖 5-6。其中，美術振興事業的文化藝術振興費補助金於 2019 年達到最高金額 2.05 億日元，最低則為 2020 年的 2,029 萬日元；受託收入方面，2019 年達到最高金額 3.13 億日元，至 2023 年減少至 1 億日元。共有事業的施設整備費補助金於 2020 年達到高峰，金額為 19.05 億日元，而 2023 年則降至 9.1 億日元；捐款收入則以 2023 年最高，達 7.6 億日元，最低為 2020 年的 6.8 億

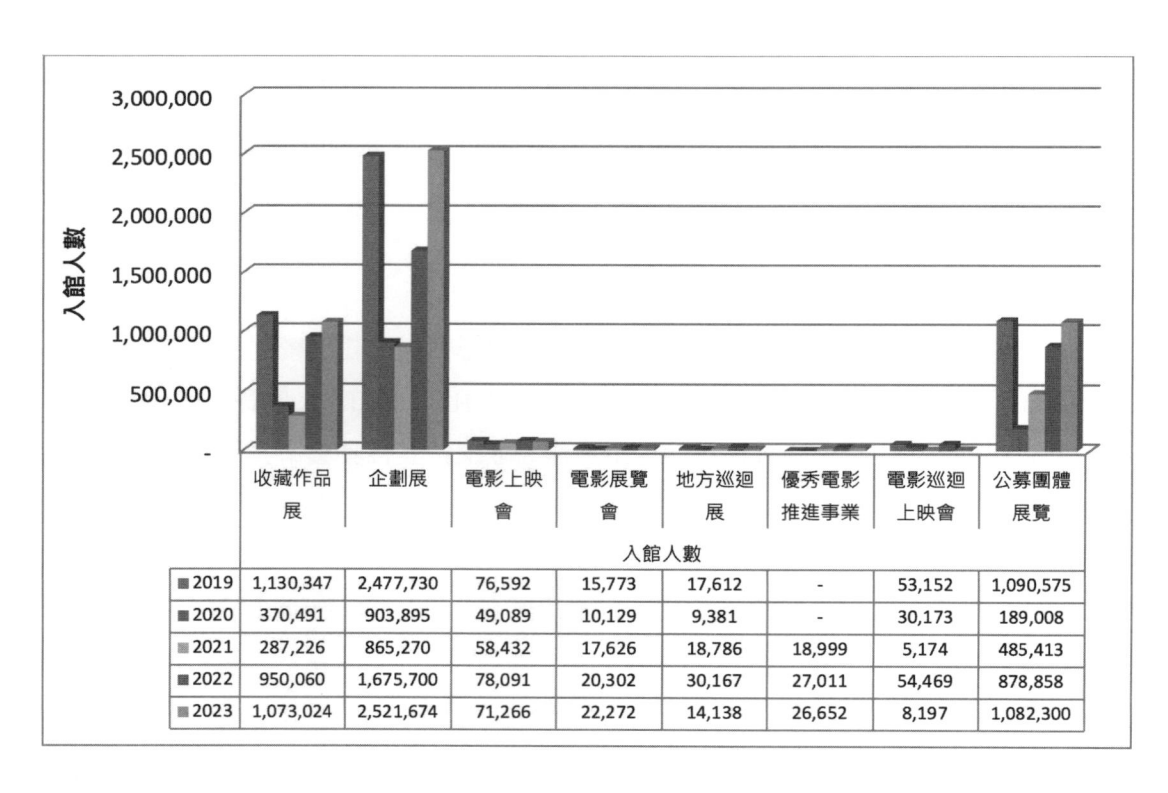

入館人數	收藏作品展	企劃展	電影上映會	電影展覽會	地方巡迴展	優秀電影推進事業	電影巡迴上映會	公募團體展覽
2019	1,130,347	2,477,730	76,592	15,773	17,612	-	53,152	1,090,575
2020	370,491	903,895	49,089	10,129	9,381	-	30,173	189,008
2021	287,226	865,270	58,432	17,626	18,786	18,999	5,174	485,413
2022	950,060	1,675,700	78,091	20,302	30,167	27,011	54,469	878,858
2023	1,073,024	2,521,674	71,266	22,272	14,138	26,652	8,197	1,082,300

圖 5-5　2019-2023 年度日本國立美術館展示事業各類型入館人數

資料來源：作者彙整。

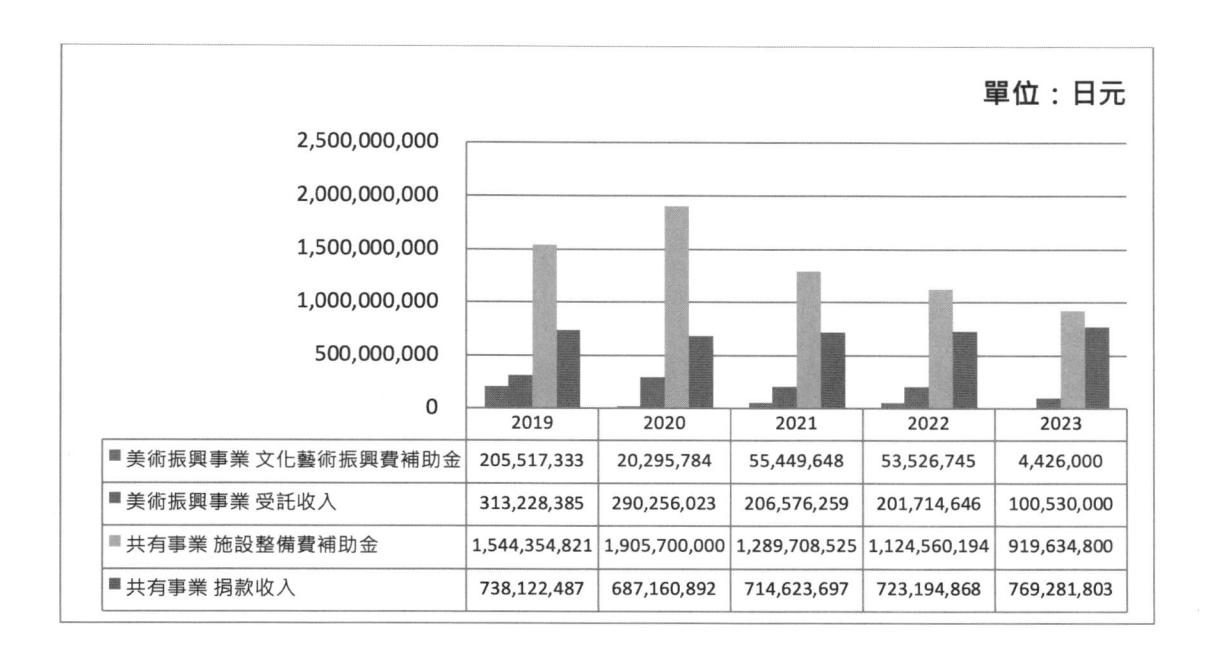

單位：日元	2019	2020	2021	2022	2023
美術振興事業 文化藝術振興費補助金	205,517,333	20,295,784	55,449,648	53,526,745	4,426,000
美術振興事業 受託收入	313,228,385	290,256,023	206,576,259	201,714,646	100,530,000
共有事業 施設整備費補助金	1,544,354,821	1,905,700,000	1,289,708,525	1,124,560,194	919,634,800
共有事業 捐款收入	738,122,487	687,160,892	714,623,697	723,194,868	769,281,803

圖 5-6　2019-2023 年度日本國立美術館其他收入

資料來源：作者彙整。

日元。總體而言，儘管共有事業的施設整備費補助金整體規模較高，2020 年和 2021 年疫情期間，國立美術館仍藉此機會檢視及盤點軟硬體建設，以促進後續發展。

　　歸納上述分析，國立美術館的特色在於多元、多樣的宣傳方式，並能迅速以「美術」為基礎拓展相關業務，展現出朝氣蓬勃的面貌。透過「共同行銷宣傳」讓國立美術館更貼近於社會民眾，而多樣化的專業詮釋與溝通方式進一步強化美術館的教育功能與服務品質，成為提升整體發展能量的重要轉變。

　　在全球文化藝術及教育政策的制定過程中，如何結合本地文化特性與國際經驗，為文化藝術機構提供適切的法律與運營框架，是一項重要的議題。日本在推行獨立行政法人制度的過程中，成功實現文化機構治理模式的轉型，為其他國家提供有價值的參考。然而，各國的文化背景與社會需求各不相同，如何在借鑑國際經驗的同時，建立符合本地特色的法律與制度，仍然是一項極具挑戰性的課題。訪談臺灣國家文化藝術基金會董事長（S1）提及「**在政府制定美術館相關政策的過程中，應如何在考慮臺灣文化特性的基礎上，借鑑日本經驗，並建立明確的法律框架，以確保所建立的制度具有效性和專業性？**」，他回應：

> 法人是一個很複雜的制度的設計，它必須一定要因地制宜，因為沒有一個國家的 SOP 是可以共用的。因為所有的制度設計都是根據他自己國家的各種獨特性，不管它的法規，它的民間企業，它的各種制度，各方面要來做一個量身打造的東西。在理解其他國家的制度的同時，大家也才能都真正的、深入的信念瞭解，才能夠回歸我們自己的制度的獨特性。所以，一個制度的設計第一是一定要非常的細膩，要更專業，然後第二是它的配套一定要完善，第三個其實社會的成熟度也要夠，這樣才能推動行政法人制度的治理模式，也才能得到社會民眾的認同。（S1）

同樣的問題也訪談了日本文部科學省暨文化廳美術館振興室政策制定科企劃統籌科長（A1），他表示：

> 在日本，博物館致力於歷史和過去，博物館展品和藏品種類繁多。美術館的內容主要是思考現在，展望未來，思考未來，美術館的專業知識比較詳細，所以兩者是有區別的。那日本的制度是仿照英國，但是是依據日本的文化習俗做適合的法律制定。如果臺灣效仿日本模式，最好制定符合臺灣情況的政策。在日本，博物館和美術館有不同的法律，博物館和美術館是根據各自的法律運營的。我個人認為博物館和美術館有不同的專業，所以我覺得臺灣需要對美術館有明確的立法。（A1）

檢視日本獨立行政法人制度的創設，旨在改革傳統政府機構的運營模式，以提供更符合國民需求的行政服務。該制度強調運營責任、自主性及自律性，以期改善組織中常見的自發性、積極性、效率性和靈活性不足的問題。根據《通則法》的規範，政府針對每個獨立行政法人制定《個別法》，明確規定其設立目的和業務範圍。換句話說，《個別法》是根據各機構的實際業務需求所制定的專屬細則，這一法規架構的目的在於使獨立行政法人制度能夠適應各種不同類型的機構，從而促進其多樣性與靈活性。與受訪者日本慶應義塾大學政策科學研究院教授（S3）提到「**在推動美術館法立法的過程中，如何針對美術館的專業特性制定獨立的法律，以支持其在現代和當代藝術領域的發展？**」他明確地指出：

文化中介之於文化菱形：從日本國立美術館看臺灣的藝術教育拓展
How cultural intermediaries work within the cultural diamond：
The Expansion of Art Education in Taiwan through Insights the National Art Museum of Japan.

日本的博物館與美術館是各自有獨立行政法人個別法，就目的來說，美術館主要專注於現代和當代藝術，展出的藝術品的同時，可以利用其藝術家組合策畫展示。另一個目標是通過展示藝術家的作品、建立他們的職業生涯和簡歷來支持藝術家。博物館則集中於任何特定的時代。例如，英國的大英博物館專注於歷史上任何時期的藝術，或其他博物館專注於一個特定的時代，博物館的主要目的是策畫一個相關的展示，比較是促進文化遺產的收藏和保護。所以這樣看博物館與美術館是不同的領域，如果要推動立法，我認為除了博物館法需要修法外，美術館也應該針對美術專業做另一個個別法立法，因為這樣對美術館長遠發展才有幫助。（S3）

綜合上述，在制定文化藝術機構的法律與運營框架時，應因地制宜，充分考量文化背景、法律體系及社會成熟度，並結合本地文化特性與國際經驗，以確保制度的有效性與專業性。同時，鑑於博物館與美術館在功能與專業領域上的差異，應分別制定適切的法律框架，以明確其目標與業務範圍。對臺灣而言，推動美術館專法立法，不僅有助於現代與當代藝術的推廣，亦能支持藝術家職業發展與文化產業的壯大，實現文化藝術及教育政策的專業化與多元化，全面提升文化機構的運營效能與社會影響力。

貳、從對話與合作的日本國立美術館藝術教育思考

美術館之所以能成為「反思與對話的市民革命場域」，主要在於其積累了多樣的文化資產、內在記憶、思想和價值觀，這些元素透過來訪者的分享與重構，最終傳遞至整個社會。如果將這種作用比喻為身體的一部分，本書作者認為美術館扮演著肺臟的角色。肺臟提供氧氣以支持生命運作，並能感知和調整身體的需求，同時排除體內廢物，以適應不同環境。類似地，美術館促進不同思想、文化和觀點之間的交流與互動，為社會民眾提供吸收新觀念和靈感的空間，並進行討論和反思。透過展示、教育活動和社區參與，美術館滋養社會的文化生命，鼓勵創造力和藝術表達，使社會能在文化的呼吸中蓬勃發展。

此外，美術館能夠映照社會現況與變遷，成為社會議題的鏡子。透過藝術的呈現，美術館引發社會民眾對社會問題的關注與討論，促進社會民眾意識和理解。它也可以作為心靈和情感的淨化空間，藝術的力量能夠療癒、啟發和轉化社會民眾的情感，提供慰藉和反思的契機。美術館包容多元文化、藝術形式和社會聲音，讓不同的觀點和

故事得以共存,促進深度的社會對話與連結。

在未來社會中,透過藝術和文化資產進行的人際交流,將成為無法以貨幣衡量的社會資產,即社會關係資本。在當代美術館中,「藝術傳播員」作為文化中介者,扮演著不可或缺的角色,他們的首要功能是作為美術館與社會民眾之間的橋樑,幫助參觀者理解和詮釋藝術作品,並提供背景知識和多元視角。「藝術傳播員」透過引導性問題和互動活動,使社會民眾從被動的觀賞者轉變為積極參與的學習者,並創造包容(共融)的環境,促使來自不同文化背景、年齡層及社會階層的社會民眾展開對話,分享彼此的觀點和感受,進而深化對藝術作品的理解,對多元文化的尊重。除此之外,「藝術傳播員」亦強化美術館的公共性,使其成為社會對話和公共參與的重要推動者,藉由藝術教育推廣、支持藝術創作及展示,進一步擴展藝術的影響力,讓藝術更貼近生活。他們在文化中介的角色中,對當代藝術的發展和社會文化的進步產生深遠影響。

從文化菱形的觀點思考,美術館作為中介節點,連結創作者、接收者、社會及美術館藝術教育。借鑑日本的經驗啟發,本書作者認為臺灣可以參照日本模式,規劃推動「藝起開門計畫」,並培訓「藝術倡導師(Art Facilitator)」。該培訓計畫,茲說明如下:

(一)藝術倡導師(Art Facilitator)的使命

1. 文化推廣:「藝術倡導師(Art Facilitator)的核心使命在於推廣藝術文化,提升社會民眾對藝術的鑑賞力與文化素養。他們傳遞藝術知識,更透過實際行動,體現對社會責任的承擔外,更促進社會各階層對藝術的理解及參與。

2. 社會包容性(共融性):透過各種藝術活動,「藝術倡導師(Art Facilitator)致力於促進不同族群的文化交流,讓來自各種背景的人都能參與藝術,感受藝術的價值,進而強化社會的包容性(共融性)和多元共存精神。

(二)藝術倡導師(Art Facilitator)的功能

1. 教育者:藝術倡導師(Art Facilitator)負責設計,並主動實施教育課程,增進社會民眾對美術館展品及其背後故事的理解。在日本,美術館的志工主要負責行政工作,例如,在展示現場提醒觀眾禁止拍照或觸碰展品,因此他們不參與導覽。與此不同,藝術倡導師(Art Facilitator)則負責進行導覽、工作坊和講座,以激發社會民眾對藝術的興趣。

2. 策畫者:藝術倡導師(Art Facilitator)負責策畫各類藝術活動和項目,無論

是展示、藝術節還是社區藝術計畫，這都是其核心職責。透過專業培訓，培養策展能力、活動組織與管理技巧，並讓藝術真正進入社會生活。

3. 溝通者：作為美術館與社區之間的橋樑，藝術倡導師（Art Facilitator）以淺顯易懂的方式詮釋藝術，讓更多社會民眾能夠理解並積極參與。透過有效的溝通技巧，提升觀眾的藝術體驗，讓藝術成為社會互動的重要媒介。

（三）培訓課程設計

1. 基礎藝術教育：課程涵蓋臺灣及國際藝術史的基本知識，介紹不同藝術流派和重要藝術家的作品，特別關注與美術館收藏相關的藝術作品。同時，課程重視當代藝術的討論，讓參與者了解當前藝術趨勢和議題，深化對當代藝術的理解。

2. 實踐導向課程：透過工作坊，讓參與者親自體驗藝術創作，例如，繪畫、雕塑或數位藝術創作，從實作中理解藝術創作的過程。此外，課程可根據社區需求進行設計，鼓勵參與者透過藝術表達自身故事和文化，促進社區間的文化交流與連結。

3. 專業發展課程：專為藝術倡導師（Art Facilitator）設計的進階培訓，課程內容涵蓋藝術管理、策展技巧、社區藝術計畫的規劃與執行等，協助他們持續提升專業能力，拓展在藝術領域的發展機會。

（四）合作模式

1. 學校合作：與當地學校建立夥伴關係，提供專為學生設計的藝術教育課程，透過校外教學和專題講座培養學生對藝術的興趣。大專院校亦可將相關課程納入學分制度，或設立獎學金與競賽獎項，以鼓勵學生參與藝術創作與策畫，提升學習動機與實踐經驗。

2. 社區組織合作：與社區文化團體、非營利機構和社會企業合作，推動社區藝術活動，拓展藝術的影響範圍。透過社區藝術展示，提供社區成員有機會展示自己的作品，促進藝術的普及與交流，強化社區認同感與文化連結。

3. 跨領域合作：結合不同學科專業，例如，科學、科技、社會學與心理學，推動跨領域藝術計畫，激發創新思維。透過跨學科合作，不僅拓展參與者的視野，也促進藝術與其他領域的深度對話，提升藝術的多元價值。

（五）實施策略

1. 持續推動社會民眾參與：定期舉辦開放日、藝術節、社區工作坊等，吸引不同年齡層和背景的參與者，並透過問卷調查與意見回饋機制，優化未來活動內容與形式。

此外，善用數位媒體，例如，社群媒體平臺與線上資源，進行藝術教育的加強宣傳，擴大藝術倡導的影響力。

　　2. 評價與反饋機制：建立完善的評價體系，定期分析活動成效，從中汲取經驗與改進策略，以持續改進藝術倡導師（Art Facilitator）的專業性與影響力。鼓勵參與者提供回饋，以掌握他們的需求和期望，並根據這些資訊調整課程和活動設計，使其更具針對性與實效性。

　　基於此，透過多方位的規劃與執行，藝術倡導師（Art Facilitator）成為文化中介者，美術館的框架下，促進藝術與社會的對話與互動，發揮連結藝術與社會的橋樑作用。他們不僅是藝術的傳遞者、策展者與教育者，更能夠透過藝術，連結不同社群，推動文化交流，提升藝術教育的深度與廣度。推動這項計畫將讓藝術不再只是精英文化的象徵，而是真正走入社會，成為社會民眾可親近且可參與的文化體驗。

III 本章總結

　　根據日本國立美術館法人化的經驗，其獨立行政法人制度為公共文化機構提供了靈活的治理模式，有效提升運營的效率、自主性和透明度。自 2001 年《通則法》立法以來，國立美術館的運營更具自主性，減少政府的直接干預，同時強化專業管理和效率。在這一制度下，日本國立美術館不僅保有文化藝術教育的職責，還提升了與社會的互動及資源管理的靈活性，逐步發展促進社會共融和履行社會責任的文化機構。

　　該體制通過專業人員資格管理、在職進修培訓和第三方評價機制，確保美術館的專業性和透明性，並保障文化公共服務的穩定發展。再者，獨立行政法人制度設有中期目標管理機制，使法人機構能在穩定的框架內運作，靈活應對公共需求。法人必須依據中期目標制定多年度計畫，涵蓋運營效率、財務管理及服務品質提升等方面。此外，為提升社會民眾信任度與積極參與，日本設立第三方外部評價委員會，每年定期對法人運營情況進行公開評價。在財務管理方面，日本通過詳細的財務報告和風險評估制度，並由外部專家組成的運營委員會等單位進行監督與協助，確保資源運用的透明度和風險控制，這對法人機構的經營穩定性及長期發展具有實質意義。

　　相較之下，臺灣在博物館專業人員的資格認定、聘任方式及在職進修培訓方面，仍相對缺乏系統性和嚴謹性。目前，臺灣的專業人員資格標準主要依據《博物館法》和《教育人員任用法》制定，並以教育背景和經驗作為主要參考，標準較為寬泛，對

學術適應性的要求較低。在在職進修方面，臺灣主要依賴文化部補助的非學分制學習機會，由申請單位自行規劃課程內容與架構，缺乏統一規範，難以確保專業訓練的全面性與延續性。反觀日本，其對學藝員的資格要求更為嚴格，不僅需修讀博物館相關專業課程，仍需通過文部科學省的資格認證。此外，日本政府與多所大學合作，建立結合學術教育、實務訓練和持續發展的完整培訓體系，使美術館專業人員不僅具備專業知識，更強調文化使命感和社會責任感。同時，由日本文化廳主導的在職進修體系，涵蓋數位化管理、文化資產保護和博物館經營等全方位課程，確保美術館人員能夠應對現代文化機構的專業需求，進一步提升其專業性與實務能力。

倘若臺灣借鑑日本的經驗，首先以國立臺灣美術館作為示範區，推行「一法人一館所」的運營模式，並設立外部評價機制，要求法人定期公佈運營狀況和評價結果，將有助於提升法人制度的透明度與公信力，並增強社會民眾的參與和監督。在未來可採取漸進方式，逐步將國立臺灣工藝研究發展中心、國立臺灣文學館等機構轉型為行政法人。此外，針對目前已採法人制度的國家電影及視聽中心、國家兒童未來館籌備處，以及正積極討論中的國家臺南美術館，可進一步朝向「一法人多館所」的整合治理模式，提升整體運營效率與資源配置效益。

此外，關於國立博物館、國立美術館和國立科學博物館的本質與定位，本書作者認為，1900 年標誌著西方現代主義運動的萌芽。此時期的特徵在於挑戰傳統藝術和文學形式，強調主觀經驗和對現實的多樣性表現。文學方面，Mark Twain（1985-1910）、James Augustine Aloysius Joyce（1882-1941） 和 Franz Kafka（1883-1924）等作家的作品開始顛覆線性敘事和傳統結構，開創新的文學表現方式。藝術方面，藝術家則質疑傳統形式，探索新的技法和主題。印象主義（Impressionnisme）藝術家，例如，Oscar-Claude Monet 和 Pierre-Auguste Renoir 著重描繪光影與色彩的變化；後印象主義（Post-Impressionism）藝術家，例如，Vincent Van Gogh（1853-1890）和 Paul Cézanne（1839-1906）則進一步探討色彩和形式的表達。表現主義（Expressionnisme）藝術家則透過誇張的形式和強烈的色彩傳達情感，而立體主義（Cubism）藝術家則挑戰傳統透視法和空間表現方式。這一時期，藝術家不僅追求個性化風格和自我表達，也積極回應社會與科技的變革，為 20 世紀的現代藝術奠定了基礎。

在臺灣，1900 年同樣是一個重要的時期，當時正處於日本統治之下，社會與文

05 文化藝術法制與美術館專業化治理：日本經驗對臺灣之啟示

化環境對現代藝術的發展有著深遠影響。日本的統治促使臺灣接觸現代藝術思潮，許多日本藝術家和風格進入臺灣，帶來新的藝術觀念與技法。臺灣的文學家、藝術家，例如，賴和（1894-1943）、陳澄波（1895-1947）、倪蔣懷（1894-1943）、藍蔭鼎（1903-1979）、李梅樹（1902-1983）、陳英聲（1898-1961）等人受到西方和日本的影響，逐漸從傳統中國山水畫轉向更具現代感的題材。此外，日本統治下的教育改革亦促進了臺灣藝術教育的發展，使許多藝術家獲得更紮實的現代藝術訓練。同時，地方藝術團體的成立為藝術家提供了交流和實驗的空間，使他們得以探索新的創作方式。這個時期，臺灣藝術家開始反思自身文化身份，透過藝術表達對日本統治的回應，以及對傳統與現代之間矛盾的思考。

1900 年是許多社會和文化變革的起點，承載著豐富的歷史意義。因此，以 1900 年作為博物館及美術館的本質與定位標準，不僅有助於區分傳統藝術與現當代藝術，還能反映藝術風格和技術的變遷，幫助社會民眾理解臺灣藝術的歷史發展。再者，這一時間標誌可為藝術研究、展示策畫，以及藝術教育提供清晰的脈絡，使博物館、美術館的收藏品意義更為明確。為此，借鑑日本經驗，臺灣可依據本質與定位標準，對國立博物館、國立美術館、國立科學博物館進行分類與整理，如表 5-5。

表 5-5 臺灣國立博物館、國立美術館、國立科學博物館的區別

	國立博物館	國立美術館	國立科學博物館
目的／使命	保存、研究和展示臺灣及國際的文化資產。	推廣現代與當代藝術，促進藝術教育與鑑賞。	提供科學知識普及與教育，促進科學研究與探索。
理念	文化多樣性與保護，致力於社會教育與文化傳承。	藝術的社會角色與公共參與，推動文化交流。	科學知識的實用性與探索，鼓勵創新思維與實驗。
國家中心功能	作為國家文化資產保存與研究的中心。	提供藝術創作與研究的支持，成為藝術界的交流場域。	作為科學教育的核心機構，推動科學知識的普及。
收藏	・1900 年之前的歷史、考古及民俗文物。	・1900 年之後的現代與當代藝術品，包括：繪畫、雕塑與視覺藝術等。	・科學標本、化石、自然歷史及科技相關展品。

表 5-5 臺灣國立博物館、國立美術館、國立科學博物館的區別（續）

	國立博物館	國立美術館	國立科學博物館
展示	・提供常設展示及特展，著重文化與歷史的多樣性。	・以藝術展示為主，專注於現當代藝術及跨界藝術表現。	・以互動展示為主，強調科學實驗及觀察的參與感。
專業領域	・文化資產保存、考古學、人類學及社會歷史。	・藝術史、藝術創作、藝術教育及審美學。	・自然科學、物理學、生物學及科技教育。
調查研究方法	・考古學的技術：例如，碳14定年法、三維掃描技術、地理資訊系統（GIS）應用，這些技術有助於文物的年代判定、數位化保存及地點分析。 ・歷史文物的修復技術：涵蓋傳統技法和現代材料應用，例如，顯微修復、熱紅外線成像檢測（分析文物的表面和內部構造），確保文物完整呈現且延長其保存年限。 ・田野調查方法：例如，口述歷史的記錄和分析，透過採集當地社群的口述資料，深入理解文化背景且加強歷史文物的故事性。	・藝術品的保存與修復技術：例如，油畫修復（重新上漆、裂縫修補）、紙本藝術的酸鹼度調節與防潮措施，以確保藝術品的長期保存。 ・藝術史學的研究方法：對作品進行風格分析、圖像學研究（iconography），並結合社會歷史背景分析，以深入解讀藝術作品的文化意涵，進而提出藝術評論。 ・觀眾參與研究：利用訪談、問卷調查、焦點團體等方法，分析觀眾的參與度與回饋，以調整展示內容和互動形式，提升社會民眾參與的效果。	・科學實驗與數據分析：在生物、地質、化學等領域應用實驗方法，並使用高精度儀器進行數據分析，例如，DNA測序技術用於生物標本分類和進化研究。 ・自然標本的田野採集與分類研究：運用生物學、地質學的專業技術進行標本的採集和分類，並使用分類學的方法進行物種識別和記錄。 ・環境監測與評估方法：涵蓋空氣質量、水質、生態系統變遷的長期監測，運用無人機遙測、衛星影像分析等先進技術，了解生態環境變遷的長期趨勢。

資料來源：作者彙整。

隨著全球可持續發展與 ESG 理念的普及，行政法人制度成為公共治理的重要模式。日本的獨立行政法人制度透過專業治理，提升公共文化機構在資源配置、運營效率、透明度和責任制方面的靈活性，並成為全球公共治理的參考之一。若臺灣能進一步完善《博物館法》及《行政法人法》，同時制訂《行政法人美術館個別法》，將有助於提升公共服務的效率與靈活性，滿足多元社會需求，同時融入 ESG 理念，推動文化藝術保護與社會責任，促進臺灣文化領域的可持續發展。

　　在美術館治理與發展方面，第四世代美術館強調與社會「對話與合作」，透過共創機制促進藝術知識的生成。這一模式依賴政府制定完善的法律、政策及資源分配機制，確保美術館的可持續發展和資源運用的透明性。此外，環鏈式藝術教育模式則強調美術館各項功能（收藏、研究、展示和教育普及）間的有機聯繫，並透過學藝員和「藝術傳播員」作為文化中介，使美術館成為促進社會文化互動的重要場域。借鑑日本經驗，臺灣可進一步強化美術館專業人員的資格制度，並推動藝術倡導師（Art Facilitator）參與，促進美術館與社區聯繫，提升社會參與感，將美術館發展成為地方文化的樞紐。

　　質言之，日本國立美術館法人化後的經驗表明，通過完善的法律制度和治理機制，美術館能夠增強自主性、提升透明度，並更靈活地回應社會需求。若臺灣未來推動國立美術館法人化治理，並引入中期目標管理、外部評價委員會、專業人員進修培訓等制度，結合藝術倡導師（Art Facilitator）的角色，並融入 ESG 理念，將有助於提升美術館的運營效能和社會影響力，推動文化藝術領域的永續發展，並在公共服務品質和公信力方面，實現更顯著的成果。

終章——從文化中介到文化菱形之未來展望

||| 研究成果與課題
||| 政策建議
||| 理論反思
||| 今後課題

III 研究成果與課題

　　日本政府在文化治理上深受英國模式影響，特別借鑑了英格蘭藝術理事會（Arts Council England）所倡導的「臂距原則（ALP）」，即確保政府資助文化機構的同時，保持行政權力與專業機構決策的適當距離，以維持文化藝術領域的自主性。基於此理念，日本政府於2001年導入「獨立行政法人」制度，設立國立美術館文化中介平臺，使其在政府管轄下擁有獨立運作文化藝術資源與專業分配的權限，確保美術館藝術教育能夠在社會中成功拓展。這一制度設計既保障了文化藝術創作的思想自由，防止政治意識形態對創作內容的干預，也提升了國立美術館文化中介平臺的運營彈性，使其更能回應社會需求。2017年修訂的《文化藝術基本法》進一步明確規定，日本政府在推動文化藝術政策時，必須尊重文化藝術工作者的自主權與言論自由，不得介入創作內容。這使得國立美術館文化中介平臺得以獨立發展美術館藝術教育，並獲得社會民眾的認同與支持。

　　在治理架構上，日本政府對國立美術館文化中介平臺的監督採取「事後管理」模式，尊重其法人自主性與自律性。國立美術館文化中介平臺在執行《文化藝術振興基本計畫》的「中期目標」前，須根據主管機關設定的「中（長）期目標」，擬定「中（長）期計畫」，並在主管機關認可後制定「年度計畫」，其執行亦須獲得主管機關的同意。主管機關透過「業務範圍設定」、「業務方法書」、「中（長）期目標與計畫」、「年度計畫」，以及國立美術館文化中介平臺提交的「自我評價書」與「事業報告書」等文件，對其執行成效進行評價與審核，確保法人業務的方向與進度符合政策目標。此外，政府在提供行政資源（包括：資金）時，亦要求其履行公共職能。在評價機制中，作為「第三機關」的外部評價委員會發揮關鍵作用，負責評價國立美術館文化中介平臺的執行成效，並作為政府與法人之間的溝通橋樑。該委員會由文化藝術領域的專家學者組成，政府官員（包括：公務員）不得參與，以確保評價的公正性，並平衡主管機關的權力。此外，日本政府也藉由評價制度掌握國立美術館文化中介平臺的實際運作情況，據此調整下一期的政策目標，以促進法人在專業領域的靈活發展。

　　國立美術館文化中介平臺作為「文化菱形」架構中的重要節點，清楚呈現美術館藝術教育與社會之間的多層次關聯。美術館藝術教育成功的發展依賴四大關鍵因素：（一）藝術知識詮釋與經驗轉譯 —— 透過專業學藝員對藝術知識的詮釋、藝術家的經驗轉譯，以及藝術團體的參與，使藝術作品「能說話」，進而促進社會民眾的理解

與對話；（二）民間自發性的傳承與推廣──民間社會力量在藝術創作者與社會民眾之間扮演中介角色，負責藝術作品的傳播、教育與推廣；（三）多元循環形式擴大藝術鑑賞人口──透過展示與傳播，促進美術館藝術教育的普及，增加藝術鑑賞人口，進一步擴大藝術影響力；（四）文化藝術及教育政策與法制提供發展環境──日本政府透過法律與政策營造良好的文化藝術發展環境，使美術館藝術教育得以穩定成長。

以宏觀的角度解構文化菱形中的美術館藝術教育時，作為一個社會文化體系，美術館藝術教育並非單向線性傳遞，而是一個動態的環形互動系統，創作者、國立美術館文化中介平臺與接收者彼此影響與制衡，共同塑造藝術教育在日本社會的文化意義。因此，國立美術館文化中介平臺不僅是藝術資訊的傳遞者，還需不斷吸收全球藝術發展趨勢，積累文化資本，進一步強化其藝術品味與象徵資本。在文化治理體系中，國立美術館文化中介平臺透過「守門人」機制（Gatekeeping），決定藝術教育的意義與傳播過程，並在藝術網絡中形塑文化品味，成為引領藝術教育發展的關鍵角色。

透過本書的文獻分析與對日本及臺灣相關利害關係人的深度訪談，運用「臂距原則（ALP）」理念，並結合文化菱形架構進行資料整理與分析，以回應楔子（第一章）所提出的核心問題，進而得出具價值的結論，茲說明如下：

壹、日本政府以《文化藝術基本法》作為文化治理根基

《文化藝術基本法》明確規範文化藝術及教育政策的整合，為日本振興文化藝術與教育發展奠定堅實基礎，體現「文化藝術立國」的理念。在法律層次上，《日本國憲法》確立國家治理的基本原則，而《基本法》則作為補充，為特定重要領域提供政策方針與法律框架（塩野宏，2008；日下部晃志，2005；参議院法制局，2023）。《基本法》在各行政領域扮演「母法」角色，指導其他法律與行政機關的政策運作。因此，《文化藝術基本法》不僅補充《日本國憲法》的文化藝術與教育發展原則，也對日本整體文化藝術及教育政策的規劃具有決定性影響。隨著社會變遷，日本面臨少子化、高齡化與全球化等挑戰，文化藝術及教育政策已不再僅限於文化藝術振興，而是涵蓋觀光、福祉、產業、社區營造與國際交流等領域。2020年東京奧運進一步成為向世界展示日本文化藝術的契機。為應對這些變化，日本政府設立「文化藝術推進會議」，統籌各行政機關間的協調與政策整合。

在政策執行上，日本政府依據《通則法》第二條，將國立美術館文化中介平臺定

位為「中期目標管理法人」，採取獨立行政法人制度運作，並將三至五年的中期目標納入《文化藝術基本法》規範的《文化藝術振興基本計畫》，作為未來五年內的施政藍圖。這顯示《文化藝術基本法》已從原本的宏觀指導角色，轉變為政府全面主導文化藝術及教育政策的依據，同時要求各層級行政機關制定具體計畫，以確保政策的系統性與持續推進。為確保政策成效，日本政府透過「文化 GDP」等指標，每年度對政策實施情況進行評價與檢驗，並在第三年進行中期評價，將結果反映至下一個《文化藝術振興基本計畫》中。評價機制並非單純追求指標增長，而是強調質化與量化並重，以確保文化藝術與教育的高品質發展。在文化治理架構中，日本政府透過《文化藝術基本法》居於主導地位，負責法律與政策制定，並提供經費與行政支持。國立美術館文化中介平臺則作為政策執行的核心機構，在政府授權下推動美術館藝術教育與相關公共事務，成為文化藝術政策實施的重要推動者。

貳、獨立行政法人國立美術館文化中介平臺的文化藝術專業評價機制

日本政府在戰後對文化藝術及教育政策進行深刻反思，特別是針對戰前國家對文化藝術的干預與審查制度，確立了以《日本國憲法》第二十一條保障表達自由為核心的原則。《文化藝術基本法》前言所強調的「表達的自由」與「不介入內容的原則」，正是為了防止政府對文化藝術與教育的過度干預，確保國立美術館文化中介平臺的自主性與自律性，並提升其組織管理、人事決策與財務運作的靈活性與透明度。為確保國立美術館文化中介平臺能夠在專業領域內靈活發展，日本政府的監督與參與範圍僅限於業務與組織運營層面，不涉及具體運營細節，避免事前管制，而是將重點放在事後監督，以維護文化藝術機構的專業自主權，促進其可持續發展。

參、獨立行政法人國立美術館文化中介平臺的協同共治

日本政府透過「外部評價委員會」對國立美術館文化中介平臺的中期目標執行成效進行評價，以確保政策落實與資源分配的合理性。該委員會由文化與藝術領域的專家組成，主要負責兩項核心工作：（一）政策調整與目標設定：政府根據評價結果，檢視國立美術館文化中介平臺的執行情況，據此調整下一期目標，確保政策方向與社會需求相契合；（二）資源配置與公共任務執行：政府依據評價內容決定撥款與行政資源的分配，並要求國立美術館文化中介平臺履行公共任務，以實現文化藝術及教育

政策目標。「外部評價委員會」作為獨立於政府的「第三機關」，在平臺與政府之間發揮溝通與制衡作用，確保評價機制的客觀性與公正性。因此，政府官員不得參與評價工作，以避免行政權力過度介入，這亦可視為該評價制度的一大優勢。

國立美術館文化中介平臺的理事長由主管機關指定，負責對內管理平臺運作，對外則代表日本政府。其內部管理與監督機制則由理事會及各美術館館長共同推動，秉持協作治理（collaborative governance）原則，以確保決策透明、公正，並促進文化藝術及教育政策的有效執行。為維護治理的獨立性，政府官員不得參與「運營委員會」，該委員會由外部專家組成，負責監督內部運作並提供專業建議，其職能涵蓋：（一）聯合策展與展示規劃；（二）政策制定，例如，校園會員計畫；（三）專案執行，例如，文化廳推動的文化藝術計畫。透過協同共治機制，國立美術館文化中介平臺得以有效推動文化藝術政策與美術館藝術教育，進而培養日本社會對藝術的興趣與認同，形塑廣泛的「藝術愛好者」。

肆、以多元循環形式推動美術館藝術教育

經濟學家 John Maynard Keynes（1883-1946）對藝術「卓越」的支持，源於他對藝術作為「孕育公共文明生活」的信念，強調所有人都應享有文化帶來的「平等的滿足」。國立美術館文化中介平臺獲得日本政府的資金與行政資源支持，並依循「臂距原則（ALP）」運作，確保其在政府支持下，仍能保持獨立性，進一步實踐 John Maynard Keynes 所強調的美術館公共性，使廣大社會民眾均能受益於藝術教育與文化活動。

日本政府依據《文化藝術振興基本計畫》，結合全球趨勢，發揮文化與藝術的「多元價值」，促進社會與經濟發展，並規劃未來五年的施政方針。該計畫不僅是一項政策宣示，更是具體行動方案。新型冠狀肺炎病毒對社會造成前所未有的影響，導致人與人之間的疏離與行為模式的改變。在此背景下，文化與藝術所承載的慰藉、勇氣與希望等價值受到重新認識與肯定。此外，該計畫亦與國際潮流接軌，將多樣性、包容性（共融性）與可持續性作為核心概念，納入美術館文化藝術及教育政策的發展策略，推動文化藝術的長遠發展。

《文化藝術振興基本計畫》的中期目標涵蓋「卓越」、「普及」、「韌性與永續性」、「多樣性與技能性」、「社會包容（共融）」、「夥伴關係」與「協同合作」等核心概念。國立美術館文化中介平臺的核心目標即在於追求卓越的藝術表現與普及

性,同時秉持社會包容(共融)理念,確保兒童、青少年、成年人、老年人、身障者與外國人等各類群體皆能參與藝術教育。此外,日本政府認可國立美術館文化中介平臺為「特定公益促進法人」,使其能夠透過會員機制、捐款、捐贈與遺贈等方式籌措資金,並享有稅務優惠。值得注意的是,日本政府為文化藝術及教育最大的投資者,而國立美術館文化中介平臺則依循「臂距原則(ALP)」,與地方政府、文化企業、傳播媒體、非營利組織及其他具相同目標的藝術團體建立夥伴關係,共同推動文化與藝術發展。此外,該平臺的合作夥伴還含括國立國會圖書館及多所高等教育機構,例如,東京藝術大學、慶應義塾大學、日本電影大學與長岡造形大學等,強化跨機構協同合作與資源共享。透過這些合作關係,國立美術館文化中介平臺致力於打造更完整的文化藝術及教育環境,推動社會整體的文化發展。

藝術作為全球共通的語言,是理解不同文化的重要窗口。國立美術館文化中介平臺的目標在於讓藝術成為「所有社會民眾」都能親近與運用的資源,因此,構建並深化現有的文化藝術及教育環境,是政策關注的核心。特別針對兒童、青少年、成年人、老年人、身障者與外國人的文化藝術參與,不僅具有教育意義,亦與文化藝術及教育環境的可持續發展息息相關,進一步提升美術館藝術教育的普及性與公共利益。基此,日本政府推動美術館藝術教育的核心立足於美術館的公共性,並以多元循環的方式推動藝術教育。此舉不僅能擴大藝術鑑賞人口,也能在社會的沃土中播下藝術的種子,讓藝術的影響力深植於日本社會,茲說明如下:

一、多元行銷推廣

在文化藝術及教育政策雙軌並進的發展趨勢下,國立美術館文化中介平臺順應數位藝術學習的新常態,積極推動多元行銷與藝術普及計畫,以提升社會民眾對藝術的認識與親近感。為有效運用館藏資源,國立美術館文化中介平臺不僅開放收藏作品的低畫質圖像授權供社會民眾使用,亦整合轄下東京國立近代美術館、京都國立近代美術館、國立西洋美術館、國立國際美術館及國立電影資料館的館藏藝術品,推動數位化工程。該平臺進一步與國立國會圖書館合作推出「館藏目錄檢索系統」,使社會民眾能夠依據藝術流派、作者或作品名稱等條件檢索館藏資料,獲取五所美術館的豐富藝術知識。此外,國立美術館文化中介平臺深刻理解藝術審美教育應從小紮根,並認為鑑賞教材是美術館藝術教育的重要延伸。因此,特別製作《國立美術館藝術卡系列》鑑賞教材,內容涵蓋西方宗教繪畫、日本藝術及當代藝術,類型涉及繪畫、雕塑、版畫、攝影、工藝及設計

等多元領域。該教材不僅適用於曾進入美術館的學習者，也為從未接觸美術館的兒童及其法定監護人提供一種直觀的藝術學習工具，鼓勵社會民眾透過細緻觀察與實踐，發展創意思考，並在自由探索中拓展獨特的藝術經驗與想像力。

二、社會教育

（一）獨立行政法人國立美術館文化中介平臺校園會員網

為強化學校教育中的文化藝術活動，《文化藝術基本法》第二十四條明確規定，政府應採取必要措施，例如，加強文化藝術教育，包括：推動文化藝術的體驗式學習，並支持藝術家及文化藝術組織與學校合作開展文化藝術活動。基於此目標，國立美術館文化中介平臺設立「校園會員網」，透過年度會員制，與大學、短期大學、專門學校、專修學校及相關法人機構合作，推動美術館輔助學校教育的發展。各學校與機構可依需求選擇加入不同類別的會員方案，包括：全國六所國立美術館、關東地區四所美術館、關西地區二所美術館，或單一美術館，以提供師生及教職員工參與美術館藝術鑑賞教育的機會。成為「校園會員網」的學校師生及教職員工可根據個人意願，免費多次參觀館藏展示，或以優惠價格鑑賞特別企劃展。例如，原學生票價為日幣 500 至 1,100 元，折扣後為日幣 400 至 900 元；教職員工原票價為日幣 1,000 至 1,700 元，折扣後為日幣 800 至 1,500 元。美術館不僅在社會教育中扮演重要角色，其館藏、研究、展示與教育普及活動亦構成一個「終身學習」的場域。「校園會員網」的設立旨在鼓勵社會民眾將美術館融入日常生活，透過五感接觸實物、熟悉藝術，進而提升藝術素養與審美能力，使藝術成為個人生活與社會文化的一部分，實踐「以藝術融入生活」的理念。

（二）國立美術館巡迴展

國立美術館文化中介平臺以擴展公共視野為目標，每年規劃「國立美術館巡迴展」，並與各都道府縣或政令指定市的教育委員會、地方公共團體、文化企業及傳播媒體等單位合作，共同舉辦為期三年的展示活動。例如，2019 年，國立美術館文化中介平臺與熊本縣教育委員會、熊本市教育委員會、熊本縣文化協會、熊本縣美術家聯盟、熊本市公益財團法人熊本市美術文化振興財團、熊本國際觀光會議協會、熊本日日新聞社及 NHK 熊本放送局等單位合作，在熊本市現代美術館舉辦「東京國立近代美術館藏品展——觸發點是『雕塑』：從現代到當代的日本雕塑與立體造型」（熊本市現代美術館，2019）。此次展示特別規劃了藝術專題講座，由國立美術館文化中介

平臺所屬的東京國立近代美術館學藝員分享藝術知識，深化社會民眾對展品的理解。此外，展示亦與當地崇城大學藝術學院設計系漫畫表現課程合作，推動理論與實務並行的雙向教學，進一步促進藝術教育的交流與實踐。透過這類巡迴展與教育活動，國立美術館文化中介平臺不僅強化了與地方文化機構的合作關係，亦實踐了美術館作為「文化公共領域」的重要使命，使更多社會民眾能夠接觸並理解日本現代與當代藝術的發展脈絡。

三、專業人才培育執行策略

人才是國家發展的基石，而人才培育更是維持國家生產力與競爭力的重要指標（國家教育研究院，2012）。因此，在推動文化藝術及教育政策時，仍需以「教育」作為核心方法。美術館作為日本政府文化藝術及教育政策的重要環節，其專業人才（包括：藝術家）的培養與資格取得已明確規範於《文化藝術基本法》第十六條及2022年（令和4）修訂的《博物館法》。面對當前社會的變遷——例如，美術館與博物館數量的增加、社會民眾對文化藝術興趣的提升，以及美術館未來發展所需的多元知識與技能——日本政府針對館長、學藝員、學校教師、新生代藝術家及相關專業技術人員，規劃了一系列專業知識與技術培訓課程。這些課程涵蓋藝術專業知識、人力資源管理、風險管理、設施運營、接待服務、公共關係、廣告傳播、區域交流、區域問題解決及數位化等領域，並包括促進國際交流的新生代藝術家海外研修計畫、美術館管理講座、高層管理培訓、學藝員與文化財保護專業技術人員的專業培訓、美術館鑑賞教育講師培訓等多項計畫。這些培訓課程的核心目標在於深化美術館藝術教育的價值，培養參與藝術教育活動人員的專業素養與基本態度，並提升其管理藝術教育活動與制定教育計畫的能力。此外，課程亦著重於培養學員發掘與解決美術館實務問題的能力，使其能夠在專業領域內發揮作用，促進美術館與社區及社會之間建立理想且長久的互動關係，確保美術館在未來能持續發揮文化教育的關鍵影響力。

四、藝術教育計畫——藝術門扉實驗場

美術館的藝術教育不僅是社會民眾培養能力與塑造人格的重要途徑，更作為「文化公共領域」的一環，提供終身學習的場域，使人們能夠透過藝術開啟感官與視野。自2012年起，以人為本的「藝術門扉實驗場」（とびらプロジェクト）藝術教育計畫，由美術館、學藝員、東京藝術大學及外部專家共同推動，透過國立美術館文化中介平

臺所建立的網絡，結合美術館的收藏與其他資源，規劃藝術史、審美學、人文社會及跨學科領域的課程，包括：「基礎課程」、「鑑賞實踐講座」、「近用實踐講座」與「建築實踐講座」等，提供專業的藝術知識講授。在這套教育體系中，美術館的學藝員與專業人士擔任合作促進者，並賦權予「藝術傳播員」，實現以「對話與合作」為核心的第四世代美術館藝術教育模式。這一計畫不僅能有效延續學習者的自主學習精神，推動藝術資源的流動與共享，更能擴大藝術教育的影響力，使社會民眾具備回應當代社會挑戰的能力。同時，「藝術傳播員」透過參與人與人、人與事物、人與自然及建成環境之間的互動，學習如何自主決策、溝通與討論，進一步深化對社會議題的理解與參與。

作為開啟「藝術之門」的引子，「藝術傳播員」（とびら）與東京都上野公園周邊九個文化場館聯動，推動「Museum Start Aiueno」（Museum Start あいうえの）計畫，透過社群營造的藝術行動，促成美術館藝術教育由下而上的公共文化發展。此計畫藉由藝術的力量，幫助兒童、青少年、長者、身心障礙者、失業者、外國居民、育兒婦女、經濟弱勢群體及其他面臨社會困難的個人，透過自身生活體驗與對周遭現象的關懷，培養環境認知與社會責任。此外，藝術也能引發非日本籍兒童對日語學習的興趣，加深對日本文化藝術的認識，並促進自信心與人際關係的正向發展。

「藝術門扉實驗場」藝術教育計畫以美術館的收藏、研究、展示與教育普及為核心，打破傳統美術教育的單一模式，賦予社會民眾「藝術傳播員」的角色，建立由館內（美術館）延伸至館外（學校、社區），再從館外回流至館內的多元循環藝術教育體系。透過這樣的運作模式，藝術得以在日本社會向下扎根，拓展藝術鑑賞人口，共同塑造屬於日本美術館的藝術教育文化。

五、其他特色

日本政府在國立美術館文化中介平臺的中期目標中，設立了「節約經費」的指標，因此，適度籌措財源便成為國立美術館文化中介平臺可持續經營的重要課題。各美術館除可根據業務需求，自行制定展示門票價格、場地租借費用、展示圖錄銷售策略，以及商業機制與研究合作計畫外，亦可透過建立會員制度、推動小額捐款、規劃藝術品的生前遺贈與遺囑捐贈，並推出「獨立行政法人國立美術館《眾籌募資》」線上捐款計畫，以向社會民眾募集資金與資源，運用於美術館的收藏、研究、展示及藝術教育普及等相關活動。這些財源籌措方式不僅能夠透過社會力量支持藝術家的創作與展

現，也能使社會民眾重新思考並理解，文化資產的保護是全體國民共同的責任與義務。透過會員制度、小額捐款、藝術品捐贈與遺贈，以及《眾籌募資》計畫，國立美術館文化中介平臺能夠凝聚更廣泛的社會關注與支持，進一步促進社會民眾參與國家文化藝術建設，強化日本文化資產的保存與傳承。

III 政策建議

本書作者基於對《文化藝術基本法》及「臂距原則（ALP）」在日本文化藝術及教育政策中的影響進行綜合評析，並針對國立美術館作為文化中介平臺的發展與藝術教育拓展，提出以下政策建議，供政府相關行政單位、民間組織、產業從業者及研究人員參考，以促進日本文化藝術的可持續發展與社會整合。

壹、文化藝術政策的公共性

近年來，文化藝術在日本已逐漸滲透到社會民眾的日常生活，特別是 1990 年代《文化藝術基本法》立法後，更強調文化藝術在培養創造力、增強表達能力，以及促進社會活力方面的重要性（e-Gov 法令檢索，2019）。聯合國開發計畫署（UNDP）於 2004 年也指出，擴大文化藝術自由是促進社會穩定、民主和人類發展的可持續途徑（吉澤弥生，2007）。從公共政策的角度言之，文化藝術被視為創意發展的核心，對城市振興至關重要（佐々木雅幸，2001）；在經濟學領域，有學者將文化藝術視為公共財（後藤和子，2005a）；從地方自治角度，則強調文化藝術政策應納入綜合政策規劃（中川幾郎，2001）。市民社會理論認為，文化藝術可透過 NPO 和志願者活動等自願參與機制來促進新的「公共性」，並發掘個人潛能（佐藤慶幸，2002；後藤和子，2005b）。法學觀點則進一步將「文化權」確立為基本權利，保障公民平等享有文化藝術（小林真理，2004）。

綜觀各領域的研究，日本的文化藝術及教育政策基礎日益側重於提升社會民眾的生活質量，並將文化藝術視為促進社會公共性的重要工具。在 Jürgen Habermas 的「競爭性公共領域」概念下，公共性應是開放的民主空間，允許社會民眾自由討論和參與決策（斎藤純一，2000: 8-9）。然而，傳統上日本的「公共性」仍與官方機構高度關聯，直到 1990 年代《特定非營利活動促進法》頒布後，關於社會民眾如何建立自主參與的公共性開始受到關注。隨著公共性的概念逐步擴展，圍繞「共同的」與「開

放的」公共性的辯論仍在持續。

歐洲文化藝術政策的轉變也影響了日本。首先，文化藝術的定義從二戰後主要關注精英藝術與文化資產，擴展至涵蓋大眾文化、流行文化、非西方文化，甚至包括殘疾人文化環境。這意味著文化藝術政策不僅僅是支持優秀藝術活動，而是成為更廣泛社會環境的一部分。其次，政策面向的變化體現在兩方面：第一，政策參與者的多樣化，文化藝術政策不再由國家政府單獨主導，而是納入地方政府、企業與民間組織。第二，政策的基本方法轉變，從供應者（生產者）導向轉向接受者（消費者）導向，強調文化藝術政策應尊重社會民眾的選擇，而非自上而下強加。

雖然《文化藝術基本法》已於 2017 年修訂，納入多元文化族群，但本書的研究發現，公共性可被視為「向各種人開放的狀態」，並應通過社會民眾的自願參與來構建公民社會。文化藝術參與者——包括：藝術家、文化機構、文化產業、社會團體等——應共同推動文化藝術的普及，使更多社會民眾能夠直接或間接享受文化藝術，並參與政策決策過程。社會民眾的參與不僅提升歸屬感、信任感與包容力，也能促進政策的有效制定與執行，減少潛在衝突，增強政府治理的課責性（中華民國統計資訊網，2023）。

特別是，日本的文化藝術概念仍偏重「結果」而非「過程」，政策往往聚焦於已獲重視的藝術產品，而非創作過程與基層藝術的培養。因此，本書作者認為，未來文化藝術及教育政策應更加強調公共性，並透過美術館的實驗性藝術實踐來促進基層社會民眾的參與。同時，政府與社會應建立包容多元價值的文化環境，推動長期的文化藝術培育機制，不僅關注成果，更重視藝術創作與參與的過程。作為具體施政規劃的《文化藝術振興基本計畫》，可進一步納入社會民眾的意見參與，以落實文化藝術及教育政策的公共性與包容性（共融性）。

貳、重思臂距原則核心精神

二戰後，日本的文化藝術及教育政策以促進言論與表達自由、推動文化藝術發展、保護文化資產為核心，擺脫戰前以民族主義為基礎的文化藝術及教育方針。同時，政府也致力於平衡文化資源在都市與地方之間的分布，並應對市場經濟對傳統文化與前衛藝術的影響。1979 年，英國柴契爾夫人執政後全面推動「新公共管理主義」，透過政府組織再造來精簡官僚體制、提升行政效率，並減少財政負擔。日本政府亦參照此模式，透過人事精簡、績效評鑑、工作外包、民營化、公私合作等方式，推動獨立行

政法人制度，以強化政府與民間合作，落實「臂距原則（ALP）」。該原則強調政府資助但不直接干預，使組織具備獨立性，並隨政府政策方向進行滾動式調整 (Plümer Bardak, 2021: 329)。

英國藝術委員會於 1946 年成立，首任主席 John Maynard Keynes 的理念並非透過藝術推動社會控制，而是提供藝術家勇氣、信心與機會。「臂距原則（ALP）」的原意在於確保政府提供資源，但不介入決策，將權力交由專家委員會。然而，自 1970 年代起，藝術委員會因其「菁英主義」導向而受到批評。無論音樂、美術或表演藝術，均長期由貴族與富裕階層支持，使來自前殖民地的移民及戰後成長的大眾文化群體感受到文化的排他性，進而促成「文化民主化」的訴求。

新公共管理主義的發展引發不同立場的爭辯。一方面，支持者認為增加自主籌款來源可提升獨立機構的財務靈活度與創作自由 (Plümer Bardak, 2021: 330)。另一方面，批評者指出，新公共管理主義過度強調課責、透明化與量化評鑑，導致文化藝術政策偏向工具性與管理主義，使文化藝術創作淪為促進經濟與社會目標的手段，而非專注於其內在價值 (Plümer Bardak, 2021: 330；郭唐菱，2022)。日本政府採納「臂距原則（ALP）」的初衷是精簡政府組織，隨後又從菁英主義的觀點優化藝術創作，中期則試圖兼顧區域發展的文化公民權，現今則更著重於促進社會融合與創造經濟價值。然而，這些社會、教育、經濟目標與文化藝術本質未必存在直接關聯。日本主管機關為獨立行政法人國立美術館制定的評價指標，包括年度計畫、中期計畫、中期目標、業務方法書等，並以量化數據為主，以確保與政府的社會與經濟政策一致。例如，美術館必須吸引多元族群的社會民眾，以促進平等與包容（共融）。然而，這樣的政策趨勢反而強化了政府的干預，削弱了「臂距原則」，使藝術創作自由進一步受限。

本書作者認為，政府在文化藝術及教育政策中應保持中立，並重新檢討何謂「日本文化藝術價值」，優先保障與追求的核心價值為何。產、官、學界應共同思考，尋求兼顧文化藝術及教育的內在價值與外部效益的政策與評價機制，以確保文化藝術及教育政策能夠真正促進藝術發展，而非僅服務於政府的經濟與社會目標。

參、人事任用與評價機制

獨立行政法人制度的推動，源於日本政府的行政改革思潮。然而，自 2001 年起，獨立行政法人國立美術館的成立是由中央政府主導，顯示出美術館法人化的發展帶有強烈的「由上而下」特性。儘管該制度的核心理念在於保留專業發展的空間，但就現

況而言，美術館的專業自主性與法人化的決策權方向密切相關，甚至受中央政府科層式行政文化的深遠影響。獨立行政法人國立美術館採首長制，其最高管理職「理事長」擁有機構運營的決策權，由主管機關首長任命，雖然理事長本身不具國家公務員身分，但其任命往往受到內閣人事局的影響，進而左右美術館的運營方向。

此外，研究顯示，美術館的評價指標與檢核方式過於繁瑣，尤其是大量的評價表格作業，增加了工作人員的行政負擔。本書作者對於這種評價方式是否真正有助於美術館運營的優化，持保留態度。國立美術館須依年度評價與中期計畫評價進行審查，這些繁複的檢核流程不僅可能導致內部溝通壓力與進度延宕，甚至因數據落差影響中央政府與美術館現場運作，導致各方過度計較，忽略了美術館的核心價值與功能。此外，評價制度中將「觀眾入館人數」等量化數據作為審核標準之一，難以充分衡量美術館在學術研究與藝術教育推廣方面的實質成效。

鑑於此，本書作者認為，國立美術館應大規模改革其運營模式。在理事長人事任命上，可善用獨立行政法人的彈性機制，例如，開放國際選才或延攬具備經營管理能力的民間企業家擔任。此外，美術館的評價制度應以實際業務運行情況為核心，並將重點放在美術館專業工作的可持續發展，以確保其學術與藝術推廣的核心價值不受行政框架過度干預。

肆、後疫情時代的學藝員制度改革

根據日本《博物館法》的規範，學藝員（含助理學藝員）負責博物館藏品研究、展示規劃及相關策展工作。相較於歐美博物館高度專業化與細緻的分工，日本學藝員的職責範圍較為廣泛，與臺灣所稱的「藝術行政人員」相似，涉及行政庶務等多項業務，導致專業研究的時間與資源受限。

戰後，日本高度重視國寶及文化資產的保存，並透過《博物館法》建立學藝員制度，其資格規範主要包括三項條件：（一）取得學士學位；（二）在大學修習至少兩年並取得62個學分，課程涵蓋終身學習概論、博物館概論、博物館經營學、博物館資料學、博物館資料保存學、博物館展示學、博物館教育學、博物館資訊與媒體學、博物館實習等；（三）通過學藝員資格認證，經文部科學省審核通過者，授予學藝員證書。資格認證方式則包括考試認定與審查認定，唯有通過者方可正式取得學藝員資格。然而，日本學藝員培訓課程雖有明確的大綱，但主管機關並未對教學內容設立統一規範，導致各大學學藝員課程的內涵與深度不一。此外，各校專業師資配置比例偏

低，學藝員培訓師資短缺的問題亦日益嚴峻。

　　針對上述問題，日本學術會議於2017年與2020年針對《博物館法》與《文化財保護法》間的矛盾，提出修法建議，重點包括：（一）強化學藝員專業知識與分級制度：目前學藝員培訓課程僅限於大學階段，應擴展至研究所層級，以提升專業能力，並強化回流教育（recurrent education）。同時，建議導入分級制度，區分「大學畢業為二級學藝員，碩士學位則晉升為一級學藝員」，以提升學藝員的學術水準與專業能力；（二）提供學藝員研究資源，減輕行政負擔：目前學藝員的行政庶務工作負擔過重，影響其專業研究的發展。因此，建議減少行政事務，使其能專注於學術研究，並提供發展獨創性研究的資源與環境，以提升學術研究品質（林曼麗等，2022：288）。

　　日本的博物館與美術館發展深受海外文化影響，並透過本土化的改良形成獨特的文化體系。自1854年《神奈川條約》簽訂，至1868年明治維新新政府建立，日本在開放的過程中，促使美術館學藝員必須深化對西方與日本文化史、藝術史的理解。20世紀以來，現代與當代藝術不斷推陳出新，挑戰傳統的藝術研究方法與美術館知識論。現代藝術由寫實藝術拓展至抽象藝術，促使研究方法轉型；而工業革命以來的工業資本主義社會，更進一步影響藝術媒材、創作理念與技法。1960年代後，當代藝術進入觀念藝術階段，錄像藝術、行為藝術與裝置藝術興起，進一步顛覆傳統美術觀念，轉向視覺文化的概念。

　　在後現代思潮影響下，當代藝術的議題範疇不斷擴展，涵蓋性別文化研究、影像生產問題、後殖民研究，以及醫學與科技發展所衍生的社會議題。尤其在後疫情時代，美術館學藝員所需面對的藝術知識領域更加多元，研究方法亦需相應擴展。

　　基於上述發展趨勢，美術館事業的永續發展關鍵，在於調整學藝員培訓課程，納入當代藝術理論、當代策展理論與跨領域（科技）理論等課程，以確保學藝員具備足夠的理論基礎與跨學科研究能力，以因應未來美術館發展的挑戰。

伍、修訂《博物館法》專業人員條款、完備《行政法人法》及《行政法人美術館個別法》立法

　　針對臺灣《博物館法》中專業人員條款的修法，以及《行政法人法》與《行政法人美術館個別法》的立法完善，本書參考日本國立美術館法人化的經驗，提出具體建議，茲說明如下：

一、修訂《博物館法》中專業人員資格條款

目前，臺灣《博物館法》對於專業人員資格的規範主要依據學歷與經驗，標準相對寬鬆，且缺乏統一的專業養成與進修機制。相較之下，日本對博物館專業人員的資格規範更為嚴謹，並建立完善的進修與認證制度，例如，學藝員課程的專業認證。為提升臺灣博物館專業人員的素養與專業水平，修法方向可考量以下諸點：

（一）**引入資格認證制度**：在既有學歷要求的基礎上，增設資格考試或專業認證機制，確保專業人員具備充分的學術知識與實務技能，提升其專業素養與執業標準。

（二）**強化進修要求**：訂定最低進修時數與課程規範，涵蓋數位典藏管理、文化資產保存維護及博物館經營管理等現代化課程，確保專業人員能夠持續提升文化資源管理與博物館經營能力。

（三）**建立大學合作養成體系**：與相關學科領域的大專院校合作，建立符合國際標準的學藝員養成體系，結合理論教育與實務訓練，確保專業人才培育能夠與國際接軌，提升博物館專業人員的整體素質。

二、完備《行政法人法》與《行政法人美術館個別法》立法

臺灣如欲提升國立美術館的自主性與運營效率，可參考日本的獨立行政法人制度，在完備《行政法人法》相關法律條文的基礎上，可進一步明確美術館的職能與運作範圍，並為其制定專屬的法人個別法，確保美術館在政府指導下擁有更大的經營自主權。這將有助於美術館在維持公共性的同時，提升經營效能與財務穩定性，實現更靈活的管理運作。建議如下：

（一）**強化法人自主性與長期規劃**：為強化行政法人的自主性與長期規劃，應建立中期目標管理制度，由監督機關設定 3 至 5 年的中期目標，並要求法人依此制定具體的中期計畫，確保法人運營能夠符合長期政策發展方向。此外，應適度減少政府對法人的過度干預，調整監督機關對法人決策的介入程度，使法人能在一定預算範圍內自主調整資源配置，而非事事仰賴監督機關的核准，提升決策靈活性。同時，應建立定期檢討機制，規範行政法人定期檢視自身的發展方向，並依據績效評鑑結果滾動修正計畫，以確保法人能夠適應社會需求的變遷，持續優化運營策略，提升整體治理效能。

（二）**強化財務自主權與透明度**：為提升行政法人的財務自主權，應允許法人根據中期計畫自主制定財務策略，包括：盈餘資金的運用與不必要財產的處置，藉此提高財務靈活性，確保資源能夠被有效分配與運用。此外，為降低財務管理漏洞與潛在

風險，應建立完善的風險管理制度，設立內部控制委員會與風險管理委員會，專責法人財務風險的評估與控管，確保法人在財務運營上的穩定性與透明度，進一步強化其財務治理能力。

（三）優化組織架構與人事任用制度：為提升行政法人的人事治理品質，應引入公開遴選機制，使法人負責人（例如，董事長、執行長）的選任透過公開招聘方式進行，確保候選人具備專業能力與管理經驗，同時減少政治干預，提升選任的公正性與專業性。此外，應進一步明確董事（理）事與監事的職責範圍，確保法人負責人專注於決策與管理，而監事則聚焦於財務監管與風險控管，避免不必要的行政干預，確保法人治理結構的合理運作。為增進人事決策的透明度，法人應公開董事（理）事會成員的專業背景與決策紀錄，以確保人事任用符合專業治理原則，進而提升法人治理的信任度與公信力。

（四）建立更科學化的績效評鑑制度：為健全行政法人的績效管理機制，應建立多層次的績效評鑑制度，將評鑑分為年度（短期）、中期（3至5年）和長期（10年以上），以確保法人績效符合長期政策目標，並有效掌握發展進程。此外，法人應依據評鑑結果適時修訂中期計畫與年度計畫，讓法人運營能夠隨環境變化持續優化，保持競爭力與政策一致性。為提升評鑑的公正性與社會適配性，亦可參照日本做法，設立由政府機關、學者專家、產業代表及公民團體組成的獨立評鑑委員會，並納入社會民眾的意見，確保評鑑過程透明且具公信力。

（五）臺灣建置《行政法人美術館個別法》的必要性：行政法人模式符合美術館的特性，依據臺灣《行政法人法》，此模式適用於具有專業需求或須提升成本效益與經營效能的機構，且不適合由政府機關直接推動，也不宜交由民間辦理。美術館作為文化機構，需兼顧公共性與營運效能，因此符合行政法人模式的條件。採用此模式可提升美術館的專業自主性與財務穩定性，賦予更高的經營自主權，使其能夠透過門票收入、展示贊助與文創開發等方式提高財務獨立性，減少對政府補助的依賴，同時維持公共性。此外，行政法人模式可強化透明度與社會監督機制，透過明確的組織治理模式與評鑑機制，提高資訊透明度，確保社會民眾的利益。法律與監督機制方面，可由文化部作為主管機關，建立完善的監督與考核制度，確保行政法人美術館的穩定發展。

陸、以國立臺灣美術館推動「一法人一館所」運營模式

為提升臺灣文化機構的治理效能與運營透明度，可先以國立臺灣美術館為示範

點,推動「一法人一館所」的運營模式,並建立外部評鑑機制,要求法人定期公布運營狀況及評鑑結果,以強化法人制度的透明度與公信力,進一步促進社會參與與監督。未來,推動行政法人制度時,應採取漸進式改革,逐步將國立臺灣工藝研究發展中心、國立臺灣文學館及國立中正紀念堂管理處等機構轉型為行政法人,以強化其獨立治理能力與專業運營機制。同時,現有的行政法人,例如,國家電影及視聽中心、國家兒童未來館籌備處,以及目前備受關注的國家臺南美術館,可進一步朝向「一法人多館所」的整合治理模式發展,以提升資源配置效益與行政效能,並促進跨館合作與專業知識共享。此舉將有助於建立更靈活且自主管理的文化機構體系,使其能夠在專業發展、資源運用與公共服務層面,皆展現更高效率與可持續的治理能力。

柒、強化專業人員培育與在職再進修體系

臺灣當前的進修體系缺乏系統性,雖然文化部提供進修補助,但主要針對非學分制學習,且缺乏強制性與統一標準,導致專業人員培訓的整體一致性不足。相較之下,日本由文化廳主導的專業進修課程,為相關從業人員提供更為完善且一致的培訓體系,確保其專業能力的持續發展。為改善此現況,臺灣可參考日本的在職進修培訓模式,針對學藝員、館長等文化機構專業人員強化再進修機制。同時,可透過與國內外大學合作,設立專業課程或引入認證制度,以提升在職訓練體系的規範性與一致性。此舉將有助於建立制度化的專業培訓框架,確保美術館與相關文化機構人員持續精進專業知識與技能,進而提升文化機構的整體專業水準與公共服務品質。

捌、以 1900 年為基準的博物館、美術館、科學博物館定位標準

1900 年標誌著社會與文化變革的開端,承載豐富的歷史意義。將 1900 年作為博物館、美術館及科學博物館的本質與定位標準,不僅有助於清晰區分傳統藝術與現代藝術,還能有效反映藝術風格與技術的演變,幫助社會民眾理解臺灣藝術的歷史脈絡。此外,這一標準可為藝術研究、展示策畫及藝術教育普及提供明確框架,使館藏的意義更加突出。借鑑日本的成功經驗,臺灣可依此原則對國立博物館、國立美術館及國立科學博物館進行本質與定位的區分,進一步強化各館的學術與社會功能。

玖、推動「藝起開門計畫」:建立藝術倡導師的培訓體系

在「以人為本」的「環鏈式美術館藝術教育」模式中,收藏、研究、展示與教育普及構成核心要素。借鑑日本的成功經驗,臺灣可推動「藝起開門計畫」,並設立藝

術倡導師（Art Facilitator）培訓機制。這些藝術倡導師將引導社會民眾深入探討當代議題，例如，環境保護與社會公義，從而深化對藝術與自身文化的理解。透過建構式學習模式，鼓勵社會民眾主動探索與建構藝術作品的知識，以獲得更具意義的學習體驗，進而提升文化素養與批判性思維。同時，透過強化藝術倡導師的專業素養，進一步提升美術館的社會角色，促進藝術與社會的深度互動與對話。

III 理論反思

當前學術界對於文化中介的研究，主要源自兩大論述領域：（一）為避免政府過度干預，英國文化藝術政策中的文化中介組織概念獨立於政府，同時充當各利害關係人的橋樑；（二）法國社會學者 Pierre Bourdieu 所提出的文化中介者作為新興中產階級的代表，在社會中主要負責調解文化（產品）的生產與消費（Bourdieu, 1984; 1996）。然而，過往研究多集中於美術館如何再現藝術及建構符號意義，較少探討美術館文化中介者在形塑藝術教育及影響藝術教育流通方面的作用。現有的美術館文化中介者研究亦多聚焦於藝術家，並主要採取藝術家資訊守門的視角，傾向於傳統的守門人理論，從而忽略了其他可能的文化中介者。

從宏觀角度解構藝術教育時可見，藝術教育的形成並不僅限於藝術家，而是涵蓋美術館的收藏、研究、展示、教育普及等相關工作者，以及文化企業、傳播媒體、藝術團體，甚至社會民眾皆為藝術教育中的「文化中介者」。藝術教育是一個社會文化體系，其傳遞方式不僅是從生產者─中介者─社會民眾（消費者）的線性關係，這些界線亦難以清楚區分，且個體可同時扮演多重角色。此外，藝術教育無法獨立於其他社會文化背景之外，而是與各種文化背景及社會變遷相互交織的過程。因此，文化中介者在藝術教育的發展中扮演關鍵角色，並成為引領藝術教育的核心中樞。

藝術教育的本質與現代性緊密相關。「現代」意味著不斷變動，關注當下的時間意識並勇於創新，同時審視歷史的演進與社會的流動。藝術教育與社會文化相互牽動，正如 Arnold Hauser（1892-1978）所言：「藝術不僅反映社會，而且也與社會相互影響。」（Hauser, 1985; 黃燎宇譯，2020）。文化消費社會結構的變遷促使藝術風潮不斷更迭，新興藝術風格層出不窮，在新舊交織之間推動了藝術對「現代性」的追求。因此，藝術作品展現出其時代所獨有的現代美，而這種現代美具有雙重特質：一方面是瞬息萬變、稍縱即逝，另一方面則是永恆不變。

文化中介之於文化菱形：從日本國立美術館看臺灣的藝術教育拓展
How cultural intermediaries work within the cultural diamond：
The Expansion of Art Education in Taiwan through Insights the National Art Museum of Japan.

藝術作品不僅具備「瞬息萬變」（transitory）特性，還具備「跨越歷史」（transhistorical）的特質。「跨越歷史」意指藝術作品在引用過往事物時，進行了Walter Benjamin 所稱的「跳躍過去的一個虎躍」（a tiger's leap into the past）（Zohn, transl., 1969: 253-264）。在此瞬間，過去浮現於當下，歷史的線性進程被打破，從而消解了永恆與瞬息之間的對立，二者得以並存。透過這種「虎躍」，藝術作品不再受限於歷史的連續性，而能夠從現代跳回古代，再回到當下。這種歷史跳躍並非線性的，而是無規律且任意發生的。此特性亦解釋了為何藝術作品經常以「舊瓶新酒」的方式回歸傳統形式，卻同時呈現嶄新的內容（陳曼薇、方鬱絹，2014：1-24）。因此，藝術作品關注的是頃刻與當下，但同時又不斷截取、解構，並重塑過往的藝術表現，以尋求永恆的俊美。

然而，藝術作品不僅限於藝術範疇，更是一種日常生活方式。藝術的意涵不僅體現在審美層面，亦延伸至生活道德、品味與信仰等各層面。當藝術進入生活，社會民眾所追求的便不再只是單純的鑑賞、遊覽或展示功能，而是一種生活風格與個人品味的展現。因此，文化中介者對藝術教育概念及本質的理解，將深刻影響藝術教育的流通、形塑、資訊傳遞及守門機制。

文化中介者在形塑與定義藝術教育方面具有關鍵作用，並掌握操縱文化資本的權力。他們透過「守門」這一實踐機制累積自身的文化資本，進而獲取與鞏固象徵資本，並決定藝術教育的意義及流通過程。本書作者基於 Pierre Bourdieu 所提出的「文化中介者」理論進行反思，歸納如下：

壹、文化中介平臺傳遞藝術教育的媒介形式

文化中介者的共同特性在於能夠迅速運用傳播媒介，並有效地向社會民眾（消費者）傳遞其欲傳播的藝術資訊。這些媒介不僅承載藝術知識與文化內容，亦可視為文化中介者「感官與意識」的延伸。傳播媒介不僅形塑文化中介者獲取與詮釋藝術資訊的方式，同時，文化中介者亦透過媒介來建構藝術作品的審美脈絡。因此，在探討文化中介者的角色時，必須關注其所使用與消費的傳播媒介，及其在藝術傳播過程中的功能與影響。

另一方面，藝術教育的建構並非僅仰賴傳播媒介的技術層面，而是經由文化中介者的詮釋與再生產來形塑其內涵。「人」才是藝術教育本質的核心，而傳播媒介僅為藝術資訊傳遞的工具。基此，本書將依序探討藝術評論雜誌、電視藝術節目與網路媒

體,分析這些傳播媒介如何影響文化中介者的藝術知識建構與審美判準,進而透過藝術教育的機制,將藝術知識傳遞至更廣泛的社會層面。

一、藝術評論雜誌

藝術知識的傳播媒介,首先可以從藝術評論雜誌的編輯與記者參與藝術展示開幕記者會的過程談起。藝術展示的開幕記者會一方面呈現藝術家對於創作理念的詮釋,另一方面亦是藝術作品市場推廣的重要策略。全球最具指標性的藝術展示,例如,德國卡塞爾文件展(Kassel Documenta)、巴西聖保羅雙年展(São Paulo Art Biennial)及威尼斯雙年展(La Biennale di Venezia),不僅奠定了當代藝術展演的模式,更啟發後續諸多仿效其策展風格的國際藝術展相繼出現。在此脈絡下,藝術評論雜誌扮演著關鍵的中介角色,透過編輯與記者的採訪與評論,將全球藝術展示中的作品與議題傳遞給世界各地的讀者。

在藝術評論雜誌的編輯角色中,編輯群透過不同的報導立場與主題設定,形塑社會民眾對藝術作品的理解框架。由於藝術評論涉及跨文化的知識轉譯,因此「文化轉換能力」顯得尤為關鍵。文化中介者不僅需具備藝術知識的生產與再製能力,還須掌握臺灣社會的審美趨勢、文化脈絡與地方特質,才能適切地轉化國際藝術展演的內容,使其更符合本地讀者的理解與需求,進而發揮有效的文化傳播功能。

基於此,無論是編輯者、文化中介者,或是一般社會民眾,藝術評論雜誌的編輯室皆為藝術知識與資訊的重要匯聚場域,透過其策畫與傳播機制,構築當代藝術文化的認識論基礎,並強化藝術與社會之間的對話關係。

二、電視節目

藝術類型的電視節目兼具視覺與聽覺藝術的綜合特性,並具有廣泛的群眾影響力。例如,公共電視的《藝術很有事》深入探討臺灣文化藝術的發展趨勢、創作實踐、社會事件及時代意涵。此節目的選材取徑並非僅侷限於「從藝術談藝術」的內部視角,而是透過政治、社會、經濟與環境等跨領域議題作為框架,引導社會民眾理解藝術家的創作歷程,進而促發社會反思。例如,節目介紹藝術家葉偉立在寶藏巖創作的過程,如何介入臺灣當代藝術場域,並投注心力於藝術家葉世強的創作與其故居的整理,使藝術作品之間形成對話,透過對廢墟空間的再詮釋與再生產,開展新的藝術生命。再如,藝術家高俊宏以泰雅族大豹社遺址為主題,探討日本統治臺灣時期「理蕃政策」下,統治者如何透過「隘勇線」與現代化戰爭技術對大豹社進行空間切割與武力殲滅,

進而引進「三井合名會社」進行典型的資本主義式開發。此歷史事件使大豹社遺族遭遇與「霧社事件」後賽德克族相同的歷史命運（高俊宏，2020）。

《藝術很有事》特別強調藝術的互動性與行動性，不僅將藝術創作直接介入社會現場，亦深刻切入藝術家創作的核心脈絡。其影像的生產模式並非單向記錄，而是與創作者進行協作，共同形塑影像的敘事結構。這種動態共創過程，有別於過去靜態、單向的影像生產模式，體現了一種新的藝術再現策略。此外，該節目透過視覺媒介的傳播，推動文化藝術的教育普及，其核心理念與藝術創作本質相契合。值得注意的是，藝術教育的形塑並非純粹由電視媒體的形式所決定，而是媒體所傳遞的藝術知識，影響文化中介者的知覺方式，進而建構與以往不同的藝術認識論。換言之，公共電視製作團隊與藝術創作者在影像生產過程中的對話與協作，不僅改變了藝術的傳播模式，亦透過電視頻道觸及原先未曾接觸藝術創作的社會民眾。對於這些社會受眾而言，這種視覺藝術的傳播過程亦是一種藝術生產的實踐，開創出另一個新的藝術教育層次。

三、網路

自 2019 新型冠狀病毒症（COVID-19）疫情爆發後，全球掀起線上藝術拍賣、線上展示與線上藝術課程的熱潮，改變了藝術交易與觀展方式。線上藝術拍賣不僅展現素人藝術家的美感，更體現了一種「由下而上」的藝術審美文化；而線上展示與線上藝術課程則突破美術館的白盒子框架，透過網路傳遞藝術評論與部落格文章，進一步擴展美術館的展示與教學概念。無論是線上藝術拍賣、線上展示或線上藝術課程，都必須依賴網路媒介來傳遞藝術知識，這些知識由社會民眾共同建構，形成一種開放、自由且真實的學習方式，使全球網路成為藝術教育的重要場域。這些數位藝術形式，不僅為傳統媒體與雜誌之外提供了另一種鑑賞藝術的角度，也讓藝術更加融入日常生活，強化社會民眾的審美意識。網路的跨國性、高可及性與即時傳播特性，加速了藝術知識的流動，進一步改變文化中介者的角色，使過去被藝術圈邊緣化的個體，也能透過數位媒介參與其中。在數位時代，多元文化已成為當代藝術的主流，網路不僅打破文化與國界的限制，也促成新型文化中介平臺的興起，為全球觀眾帶來更多相互尊重與包容（共融）的藝術環境。這正是日本獨立行政法人國立美術館，以不同於傳統藝術傳播的方式，對全球藝術界帶來的重大影響與轉變。

貳、文化中介平臺是多重角色的混合體

無論在美術館網絡中的何種位置,文化中介者往往擁有多重身份。以學藝員為例,除了其正式職位外,還能透過個人社群媒體(Facebook、Instagram、WeChat、Twitter 等)發表藝術評論,影響輿論;同時,他也可能是部落客與藝術參與者或藝術消費者。同樣地,受訪的部落客在分享內容時,經常以自身作為社會民眾的藝術知識與經驗為主軸。文化中介者之所以能夠擁有多重角色,關鍵在於文化資本的累積與美術館文化場域的實踐。

一、文化資本的累積

本書作者研究發現,不同位階的文化中介者對美術館藝術教育的詮釋方式各異,而「共同點」則與個人品味及資本密切相關。例如,受訪的學藝員曾在英國留學,並於歐洲美術館擔任無給薪實習生,這些經歷對其審美感知與工作資歷的累積有深遠影響。相較於其他文化中介者,學藝員的經濟資本、社會資本與文化資本明顯優越,若無此背景,便難以進入該職位,其個人品味亦可能截然不同。另一方面,訪談中的文化觀眾(消費者)在鑑賞藝術時,會事先研究展示內容與藝術流派,並於展廳索取畫冊,以理解藝術家的時代背景與創作脈絡。這顯示藝術不僅是一種知識,更是一種生活風格。文化資本的養成不僅限於藝術知識,還涵蓋跨領域的素養,使其與其他文化中介者有所區別。因此,無論是學藝員還是文化觀眾,文化中介者普遍認為自己需持續吸收藝術資訊,時刻關注全球藝術發展。這種「永不滿足的追求」主要源於兩個原因:一是工作需求,文化中介者須比一般社會民眾更快掌握新知;二是個人品味及興趣使然。因此,文化資本不僅塑造文化中介者的審美,更決定其在藝術網絡中的位置。不同的成長歷程與文化資本,使文化中介者的角色日益多元,也影響其在文化藝術場域中的觀點與行動。

二、美術館文化場域的實踐

人和社會事實上是存在著兩個相互影響的雙重結構。一方面雙方不停的向對方施展各種影響,一方面又深受著對方的影響和制約(高宣揚,2002:4)。美術館依賴文化中介者與社會民眾交流,但文化中介者同時也受美術館規則的約束。因此,若要理解文化中介者在美術館中的角色與位階,不僅需考量其個人特質與文化資本,還需進一步探討其在美術館場域內外的互動關係。本書研究發現,文化中介者在美術館的

藝術教育實踐中與一般社會民眾有所不同。他們不僅對藝術作品更為敏銳，還自認擁有更強的判斷力與自覺性。這意味著，日本國立美術館文化中介平臺對藝術教育的掌握程度遠超一般社會民眾，並非被動接受，而是能夠主動調節藝術知識的滲透，掌握發話權，並透過自身的篩選與詮釋，將藝術知識傳遞給社會民眾。

III 今後課題

本書作者自 2014 年即關注行政法人的發展動態，當時，臺灣以行政法人模式運作的藝文機構僅有「國家表演藝術中心」。然而，最引起關注的是高雄市文化局提出的「一法人三館所」計畫。該計畫試圖將高雄市立美術館、高雄市立歷史博物館和高雄市電影館整合為單一行政法人進行管理，這是臺灣地方自治史上的首例。為深入探討本書案例，本書作者自 2019 年起著手收集資料進行分析，進一步釐清「文化中介者」的定義、內涵與範圍，以及「文化中介組織」與「文化中介平臺」的異同。

在進行本書論述之際，適逢互聯網快速發展，同時全球受新型冠狀病毒感染症持續延燒影響，日本政府也沒有例外的全面管制，導致大小美術館收入驟減、人力運作受衝擊，更影響美術館收藏、研究、展示、教育普及等核心業務。疫情不僅加劇了國際文化發展的落差，也使各國內部的不平等問題惡化，導致文化產業的收入結構更加不穩定。長期而言，疫情帶來的影響包括：消費者購買力下降；國際旅遊減少，縮減市場供需；公共或私人資金對文化產業的投資縮減，導致文化生產萎縮。這些變化可能對美術館的文化多樣性發展帶來挑戰。

本書作者在研究過程中採取微觀分析策略，透過資料收集、整理、分析和詮釋，進一步解釋研究結果，建立理論性解釋框架。同時，美術館不僅有助於發掘個人潛力，亦能提升社會弱勢群體的文化參與權。因此，本書也透過深度訪談法，探討文化中介平臺在日本國立美術館的運作及藝術教育拓展的情況。

國立美術館文化中介平臺擅長整合與共享資源，透過以「人」為本的社會包容（共融）藝術教育計畫，開創美術館藝術教育新模式。在多方協力合作下，價值共創體系的所有參與者皆能獲得所需要資源，並為國立美術館文化中介平臺創造新價值。然而，仍有以下研究建議值得進一步探討：

一、新型冠狀肺炎病毒對日本國立美術館文化中介平臺的長期影響

新型冠狀肺炎病毒的衝擊持續至 2022 年，全球經濟活動減少，導致稅收短缺，必然影響日本政府 2023 年的財政支出。因此，日本國立美術館文化中介平臺是否能恢復至疫情前的榮景，將成為未來研究的重要課題。

二、2023 年入境管制解除後，文化藝術及教育政策推動的影響

在日本政府全面解除入境管制後，可透過國立美術館文化中介平臺進一步分析利害關係人的參與，以及其對文化藝術政策與藝術教育的實質影響。因此，未來研究可考慮：延長研究時間為 6 個月至 12 個月；研究方法可採用焦點團體訪談法或紮根理論研究法，以進行更詳盡和全面的探討。

參考文獻

||| 英文部分
||| 日文部分
||| 中文部分
||| 網路資料

‖ 英文部分

Alexander, V.D. (2003). *Sociology of the Arts: Exploring Fine and Popular Forms.* Malden, MA: Blackwell.

Alexander, V.D. (2020). *Sociology of the Arts: Exploring Fine and Popular Forms.* New York: John Wiley & Sons.

Arendt, H. (1958). *The Human Condition.* Chicago, IL: University of Chicago Press.

Baker, S. (2012). "Retailing Retro: Class, Cultural Capital and the Material Practices of the (Re)Valuation of Style." *European Journal of Cultural Studies,* 15(5): 621-641.

Barrett, J. (2011). *Museums and the Public Sphere.* Hoboken, NJ: Wiley-Blackwell.

Barthes, R. (1977). *Image, Music, Text.* London, England: Fontana Press.

Baudrillard, J. (2003). "The Ideological Genesis of Needs," in D. B. Clarke, M. Doel, and K. Housiaux(eds). *The Consumption Reader.* London: Routledge, pp. 255–259.

Becker, H. S. (2008). *Art Worlds:25th Anniversary Edition, Updated and Expanded.* Berkeley, CA: University of California Press.

Belfiore, E.and O. Bennett (2008). *The Social Impact of the Arts: An Intellectual History.* London, England: Palgrave MacMillan.

Bosse, D. A. and R. Coughlan (2016). "Stakeholder Relationship Bonds." *Journal of Management Studies,* 53(7): 1197-1222.

Bourdieu, P. and A. Darbel (1966). *L'Amour de l'art : Les musées d'art européens et leur public.* Paris, France: Les Éditions de Minuit.

Bourdieu, P. (1984). *Distinction: A Social Critique of the Judgement of Taste.* London, England: Routledge.

Bourdieu, P. (1993). *The Field of Cultural Production.* UK: Polity Press.

Bourdieu, P. (1996).*The Rules of Art: Genesis and Structure of the Literary Field.* Stanford, CA: Stanford University Press.

Bourdieu, P., A. Darbel, and D. Schnapper (1990). *The Love of Art: European Art Museums and Their Public.* C. Bettie and N. Merman (trans.), Stanford, CA: Stanford University Press.

Bridoux, F. and J.W. Stoelhorst (2016). "Stakeholder Relationships and Social Welfare: A Behavioral Theory of Contributions to Joint Value Creation." *Academy of Management Review,* 41(2): 229-251.

Buck, C. D. (1989). *A Dictionary of Selected Synonyms in the Principal Indo-European Languages.* Chicago, IL: University of Chicago Press.

Campbell, C.(1987). *The Romantic Ethic and the Spirit of Modern Consumerism.* New York: Blackwell.

Caston, E. B. (1989). "A Model of Teaching in a Museum Setting." in B. Nancy and S. Mayer(eds), *Museum Education: History, Theory, and Practice.* Reston, VA: National Art Education

Association, NAEA, pp. 90-198.

Chartrand, H. H. and C. McCaughey (1989). "The Arm's Length Principle and the Arts: An International Perspective-past, Present and Future." in M. C. C. Jr and J. M. D. Schuster (eds.), *Who's to Pay? for the Arts: The International Search for Models of Support.* New York: Americans for the Arts, pp. 43-80.

Calhoun, C. (1992). "Introduction," in C. Calhoun (ed.). *Habermas and the Public Sphere.* Cambridge, MA: MIT Press, pp. 1-51.

Clifford, J. (1997). *Museums as Contact Zones.* Cambridge, England: Harvard University Press.

Caves, R.E. (2000) *The Creative Industries: Contracts between Art and Commerce.* Cambridge, MA: Harvard University Press.

Crewe, B. (2003). *Representing Men: Cultural Production and Producers in the Men's Magazine Market.* Oxford, England: Berg Publishers.

Childress, C.C. (2012). "Decision-making, Market Logic and the Rating Mindset: Negotiating BookScan in the Field of US Trade Publishing." *European Journal of Cultural Studies,* 15(5): 604-620.

Christian, A. (2017). "Einfühlung–A Key Concept of Psychological Aesthetics." in V. Lux and S.Weigel (eds.), *Epistemic Problems and Cultural-Historical Perspectives of a Cross-Disciplinary Concept,* pp. 223-243.

CPRL. (2017). *Intermediary Organizations and Education Innovation: Frameworks and Tools for Understanding and Evaluating Intermediary Organizations and Their Role in K-12 Education Innovation.* New York: The Center for Public Research and Leadership of Columbia University.

Calic, G. (2018). "Crowdfunding." in B. Warf(ed.), *The SAGE Encyclopedia of the Internet.* Newbury Park, CA: SAGE Publications, pp. 112-114.

Dewey J (1934). *Art as Experience.* New York: Minton, Balch & Company.

Dewey J (1997). *Democracy And Education.* New York: The Free Press.

Dalton, J. H., J. E. Maurice, and W. Abraham (2007). *Community Psychology: Linking Individuals and Communities.* Boston, MA: Wadsworth Cengage Learning Publisher.

Danilevich, A. (2009). *Playing the Cultural Field: The Role of Outsourcing and Cultural Intermediaries in Art Museum Development. Master dissertation,* The Department of Communication Studies. Montreal, Canada: Concordia University.

Dunn, W. N. (2004). *Public Policy Analysis: An Introduction.* 3rd ed. Hoboken, NJ: Prentice Hall.

Entwistle, J. (2006). "The Cultural Economy of Fashion Buying." *Current Sociology,* 54: 704-724.

Ernest, A.E., B. Zafer, and M. Lizzie (2009). "Artist, Evaluator, and Curator: Three Viewpoints on Interactive Art, Evaluation, and Audience Experience." *Digit.Creativity,* 20(3): 141-151.

Esra Plumer, B. (2021)."The 'Arm's Length Principle' and Its Role in the 21st Century Arts and Cultural Sector." *Journal of Human and Social Sciences,* 4(2): 326-339.

Falk, J.H. and L.D. Dierking (2000). *Learning from Museums: Visitor Experiences and the Making of Meaning.* Lanham, MD: Altamira Press.

Featherstone, M. (2007). *Consumer Culture and Postmodernism. Second Edition.* London, England: Sage.

Fernandez-Ballesteros, R. (2003). *Encyclopedia of Psychological Assessment.* Southend Oaks, CA: SAGE Publications.

Florida, R. (2002). *The Rise of the Creative Class.* New York: Basic Books.

Foucault, M. (1991). "Governmentality." in G. Burchell, C. Gordon, and P. Miller (eds.) *The Foucault Effect: Studies in Governmentality.* Chicago, IL: University of Chicago Press, pp. 87-104.

Foster, Hal. (1996). *The Return of the Real: Art and Theory at the End of the Century.* Cambridge, Massachusetts: MIT Press.

Freedman, K. (2000). "Social Perspectives on Art Education in the U. S.: Teaching Visual Culture in a Democracy." *Studies in Art Education*, 41(4): 314-329.

Freund, P. D. (1993)."Professional Role(s) in the Empowerment Process: "Working With" mental health consumers." *Psychosocial Rehabilitation Journal*, 16(3): 65-73.

Gough-Yates, A. (2003). *Understanding Women's Magazines.* London, England: Routledge.

Gripsrud, J., H. Moe, A. Molander, and G. Murdock (2011). *In The Public Sphere.* London, England: Sage.

Griswold, W. (1994). *Cultures and Societies in a Changing World.* Thousand Oaks, CA: Pine Forge Press.

Glendinning, C., M.Powell, and K. Rummery (2002). *Partnerships, New Labour and the Governance of Welfare.* Bristol, England: Bristol University Press and Policy Press.

Habermas, J. (1974). "The Public Sphere: An Encyclopedia Article." *New German Critique,* 3: 44-55.

Habermas J. (1981). "Modernity-An Incomplete Project." *New German Critique,* 22: 3-15.

Habermas J. (1989). *The Structural Transformation of the Public Sphere: An Inquiry into a Category of Bourgeois Society.* in T. Burger and F. Lawrence(transl.). Cambridge, MA: MIT Press.

Habermas, J.(1992). *Between Facts and Norms.* Cambridge, Massachusetts :MIT Press.

Hauser, A. (1982). *The Sociology of Art.* K. J. Northcott(transl.). London, England: Routledge & Kegan Paul.

Hein, George E. (1996). "What Can Museum Educators Learn from Constructivist Theory?" In *Developing Lifelong Learning in Museums,* edited by Gail Durbin, 30-34. London: Stationery Office.

Hein, George E. (1998). *Learning in the Museum.* New York: Routledge.

Hein, George E (2004). "John Dewey and Museum Education," *Curator, Museum Journal*, 47(4):413-427.

Hein, George E.(2006). "John Dewey's 'Completely Original Philosophy' and Its Significance for Museums," *Curator, Museum Journal*, 49(2):151-162.

Holt, D. (1998). "Does Cultural Capital Structure American Consumption?" *Journal of Consumer Research,* 25(1): 1-25.

Hooper-Greenhill, E. (1999). *The Educational Role of the Museum.* London, England: Routledge.

Hooper-Greenhill, E. (2000). *Museums and the Interpretation of Visual Culture.* London, England: Routledge.

Hooper-Greenhill, E. (2007). *Museums and Education: Purpose, Pedagogy, Performance* (Museum Meanings). New York: Routledge.

Hernández, C. (2022). "Josef Albers: Art, Education and Democracy" *Arte, Indiv. Soc*, 34(4): 1389-1406.

John, U. (2006). *Our Cultural Commonwealth: The Report of the American Council of Learned Societies Commission on Cyberinfrastructure for the Humanities and Social Sciences.* New York: ACLS.

John, H. F. and D.D. Lynn (2013). *The Museum Experience Revisited.* New York: Routledge.

Jonathon, H. (2017). *Cultural Intermediaries: Audience Participation in Media Organisations.* London, England: Palgrave MacMillan.

Jones, J. (2013). *Models as Cultural Intermediaries: A Discourse Analysis of the Program Britain and Ireland's Next Top Model.* The Master of Arts of Department of Sociology the University of Manitoba Winnipeg.

Keynes, J.M. (1982). *The Collected Writings of John Maynard Keynes: Activities 1931-1939, World Crises and Policies in Britain and America.* London, England: Macmillan Education.

Kohtamäki, M. and R. Rajala (2016). "Theory and Practice of Value Co-creation in B2B Systems." *Industrial Marketing Management*, 6: 4-13.

Kooiman, J. (2000). "Societal Governance: Levels, Models, and Orders of Social-Political Interaction," In J.Pierre (ed.), In *Debating Governance. Oxford*, England: Oxford University Press, pp. 138-166.

Krzysztof, S. (2019). "Cultural Intermediaries and Their Role in Creative Economy." *Cultural Studies Appendix*, English Issue: 225-247.

Lash, S. and J. Urry (1994). *Economies of Signs and Space.* London, England: Sage.

Lury, C. (1996). *Consumer Culture.* Cambridge, England: Polity Press.

Macdonald, S. and G. Fyfe(1996). *Theorizing Museums—Representing Identity and Diversity in a Changing World.* Oxford, England: Blackwell.

Melucci, A.(1997). *Contesting the Political: Essays on Participation and Democracy.* UK: Cambridge University Press.

Marcos-Cuevas, J., S. Nätti, T. Palo, and J. Baumann (2016). "Value Co-creation Practices and Capabilities: Sustained Purposeful Engagement Across B2B Systems." *Industrial Marketing Management Journal*, 56: 97-107.

McCracken, G. (1988). *Culture and Consumption: New Approaches to the Symbolic Character of Consumer Goods and Activities.* Bloomington, IN: Indiana University Press.

McFall, L. (2004). *Advertising: A Cultural Economy.* London, England: Sage.

McGuigan, J. (2010). *Culture Analysis.* London, England: Sage.

Mellor, N. (2008). "Arab Journalists as Cultural Intermediaries." *The International Journal of Press/Politics*, 13(4): 465-483.

Meredith, I. H. (2004). "The New Middle Management: Intermediary Organizations in Education Policy Implementation." *Educational Evaluation and Policy Analysis,* 26(1): 65-87.

Metcalfe, A.S. (2005). "Towards a Theory of Intermediating Organizations: Agency between the Academy, Industry, and Government. " Paper presented at the Triple Helix 5, the Capitalization of Knowledge: Cognitive, Economic, Social & Cultural Aspects, May 18-21, Turin, Italy.

Miller, P. and R. Nikolas (1997). "Mobilizing the Consumer: Assembling the Subject of Consumption." *Theory, Culture & Society*, 14(1): 1-36.

Moeran, B. (1996). *A Japanese Advertising Agency: An Anthropology of Media and Markets.* Honolulu, HI: University of Hawaii Press.

Moor, L. (2008). "Branding Consultants as Cultural Intermediaries." *Sociological Review*, 56(3): 408-428.

Negus, K. (2002). "The Work of Cultural Intermediaries and Enduring Distance Between Production and Consumption." *Cultural Studies*, 16(4): 501-515.

Nixon, S. (2003). *Advertising Cultures*. London, England: Sage.

Nixon, S. and P. du Gay (2002). "Who Needs Cultural Intermediaries?" *Culture Studies,* 16(4): 495-500.

Ocejo, R. E. (2012). "At your Service: The Meanings and Practices of Contemporary Bartenders." *European Journal of Cultural Studies*, 15(5): 642-658.

Paul-Varley, H. (1984). *Japanese Culture.* 3rd ed. Honolulu, HI: University Of Hawaii Press.

Peacock, A. (1993). *Keynes and the Role of the State.* New York: St. Martin's Press.

Perkins, D. D. and M. A. Zimmerman (1995). "Empowerment Theory, Research, and Application.." *Am J Community Psychol,* 23(5): 569-579.

Plümer-Bardak, E. (2021). "The 'Arm's length Principle' and Its Role in The 21st Century Arts and Cultural Sector." *Journal of Human and Social Science*, 4(2): 326-339.

Parker, G. G., M.W. Van-Alstyne, and S. P. Choudary (2016). *Platform Revolution: How Networked Markets Are Transforming the Economy—and How to Make Them Work for You.* New York: W. W. Norton & Company.

Pollitt, C. (2009). "Decentralized Management: Agencies and 'Arm's-length' bodies." in T. Bovaird and E. Loeffler (eds.), *Public Management and Governance.* (Third Edition). New York: Routledge, pp. 249-260.

Ramaswamy, V. and F. Gouillart (2010). "Building the Co-creative Enterprise." *Harvard Business Review*, 88(10): 100-109.

Rantisi, N. M. and D. Leslie (2015). "Significance of Higher Educational Institutions as Cultural Intermediaries: The Case of the École Nationale de Cirque in Montreal." *Canada Regional Studies*, 49(3): 404-417.

Rappaport, J. (1987). "Terms of Empowerment / Exemplars of Prevention: Toward a Theory for Community Psychology." *American Journal of Community Psychology*, 15(2): 121–148.

Reviglio, M. C. and N. R. Anselmino (2018). "Social Media and the Public Sphere. An Interview with John B." *Thompson.InMediaciones de la Comunicación,* 13(1): 285-294.

Rhodes, R. A.W. (1996). "The New Governance: Governing without Government." *Political Studies*, XLIV: 652-667.

Ruderman, D. B. and V. Giuseppe (2004). *Cultural Intermediaries: Jewish Intellectuals in Early Modern.* Philadelphia, PA: University of Pennsylvania Press.

Rancière, J.. (2009). *The Politics of Aesthetics.* UK and US: Continuum.

Silverstone, Roger (1994)."The medium is the museum: on objects and logics in times and spaces", in Roger Miles and Lauro Zavala eds., *Towards the Museum of the Future.* London and New York:171.

Schinkel, W. and M. Noordegraaf (2011). "Professionalism as Symbolic Capital: Materials for a Bourdieusian Theory of Professionalism." *Comparative Sociology*, 10: 67-96.

Simon, N. (2010). *The Participatory Museum.* Santa Cruz, CA: Museum 2.0.

Skov, L. (2002). "Hong Kong Fashion Designers as Cultural Intermediaries: Out of Global Garment Production." *Cultural Studies*,16(4): 553-569.

Smith-Maguire, J. (2008). "The Personal is Professional: Personal Trainers as a Case Study of Cultural Intermediaries." *International Journal of Cultural Studies*, 11(2): 211-229.

Smith-Maguire, J. and J. Matthews (2010). "Cultural Intermediaries and the Media." *Sociology Compass*, 4(7): 405-416.

Smith-Maguire, J. and J. Matthews (2012). "Are We All Cultural Intermediaries Now? An Introduction to Cultural Intermediaries in Context." *European Journal of Cultural Studies*, 15(5): 551-562.

Smith-Maguire, J. and J. Matthews (2014). *The Cultural Intermediaries Reader. London*, England: SAGE Publications.

Soar, M. (2000). "Encoding Advertisements: Ideology and Meaning in Advertising Production." *Mass Communication & Society*, 3(4): 415-437.

Thompson, J. B. (1995). *The Media and Modernity: A Social Theory of the Media.* Redwood City, CA: Stanford University Press.

Throsby, D. (2011). "Cultural Capital." in R. Towse (ed.). *A Handbook of Cultural Economics, Second Edition.* Cheltenham, England: Edward Elgar Publishing, pp.124-146.

Tilden, F. (2008). *Interpreting Our Heritage.* Chapel Hill, NC: The University of North Carolina Press.

Upchurch, A. (2010). "Keynes's Legacy: An Intellectual's Influence Reflected in Arts." *International Journal of Cultural Policy*, 17(1): 69-80.

Wright, D. (2005). "Mediating Production and Consumption: Cultural Capital and Cultural Workers." *British Journal of Sociology*, 56(1): 105-121.

Yenawine P. and Housen, A. (1999).Eye of the Beholder: Research, Theory, and Practice, Aesthetic and Art Education: A Transdisciplinary Approach. Paper presented at the Calouste Gulbenkian Foundation Service of Education, September 27-29, Lisbon, Portugal.

Yenawine, P. (2013). *Visual Thinking Strategies: Using Art to Deepen Learning Across School Disciplines.* Cambridge, MA: Harvard Education Press.

Yu, Yi-Ling (2021). "The Aesthetics between Us: Lifelong Learning from Learning to Do." *Croatian Journal of Education*, 23(2): 125-143.

Zohn H. Trans.(1969). *Illuminations.* Original author: Benjamin, W.: New York: Schocken Books.

Zeller, T. (1985). "Museum Education and School Art: Different Ends and Different Means." *Art Education*, 38(3): 6-10.

Zwick, D., S. K. Bonsu, and A. Darmody (2008). "Putting Consumers to Work: 'Co-creation' and New Marketing Govern-mentality." *Journal of Consumer Culture*, 8(2): 163-196.

III 日文部分

サトウ タツヤ（2009）。《TEM ではじめる質的研究：時間とプロセスを扱う研究をめざして》。東京都：株式会社誠信書房。

大島清次（1995）。《美術館とは何か》。東京都：株式会社青英舎。

大島清次（1999）。〈美術館教育的角色與功能〉，輯於施慧明（編），《第一屆美術館教育國際學術研討會》。臺北市：臺北市立美術館，頁 19-20。

小林真理（2004）。《文化権の確立に向けて——文化振興法の国際比較と日本の現実》。東京都：株式会社勁草書房。

川口幸也訳（2011）。《美術館という幻想：儀礼と権力》（原著者：キャロル ダンカン）。東京都：東京都株式會社水声社。

山西良平、佐久間大輔（2017）。〈「対話と連携の博物館」とその後〉，輯於山西良平（編），《日本の博物館のこれから「対話と連携」の深化と多様化する博物館運営》，頁 1。

木下周一、横山千晶（2020）。〈教育活動諸の型態〉，輯於小笠原喜康、並木美砂子、矢島國雄（編），《博物館教育論：新しい博物館教育を描きだす》，5 版。東京都：株式会社ぎょせい，頁 66-67。

中川幾郎（2001）。《分権時代の自治体文化政策》。東京都：株式会社勁草書房。

中嶋厚樹（2021）。〈地域共生社会における美術館の在り方と公共性—アート・コミュニケーション事業から考える市民参加と第三の場—〉，《三鷹まちづくり研究創刊号》。東京都：三鷹ネットワーク大学，頁 173-185。

水嶋英治（2004）。《博物館学を学ぶ人のためのミュージアムスタディガイド—学習目標と学芸員試験問題 (アム・ブックス)》。東京都：アム・プロモーション。

内山節（2010）。《共同体の基礎理論：自然と人間の基層から》。埼玉県：一般社団法人農山漁村文化協会。

市村尚久訳（2004）。《経験と教育》。東京都：株式会社講談社。

加藤周一（1997）。《加藤周一著作集（20）日本美術の心とかたち》。東京都：株式会社平凡社。

加藤由以（2012）。〈日本における博物館教育論の展開と課題：構成主義理論の紹介に注目して〉，《教育研究》，56：93-104。

古賀弥生（2022）。〈文化政策の潮流と社会包摂型文化芸術事業の実践 _ 実践活動と政策形成の架橋に向けて〉，《地域共創学会誌》，8：51-69。

田中裕二（2021）。《企業と美術：近代日本の美術振興と芸術支援》。東京都：法政大学出版局。

石川毅（1985）。〈美術教育の場の拡大〉，輯於山本正男（監修）。東京都：玉川大学出版部。

石崎和宏（2001）。〈日本の美術鑑賞教育の新たな課題 - 美的感受性の発達的特徴からの検討〉，《新世紀芸術教育理論與實務國際学術検討会論文集》。台北市：国立台湾師範大学美術学系，頁 175-191。

伊藤寿朗（1991）。《ひらけ、博物館》。東京都：株式会社岩波書店。

伊藤寿朗（1993）。《市民のなかの博物館》。東京都：株式会社吉川弘文館。

吉田純（2000）。《インターネット空間の社会学：情報ネットワーク社会と公共圏》。京都市：株式会社世界思想社。

吉澤弥生（2007）。〈文化政策と公共性＿大阪市とアートNPOの協働を事例に〉，《日本社会学会社会学評論》，58（2）：170-187。

安田靫彦、平櫛田中（1981）。《岡倉天心全集》。東京都：株式会社平凡社。

安田裕子、サトウタツヤ（2022）。《TEAによる対人援助プロセスと分岐の記述：保育、看護、臨床・障害分野の実践的研究》。東京都：株式会社誠信書房。

安田知加（2010）。《知的移動体による美術館での鑑賞体験の個人化に関する研究》。名古屋市：名古屋大学大学院情報科学研究科メディア科学専攻修士論文。

西智弘（2020）。《社会的処方孤立という病を地域のつながりで治す方法》。京都市：株式会社学芸出版社。

佐々木雅幸（2001）。《創造都市への挑戦》。東京都：株式会社岩波書店。

佐藤慶幸（2002）。《NPOと市民社会——アソシエーション論の可能性》。東京都：株式会社有斐閣。

佐々木秀彦（2017）。〈日本博物館協会による「対話と連携の博物館」-市民とともに創る新時代の博物館へ-〉，輯於山西良平（編），《日本の博物館のこれから「対話と連携」の深化と多様化する博物館運営》，頁3-8。

佐久間大輔（2019）。〈博物館が高齢化社会に対応するために必要な要件を考える〉，《Musa博物館学芸員課程年報》，33：7-11。

佐藤優香（2020）。〈日本の博物館教育史〉，輯於小笠原喜康、並木美砂子、矢島國雄（編），《博物館教育論：新しい博物館教育を描きだす》，5版。東京都：株式会社ぎょせい，頁14-15。

志賀野桂一（2018）。〈文化政策論概説：文化芸術基本法改正を受けて我が国の文化政策の変遷を辿りながら、今後の文化政策を論ずる〉，《総合政策論集：東北文化学園大学総合政策学部紀要》，17（1）：147-167。

花田康隆（1996）。《公共圏の構造転換》。東京都：株式会社岩波書店。

村井敞（2001）。《独立行政法人の会計がよくわかる本》。東京都：株式会社同文館。

村上弘（2007）。〈公共性について〉，《立命館法学》，6（316）：345-399。

村田麻里子（2014）。《思想としてのミュージアム：ものと空間のメディア論》。京都市：株式会社人文書院。

赤木里香子（1987）。〈美術教育に関する自然概念について〉，《美術教育学》，9：249-258。

斉藤千蘭（2002）。〈フェノロサの美術館論―美術博物館とその一般市民との関係〉，輯於日本フェノロサ学会会誌Lotus編集委員会（編），《Lotus：日本フェノロサ学会機関誌》。滋賀県：日本フェノロサ学会本部及び事務局，頁31-49。

杉浦宏編（2003）。《「現代デューイ思想の再評価》。東京都：株式会社世界思想社。
金子啟明、中須賀（2008）。〈日本國立博物館獨立行政法人化以及諸問題〉，《博物館學季刊》，22（4）：27-35。
金子淳（2020）。〈博物館展示における意図と解釈〉，《社会科学研究》，1：16-32。
河野元昭（2014）。《日本美術史入門》。東京都：株式会社平凡社。
河村望訳（2017）。《デューイ＝ミード著作集 4 経験と自然》（原著者：ジョン デューイ）。東京都：株式会社人間の科学新社。
河村望訳（2000）。《デューイ・ミード著作集 9 民主主義と教育》。東京都：株式会社人間の科学新社。
松野安男訳（1994）。《民主主義と教育〈上〉〈下〉》。東京都：株式会社岩波書店。
松宮秀治（2003）。《ミュージアムの思想》。東京都：株式会社白水社。
松下良平（2003）。〈ポストモダン社会とデューイ〉，輯於杉浦宏編，《現代デューイの再評価》。京都市：株式会社世界思想社教学社。
松岡葉月（2006）。〈J. デューイと博物館の学びの評価—歴史展示における主体的学びの視点—〉，《博物館学雑誌》，32(1):61~74。
岡本義朗（2008）。《独立行政法人の制度設計と理論》。東京都：中央大学出版部。
家永三郎（1982）。《日本文化史》。東京都：株式会社岩波書店。
財団法人日本博物館協会（2003）。〈「対話と連携」の博物館—理解への対話・行動への連携—「市民とともに創る新時代博物」〉，《文部省委嘱事業「博物館の望ましいあり方」調査研究委員会報告（要旨）》。東京都：財団法人日本博物館協会。
森岡正博（1994）。《生命観を問いなおす：エコロジーから脳死まで》。東京都：株式会社筑摩書房。
根木昭（2005）。《文化行政法の展開：文化政策の一般法原理》。東京都：株式会社水曜社。
後藤和子（2005a）。《文化と都市の公共政策——創造的産業と新しい都市政策の構想》。東京都：株式會社有斐閣。
後藤和子（2005b）。〈第 3 章 NPO の役割——ミクロの視点からその機能を考える〉，輯於後藤和子、福原義春（編），《市民活動論——持続可能で創造的な社会に向けて》。東京都：株式会社有斐閣，頁 75-100。
桑原英明（2008）。〈日本の独立行政法人制度の創設と変容〉，輯於中京大學大学科学研究所英連邦研究部会（編），《英連邦多文化主義國家的社會和文化：故吉川仁教授 D. マイヤーズ教授追悼記念》。東京都：株式会社成文堂，頁 101-121。
斎藤純一（2000）。《公共性》。東京都：株式会社岩波書店。
清水麻記、今井寛、渡辺政隆、佐藤真輔（2007）。《科学館・博物館の特色ある取組みに関する調査—大人の興味や地元意識に訴える展示及びプログラム—》。東京都：文部科学省科学技術政策研究所第 2 調査研究グループ。
宮原誠一訳（1957）。《学校と社会》（原著者：ジョン・デューイ）。東京都：岩波書店。
宮本憲一（1981）。現代資本主義と国家。東京都：株式会社岩波書店。

參考文獻

宮崎宏志（2003）。〈デューイの芸術論〉，輯於杉浦宏編，《現代デューイの再評価》。京都市：株式会社世界思想社教学社。

高楠順次郎（1940）。《外國文化の移入と其の發展》。東京都：啓明会事務所。

梅棹忠夫（1987）。《メディアとしての博物館》。東京都：株式会社平凡社。

渡邊淳子（2013）。108 II研究報告 B 歴史・文化を「つたえる」『まなび"にまつわる取り組みから思うコト，パブリックな存在としての遺跡・遺産』。奈良市：奈良財文化所。

渡邊祐子（2015）。〈日本の美術館教育実践における教育意図とその効果に関する研究 - 美術館学芸員の専門性と来館者理解を通じて -〉，《教育ネットワークセンター年報大学院生プロジェクト型研究》，15：85-91。

菖蒲澤侑（2016）。〈美術館の教育普及機能の変遷と展望〉，《大学美術教育学会「美術教育学研究」》，48：233-240。

菅原教夫（2004）。《ボイスから始まる》。東京都：五柳書院。

塩野宏（2008）。〈基本法にいつて〉，《日本学士院紀要》，63（1）：1-33。

福沢諭吉（1899）。《福翁自伝》。東京都：株式会社岩波書店。

福家俊朗、浜川清、晴山一穂（1999）。《独立行政法人：その概要と問題点》。東京都：株式会社日本評論社。

稲庭彩和子、伊藤達矢（2020）。《美術館と大学と市民がつくるソーシャルデザインプロジェクト》。京都市：株式会社青幻舎。

緒方泉（2018）。〈第五世代の博物館に関する一試案：道の駅にある博物館を事例として〉，《九州産業大学地域共創学会誌》，創刊号：101-114。

暮沢剛巳（2022）。《ミュージアムの教科書 深化する博物館と美術館》。東京都：株式会社青弓社。

藤田令伊（2015）。《アート鑑賞、超入門！7つの視点》。東京都：株式会社集英社。

磯部錦司（2020）。《「芸術の6層」による教育》。神奈川県：ななみ書房。

Ⅲ 中文部分

王士樵（2003）。〈當代美術教育的發展與變革〉，《美育》，132：58-64。

王思錦、王宇慧（2011）。《超越日本：中國的發展需要有一個「日本座標」》。青島市：青島出版社。

王寅麗譯（2009）。《人的境況》（原作者：H. Arendt）。上海市：上海人民出版社。

王德育譯（1986）。《創造與心智的成長-透過藝術談兒童教育》（原作者：V. Lowenfeld）。臺北市：文泉出版社。

王璐（2015）。《阿里巴巴集團的策略行銷分析》。臺北市：國立政治大學國際經營與貿易研究所碩士論文。

王健全、林宜蓁（2019）。〈新興多元就業型態發展之探討〉，《臺灣勞工季刊》，59：4-13。

王萬忱（2008）。《複合透視手法在視覺構成之研究與應用》。臺北市：國立臺灣師範大學設計研究所碩士論文。

丘昌泰（2013）。《公共政策：基礎篇》，五版。臺北市：巨流圖書。

方浩範（2011）。《儒學思想與東北亞「文化共同體」》。北京市：社會科學文獻出版社。

田思妤（2020）。《網路媒體作為公共領域之機制探討—以亞太博物館連線書寫計畫為例》。新北市：國立臺灣藝術大學藝術管理與文化政策研究所碩士論文。

石天曙、滕守堯譯（1984）。《走向科學的美學》（原作者：M. Thomas）。北京市：中國文聯出版社。

行政院研究發展考核委員會（2010）。《日本獨立行政法人實施成效之評估》。臺北市：行政院研究發展考核委員會。

吳瑪俐譯（1995）。《藝術的精神性》（原作者：W. Kandinsky）。臺北市：藝術家。

吳豐維（2007）。〈何謂主體性？一個實踐哲學的考察〉，《思想》，4：63-78。

李世暉、古佳惠（2009）。〈媒體科技發展與文化中介之研究：以日本動漫文化為例〉，輯於清雲科技大學應用外語系（編），《數位網路、媒體科技與文化研究研討會論文專刊》。臺北市：文鶴出版有限公司，頁 77-78。

李宗勳（2002）。〈社會資本與社區安全之初探〉，《中央警察大學學報》，39：13-44。

李長晏、陳燮郁、曾淑娟（2021）。〈邁向後新公共管理時代之政策整合理論初探〉，《文官制度》，13（1）：1-34。

李庭珊（2010）。《藝企合作平臺發展的情節與運作策略》。嘉義縣：南華大學出版與文化事業管理研究所碩士論文。

李令儀（2014）。〈文化中介者的中介與介入：出版產業創意生產的內在矛盾〉，《臺灣社會學》，28：97-147。

李玉玲（2021）。《高雄市立美術館 2021 年度報告》。高雄市：高雄市立美術館。

武星星、胡春林（2019）。〈馬克思主義與中國傳統文化的融合路徑探析——基於文化共同體的視角〉，《山西師大學報社會科學版》，4：101-106。

林宛婷（2015）。《臺灣獨立書店作為文化公共領域實踐場域：傳統書院精神的當代轉型》。

新北市：國立臺灣藝術大學藝術管理與文化政策研究所碩士論文。

林宜貞（2015）。《臺灣崑曲發展的傳承脈絡》。臺南市：國立臺南大學戲劇創作與應用學系碩士論文。

林玟伶（2021）。〈博眾之間：博物館社群參與實踐的意義、挑戰與評量〉，《博物館與文化》，22：49-76。

林信華（2002）。《文化政策新論：建構臺灣新社會》。臺北市：揚智文化。

林曼麗（2000）。《臺灣視覺藝術教育研究》。臺北市：雄獅圖書。

林曼麗、張瑜倩、陳彥伶、邱君妮（2022）。《博物館／美術館的未來性：行政法人制度研究》。臺北市：典藏藝術家庭。

林逢祺（1998）。〈美感創造與教育藝術〉，《教育研究集刊》，1（40）：51-72。

林富美（2006）。《臺灣新聞工作者與藝人：解析市場經濟下的文化勞動》。臺北市：秀威資訊科技股份有限公司。

林景淵（1998）。〈論日本文化之內涵及特色〉，《興大人文社會學報》，7：151-161。

林蕙玟（2014）。〈由文化資產的複合性意義邁向創新體驗的觀點〉，《臺灣建築學會會刊雜誌》，76：82-87。

邱家宜譯（2012）。〈追求民主——作為公共空間的博物館〉，《博物館學季刊》，26（4）：7-28。

邱惠美（2006）。〈日本獨立行政法人制度初探－兼論日本國立大學法人化問題（上）〉，《政大法學評論》，90：171-227。

涂雅玲（2008）。《地方文化館運作與評估研究：以雲林地方文化館為例》。臺南市：國立臺南藝術大學。

秦裕傑（1993）。〈博物館法難產〉，《博物館學季刊》，17（4）：89-95。

徐純（2000）。《如何實施博物館教育評量》。臺北市：行政院文化建設委員會。

姜文閔譯（1995）。《我們如何思維》（原作者：J. Dewey）。臺北市：五南圖書出版公司。

周文（2002）。〈美術館教育本質省思—主體教育〉，《美育月刊》，125：89-95。

周佳榮（2015）。《近代日本文化與思想》。香港特別行政區：商務印書館。

俞敏洪（2009）。《GRE 字彙紅寶書》。臺北市：眾文。

施明發（2000）。《如何規劃博物館教育活動》。臺北市：行政院文化建設委員會。

施明發 (2001/2004)。〈建構主義學習理論對於博物館教育的啟示〉，《博物館學季刊》，15(2)：25-38。

施舉善、施蓓莉譯（1999）。《經濟學辭典》（原作者：P. Christopher, L. Bryan, and D. Leslie）。臺北市：貓頭鷹出版。

洪貞玲、劉昌德（2004）。〈線上全球公共領域？網路的潛能、實踐與限制〉，《資訊社會研究》，6：341-364。

居延安譯（1988）。《藝術社會學》（原作者：A. Hauser）。臺北市：雅典出版社。

高宣揚（2002）。《布爾迪厄》。臺北市：生智文化。

高明士（2016）。《中國中古政治的探索》。臺北市：五南圖書。

高俊宏（2020）。《拉流斗霸：尋找大豹社事件隘勇線與餘族》。臺北市：遠足文化事業。

孫曉萍（1997）。〈日本中央政府減半〉，《天下雜誌》，196：66。

桑塔蘭泰拉、張婷譯（2013）。《誰的繆斯：美術館與公信力》（原作者：J. Cuno）。北京市：中國青年出版。

殷寶寧（2021）。〈藝術介入空間、文化政策與美術館文化公共領域形構—臺北當代藝術社區藝術實踐個案〉，《博物館學季刊》，35（4）：5-30。

翁立美（2020）。《文化中介平臺的建構與表演藝術產業的發展—以愛丁堡藝穗節為例》。桃園市：元智大學文化產業與文化政策博士學位學程博士論文。

耿鳳英（2011）。〈誰的故事？-論博物館展示詮釋〉，《博物館季刊》，25（3）：99-111。

馬桂順（2001）。〈終身學習方向下的香港藝術教育課程發展〉，《新世紀藝術教育理論與實務國際研討會論文集》，頁133-141。

張譽騰譯（2000）。《博物館這一行》（原作者：G. E. Burcaw）。臺北市：五觀藝術。

張慧玉（2001）。《使用者付費應用在公共圖書館之研究》。新北市：淡江大學資訊與圖書館學系碩士論文。

張妃滿（2003）。〈進入藝術的世界——談日本博物館學藝員的培訓制度〉，《美育》，135：36-41。

張蕙敏（2004）。《自然史博物館的特展建構：以Bourdieu文化再製理論為基礎的探討》。南投縣：國立暨南國際大學成人與繼續教育研究所碩士論文。

張正霖、陳巨擘譯（2006）。《藝術社會學：精緻與通俗形式之探索》（原作者：V. D. Alexander）。臺北市：巨流圖書。

張子康、羅怡（2017）。《藝術博物館理論與實務》。北京市：文化藝術。

張釋、陳郁婷（2020）。〈展演身體感知及其作為博物館研究的方法之芻議〉，《文化研究》，30：37-67。

曹瑞泰（2003）。〈現代日本行政改革過程之研究-以2001年中央部會組織減半為標的〉，《通識研究集刊》，4：30。

章浩、沈楊譯（2009）。《藝術社會學》（原作者：V. D. Alexander）。南京市：江蘇美術。

許嘉猷（2004）。〈布爾迪厄論西方純美學與藝術場域的自主化——藝術社會學之凝視〉，《歐美研究》，34（3）：357-429。

許育典、李佳育（2014）。〈大學的法律地位探討大學自治的落實：以大學法人化為核心〉，《當代教育研究季刊》，22（1）：169-209。

郭禎祥（1996）。〈幼童對美術館的初起概念：跨文化研究〉，《美育月刊》，78：41-53。

郭禎祥（2002）。〈當代藝術教育的新方向〉，《「藝術與人文」統整課程相關研發資料》。臺北市：中華民國藝術教育研究發展學會，頁1-15。

郭重吉、江武雄、王夕堯（2000）。〈從理論到實務談建構主義〉，《臺中縣國中教師之建構主義合作學習研討會》。臺中縣：成功國中。

陳曼薇、方鬱絹（2014）。〈從文化中介者探討臺灣當代時尚文化意涵〉，發表於「2014 中華傳播學會年會跨媒介、文化創意與反思」學術研討會，銘傳大學基河校區，6 月 25 至 27 日。

陳秋雯（2003）。〈從資訊科技功能論建構教學方案的規劃原則〉，《資訊社會學研究》，5：261-281。

陳心慧譯（2016）。《世界史的誕生》原作者：岡田英弘。臺北市：八旗文化。

陳鴻嘉（2018）。《跨國運動的文化中介：NBA 在臺灣的擴展歷程》。臺北市：國立政治大學傳播學院博士論文

陳明輝（2020）。《中介者的創新演化歷程——以臺灣文化創意產業的三個個案為例》。臺北市：國立政治大學科技管理與智慧財產研究所博士論文。

陳昱璉（2017）。《探討博物館詮釋知識之展示設計原則 - 以臺灣地區科學博物館為例》。臺北市：國立臺灣師範大學設計學系碩士論文。

陳泰松（2009）。〈公務策展〉，《典藏‧今藝術》，204：125-128。

陳琇玲譯（2020）。《平臺策略：在數位競爭、創新與影響力掛帥的時代勝出》（原作者：A. C. Michael, G. Annabelle, and B. Y. David）。臺北市：商周出版。

陳閔翔、洪仁進（2007）。〈追尋教學的藝術——從 J. Dewey 思想衍繹教師角色與教學的美感特質〉，《教育研究集刊》，53（1）：87-118。

陳敏芳（2021）。《論國立博物館行政法人化之可行性》。臺北市：國立臺北教育大學教育學院教育經營與管理學系文教法律碩士班碩士論文。

黃才郎（1997）。〈美術館的功能、定位與典藏〉，輯於黃光男（編），《博物館的文物蒐藏及典藏制度》。臺北市：國立歷史博物館，頁 13。

黃鳳琴（2001）。《建構主義教學對國小五年級學生「看星星」單元學習成果及概念分析研究》。臺北市：臺北市立師範學院科學教育研究所碩士論文。

黃友玫譯（2018）。《美術館，原來如此！》（原作者：高橋明也）。臺北市：城邦文化。

黃光男（2019）。《藝術開門：藝術教育 10 講》。臺北市：藝術家。

黃信洋、曹家榮譯（2008）。《變動世界中的文化與社會》（原作者：Griswold, W.）。臺北市：學富文化。

黃貞燕（2007）。〈制度的文化：日本國立博物館獨立行政法人化的幾點觀察〉，《十字路口上的臺灣博物館產業：專業、社群、永續》。高雄市：國立科學博物館，頁 64-80。

黃貞燕（2011）。〈博物館、知識生產與市民參加：日本地域博物館論與市民參加型調查〉，《博物館與文化》，1：5-34。

黃意茹（2020）。《我國文化內容策進院與文創產業法制與政策評析》。臺中市：國立中興大學法律學系碩士論文。

黃寧（2014）。《日本獨立行政法人制度研究》。臺北市：國立臺灣大學國家發展研究所碩士論文。

黃燎宇譯（2020）。《藝術社會史》（原作者：A. Hauser）。北京市：商務印書館。

傅芸子（2014）。《正倉院考古記》。上海市：上海書畫出版社。

喻翔譯（2018）。《參與式博物館：邁入博物館 2.0 時代》。杭州市：浙江大学出版社。
彭俊亨（2021）。〈淺談文化行政的實踐與反思〉，《指南新政電子報雙周刊》，32：4-8。
高政昇、陳謐森（2006）。〈再造治安策略公共性〉，《日新》，7：303-312。
董璨璟（2003）。〈建構主義中關於「學習」的概念於博物館中的應用〉，《臺灣美術期刊》，54：90-96。
楊成志（2000）。〈現代博物院學〉，輯於李淑萍、宋伯胤（編），《博物館歷史文選》。西安市：陝西人民出版社，頁 26。
楊秀娟、方衍濱、林靜芳（2002）。〈日本獨立行政法人制度在我國適用之研究〉，輯於林嘉誠（編），《政府改造》。臺北市：行政院研究發展考核委員會，頁 187-217。
楊玲、潘守永（2005）。《當代西方博物館發展態勢研究》。北京市：學苑出版。
楊應時（2014）。〈藝術博物館的教育資源初探──以中國美術館的公共教育探索為例〉，輯於范迪安、林陽（編），《中國美術館》。北京市：中國美術館，頁 18-22。
楊汀、劉華譯（2019）《日本近代史》，原作者：坂野潤治。臺北市：商務。
溫秀英（1996）。〈公用事業的定價規範〉，《臺灣經濟研究月刊》，19：67-71。
廖仁義（2020）。《藝術博物館的理論與實踐》。臺北市：藝術家。
廖珮君譯（2009）。《文化產業分析》（原作者：D. Hesmondhalgh）。臺北市：韋伯文化。
廖敦如（2005）。《「學校主導」的博物館與學校合作型態之行動研究》。國立臺灣師範大學美術學系博士論文。
熊秉元（1991）。〈「使用者付費」觀念的探討〉，《財稅研究》，23（3）：99-106。
熊秉元（1996）。〈使用者付費原則的理論與實際-臺灣個案分析〉，《財稅研究》，28（1）：98-100。
熊秉元（1997）。〈「專款專用」與個人──由子民社會到公民社會的變遷〉，《財稅研究》，29（1）：8-25。
趙惠玲、丘永福、張素卿、傅斌暉、曹筱玥、鍾政岳（2006）。《高中藝術領域課程輔助教學參考手冊 1－美術》。臺北市：國立臺灣藝術教育館。
潘文忠（2022）。《永續發展目標（SDGs）教育手冊臺灣指南》。臺北市：教育部。
劉一萍（2013）。〈日本獨立行政法人績效治理作法之觀察〉，《臺灣經濟研究月刊》，36（5）：82-90。
劉宗德（2005）。《行政法人設置有關問題之研究》。臺北市：考試院研究發展委員會。
劉宗德（2010）。《日本獨立行政法人實施成效之評估》。臺北市：行政院研究發展考核委員會委託研究計畫（計畫編號 NDC-DSD-102-005）。
劉宗德、陳小蘭（2008）。《官民共治之行政法人》。臺北市：新學林出版股份有限公司。
劉俊裕（2014）。《文化治理與文化公共領域：臺灣視覺藝術及電影公共領域分析》。科技部補助專題研究計畫報告（計畫編號 MOST 103-2410-H-144 -009）。
劉婉珍（2002）。《美術館教育理念與實務》。臺北市：南天書局。
劉暉譯（2015）。《秀異：判斷力的社會批判》（原作者：P. Bourdieu,）。北京市：商務印

書館。

劉巍（2011）。〈一位建構主義者眼中的博物館教育——評 George E. Hein 的「學在博物館」〉，《科普研究》，4（6）：57-61。

蔡允棟（2006）。〈民主行政與網絡治理：「新治理」的理論探討及類型分析〉，《臺灣政治學刊》，10（1）：163-209。

蔡世蓉譯（2010）。《走進博物館：邁向博物館學專業的 5 堂必修課》（原作者：水嶋英治）。臺北市：原點出版。

蔡益懷（2021）。《透視我城：香港文學文化十二講》。香港特別行政區：初文出版社有限公司。

蔡惠貞（1997）。〈日本的美術館教育面面觀〉，《藝術行政》，79：37-45。

蔡麗津（2016）。《生活經驗中的內視覺 超現實想像與表現》。屏東市：國立屏東大學視覺藝術學系碩士論文。

鄧偉志（2009）。《社會學辭典》。上海市：上海辭書出版社。

鄭惠文（2012）。《政府捐助財團法人財務課責之研究》。新北市：國立臺北大學公共行政暨政策學系博士論文。

薛燕玲、劉建國、李淑珠、嚴雅美、蔡世蓉、王淑華、邱士華、林煥盛、黃貞燕譯（2003）。《日本現代美術館學：來自日本美術館現場的聲音》（原作者：並木誠士、米屋優、吉中充代、加藤哲弘、喜多村明里與原久子）。臺北市：五觀藝術。

謝佩珊（2015）。《古典音樂表演者的身體及自我認同形構之研究——以 Pierre Bourdieu 場域理論觀點》。南投縣：國立暨南國際大學終身學習與人力資源發展碩士學位學程碩士論文。

蕭元哲（2009）。〈利害關係人對互動管理的瞭解與應用〉，《文官制度季刊》，考試院八十週年慶特刊：145-158。

蕭高彥（1996）。〈共同體理念：一個思想史之考察〉，《臺灣政治學刊》，1（7）：251-295。

簡淑娟（2007）。〈公務人員退休撫卹基金管理機構行政法人化可行性之研究（下）〉，《人事行政》，160：38-49。

羅淑慧譯（2020）。《東京藝大美術館長教你日本美術鑑賞術：一窺東洋美學堂奧的基礎入門》（原作者：秋元雄史）。臺北市：方舟文化。

蘇淑雯（2009）。《博物館展示的文化詮釋——以國立臺灣文學館常設展為例》。嘉義縣：南華大學美學與視覺藝術學系碩士論文。

蘇瑤華（2019）。〈從觀眾到群眾的動能與轉向：美術館觀眾研究新探〉，《臺北市立美術館現代藝術學報——第二波美術館熱潮》，36：7-24。

顧翠琴（2018）。〈從校園藝術品巡迴展覽 談博物館與學校合作之我思我見〉，《臺灣教育評論月刊》，7（9）：29-36。

III 網路資料

Lin, A. (2021)。〈【藝術 CSR】悄悄告訴你…藝術 CSR 有多麼的神奇！〉，《CSRone》，網址：https://csrone.com/topics/6753，檢索日期：2022 年 11 月 5 日。

Lin, A. (2022)。〈當藝術、文化成為一種永續態度時…〉，《CSRone》，網址：https://csrone.com/topics/7657，檢索日期：2023 年 6 月 5 日。

Li, Y. Y. (2022)。〈走進全臺 10 間特色美術館！體驗建築迷人詩意內涵，欣賞禪風硯臺建築、坐落山林之中石雕花園〉，《BAZAAR》，網址：https://www.harpersbazaar.com/tw/culture/exhibition/g40043433/museum-of-fine-arts/，檢索日期：2023 年 6 月 28 日。

工商時報編輯室（2022）。〈共享經濟話題不斷，一次看懂商業模式新趨勢！〉，《工商時報》，網址：https://ctee.com.tw/bookstore/learning/586693.html，檢索日期：2022 年 3 月 30 日。

大苑藝術（2023）。〈ART FORMOSA 福爾摩沙國際藝術博覽會〉，《大苑藝術》，網址：https://www.art-formosa.com/?action=fairs&id=1，檢索日期：2023 年 6 月 28 日。

王瑩（2002）。〈【編者的話】有文化斯有財〉，《臺灣光華雜誌》，網址：https://www.taiwan-panorama.com/Articles/Details?Guid=4fdf384b-faa4-402d-99b7-c46c19a0a362，檢索日期：2022 年 7 月 15 日。

王玉善（2021）。〈「國門之都與館群結構」—桃園市立美術館的國際交流策略與當代性實踐〉，《非池中藝術網》，網址：https://artemperor.tw/focus/4009，檢索日期：2022 年 4 月 10 日。

王紫荊（2021）。〈凝聚精神力量築就文藝高峰〉，《江蘇文藝網》，網址：http://www.jswyw.com/zt/dsycqgdbdh/dsycqgwdhyw/202112/t20211215_7349298.shtml，檢索日期：2023 年 6 月 28 日。

文化部（2012）。〈文化部博物館事業推展補助作業要點〉，《文化部主管法規查詢系統》，網址：https://law.moc.gov.tw/law/LawContentHistory.aspx?hid=1729&id=GL000817，檢索日期：2024 年 10 月 15 日。

文化內容策進院（2023）。〈使命〉，《文化內容策進院》，網址：https://taicca.tw/page/vision，檢索日期：2023 年 6 月 28 日。

日本 TRiCERA 線上藝廊（2019）。〈向世界傳播日本當代藝術 - 深入專訪日本首家藝術品線上藝廊 TRiCERA〉，《非池中藝術網》，網址：https://artemperor.tw/focus/2680，檢索日期：2022 年 12 月 31 日。

中華民國統計資訊網（2023）。〈公民參與及政府治理〉，《中華民國統計資訊網》，網址：https://www.stat.gov.tw/public/Attachment/3101411270BYSDYTB1.pdf，檢索日期：2023 年 6 月 19 日。

行政院人事行政總處（2021）。〈壹、什麼是行政法人？〉，《行政院人事行政總處》，網址：https://www.dgpa.gov.tw/mp/archive?uid=149&mid=148，檢索日期：2024 年 10 月 15 日。

全國法規資料庫（2011）。〈行政法人法〉，《全國法規資料庫》，網址：https://law.moj.gov.tw/LawClass/LawAll.aspx?pcode=A0010102，檢索日期：2024 年 10 月 15 日。

參考文獻

全國法規資料庫（2014）。〈教育人員任用條例〉，《全國法規資料庫》，網址：https://law.moj.gov.tw/LawClass/LawParaDeatil.aspx?pcode=H0150017&bp=2，檢索日期：2024 年 10 月 15 日。

全國法規資料庫（2015）。〈博物館法〉，《全國法規資料庫》，網址：https://law.moj.gov.tw/LawClass/LawAll.aspx?pcode=H0170101，檢索日期：2023 年 6 月 28 日。

全國法規資料庫（2017）。〈博物館法施行細則〉，《全國法規資料庫》，網址：https://law.moj.gov.tw/LawClass/LawAll.aspx?pcode=H0170107&kw=%e5%8d%9a%e7%89%a9%e9%a4%a8%e6%b3%95%e6%96%bd%e8%a1%8c%e7%b4%b0%e5%89%87，檢索日期：2024 年 10 月 14 日。

全國法規資料庫（2019a）。〈文化創意產業發展法〉，《全國法規資料庫》，網址：https://law.moj.gov.tw/LawClass/LawAll.aspx?pcode=h0170075，檢索日期：2022 年 7 月 27 日。

全國法規資料庫（2019b）。〈文化內容策進院設置條例〉，《全國法規資料庫》，網址：https://law.moj.gov.tw/LawClass/LawAll.aspx?pcode=H0170142，檢索日期：2023 年 6 月 28 日。

全國法規資料庫（2019c）。〈教育人員任用條例施行細則〉，《全國法規資料庫》，網址：https://law.moj.gov.tw/LawClass/LawAll.aspx?pcode=H0150018&kw=%e6%95%99%e8%82%b2%e4%ba%ba%e5%93%a1%e4%bb%bb%e7%94%a8%e6%a2%9d%e4%be%8b%e6%96%bd%e8%a1%8c%e7%b4%b0%e5%89%87，檢索日期：2024 年 10 月 15 日。

全國法規資料庫（2019d）。〈社教機構與教職人員等級比照表〉，《全國法規資料庫》，網址：https://law.moj.gov.tw/LawClass/LawGetFile.ashx?FileId=0000018402&lan=C，檢索日期：2024 年 10 月 15 日。

全國法規資料庫（2019e）。〈國家電影及視聽文化中心設置條例〉，《全國法規資料庫》，網址：https://law.moj.gov.tw/LawClass/LawAll.aspx?pcode=P0040012&kw=%e5%9c%8b%e5%ae%b6%e9%9b%bb%e5%bd%b1%e5%8f%8a%e8%a6%96%e8%81%bd%e6%96%87%e5%8c%96%e4%b8%ad%e5%bf%83%e8%a8%ad%e7%bd%ae%e6%a2%9d%e4%be%8b，檢索日期：2024 年 10 月 15 日。

全國法規資料庫（2020）。〈國家電影及視聽文化中心績效評鑑辦法〉，《全國法規資料庫》，網址：https://law.moj.gov.tw/LawClass/LawAll.aspx?pcode=P0040015，檢索日期：2024 年 10 月 15 日。

朱筱琪（2017）。〈眾人的新美術：日本近代洋画畫會的力量〉，《The News Lens 關鍵評論》，網址：https://www.thenewslens.com/feature/yoga/80391，檢索日期：2022 年 5 月 15 日。

何康國（2016）。〈地方行政法人的利與弊〉，《MUZIK 雜誌》，網址：https://read.muzikair.com/tw/periodicalArticles/8cb5a8d2-8665-4783-a84b-9b00f667bd59，檢索日期：2022 年 12 月 9 日。

社團法人中華民國畫廊協會（2023）。〈關於我們 - 藝術博覽會〉，《社團法人中華民國畫廊協會》，網址：https://www.aga.org.tw/about/，檢索日期：2023 年 6 月 28 日。

非池中藝術網（2023）。〈社團法人臺灣視覺藝術協會〉，《非池中藝術網》，網址：

https://artemperor.tw/gallery/744，檢索日期：2023 年 6 月 28 日。

法務部（2015）。〈談政策行銷的利害關係人〉，《法務部》，網址：https://www.moj.gov.tw/2204/2528/2547/2585/15834/post，檢索日期：2022 年 7 月 27 日。

表演藝術聯盟（2023）。〈緣起與大事記〉，《表演藝術聯盟》，網址：http://www.paap.org.tw/article-23，檢索日期，2023 年 6 月 28 日。

典藏藝術編輯部（2022）。〈博物館／美術館的未來性：變革中的日本博物館事業〉，《典藏藝術出版》，網址：https://vocus.cc/article/61f20726fd89780001476c4a，檢索日期：2023 年 6 月 13 日。

徐冰（2010）。〈徐冰致紐約年輕藝術家的信：你可以給社會什麼〉，《藝術中國》，網址：http://big5.china.com.cn/gate/big5/art.china.cn/zixun/2010-02/23/content_3389580.htm，檢索日期：2023 年 6 月 28 日。

侯淑姿（2016）。〈行政法人是美術館永續營運的最佳選項？從高雄三館一法人事件談起〉，《the new lens 關鍵評論》，網址：https://www.thenewslens.com/article/47053，檢索日期：2023 年 6 月 28 日。

梁毅、周天黎（2021）。〈大畫家周天黎的精彩專訪 — 藝術要為人類的最高文明奠基〉，《中華新聞雲》，網址：https://www.cdns.com.tw/articles/488324，檢索日期：2023 年 6 月 28 日。

陳星玲（2019）。〈日本：走向審美創造的中小學藝術教育〉，《中國教育新聞網中國教師報，3 月 27 日，第 003 版》，網址：http://m.jyb.cn/rmtzgjsb/201903/t20190326_219974_wap.html，檢索日期：2021 年 9 月 10 日。

國家教育研究院（2012）。〈淺談人才培育〉，《國家教育研究院》，網址：https://epaper.naer.edu.tw/edm.php?grp_no=2&edm_no=50&content_no=1396，檢索日期：2023 年 5 月 22 日。

國家電影及視聽文化中心（2023a）。〈中心簡介〉，《國家電影及視聽文化中心》，網址：https://www.tfai.org.tw/zh/about/center，檢索日期：2023 年 6 月 28 日。

國家電影及視聽文化中心（2023b）。〈國家電影及視聽文化中心 112 年度績效評鑑報告〉，網址：https://www.tfai.org.tw/zh/file/download/2c9580828f762edb019033413d4001c6，檢索日期：2024 年 10 月 28 日。

國家電影及視聽文化中心（2024）。〈董監事〉，《國家電影及視聽文化中心》，網址：https://www.tfai.org.tw/zh/about/directors，檢索日期：2024 年 10 月 15 日。

換日線編輯部（2021）。〈疫情和緩但「文化戰爭」升溫！英國博物館正在動搖的臂距原則與寒蟬效應〉，《換日線 --> 文史藝術 --> 文化》，網址：https://crossing.cw.com.tw/article/14898，檢索日期：2022 年 4 月 4 日。

黃惠琳（1999）。〈推廣教材使用者付費可行性評估〉，《行政院農業委員會臺南區農業改良場研究彙報第 36 號》，網址：https://book.tndais.gov.tw/RBulletin/paper36-7.htm，檢索日期：2023 年 5 月 9 日。

黃貞燕（2019）。〈日本的「市民學藝員」，為什麼？做什麼？〉，《中華民國博物館學會》，網址：https://www.cam.org.tw/notice20190525/#_ftn1，檢索日期：2022 年 11 月 12 日。

黃楷元（2019）。〈文化遺產的美麗與哀愁〉，《中研院訊》，網址：https://newsletter.

sinica.edu.tw/16010/，檢索日期：2023 年 6 月 19 日。

郭唐菱（2022）。〈重新思考「一臂之遙」的美感－英國數位、文化、媒體、體育部暨矩組織在後疫情時代下的反思與挑戰〉，《Taiwan Creative Content Agency 國外行政法人實例分析》，網址：https://research.taicca.tw/foreign_administration，檢索日期：2023 年 6 月 19 日。

榮芳杰（2015）。〈遺產組織未來的經費：遺產與文化組織的選項〉，《社團法人臺灣文化政策研究學會》，網址： http://tacps.tw/%E3%80%90%E5%9C%8B%E9%9A%9B%E5%B0%88%E6%96%87%E8%A9%95%E6%9E%90%E3%80%91%E9%81%BA%E7%94%A2%E7%B5%84%E7%B9%94 %E6%9C%AA%E4%BE%86%E7%9A%84%E7%B6%93%E8%B2%BB%EF%BC%9A%E %81%BA%E7%94%A2%E8%88%87%E6%96%87/#_ftn4，檢索日期：2022 年 4 月 4 日。

臺北市政府文化局（2021）。〈日本獨立行政法人國立美術館之制度與營運〉，《臺北市政府文化局》，網址：https://cdn.odportal.tw/api/v1/resource/AeMTktLo/61ae92953a146900246879ecl，檢索日期：2023 年 5 月 9 日。

臺灣設計研究院（2023）。〈關於 TDRI〉，《臺灣設計研究院》，網址：https://www.tdri.org.tw/about-tdri/management/#，檢索日期：2023 年 6 月 28 日。

臺灣工藝美術學校（2023）。〈創立起源〉，《臺灣工藝美術學校》，網址：https://taiwancraftschool.com/about/，檢索日期：2023 年 6 月 28 日。

劉育良、劉俊裕（2017）。〈中介組織翻轉文化治理：文化部，您真的準備好了嗎？〉，《臺灣文化政策智庫中心》，網址：https://tttcp.ntua.edu.tw/zh_tw/Reviews/Commentary/-%E7%B2%BE%E9%81%B8%E5%B0%88%E9%A1%8C-%E8%A9%95%E8%AB%96-%E4%B8%AD%E4%BB%8B%E7%B5%84%E7%B9%94%E7%BF%BB%E8%BD%89%E6%96%87%E5%8C%96%E6%B2%BB%E7%90%86-%E6%96%87%E5%8C%96%E9%83%A8-%E6%82%A8%E7%9C%9F%E7%9A%84%E6%BA%96%E5%82%99%E5%A5%BD%E4%BA%86%E5%97%8E-3345406，檢索日期：2022 年 11 月 6 日。

劉金祥（2017）。〈反映時代精神是文藝創作的神聖使命〉，《紅旗文稿》，網址：http://www.qstheory.cn/dukan/hqwg/2017-01/09/c_1120271283.htm，檢索日期：2023 年 6 月 26 日。

羅凱揚、蘇宇暉（2022）。〈「平臺」與「網路效應」之間的關係〉，《行銷資料科學 Marketingdatascience》，網址：https://medium.com/marketingdatascience/%E5%B9%B3%E5%8F%B0-%E8%88%87-%E7%B6%B2%E8%B7%AF%E6%95%88%E6%87%89-%E4%B9%8B%E9%96%93%E7%9A%84%E9%97%9C%E4%BF%82-7a3338789baf，檢索日期：2023 年 6 月 28 日。

Global Education Monitoring Report Team (2020). Global education monitoring report, 2020: Inclusion and education:all means all. Retrieved from:https://unesdoc.unesco.org/ark:/48223/pf0000373718. Accessed date: November 11, 2022.

ICOM（2017）。ICOM Code of Ethics for Museums. Retrieved from: https://icom.museum/wp-content/uploads/2018/07/ICOM-code-En-web.pdf. Accessed date:

October 11, 2023.

Madden, C. (2009). "The Independence of Government Arts Funding: A Review" in D'Art Topics in Arts Policy, No. 9, Sydney: International Federation of Arts Councils and Culture Agencies.Retrieved from:https://apo.org.au/sites/default/files/resource-files/2009-08/apo-nid18422.pdf. Accessed date: November 25, 2022.

Museum of Fine Arts, Boston (2021). About the MFA. Retrieved from:https://www.mfa.org/about. Accessed date: October 15, 2021.

OECD (2006). Annual Report on the OECD Guidelines for Multinational Enterprises: Conducting Business in Weak Governance Zones, OECD, Paris. Retrieved from: https://stats.oecd.org/glossary/detail.asp?ID=7245. Accessed date: November 25, 2022.

Rijksmuseum (2021). The Night Watch, Rembrandt van Rijn, 1642.Retrieved from: https://www.rijksmuseum.nl/nl/mijn/verzamelingen/177821--chris-moroney/night-watch/objecten#/SK-C-5,0. Accessed date: October 16, 2021.

The Guardian (2013). The other superpower.Retrieved from: https://www.theguardian.com/artanddesign/2002/jun/01/artsfeatures.features. Accessed date: April 2, 2022.

The Metropolitan Museum of Art (2021). About The Met. Retrieved from: https://www.metmuseum.org/about-the-met.Accessed date: October 15, 2021.

UK Cabinet Office (2017). Partnerships between Departments and Arm's-length Bodies: Code of Good Practice. Retrieved from:chrome-extension://efaidnbmnnnibpcajpcglclefindmkaj/viewer.html?pdfurl=https%3A%2F%2Fassets.publishing.service.gov.uk%2Fgovernment%2Fuploads%2Fsystem%2Fuploads%2Fattachment_data%2Ffile%2F594345%2FPartnerships_between_departments_and_arm_s_length_bodies-code_of_good_practice.pdf&clen=279855&chunk=true&pdffilename=Partnerships_between_departments_and_arm_s_length_bodies-code_of_good_practice.pdf. Accessed date: April. 4, 2022.

UNESCO (2001).UNESCO Universal Declaration on Cultural Diversity. Retrieved from: https://www.unesco.org/en/legal-affairs/unesco-universal-declaration-cultural-diversity Accessed date: July 15, 2022.

UNESCO (2019). From access to empowerment: UNESCO strategy for gender equality in and through education 2019-2025. Retrieved from: https://unesdoc.unesco.org/ark:/48223/pf0000369000. Accessed date: November 22, 2022.

Victoria and Albert Museum (2021). V&A/RCA MA IN THE HISTORY OF DESIGN. Retrieved from:https://www.vam.ac.uk/info/history-of-design-postgraduate-programme. Accessed date: October 16, 2021.

Wei (2019). Cultural Intermediaries and Their Roles in Taiwan's Cultural Diplomacy and Cultural Relations. Retrieved from:https://theasiadialogue.com/2019/08/26/cultural-intermediaries-and-their-roles-in-taiwans-cultural-diplomacy-andcultural-relations/. Accessed date: October 9, 2021.

21_21 DESIGN SIGHT（2023）。〈建築について〉，《21_21 DESIGN SIGHT》，網址：https://www.2121designsight.jp/designsight/architecture.html，檢索日期：2023 年 5 月 9 日。

e-Gov 法令檢索（1946）。〈日本国憲法（昭和二十一年憲法）〉，《e-Gov 法令檢索》，網址：https://elaws.e-gov.go.jp/document?lawid=321CONSTITUTION，檢索日期：2023 年 5 月 22 日。

e-Gov 法令檢索（2015a）。〈中央省庁等改革基本法（平成十年法律第百三号）〉，《e-Gov 法令檢索》，網址：https://elaws.e-gov.go.jp/document?lawid=410AC0000000103，檢索日期：2022 年 4 月 3 日。

e-Gov 法令檢索（2015b）。〈独立行政法人国立美術館法〉，《e-Gov 法令檢索》，網址：https://elaws.e-gov.go.jp/document?lawid=411AC0000000177_20160401_427AC0000000051&keyword=%E7%8B%AC%E7%AB%8B%E8%A1%8C%E6%94%BF%E6%B3%95%E4%BA%BA%E5%9B%BD%E7%AB%8B%E7%BE%8E%E8%A1%93%E9%A4%A8%E6%B3%95，檢索日期：2022 年 4 月 3 日。

e-Gov 法令檢索（2018）。〈独立行政法人通則法〉，《e-Gov 法令檢索》，網址：https://elaws.e-gov.go.jp/document?lawid=411AC0000000103_20190401_430AC0000000071&keyword=%E7%8B%AC%E7%AB%8B%E8%A1%8C%E6%94%BF%E6%B3%95%E4%BA%BA%E9%80%9A%E5%89%87%E6%B3%95，檢索日期：2021 年 7 月 20 日。

e-Gov 法令檢索（2019）。〈文化芸術基本法（平成十三年法律第百四十八号）〉，《e-Gov 法令檢索》，網址：https://elaws.e-gov.go.jp/document?lawid=413AC1000000148，檢索日期：2022 年 4 月 5 日。

e-Gov 法令檢索（2020）。〈文部科学省設置法（平成十一年法律第九十六号）〉，《e-Gov 法令檢索》，網址：https://elaws.e-gov.go.jp/document?lawid=411AC0000000096_20190614_430AC0000000103，檢索日期：2022 年 4 月 3 日。

e-Gov 法令檢索（2021a）。〈文化観光拠点施設を中核とした地域における文化観光の推進に関する法律〉，《e-Gov 法令檢索》，網址：https://elaws.e-gov.go.jp/document?lawid=502AC0000000018，檢索日期：2023 年 5 月 10 日。

e-Gov 法令檢索（2021b）。〈国家行政組織法（昭和二十三年法律第百二十号）〉，《e-Gov 法令檢索》，網址：https://elaws.e-gov.go.jp/document?lawid=323AC0000000120，檢索日期：2022 年 4 月 3 日。

e-Gov 法令檢索（2022a）。〈博物館法（昭和二十六年法律第二百八十五号）〉，《e-Gov 法令檢索》，網址：https://laws.e-gov.go.jp/law/326AC1000000285，檢索日期：2022 年 11 月 12 日。

e-Gov 法令檢索（2022b）。〈文化財保護法（昭和二十五年法律第二百十四号）〉，《e-Gov 法令檢索，網址：https://elaws.e-gov.go.jp/document?lawid=325AC0100000214，檢索日期：2022 年 11 月 13 日。

e-Gov 法令檢索（2022c）。〈独立行政法人国立美術館に関する省令（平成十三年文部科学省令第四十号）〉，《e-GOV 法律檢索》，網址：https://laws.e-gov.go.jp/

law/413M60000080040，檢索日期：2024 年 10 月 15 日。

e-GOV 法律檢索（2023）。〈博物館法施行規則（昭和三十年文部省令第二十四号）〉，《e-GOV 法律檢索》，網址：https://laws.e-gov.go.jp/law/330M50000080024#EnactStatement_1，檢索日期：2024 年 10 月 15 日。

ICOM 日本委員会（2023）。〈新しい博物館定義、日本語訳が決定しました〉，《ICOM 日本委員会》，網址：https://icomjapan.org/journal/2023/01/16/p-3188/，檢索日期：2023 年 4 月 25 日。

サントリー美術館（2023）。〈建築・デザイン〉，《サントリー美術館》，網址：https://www.suntory.co.jp/sma/design/，檢索日期：2023 年 5 月 9 日。

三ツ木紀英（2021）。〈美術館、鑑賞法がわかればグッと奥深い体験に　多くの人は「作品」を見ていない？〉，《朝日新聞 EduA》，網址：https://bijutsutecho.com/magazine/insight/25819，檢索日期：2023 年 4 月 29 日。

デジタル大辞泉（2024a）。〈「環」の意味：いくつもの環をつらねること。環をつらねたように結び合わせること〉，《コトバンク》，網址：https://kotobank.jp/word/%E7%92%B0-48409#w-469095，檢索日期：2024 年 10 月 20 日。

デジタル大辞泉 (2024b)。〈「鏈る」の意味：つながる。続く。つながり合う〉，《コトバンク》，網址：https://kotobank.jp/word/%E9%8F%88%E3%82%8B-483210#w-1943148，檢索日期：2024 年 10 月 20 日。

大阪大学人間科学研究科共生学系（2022）。〈共生学とは〉，《大阪大学 人間科学研究科 共生学系》，網址：http://kyosei.hus.osaka-u.ac.jp/，檢索日期：2022 年 11 月 23 日。

大橋正司（2020）。〈デジタルアーカイブスタディ_ミュージアム・ロストが起動させた"第四世代の美術館"〉，《アートスケープ》，網址：https://artscape.jp/study/digital-achive/10160576_1958.html，檢索日期：2023 年 4 月 18 日。

中村和世（2001）。〈シカゴ美術館における教育プログラムの紹介〉，《Web AE 芸術と教育》，網址：http://www.art.hyogo-u.ac.jp/fukumo/WebJournal/Kanshosite/Nakamura/ChicagoMuseum.html，檢索日期：2023 年 4 月 23 日。

公益財団法人ニッポンドットコム（2019）。〈百舌鳥・古市古墳群の登録決定：国内 23 件目の世界遺産〉，《公益財団法人ニッポンドットコム》，網址：https://www.nippon.com/ja/japan-data/h00492/?cx_recs_click=true，檢索日期：2022 年 4 月 3 日。

内閣官房行政改革推進本部事務局（1997）。〈平成 9 年 12 月 3 日行政改革会議最終報告〉，《内閣官房行政改革推進本部事務局》，網址：https://www.gyoukaku.go.jp/siryou/souron/report-final/index.html，檢索日期：2022 年 4 月 3 日。

文部科学省（2006）。〈文化芸術振興の意義と文化芸術振興施策の総合的な進展〉，《文部科学省》，網址：https://www.mext.go.jp/b_menu/hakusho/html/hpab200601/001/002/001.htm#top，檢索日期：2022 年 7 月 8 日。

日下部晃志（2005）。〈憲法と緊急事態基本法〉，《松下政経塾》，網址：https://www.mskj.or.jp/thesis/9405.html，檢索日期：2023 年 6 月 10 日。

日本文化庁（2014）。〈文化財を活用したユニークベニューハンドブック〉，《日本文化庁》，網址：https://www.bunka.go.jp/tokei_hakusho_shuppan/shuppanbutsu/

bunkazai_handbook/pdf/r1421344_01.pdf，檢索日期：2022 年 4 月 5 日。

日本文化庁（2017）。〈文化芸術基本法新旧対照表〉，《日本文化庁》，網址：https://www.bunka.go.jp/seisaku/bunka_gyosei/shokan_horei/kihon/geijutsu_shinko/pdf/kihonho_taishohyo.pdf，檢索日期：2022 年 11 月 23 日。

日本文化庁（2018）。〈文化芸術推進基本計画－文化芸術の「多様な価値」を活かして，未来をつくる－（第 1 期）（平成 30 年 3 月 6 日閣議決定）〉，《日本文化庁》，網址：https://www.bunka.go.jp/seisaku/bunka_gyosei/hoshin/pdf/r1389480_01.pdf，檢索日期：2022 年 7 月 22 日。

日本文化庁（2019）。〈我が国の文化政策〉，《日本文化庁》，網址：https://www.bunka.go.jp/tokei_hakusho_shuppan/hakusho_nenjihokokusho/r01_bunka_seisaku/pdf/r1421859_00.pdf，檢索日期：2022 年 7 月 8 日。

日本文化庁（2022a）。〈文化芸術基本法〉，《日本文化庁》，網址：https://www.bunka.go.jp/seisaku/bunka_gyosei/shokan_horei/kihon/geijutsu_shinko/index.html，檢索日期：2022 年 11 月 23 日。

日本文化庁（2022b）。〈令和 4 年度次代の文化を創造する新進芸術家育成事業の募集〉，《日本文化庁》，網址：https://www.bunka.go.jp/shinsei_boshu/kobo/pdf/92652801_04.pdf，檢索日期：2022 年 12 月 13 日。

日本文化庁（2022c）。〈新進芸術家の海外研修〉，《日本文化庁》，網址：https://www.bunka.go.jp/seisaku/geijutsubunka/shinshin/kenshu/，檢索日期：2022 年 12 月 13 日。

日本文化庁（2022d）。〈博物館に関する研修〉，《日本文化庁》，網址：https://www.bunka.go.jp/seisaku/bijutsukan_hakubutsukan/kenshu/pdf/93734201_01.pdf，檢索日期：2022 年 12 月 13 日。

日本文化庁（2024a）。国立博物館，国立美術館，国立科学博物館の違い。網址：https://www.bunka.go.jp/seisaku/bunkashingikai/kondankaito/kokuritsu/01/pdf/kijyo_shiryo_8.pdf，檢閱日期：2024 年 10 月 10 日。

日本文化庁（2024b）。〈大学における学芸員養成課程の科目のねらいと内容について〉，《日本文化庁》，網址：https://www.bunka.go.jp/seisaku/bijutsukan_hakubutsukan/shinko/about/pdf/94072501_01.pdf，檢索日期：2024 年 10 月 15 日。

日本文化庁（2024c）。〈学芸員養成課程開講大学・短期大学（部）一覧〉，《日本文化庁》，網址：https://www.bunka.go.jp/seisaku/bijutsukan_hakubutsukan/shinko/about/daigaku/pdf/94042801_01.pdf，檢索日期：2024 年 10 月 15 日。

日本文化庁（2024d）。〈博物館実習のみの科目履修を受け入れている大学一覧，《日本文化庁》，網址：https://www.bunka.go.jp/seisaku/bijutsukan_hakubutsukan/shinko/about/daigaku/pdf/94028301_01.pdf，檢索日期：2024 年 10 月 15 日。

日本文化庁文化審議会（2021）。〈博物館法制度の今後の在り方について（答申）〉，《日本文化庁文化審議会》，網址：https://www.bunka.go.jp/seisaku/bunkashingikai/hakubutsukan/pdf/93654601_03.pdf，檢索日期：2023 年 4 月 25 日。

日本生命保険相互会社（2020）。〈認知症を正しく理解されていますか？〉，《日本生命保険相互会社》，網址：https://special.nissay-mirai.jp/jinsei100y/shiru/cFads，檢

索日期：2022 年 11 月 27 日。

作田知樹（2023）。〈「表現の自由」と「内容不関与の原則」〉，《アートマネジメント総合情報サイト》，網址：https://www.nettam.jp/course/law2019/3/，檢索日期：2023 年 5 月 23 日。

京都国立近代美術館（2023a）。〈運営方針〉，《京都国立近代美術館》，網址：https://www.momak.go.jp/Japanese/about/about.html，檢索日期：2023 年 4 月 5 日。

京都国立近代美術館（2023b）。〈京都国立近代美術館 賛助会員制度〉，《京都国立近代美術館》，網址：https://www.momak.go.jp/Japanese/membership/supportingmembers.html，檢索日期：2023 年 4 月 5 日。

国立西洋美術館（2023）。〈美術館概要〉，《国立西洋美術館》，網址：https://www.nmwa.go.jp/jp/about/index.html，檢索日期：2023 年 5 月 9 日。

国立国際美術館（2023）。〈美術館について〉，《国立国際美術館》，網址：https://www.nmao.go.jp/about/design/，檢索日期：2023 年 5 月 9 日。

国立映画アーカイブ（2023）。〈映画フィルムの重要文化財指定〉，《国立映画アーカイブ》，網址：https://www.nfaj.go.jp/research/jubun/，檢索日期：2023 年 5 月 9 日。

国立新美術館（2023）。〈国立新美術館について〉，《国立新美術館》，網址：https://www.nact.jp/introduce/architecture.html，檢索日期：2022 年 11 月 10 日。

国立アートリサーチセンター（2023）。〈独立行政法人国立美術館『国立アートリサーチセンター』2023 年 3 月 28 日設立、本日いよいよ始動！〉，網址：https://ncar.artmuseums.go.jp/upload/pressrelease_ja_0328.pdf，檢索日期：2024 年 10 月 15 日。

国立工芸館（2024）。〈お知らせ〉，《国立工芸館》，網址：https://www.momat.go.jp/craft-museum/，檢索日期：2024 年 10 月 20 日。

東京国立近代美術館（2021）。〈東京国立近代美術館概要〉，《東京国立近代美術館》，網址：https://www.momat.go.jp/ge/about/，檢索日期：2021 年 10 月 30 日。

東京芸術文化評議会、文化制度検討部会（2007）。〈東京都美術館が取り組むべき新規事業の内容とその規模～「人間にとっての表現の意味」を追求する新・東京都美術館を目指して～〉，《東京芸術文化評議会、文化制度検討部会》，網址：https://www.seikatubunka.metro.tokyo.lg.jp/bunka/bunka_seisaku/files/0000000200/bunkaseido_kentoubukai-houkoku.pdf，檢索日期：2023 年 5 月 5 日。

参議院文教科学委員会（2022）。〈博物館の館長の資格要件を「博物館の設置及び運営上の望ましい基準」に明記することに対する文部科学大臣の見解〉，《Clips.》網址：https://clips.politylink.jp/clip/4222/，檢索日期：20245 年 10 月 15 日。

参議院法制局（2023）。〈基本法〉，《参議院法制局》，網址：https://houseikyoku.sangiin.go.jp/column/column023.htm，檢索日期：2023 年 6 月 10 日。

独立行政法人日本芸術文化振興会（2022）。《日本芸術文化振興会概要 (令和 4 年度)》，網址：https://www.ntj.jac.go.jp/assets/files/about/document/2022gaiyo.pdf，檢索日期：2023 年 4 月 5 日。

独立行政法人国立文化財機構（2022）。《2022 年令和 4 年度独立行政法人国立文化財機構概要》，網址：https://www.nich.go.jp/wp-content/uploads/2022/10/gaiyo2022_

j.pdf，檢索日期：2023 年 4 月 5 日。

独立行政法人国立美術館（2001）。〈独立行政法人国立美術館業務方法書〉，《独立行政法人国立美術館》，網址：http://www.artmuseums.go.jp/04/0401-R3.pdf，檢索日期：2022 年 4 月 5 日。

独立行政法人国立美術館（2015）。〈独立行政法人国立美術館の第 3 期中期目標期間の終了時に見込まれる業務の実績に関する評価〉，《独立行政法人国立美術館》，網址：http://www.artmuseums.go.jp/03/03030077.pdf，檢索日期：2022 年 4 月 5 日。

独立行政法人国立美術館（2019）。〈美術館を活用した鑑賞教育の充実のための指導者研修〉，《独立行政法人国立美術館》，網址：http://www2.artmuseums.go.jp/sdk2019/index.html，檢索日期：2021 年 10 月 29 日。

独立行政法人国立美術館（2020）。〈独立行政法人国立美術館第 20 期事業年度（令和 2 年度）事業報告書〉，《独立行政法人国立美術館》，網址：https://www.artmuseums.go.jp/media/2022/08/0302R01jigyohokokusho.pdf，檢索日期：2021 年 7 月 6 日。

独立行政法人国立美術館（2021a）。〈独立行政法人国立美術館の第 4 期中期目標期間における業務の実績に関する評価〉，《独立行政法人国立美術館》，網址：https://www.artmuseums.go.jp/media/2022/08/03030152.pdf，檢索日期：2022 年 4 月 5 日。

独立行政法人国立美術館（2021b）。〈独立行政法人国立美術館が達成すべき業務運営に関する目標（中期目標）〉，《独立行政法人国立美術館》，網址：https://www.artmuseums.go.jp/media/2022/08/0402-R4.pdf，檢索日期：2022 年 4 月 5 日。

独立行政法人国立美術館（2021c）。〈令和 3 年度国立美術館業務実績報告書〉，《独立行政法人国立美術館》，網址：https://www.artmuseums.go.jp/media/2022/08/03030157_1.pdf，檢索日期：2022 年 11 月 30 日。

独立行政法人国立美術館（2021d）。〈キャンパスメンバーズ〉，《独立行政法人国立美術館》，網址：https://www.campusmembers.jp/，檢索日期：2022 年 12 月 5 日。

独立行政法人国立美術館（2022a）。〈所蔵作品総合目録検索システム〉，《独立行政法人国立美術館》，網址：https://search.artmuseums.go.jp/，檢索日期：2022 年 12 月 10 日。

独立行政法人国立美術館（2022b）。〈国立美術館巡回展　開催実績・予定〉，《独立行政法人国立美術館》，網址：https://www.artmuseums.go.jp/service/traveling/traveling_list，檢索日期：2022 年 12 月 10 日。

独立行政法人国立美術館（2022c）。〈美術館を活用した鑑賞教育の充実のための指導者研修 15 周年記念シンポジウム～美術館と学校 鑑賞教育の今と未来～〉，《独立行政法人国立美術館》，網址 http://www2.artmuseums.go.jp/sdk2020/index.html，檢索日期：2022 年 12 月 10 日。

独立行政法人国立美術館（2022d）。〈国立美術館のオンライン寄附サイト〉，《独立行政法人国立美術館》，網址：https://kifu.artmuseums.go.jp/，檢索日期：2022 年 12 月 10 日。

独立行政法人国立美術館（2022e）。〈国立美術館への遺贈について〉，《独立行政法人国立美術館》，網址：https://www.artmuseums.go.jp/media/2022/08/izou_1_2022.pdf，檢索日期：2022 年 12 月 10 日。

独立行政法人国立美術館（2022f）。〈国立美術館のクラウドファンディング〉，《独立行政法人国立美術館》，網址：https://crowdfunding.artmuseums.go.jp/，檢索日期：2022 年 12 月 10 日。

独立行政法人国立美術館（2022g）。〈国立美術館概要〉，《独立行政法人国立美術館》，網址：https://www.artmuseums.go.jp/media/2023/02/01_2022.pdf，檢索日期：2023 年 5 月 10 日。

独立行政法人国立美術館（2023a）。〈組織構成〉，《独立行政法人国立美術館》，網址：https://www.artmuseums.go.jp/about/organization，檢索日期：2024 年 7 月 6 日。

独立行政法人国立美術館（2023b）。〈独立行政法人国立美術館運営委員会委員名簿〉，《独立行政法人国立美術館》，網址：https://www.artmuseums.go.jp/media/2023/06/%E9%81%8B%E5%96%B6%E5%A7%94%E5%93%A1%E5%90%8D%E7%B0%BF%EF%BC%88R5.4%E7%8F%BE%E5%9C%A8%EF%BC%89.pdf，檢索日期：2024 年 7 月 6 日。

独立行政法人国立美術館（2023c）。〈独立行政法人国立美術館外部評価委員会委員名簿〉，《独立行政法人国立美術館》，網址：https://www.artmuseums.go.jp/media/2023/06/%E5%A4%96%E9%83%A8%E8%A9%95%E4%BE%A1%E5%A7%94%E5%93%A1%E5%90%8D%E7%B0%BF.pdf，檢索日期：2024 年 7 月 6 日。

独立行政法人国立美術館（2023d）。〈独立行政法人国立美術館第 23 期事業年度（令和五年度）決算報告書，《独立行政法人国立美術館》，網址：http://www.artmuseums.go.jp/03/0302R01kessannhoukoku.pdf，檢索日期：2024 年 7 月 5 日。

独立行政法人国立美術館（2023e）。〈独立行政法人国立美術館第 23 期事業年度（令和五年度）事業報告書，《独立行政法人国立美術館》，網址：https://www.artmuseums.go.jp/media/2024/06/%E3%82%A8%E7%8B%AC%E7%AB%8B%E8%A1%8C%E6%94%BF%E6%B3%95%E4%BA%BA%E5%9B%BD%E7%AB%8B%E7%BE%8E%E8%A1%93%E9%A4%A8%E7%AC%AC23%E6%9C%9F%E4%BA%8B%E6%A5%AD%E5%B9%B4%E5%BA%A6%EF%BC%88%E4%BB%A4%E5%92%8C%EF%BC%95%E5%B9%B4%E5%BA%A6%EF%BC%89%E4%BA%8B%E6%A5%AD%E5%A0%B1%E5%91%8A%E6%9B%B8.pdf，檢索日期：2024 年 10 月 28 日。

独立行政法人国立美術館（2023f）。〈国立美術館概要〉，《独立行政法人国立美術館》，網址：https://www.artmuseums.go.jp/media/2023/02/01_2022.pdf，檢索日期：2024 年 10 月 15 日。

独立行政法人国立美術館（2024）。〈役員〉，《独立行政法人国立美術館》，網址：https://www.artmuseums.go.jp/media/2024/04/%E5%9B%BD%E7%AB%8B%E7%BE%8E%E8%A1%93%E9%A4%A8%E5%BD%B9%E5%93%A1%E3%83%BB%E9%A4%A8%E9%95%B7%E5%90%8D%E7%B0%BFR6.4.1.pdf，檢索日期：2024 年 7 月 10 日。

独立行政法人国立美術館外部評価委員会（2021a）。〈令和 2 年度国立美術館外部評価報告書〉，《独立行政法人国立美術館外部評価委員会》，網址：https://www.artmuseums.go.jp/media/2022/08/03030152.pdf，檢索日期：2022 年 4 月 5 日。

独立行政法人国立美術館外部評価委員会（2021b）。〈第 4 期中期目標期間業務実績に関する評価結果を踏まえた運営業務の改善等への反映状況〉，《独立行政法人国立美術館外

部評価委員会》，網址：https://www.artmuseums.go.jp/media/2023/02/03030156_1.pdf，檢索日期：2023年5月9日。

富士市（2023）。〈文化財の保護・活用・市史編さん〉，《富士市》，網址：https://www.city.fuji.shizuoka.jp/kyouiku/c0402/fmervo00000013pm.html，檢索日期：2023年6月5日。

熊本市現代美術館（2019）。〈2019年度国立美術館巡回展東京国立近代美術館所蔵品展きっかけは「彫刻」。—近代から現代までの日本の彫刻と立体造形〉，《熊本市現代美術館》，網址：https://www.camk.jp/exhibition/sculpture/，檢索日期：2023年1月15日。

総務省（2014）。〈独立行政法人の評価に関する指針〉，《総務省》，網址：chrome-extension://efaidnbmnnnibpcajpcglclefindmkaj/viewer.html?pdfurl=https%3A%2F%2Fwww.soumu.go.jp%2Fmain_content%2F000311663.pdf&clen=1270061&chunk=true，檢索日期：2022年4月3日。

総務省（2017）。〈独立行政法人の財務報告に関する基本的な指針〉，《総務省》，網址：chrome-extension://efaidnbmnnnibpcajpcglclefindmkaj/viewer.html?pdfurl=https%3A%2F ww.soumu.go.jp%2Fmain_content%2F000505549.pdf&clen=443884&chunk=true，檢索日期：2022年4月3日。

総務省（2019）。〈独立行政法人の目標の策定に関する指針〉，《総務省》，網址：chrome-extension://efaidnbmnnnibpcajpcglclefindmkaj/viewer.html?pdfurl=https%3A%2F%2Fwww.soumu.go.jp%2Fmain_content%2F000605564.pdf&clen=503381&chunk=true，檢索日期：2022年4月3日。

総務省（2021a）。〈企業・組織の対策〉，《情報セキュリティマネジメントの実施サイクル》，網址：https://www.soumu.go.jp/main_sosiki/joho_tsusin/security/business/executive/04-1.html，檢索日期：2021年10月29日。

総務省（2021b）。〈独立行政法人とは？〉，《総務省》，網址：https://www.soumu.go.jp/main_sosiki/gyoukan/kanri/satei2_01.html，檢索日期：2021年9月16日。

総務省（2022）。〈情報公開制度〉，《総務省》，網址：https://www.soumu.go.jp/main_sosiki/gyoukan/kanri/jyohokokai/index.html，檢索日期：2022年4月3日。

総務省（2024a）。〈委員名簿〉，《総務省》，網址：https://www.soumu.go.jp/main_content/000964790.pdf，檢索日期：2024年10月25日。

総務省（2024b）。〈独立行政法人評価制度委員会の機能・役割〉，《総務省》，網址：https://www.soumu.go.jp/main_sosiki/singi/dokuritugyousei/kinou_yakuwari.html，檢索日期：2024年10月25日。

斎藤純一（2009）。〈公共性と行為/批評の空間 --- H. アーレントの議論に沿って〉，《世田谷パブリックシアタ》，網址：https://setagaya-pt.jp/bf2022/lecture/archive/archive_b_2009_03_01.html，檢索日期：2024年7月29日。

齋藤久嗣（2022）。〈美術鑑賞の達人たちから絵の見方を教わろう。楽しんで学べるアートの指南書BEST5〉，《美術手帖》，網址：https://bijutsutecho.com/magazine/insight/25819，檢索日期：2023年4月29日。

附件

||| 附件一：日本文化藝術基本法
||| 附件二：日本博物館法
||| 附件三：日本獨立行政法人通則法
||| 附件四：日本獨立行政法人國立美術館個別法

III 附件一：日本文化藝術基本法

文化藝術基本法
平成十三年法律第百四十八號

平成 13 年 12 月 7 日施行
平成十三年法律第百四十八號文化藝術振興基本法
平成 29 年 6 月 23 日施行
文化藝術振興基本法部分修正法（平成二十九年法律第七十三號）
平成 31 年 4 月 1 日施行
文化財產保護法、地方教育行政組織管理法的部分修改法（平成三十年法律第四十二号）
令和元年 6 月 7 日施行
關於制定相關法律以促進改革以增強區域自治和獨立的法案（令和元年法律第二十六號）

前文
第一章　總則（第一條－第六條）
第二章　文化藝術振興基本計畫等（第七條・第七條之二）
第三章　文化藝術相關的基本政策（第八條－第三十五條）
第四章　文化藝術振興體系的整備（第三十六條・第三十七條）
附則

　　創造與享受文化藝術，並在文化環境中發現生活的喜悅，是人類亙古不變的願望。文化藝術不僅能夠培育人類的創造性，提高其表達能力，也能提供心靈相通、相互理解與尊重的土壤，促成接納多樣性的、內心豐富的社會的形成，進而為世界和平做出貢獻。甚且，文化藝術具有其固有的意義與價值，同時作為各國、各時代國民共同的精神寄託，具有重要的意義。在國際化進程中成為自我認識的基點，培育尊重文化傳統的精神。

　　我們堅信，文化藝術的作用在未來也不會改變，並將持續對構建內心豐盈且充滿活力的社會具有極其重要的意義。

　　然而，從現狀來看，即便在經濟富足的情況下，用以讓文化藝術充分發揮其作用的基礎建設與環境尚未達到理想狀態。邁入 21 世紀之際，傳承並發展至今所培育的傳統文化藝術，同時促進具有獨創性的全新文化藝術的創造，已成為我們所面臨的緊迫課題。

　　為應對此情況，促進我國文化藝術的發展，必須以尊重從事文化藝術活動者的自主性為基本方針，將文化藝術融入國民的日常生活，使其成為親近且受尊重的重要事

物，並以綜合性的政策措施推動其發展，這是不可或缺的。

　　為此，明確文化藝術振興的基本理念，指明其發展方向，並綜合推進有關文化藝術振興的政策措施，特制定本法。

第一章　總則

　　（目的）

第一條　鑑於文化藝術能為人類帶來豐厚的恩澤，本法旨在規定文化藝術相關政策的基本理念，明確國家及地方公共團體的責任等，並通過規定文化藝術政策的基本事項，推動文化藝術活動（以下簡稱「文化藝術活動」）的組織者（包括從事文化藝術活動的團體，以下同）自主性活動的促進，從而實現文化藝術政策的綜合和計畫性推進，進而為實現豐富的國民生活和充滿活力的社會作出貢獻。

　　（基本理念）

第二條　推動文化藝術相關政策時，必須充分尊重進行文化藝術活動者的自主性。

2　推動文化藝術相關政策時，必須充分尊重進行文化藝術活動者的創造性，並促進其地位的提升，使其能力得到充分發揮。

3　推動文化藝術相關政策時，應考量創造及享受文化藝術是人類與生俱來的權利，必須致力於營造一種環境，使國民無論其年齡、殘疾與否、經濟狀況或居住地為何，國民都能平等地鑑賞、參與或創造文化藝術。

4　推動文化藝術相關政策時，應旨在營造促進我國及全球文化藝術活動蓬勃發展的環境，以推動文化藝術的發展。

5　推動文化藝術相關政策時，應保護並促進多樣化的文化藝術發展。

6　推動文化藝術相關政策時，應促使當地居民積極參與文化藝術活動，並推動反映各地歷史、風土等特色的文化藝術發展。

7　推動文化藝術相關政策時，應推動文化藝術的國際交流與貢獻，促使我國文化藝術得以廣泛傳播至全球。

8　推動文化藝術相關政策時，應考量文化藝術教育對嬰幼兒、兒童及學生的重要性，並促進學校、文化藝術團體、家庭及地區活動之間的協作。

9　推動文化藝術相關政策時，應充分考量反映從事文化藝術活動者及廣大國民的意見。

10　推動文化藝術相關政策時，應尊重文化藝術的固有意義與價值，並考量其所產生的多樣價值在文化藝術傳承、發展及創造中的應用，同時促進與觀光、城市發展、

國際交流、福祉、教育、產業及其他相關領域政策的有機聯繫。

（國家的責任）

第三條　國家應依據前條所述的基本理念（以下稱為「基本理念」），全面制定並實施與文化藝術相關的政策，負有此責任。

（地方公共團體的責任）

第四條　地方公共團體應依據基本理念，與國家合作，並自主、主動地根據其地方特色制定及實施相關政策。

（國民的關心與理解）

第五條　國家應努力加深國民對文化藝術的關心和理解，確保當前及未來的世代能夠創造和享受文化藝術，並使文化藝術能夠持續發展。

（文化藝術團體的角色）

第五條之二　文化藝術團體應根據其實際情況，自主且主動地致力於充實文化藝術活動，並積極發揮在文化藝術的傳承、發展及創造方面的角色。

（關係者之間的聯繫與協作）

第五條之三　國家、獨立行政法人、地方公共團體、文化藝術團體、民間事業者及其他相關者，應為實現基本理念，努力進行相互聯繫並協同合作。

（法制上的措施等）

第六條　政府應為實施文化藝術相關措施，採取必要的法制、財政或稅制上的措施，及其他相關的措施。

第二章　文化藝術振興基本計畫等

（文化藝術振興基本計畫）

第七條　國家應為促進文化藝術相關政策的綜合性及計畫性推動，制定關於文化藝術政策的基本計畫（以下稱為「文化藝術振興基本計畫」）。

2 文化藝術振興基本計畫應規定促進文化藝術政策的基本事項及其他必要事項。

3 文部科學大臣應聽取文化審議會的意見，擬定文化藝術振興基本計畫的草案。

4 文部科學大臣在制定文化藝術振興基本計畫草案前，應事先就與相關行政機關政策相關的事項，依據第三十六條規定，於文化藝術振興會議中進行聯絡與協調。

5 當文化藝術振興基本計畫制定完成後，文部科學大臣應立即公開該計畫。

6 前三項規定亦適用於文化藝術振興基本計畫的變更。

　　（地方文化藝術振興基本計畫）

第七條之二　都道府縣及市（包含特別區，第三十七條同）町村的教育委員會（依據《地方教育行政的組織及運營相關法律》（昭和三十一年法律第百六十二號）第二十三條第一項，規定該地方團體首長管理及執行該條第三款所列事務的地方公共團體，以下稱為「特定地方公共團體」），應參照文化藝術振興基本計畫，致力於制定符合該地方實際情況的文化藝術振興計畫（以下稱為「地方文化藝術推進基本計畫」）。

2 特定地方公共團體之首長制定或擬變更地方文化藝術振興基本計畫時，應事先聽取當該特定地方公共團體之教育委員會的意見。

第三章　文化藝術相關的基本政策

　　（藝術的振興）

第八條　國家為振興文學、音樂、美術、攝影、戲劇、舞蹈及其他藝術（不包括第九條所規定的媒體藝術），應採取支援這些藝術的公演、展示等；支援與這些藝術的製作等相關的物品保存；支援與這些藝術相關的知識及技能的傳承；支援藝術節等活動的舉辦；採取其他必要的措施。

　　（媒體藝術的振興）

第九條　國家為振興電影、漫畫、動畫及其他利用電腦和電子設備等的藝術（以下稱為「媒體藝術」），應採取支援媒體藝術的製作、上映、展示等；支援與媒體藝術製作相關物品的保存；支援媒體藝術知識和技能的傳承；支援藝術節等活動的舉辦；採取其他必要的措施。

　　（傳統表演藝術的傳承及發展）

第十條　國家應為傳承及發展雅樂、能樂、文樂、歌舞伎、組踊等我國自古以來的傳統藝能（以下稱為「傳統藝能」），應採取支援傳統藝能的演出；支援與這些藝能相關的物品保存等；採取其他必要的措施。

　　（藝能的振興）

第十一條　國家應為振興講談、落語、浪曲、漫談、漫才、歌唱等其他藝能（不包括傳統藝能），應採取支援這些藝能的演出；支援與這些藝能相關的物品保存等；支援這些藝能相關的知識與技能的傳承；採取其他必要的措施。

　　（生活文化的振興及國民娛樂與出版物等普及）

第十二條　國家應為振興生活文化（指茶道、花道、書道、飲食文化及其他與日常生活相關的文化），以及國民娛樂（指圍棋、將棋及其他國民性娛樂），並推廣出版物、唱片等，應採取支援相關活動；採取其他必要的措施。

　　（文化財等的保存及活用）

第十三條　國家應為保存和活用有形及無形的文化財及其保存技術（以下稱為「文化財等」），應採取支援文化財等的修復、防災對策、公開等；採取其他必要的措施。

　　（地方文化藝術的振興等）

第十四條　國家應透過促進各地區的文化藝術發展及藉此促進地區振興，應採取支援各地區的文化藝術演出、展示、藝術節等；支援與地區特有的傳統藝術及民俗藝術（指由地方居民表演的民俗性藝能）相關的活動；並採取其他必要的措施。

　　（國際交流等的推進）

第十五條　國家為推動文化藝術相關的國際交流及貢獻，從而促進我國及世界文化藝術活動的發展，應採取支援從事文化藝術活動的個人進行國際交流，並支持藝術節及其他文化藝術相關國際活動的舉辦或參與；支援我國文化藝術在海外的展示、公開及其他普及活動，並以當地語言進行展示；協助海外文化遺產的修復；支援海外著作權相關制度的整備；培養並派遣從事文化藝術國際機構等工作的專業人員；並採取其他必要的措施。

2 國家在實施前項政策措施時，國家應努力向世界全面傳播我國的文化和藝術。

　　（藝術家等的培養及確保）

第十六條　國家為培養及確保從事文化藝術創造性活動者、傳統藝術的繼承者、具備文化財等保存及活用的專業知識和技能者、從事文化藝術活動的企劃或製作者、文化藝術活動技術人員、管理及運營文化設施者等文化藝術工作者（以下稱為「藝術家等」），應提供國內外的研修、教育訓練等人才培育支持，確保研修成果的發表機會，促進文化藝術作品的流通，改善藝術家等進行文化藝術創造性活動等的環境，並採取其他必要的措施。

　　（文化藝術相關的教育研究機構等的設置）

第十七條　國家為加強藝術家等的培養及文化藝術相關的調查研究，應設立與文化藝術相關的大學及其他教育研究機構，並採取其他必要的措施。

　　（關於國語的理解）

第十八條　國家應基於國語是文化藝術的基礎，為加深對國語的正確理解，應加強國

語教育、進行國語相關的調查研究、普及知識，以及採取其他必要的措施。

（日本語教育的充實）

第十九條　國家應促進外國人對我國文化藝術的理解，應加強對外國人日語教育的充實。具體措施包括：培養和設立日語教育工作者的訓練及研修體系、開發日語教育教材、提高提供日語教育機構的教育水準，以及其他必要的措施。

（著作權等的保護及利用）

第二十條　國家應基於促進文化藝術發展為基礎，針對著作權及其相關的鄰接權利（以下稱為「著作權等」），採取保護著作權等措施，並促進其公平利用。整備相關制度並確保著作物適當流通的環境、推動著作權等侵害的應對措施、進行著作權等的調查研究及普及啟發，以及其他必要的措施。

（國民鑑賞等機會的充實）

第二十一條　國家為充實廣泛國民自主鑑賞、參與或創作文化藝術的機會，應採取必要措施，包括：支持各地區文化藝術的公演、展示等，提供相關資訊，以及其他有助於實現此目標的措施。

（高齡者、殘障者等的文化藝術活動充實）

第二十二條　國家為充實高齡者、殘障者等進行的文化藝術活動，應採取必要的措施，包括：支持這些群體從事創造性活動、公演等，提供支持，並促進有利於這些群體進行文化藝術活動的環境整備，及其他相關必要措施。

（青少年的文化藝術活動充實）

第二十三條　國家為充實青少年進行的文化藝術活動，應採取必要的措施，包括：支持針對青少年的文化藝術演出、展示等活動，支持青少年參與的文化藝術活動，及其他相關的必要措施。

（學校教育中的文化藝術活動充實）

第二十四條　國家為充實學校教育中的文化藝術活動，應採取必要的措施，包括：加強與文化藝術相關的體驗學習等教育，支持藝術家等及文化藝術團體在學校進行的文化藝術活動合作，及其他相關的必要措施。

（充實劇場、音樂廳等）

第二十五條　國家為充實劇場、音樂廳等設施，應採取必要的措施，包括：支持設施的設置、演出等活動，支持藝術家等的配置，提供相關資訊及其他必要的措施。

（充實美術館、博物館、圖書館等設施）

第二十六條　國家為充實美術館、博物館、圖書館等設施，應採取必要的措施，包括：支持設施的設置、展示等活動，支持藝術家等的配置，支援文化藝術作品等的記錄與保存，以及其他相關的必要措施。

　　（充實地區文化藝術活動場域）

第二十七條　國家為充實國民身邊的文化藝術活動場域，應採取必要措施，確保各地區的文化設施、學校設施及社會教育設施等能夠方便使用，並推動其他相關必要措施。

　　（公共建築等建設時的考量）

第二十八條　國家在進行公共建築等的建設時，應努力確保其外觀等能與周圍的自然環境、地方歷史及文化等保持和諧。

2 國家應努力在公共建築等設施內進行與文化藝術相關的作品展示及其他有助於文化藝術振興的活動。

　　（推動情報資訊通信技術的應用）

第二十九條　國家為促進文化藝術活動中情報資訊通信技術的應用，應採取以下必要措施：構建與文化藝術活動相關的情報資訊通信網絡，支持美術館等文化設施利用情報資訊通信技術進行展示，支援利用情報資訊通信技術記錄及公開文化藝術相關作品等，並推行其他必要的措施。

　　（調查研究等）

第二十九條之二　國家為促進文化藝術相關措施，應進行文化藝術振興所需的調查研究，並負責國內外資訊的收集、整理及提供，以及其他必要的措施。

　　（對地方公共團體及民間團體等資訊提供）

第三十條　國家應為推動地方公共團體及民間團體等在文化藝術振興上的相關工作，提供資訊及採取其他必要的措施。

　　（促進民間支援活動等）

第三十一條　國家應致力於活化個人或民間團體對文化藝術活動的支援行動，並為支援從事文化藝術活動者，採取必要措施。例如，透過稅制改革，促進文化藝術團體接受個人或民間團體的捐贈，以及支援文化藝術團體進行的文化藝術活動等。

　　（關係機構等的合作）

第三十二條　國家在實施第八條至前條所述政策時，應注重促進藝術家、文化藝術團體、學校、文化設施、社會教育設施、民間企業，以及其他相關機構之間的合作。

2 國家應努力確保藝術家及文化藝術團體能與學校、文化設施、社會教育設施、福利設施、醫療機構、民間企業等協作，為當地居民提供鑑賞、參與或創作文化藝術的機會。

（表彰）

第三十三條　國家應努力對於在文化藝術活動中取得顯著成果者，以及對文化藝術振興有貢獻者，進行表彰。

（政策形成中的民意反映等）

第三十四條　國家應為在文化藝術相關政策形成中反映民意，並確保過程的公正性與透明性，廣泛徵詢藝術家、學識專家及其他國民的意見，並在充分考量這些意見的基礎上，促進政策形成機制的應用。

（地方公共團體的政策）

第三十五條　地方公共團體應參照從第八條到前條的國家政策，並結合其地區特性，努力推動與文化藝術相關的政策。

第四章　文化藝術振興體系的整備

（文化藝術振興會議）

第三十六條　國家為實現文化藝術相關政策的綜合性、一體性及有效推進，設立文化藝術振興會議，並負責文部科學省、內閣府、總務省、外務省、厚生勞動省、農林水產省、經濟產業省、國土交通省以及其他相關行政機關之間的聯絡與協調。

（都道府縣及市町村的文化藝術推進會議等）

第三十七條　都道府縣及市町村可根據條例，設立審議會或其他合議制機構，以調查和審議地方文化藝術振興基本計畫及其他文化藝術振興相關的重要事項。

附則

（施行日期）

1 本法律自公布之日起施行。

III 附件二：日本博物館法

博物館法
昭和二十六年法律第二百八十五號

平成 29 年 5 月 31 日施行
《修訂學校教育法部分條文的法律》（平成二十九年法律第四十一號）
平成 31 年 4 月 1 日施行
《修訂學校教育法部分條文的法律》（平成二十九年法律第四十一號）
令和元年 6 月 7 日施行
《為推進提升地區自主性及自立性相關法律的整備法》（令和元年法律第二十六號）
令和 4 年 4 月 15 日施行
《修訂博物館法部分條文的法律》（令和四年法律第二十四號）
令和 5 年 4 月 1 日施行
《修訂博物館法部分條文的法律》（令和四年法律第二十四號）

目次

第一章　總則（第一條 - 第十條）

第二章　登錄（第十一條 - 第二十二條）

第三章　公立博物館（第二十三條 - 第二十八條）

第四章　私立博物館（第二十九條・第三十條）

第五章　相當於博物館的設施（第三十一條）

附則

第一章　總則

（目的）

第一條　本法律基於《社會教育法》（昭和二十四年法律第二百七號）及《文化藝術基本法》（平成十三年法律第一百四十八號）的精神，規定與博物館的設立及運營相關的必要事項，以促進其健康發展，從而為國民的教育、學術及文化的發展作出貢獻為目的。

（定義）

第二條　本法律中所稱「博物館」，是指收集、保存（包括育成，以下同）、展示有關歷史、藝術、民俗、產業、自然科學等領域的資料，為一般公眾在教育性考量下提供利用機會，並為提升社會民眾的教養、開展調查研究及娛樂休閒等活動實施必要項目，同時以對相關資料進行調查研究為目的的機構（不包括依據《社會教育法》

設立的公民館及依據《圖書館法》（昭和二十五年法律第一百十八號）設立的圖書館）。此外，僅指依據本法下一章規定完成登記的機構。

2 本法律中所稱「公立博物館」，是指由地方公共團體或地方獨立行政法人（依據《地方獨立行政法人法》（平成十五年法律第一百十八號）第二條第一項規定的地方獨立行政法人，以下同）設立的博物館。

3 本法律中所稱「私立博物館」，是指博物館中非公立博物館的其他機構。

4 本法律中所稱「博物館資料」，是指博物館所收集、保存或展示的資料，包括：電磁記錄（（指以電子方式、磁性方式或其他無法通過人的感知直接識別的方式製作的記錄，下同，適用於下一條第一項第三款）。

（博物館的事業）

第三條　為實現前條第一項規定的目的，博物館大致應開展以下業務：

一　豐富地收集、保存及展示實物、標本、複製品、模型、文獻、圖表、照片、影片、唱片等博物館資料。

二　設立分館，或在該博物館外展示博物館資料。

三　製作並公開與博物館資料相關的電磁記錄。

四　為一般社會民眾，就博物館資料的利用提供必要的說明、建議和指導，或設立研究室、實驗室、工作室、圖書室等供社會民眾利用。

五　對博物館資料進行專業性和技術性的調查研究。

六　開展關於博物館資料的保存及展示等相關技術的研究。

七　編制並發行與博物館資料相關的指南、解說書、目錄、圖錄、年報及調查研究報告等。

八　主辦與博物館資料相關的講座會、培訓班、放映會、研究會等活動，並協助舉辦此類活動。

九　對博物館所在地或其周邊受《文化財保護法》（昭和二十五年法律第二百十四號）適用的文化資產，製作解說書或目錄等，便利一般社會民眾利用這些文化資產。

十　提供基於社會教育中學習成果的教育活動及其他活動的機會，並鼓勵提供此類機會。

十一　對學藝員及其他從事博物館業務的人員進行培養與培訓。

十二　與學校、圖書館、研究所、公民館等教育、學術或文化相關機構合作，並協助其活動。

2 博物館為充實前款各項所列業務，應努力通過資料的相互借貸、職員的交流、刊物及資訊的交換等活動，與其他博物館、依據第三十一條第二項規定的指定設施及其他類似設施保持相互聯繫並加強協作。

3 博物館應利用第一款各項業務的成果，並與地方公共團體、學校、社會教育設施及其他相關機構和民間團體保持相互聯繫並加強合作，推動其所在地區的教育、學術及文化的振興。同時，應促進文化觀光（指通過參觀有形或無形的文化遺產及其他與文化相關的資源〔以下稱為「文化資源」〕，參與文化資源相關體驗活動及其他活動，以加深對文化的理解的觀光形式）及其他活動的開展，努力為提升地區活力作出貢獻。

　　（館長、學藝員及其他職員）

第四條　博物館應設立館長。

2 館長負責管理館務，監督所屬職員，並努力完成博物館的使命。

3 博物館應設立學藝員作為專業職員。

4 學藝員負責博物館資料的收集、保存、展示及調查研究，以及與這些相關的專業事項。

5 除館長及學藝員外，博物館亦可以設立助理學藝員及其他職員。

6 助理學藝員的職責是協助學藝員的工作。

　　（學藝員的資格）

第五條　符合下列任意一項條件者，可具備學藝員資格：

一　具備學士學位（包含根據《學校教育法》（昭和二十二年法律第二十六號）第百四條第二項中由文部科學大臣規定的學位，僅限授予職業大學畢業者的學位），並在大學修得由文部科學省令規定的與博物館相關課程學分者。

二　符合第二條各項條件之一規定，且擔任學藝員助理職務三年以上者。

三　經文部科學大臣依據文部科學省令認定，具備與前兩項條件相當或以上學歷及經驗者。

2 前項第二款所指的助理學藝員職務，包括在官公署、學校或社會教育設施（含開展與博物館業務類似的設施）中擔任的職務，其職務需由文部科學大臣指定為與社會教育主事、圖書管理員或其他助理學藝員同等或以上的職務。

（助理學藝員的資格）

第六條　符合下列任意一項條件者，可具備助理學藝員資格：

一　具備短期大學士學位（包含根據《學校教育法》第百四條第二項由文部科學大臣規定的學位（不包括授予職業大學畢業者的學位）及同條第六項中由文部科學大臣規定的學位），並修得前條第一項第一款中由文部科學省令規定的與博物館相關課程學分者。

二　經文部科學省令規定，具備與前項所列條件相當或以上學歷及經驗者。

　　　（館長、學藝員及助理學藝員等培訓）

第七條　文部科學大臣及各都道府縣的教育委員會應努力為館長、學藝員、助理學藝員及其他職員提供必要的培訓，以提升其素質。

　　　（設立及運營上的首選標準）

第八條　文部科學大臣應為促進博物館的健康發展，制定博物館設置及運營上理想的標準，並將其公佈。

　　　（運營狀況的評價等）

第九條　博物館應對自身的運營狀況進行評價，並根據評價結果採取必要措施，以促進博物館運營的改進。

　　　（運營狀況的資訊提供）

第十條　博物館應積極提供與其運營狀況相關的資訊，以增進當地居民及其他相關人員對博物館業務的理解，並促進與這些人員之間的合作與協作。

第二章　登錄

　　　（登錄）

第十一條　計畫設立博物館者應當向該博物館所在地的都道府縣教育委員會申請登錄（指定城市除外，指定城市是指《地方自治法》（昭和二十二年法律第六十七號）第二百五十二條之十九第一項所定義的指定城市）。若該博物館位於指定城市的區域內，則應向該指定城市的教育委員會申請登錄。

　　　（登錄的申請）

第十二條　希望獲得前條所述登錄（以下稱為「登錄」）者，需按照都道府縣教育委員會的規定，提交包含以下內容的登錄申請書：

一　申請登錄的博物館設立者的名稱及地址。

二　申請登錄的博物館名稱及所在地。

三　其他由都道府縣教育委員會規定的事項。

2 前項的登錄申請書必須附帶以下文件：

一　博物館規章（指規定博物館的目的、開放日、運營組織及其他博物館運營所需需事項的部分）的影本。

二　證明符合第二條第一項各款標準的檔案文件。

三　其他由都道府縣教育委員會規定的的檔案文件。

　　（登錄的審查）

第十三條　都道府縣教育委員會在審核登錄申請時，若認定申請登錄的博物館符合以下各項條件，必須批准該博物館登錄：

一　該博物館的設立者屬於以下法人之一：

　　1 地方公共團體或地方獨立行政法人。

　　2 符合以下所有條件的法人（不包括上述法人以及國家和獨立行政法人（指《獨立行政法人通則法》（平成十一年法律第百三號）第二條第一項所定義的獨立行政法人）：

　　　（1）具有博物館運營所需的經濟基礎。

　　　（2）負責該博物館運營的負責人具備必要的知識或經驗。

　　　（3）負責該博物館運營的負責人具有社會聲譽。

二　申請登錄的博物館設立者，未曾因根據第十九條第一項規定被撤銷登錄，且自該撤銷之日起未滿兩年。

三　博物館的資料收集、保管、展示，以及與博物館資料相關的調查研究的體制，符合都道府縣教育委員會為進行第三條第一項各款所列業務所需的標準。

四　學藝員及其他職員的配置，符合都道府縣教育委員會為進行第三條第一項各款所列業務所需的標準。

五　設施和設備，符合都道府縣教育委員會為進行第三條第一項各款所列業務所需的標準。

六　每年開館超過 150 日。

2 在制定前項第三項至第五項標準時，都道府縣的教育委員會應參考文部科學省令所定的標準。

3 在進行登錄時，都道府縣的教育委員會必須事先聽取具有學識經驗的專家對博物館相關事項的意見。

（登錄的實施等）

第十四條　登錄由都道府縣的教育委員會在博物館登錄簿中記載下列事項後進行：

1 第十二條第一項第一款及第二款所列的事項。

2 登錄的年月日。

3 都道府縣的教育委員會在完成登錄後，必須立即通知該登錄申請人，並需通過網際網路或其他方式公佈上述各項內容。

（變更通知申報）

第十五條　博物館的設立者在變更第十二條第一項第一款或第二款所列事項時，必須事先向都道府縣的教育委員會申報。

2 都道府縣教育委員會會在收到前項規定的申報後，必須進行與該申報相關的註冊事項變更登錄，並通過網際網路或其他方式公示該變更。

（向都道府縣教育委員會的定期報告）

第十六條　博物館的設立者應根據都道府縣教育委員會的規定，定期向都道府縣教育委員會報告該博物館的運營狀況。

（報告或資料的提交）

第十七條　都道府縣的教育委員會在認為有必要確保其登記博物館的適當運營時，可以要求該博物館的設立者提供關於其運營狀況的報告或資料。

（勸告和命令）

第十八條　都道府縣的教育委員會在認定其登記的博物館不再符合第十三條第一項各項規定時，可以向該博物館的設立者提出應採取必要措施的勸告。

2 如果接受前項勸告的博物館設立者沒有正當理由未採取該勸告的措施，教育委員會可以命令該設立者在規定的期限內採取相應措施。

3 第十三條第三項的規定同樣適用於第一項的勸告和前項命令的執行。

（註銷登錄）

第十九條　都道府縣的教育委員會可以在以下情況下取消博物館的登錄：

一、以偽造或其他不正當手段獲得登錄時。

二、未按第十五條第一項的規定進行報告，或提交虛假的報告時。

三、違反第十六條的規定時。

四、未提交第十七條要求提交的報告或資料，或提交虛假的報告或資料時。

五、違反前條第二項的命令時。

2 前項註銷登錄，應比照第十三條第三項的規定辦理。

3 都道府縣的教育委員會在取消登錄時，應立即通知該博物館的設立者，並通過網際網路或其他方式公布取消登錄的決定。

　　（博物館的廢止）

第二十條　博物館的設立者在廢止博物館時，及時將其情況報告給都道府縣的教育委員會。

2 道府縣的教育委員會在收到前項報告時，應將該博物館的登錄資訊註銷，並通過網際網路及其他方式公開發佈該資訊。

　　（關於都道府縣或指定都市設立的博物館的特別規定）

第二十一條　第十五條第一項、第十六條至第十八條及前條第一項規定不適用於由都道府縣或指定城市設立的博物館。

2 關於由都道府縣或指定城市設立的博物館，適用第十五條第二項、第十九條第一項及第三項，以及前條第二項規定時，第十五條第二項中「前項的規定所作的通知」應修改為「其設立博物館第十二條第一項第一款或第二款規定事項發生變化時的事項」；第十九條第一項中「登錄相關博物館的設立者符合下列各項之一」應修改為「設立的博物館不再符合第十三條第一項第三款至第六款規定的情狀」；同條第三項中「應將其通知給相關登錄博物館的設立者，並通過網際網路等方式公佈」；前條第二項中「前項的規定根據所作通知的相關事項」應修改為「當其設立的博物館廢止時的相關事項」。

　　（關於法規授權）

第二十二條　除本章中規定的事項外，關於博物館登錄的其他必要事項，由都道府縣的教育委員會通過規章予以規定。

第三章　公立博物館

　　（博物館理事會）

第二十三條　公立博物館可以設立博物館理事會。

2 博物館理事會是回應館長諮詢並向館長提出意見的機構，負責博物館運營相關

事宜。

第二十四條　博物館理事會的成員在地方公共團體設立的博物館中，由該博物館設立的地方公共團體的教育委員會（依據《地方教育行政的組織及運作法》第三十一年法律第162號第二十三條第一項的條例規定，由地方公共團體首長負責博物館的設立、管理及廢止等事務的情況下，由該地方公共團體的首長）任命；在地方獨立行政法人設立的博物館中，由該地方獨立行政法人的理事長任命。

第二十五條　博物館理事會的設立、成員的任命標準、人數、任期及其他與博物館理事會相關的必要事項，地方公共團體設立的博物館需由設立該博物館的地方公共團體的條例規定，地方獨立行政法人設立的博物館需由該地方獨立行政法人的規程規定。此過程中，關於成員任命標準，應參照文部科學省令規定的標準。

　　（入館費等）

第二十六條　公立博物館不得收取入館費及其他博物館資料使用的對價。但是，若出於博物館維持運營的必要情況，博物館可收取必要的對價。

　　（博物館的補助）

第二十七條　國家可以在預算範圍內，對設立博物館的地方公共團體或地方獨立行政法人提供補助，用於博物館設施、設備所需的費用及其他必要費用的部分。

2 前項補助金的發放相關事項由政令規定。

　　（補助金的停止發放及返還）

第二十八條　國家在根據前條規定向設立博物館的地方公共團體或地方獨立行政法人發放補助金後，如出現以下任何一種情況，應停止當年度後續的補助金發放，並且在第一款情狀符合第十九條第一項第一款取消登錄的情狀下，要求返還已發放的補助金；在第三款或第四款情狀出現時，要求返還當年度已發放的補助金。

一、當該博物館根據第十九條第一項的規定被取消登錄時。

二、地方公共團體或地方獨立行政法人廢止該博物館時。

三、地方公共團體或地方獨立行政法人違反補助金發放條件時。

四、地方公共團體或地方獨立行政法人以虛假方式獲得補助金時。

第四章　私立博物館

　　（與都道府縣教育委員會的關係）

第二十九條　都道府縣的教育委員會可以要求私立博物館提供必要的報告，以便制定

博物館相關的指導資料及進行調查研究。

2 都道府縣教育委員會可以根據需要，向私立博物館提供有關博物館設立和運營的專業技術指導或建議。

（與國家及地方公共團體的關係）

第三十條　國家及地方公共團體可以根據私立博物館的要求，提供必要物資的保障援助。

第五章　博物館相關設施的指定

第三十一條　下列人員可以根據文部科學省令的規定，指定進行與博物館事業相關業務的設施，並將其指定為相當於博物館的設施：

一　文部科學省或獨立行政法人設立的設施。

二　由都道府縣的教育委員會設立的設施，且位於該都道府縣區域內的設施（不包括位於指定都市區域內的設施，除非由該都道府縣設立）。

三　由指定都市的教育委員會設立的設施，且位於該指定都市區域內的設施。

2 根據前項規定指定的設施不再符合從事與博物館相關的業務，或出現其他文部科學省令規定的情況時（以下在本條中稱為「指定設施」），指定該設施的人員可以根據文部科學省令的規定取消該設施的指定。

3 根據第一項規定指定的人員，在進行指定或根據前項規定取消指定時，必須通過網際網路或其他方法進行公開。

4 根據第一項規定指定的人員，在對指定設施進行指定時，或者根據前項規定取消指定時，應根據要求向指定設施的設立者提供與該設施運營相關的專業和技術指導或建議。

5 指定設施在進行業務時，應當根據第三條第二項和第三項的規定，努力與博物館、其他指定設施、地方公共團體、學校、社會教育設施等相關機構及民間團體進行相互合作。

6 由國家或獨立行政法人設立的指定設施，應努力在博物館及其他指定設施的業務充實方面進行合作，包括：資料的借出、職員培訓等。

附則

本法自頒佈之日起三個月後實施。

III 附件三：日本獨立行政法人通則法

獨立行政法人通則法
平成十一年法律第百三號

平成 27 年 4 月 1 日 施行
（平成二十六年法律第六十六號）
平成 31 年 4 月 1 日 施行
關於推動工作方式改革的相關法律整備法（平成三十年法律第七十一號）
令和 4 年 6 月 17 日 施行
關於與刑法等部分修正法律的施行有關的法律整理等的法律（令和四年法律第六十八號）
令和 4 年 10 月 1 日 施行
關於修正國家公務員育兒休假等法律、育兒休假、護理休假等涉及育兒或家庭護理勞動者福祉的法律及就業保險法部分的法律的部分修正法（令和四年法律第十九號）
令和 5 年 4 月 1 日 施行
關於修正國家公務員法等部分的法律（令和三年法律第六十一號）
令和 7 年 6 月 1 日 施行
關於與刑法等部分修正法律的實施相關法律整理等的法律（令和四年法律第六十八號）

目次
第一章　總則
　　第一節　通則（第一條 - 第十一條）
　　第二節　獨立行政法人評價制度委員會（第十二條 - 第十二條之八）
　　第三節　設立（第十三條 - 第十七條）
第二章　理事與職員（第十八條 - 第二十六條）
第三章　業務運營
　　第一節　通則（第二十七條 - 第二十八條之四）
　　第二節　中期目標管理法人（第二十九條 - 第三十五條之三）
　　第三節　國立研究開發法人（第三十五條之四 - 第三十五條之八）
　　第四節　行政執行法人（第三十五條之九 - 第三十五條之十二）
第四章　財務與會計（第三十六條 - 第五十條）
第五章　人事管理
　　第一節　中期目標管理法人與國立研究開發法人（第五十條之二 - 第五十條之十一）
　　第二節　行政執行法人（第五十一條 — 第六十三條）
第六章　雜則（第六十四條 - 第六十八條）
第七章　罰則（第六十九條 - 第七十二條）

附則

第一章　總則

第一節　通則

（目的等）

第一條　本法律旨在規定獨立行政法人運作的基本事項及其他制度的基本事項，並與各獨立行政法人的名稱、目的、業務範圍等事項的法律（以下稱為「個別法」）相結合，以確立獨立行政法人制度，同時確保獨立行政法人從公共利益的角度開展事務和業務的切實落實，從而促進國民生活的穩定與社會經濟的健康發展。

2　關於各獨立行政法人的組織、運營及管理，除個別法另有規定外，依照本法律的規定執行。

（定義）

第二條　本法律所稱「獨立行政法人」，是指基於國民生活和社會經濟穩定等公共利益角度，必須確實執行的事務及業務，而這些事務及業務中，屬於無需國家直接作為主體實施。但若交由民間主體執行，可能存在無法確保執行的風險，或是需要由一個主體壟斷實施的事務（以下在本條中稱為「公共事務等」）。為有效且高效地執行這些事務及業務，依據本法律及個別法的規定，設立的中期目標管理法人、國立研究開發法人或行政執行法人。

2　本法律中所稱「中期目標管理法人」，是指在公共事務等中，根據其特性，需要在發揮一定自主性和自律性的同時，從中期視角執行的事項（不包括由國立研究開發法人所執行的事項）。該法人依據國家為中期期間規定的業務運營目標，通過基於該目標的計畫開展活動，旨在通過提供多樣且高質量的服務，精確滿足國民需求，促進公共利益的提升。其設立依據個別法規定。

3　本法律中所稱「國立研究開發法人」，是指在公共事務等中，根據其特性，需要在發揮一定自主性和自律性的同時，從中長期視角執行與科學技術相關的試驗、研究或開發（以下簡稱「研發開發」）作為主要業務的法人。該法人依據國家為中長期期間規定的業務運營目標，通過基於該目標的計畫開展活動，旨在通過提升我國科學技術水準，為國民經濟的健康發展及其他公益事業做貢獻，確保研發成果的最大化。其設立依據個別法規定。

4　本法律中所稱「行政執行法人」，是指在公共事務等中，根據其特性，需要在與國家行政事務密切相關的情狀下，在國家指示或其他相當程度的國家參與下

確保執行的事項。該法人根據國家為每個財政年度規定的業務運營目標，通過基於該目標的計畫開展活動，旨在準確且確實地執行該公共事務。其設立依據個別法規定。

　　（業務的公共性、透明性及自主性等）

第三條　獨立行政法人應當基於其所開展的事務及業務對國民生活和社會經濟穩定等公共利益的重要性，必須確實執行其業務的適當性和有效性，妥善進行運營。

2　獨立行政法人應當根據本法律的規定，通過公開其業務內容等方式，努力向國民明確其組織及運營狀況。

3　在本法律及個別法的實施過程中，應充分考慮獨立行政法人的事務及業務特性，並尊重其業務運營中的自主性，以確保獨立行政法人的事業及業務能夠結合國內外社會經濟形勢，得到適當執行。

　　（名稱）

第四條　各獨立行政法人的名稱由個別法規定。

2　關於國立研究開發法人，其名稱中應使用「國立研究開發法人」字樣。

　　（目的）

第五條　各獨立行政法人的目的應在第二條第二項、第三項或第四項的目的範圍內，由個別法規定。

　　（法人格）

第六條　獨立行政法人應視為法人實體。

　　（事務所）

第七條　各獨立行政法人應在個別法規定的地點設置主要辦事處。

2　獨立行政法人可根據需要設置附屬辦事處

　　（財產的基礎等）

第八條　獨立行政法人應具備確保其業務得以切實執行所需的資本金及其他財產基礎。

2　政府認為為確保其業務得以切實執行有必要時，可根據個別法的規定，向各獨立行政法人出資。

3　因業務檢討、社會經濟情狀的變化及其他原因，獨立行政法人所持有的、主務省令（指所屬內閣府或各省的內閣府令或省令，但核子管理委員會所屬的獨立

行政法人則適用核子管理委員會規則，下同）所規定的、未來不再需要的、對於確保業務實施不再必要的重要財產（以下簡稱「不需要財產」）時，必須根據第四十六條之二或第四十六條之三的規定處分該財產。

（登記）

第九條　獨立行政法人應根據政令規定進行登記。

2 根據前項規定需要登記的事項，未經登記後，不能對第三者主張其效力。

（名稱使用限制）

第十條　非獨立行政法人或非國立研究開發法人者，不得在其名稱中使用「獨立行政法人」或「國立研究開發法人」字樣。

（適用一般社團法人及一般財團法人法律）

第十一條　一般社團法人及一般財團法人相關法律（平成十八年法律第四十八號）第四條及第七十八條規定適用於獨立行政法人。。

第二節　獨立行政法人評價制度委員會

（設置）

第十二條　總務省轄下設立獨立行政法人評價制度委員會（以下稱為「委員會」）。

（所掌事務等）

第十二條之二　委員會負責以下事務：

一　根據第二十八條之二第二項規定，向總務大臣提出意見。

二　根據第二十九條第三項、第三十二條第五項、第三十五條第三項、第三十五條之四第三項、第三十五條之六第八項、第三十五條之七第四項或第三十五條之十一第七項規定，向主務大臣提出意見。

三　根據第三十五條第四項或第三十五條之七第五項規定，向主務大臣提出建議。

四　根據第三十五條之二（包括在第三十五條之八中被替換適用之情狀）規定，向內閣總理大臣提出意見。

五　調查審議涉及獨立行政法人業務運營評價（以下稱為「評價」）制度的重要事項，並在認為有必要時向總務大臣提出意見。

六　調查審議涉及評價實施的重要事項，並在認為評價實施嚴重缺乏適當性時，向主務大臣提出意見。

七　處理法律規定委託其權責的其他事項。

2 委員會根據前項第一款或第二款規定，或同項第五款或第六款規定向有關大臣提出意見時，必須公開其內容。

（組織）

第十二條之三　委員會由不超過十名的委員組成。

2 當需要委員會調查和審議特定事項時，可以設立臨時委員。

3 當需要委員會調查專業事項時，可以設立專門委員。

（委員等的任命）

第十二條之四　委員和臨時委員由內閣總理大臣從具有學識經驗的人員中任命。

2 專門委員由內閣總理大臣從涉及該專業事項的學識經驗的人員中任命。

（委員的任期等）

第十二條之五　委員的任期為兩年。但補缺委員的任期為前任委員剩餘的任期。

2 委員可以連任。

3 臨時委員在其所涉及的特定事項的調查審議結束時，應被解任。

4 專門委員在其所涉及的專門事項的調查結束時，應被解任。

5 委員、臨時委員和專門委員為兼任職。

（委員會主席）

第十二條之六　委員會設有主席，由委員互選產生。

2 主席負責總理會議事務，並代表委員會。

3 如果主席發生事故，由事先指定的委員代理其職務。

（要求提交資料等）

第十二條之七　為執行其所掌管的事務，委員會認為必要時，可以要求相關行政機關負責人提交資料、表達意見、進行說明或提供其他必要的合作。

（授權政令）

第十二條之八　除本節所規定的事項外，委員會的組織、委員及其他職員的事項，以及與委員會相關的必要事項，由政令規定。

第三節　設立

（設立程序）

第十三條　各獨立行政法人的設立程序，除個別法另有特別規定，應依本節的規定進行。

（法人負責人及監事的任命）

第十四條　主務大臣指派獨立行政法人負責人（以下稱為「法人負責人」）及監事。

2 根據前項規定被指派的法人負責人或監事，必須在獨立行政法人成立時，根據本法的規定，分別被任命為法人負責人或監事。

3 第二十條第一項的規定適用於對法人負責人的指派。

（設立委員）

第十五條　主務大臣指派委員，處理獨立行政法人設立的相關事務。

2 設立委員在完成獨立行政法人設立準備工作後，應立即將此事通知主務大臣，並將其事務交接給前條第一項規定的法人負責人。

（設立登記）

第十六條　根據第十四條第一項規定指派法人負責人，在接受前條第二項規定的事務移交後，應立即按照政令規定進行設立登記。

第十七條　獨立行政法人通過設立登記成立。

第二章　理事與職員

（理事）

第十八條　各獨立行政法人應根據個別法的規定，設有一名法人負責人及一名監事。

2 除前項規定的理事外，各獨立行政法人依個別法律規定設置其他主管人員。

3 各獨立行政法人法人負責人的名稱，前項規定之主管人員名稱及職員人數、監事人員人數，應根據個別法規定辦理。

（理事的職務與權限）

第十九條　法人負責人代表獨立行政法人，並總理其事務。

2 根據個別法規定，除法人負責人外的其他理事，按照法人負責人指示，在法人負責人發生事故時代理其職務，法人負責人缺位時履行其職務。

3 根據前條第二項規定設立理事的職務及權限，由個別法規定。

4 監事對獨立行政法人進行業務審計。在此情狀下，監事應根據主務省令的規定編制審計報告。

5 監事可以隨時要求理事（不包括監事）和職員報告事務及業務，或對獨立行政法人的業務及財產狀況進行調查。

6 當監事發現獨立行政法人擬提交以下文件給主務大臣時，監事必須對該等文件

進行審查。
一　涉及本法規定的許可、批准、認證及報告書等文件，以及其他總務省令規定的文件。
二　其他總務省令規定的文件。

7　監事在履行其職務時，如有必要，可以要求獨立行政法人的子法人（指由獨立行政法人控制經營的法人，總務省令規定的法人）報告其業務，或調查其子法人的業務及財產狀況。

8　前項的子法人在有正當理由的情狀下，可以拒絕報告或調查。

9　監事可以根據審計結果，在認為必要時，向法人負責人或主務大臣提交意見。

　　（法人負責人等的報告義務）

第十九條之二　監事在認為理事（不包括監事）有不正行為或有進行該行為的情況時，或者發現違反本法律，個別法或其他法律法規的事實，或發現明顯不當的事實時，應當立即向法人負責人報告，同時報告主務大臣。

　　（理事的任命）

第二十條　法人負責人由主務大臣從以下人員中任命。
一　具備與該獨立行政法人所執行的事務和事業相關高度知識經驗的人員。
二　除前項所列人員外，能夠適當且有效地運營該獨立行政法人所執行之事務及業務者。

2　監事由主務大臣任命。

3　主務大臣依前兩項規定任命法人負責人或監事時，應視需要採用公開招聘（即公示該職務內容、工作條件及其他必要事項以進行候選人招聘）方式。即使未採用公開招聘，亦應確保透明度，通過候選人推薦或其他必要措施，任命適任人員。

4　根據第十八條第二項規定設置其他理事，由法人負責人從第一項各款所列人員中任命。

5　法人負責人根據前項規定任命理事後，應立即向主務大臣報告，並予以公開發佈。

　　（中期目標管理法人的理事任期）

第二十一條　中期目標管理法人負責人之任期自任命之日起，至包含該任命之日的中

期目標管理法人依第二十九條第二項第一號規定的中期目標期間（下段簡稱「中期目標期間」）的末日為止。

2 中期目標管理法人的監事任期根據各中期目標期間確定，自任命之日起，至對應中期目標期間最後一個事業年度的財務報表批准日（指依據第三十八條第一項規定的該項財務報表的批准日。下同）為止。但補缺的監事任期為前任者的剩餘任期。

3 中期目標管理法人的監事任期根據各中期目標期間確定，自任命之日起，至對應中期目標期間最後一個事業年度的財務報表批准日（指依據第三十八條第一項規定的該項財務報表的批准日。下同）為止。但補缺的監事任期為前任者的剩餘任期。

4 中期目標管理法人的理事可以連任。

　　（國立研究開發法人的理事任期）

（略）

　　（行政執行法人的理事任期）

（略）

　　（理事的忠實義務）

第二十一條之四　獨立行政法人的理事在執行其業務時，必須遵守法律法規、根據法律法規主務大臣的處分，以及該獨立行政法人制定的業務方法書和其他規章，忠實地為該獨立行政法人履行職務。

　　（理事報告的義務）

第二十一條之五　獨立行政法人的理事（不包括監事）在發現可能對該獨立行政法人造成顯著損害事實時，應立即將該事實報告給監事。

　　（理事資格取消條款）

第二十二條　政府或地方公共團體的職員（不包括兼職人員）不得擔任獨立行政法人理事。

　　（理事的解任）

第二十三條　主務大臣或法人負責人所任命的理事因符合前條規定而失去擔任理事資格時，必須解除該理事的職務。

2 主務大臣或法人負責人在其任命的理事符合以下各項之一，或被認為不適合繼續擔任理事時，可以解除該理事職務。

一　因身心障礙無法履行職務時。

二　違反職務的行為時。

3 除前項規定外，主務大臣或法人負責人認為其任命的理事（不包括監事）因職務執行不當導致該獨立行政法人業務成果惡化，並認為該理事繼續執行其職務不合適時，可以解除其職務。

4 法人負責人根據前兩項規定解除其任命的理事時，必須及時向主務大臣報告，並對外公布該解職資訊。

　　（代表權的限制）

第二十四條　在涉及獨立行政法人與法人負責人或其他具有代表權的理事利益衝突的事項上，該等人員不得行使代表權。在此情狀下，由監事代表該獨立行政法人。

　　（代理人的任命）

第二十五條　法人負責人及其他具有代表權的理事，可以從不具有代表權的理事或職員中選任代理人，賦予其對獨立行政法人某部分業務的一切訴訟內外行為的權限。

　　（理事等損害賠償責任）

第二十五條之二　獨立行政法人的理事或會計監察人（在第四項中稱為「理事等」）因怠於履行職責而導致獨立行政法人遭受損害，應承擔賠償責任。

2 前項規定的賠償責任，未經主務大臣的批准，不得免除。

3 主務大臣在批准前項的責任免除時，須與總務大臣協商。

4 儘管有前兩項規定，獨立行政法人針對第一項所述賠償責任，在理事等執行職務時出於善意且無重大過失情況下，若考量到引起責任的事實內容、該理事等職務執行的狀況，以及其他相關情況，認為特別有必要時，可以根據總務大臣考量以下因素所規定的金額進行扣除：獨立行政法人事務及業務特性；理事等的職責；其他相關情況。扣除後的金額作為該理事等需負擔賠償責任的限額，經主務大臣批准後，可以免除。此規定需明確記載於業務方法書中。

　　（職員任命）

第二十六條　獨立行政法人職員由法人負責人任命。

第三章　業務運營

第一節　通則

（業務範圍）

第二十七條　各獨立行政法人業務範圍由個別法規定。

（業務方法書）

第二十八條　獨立行政法人在開始業務時，應制定業務方法書，並獲得主務大臣的認可。變更時亦同。

2　前項業務方法書應記載以下內容：確保理事（不包括監事）職務執行符合本法律、個別法或其他法令的相關體系，以及確保獨立行政法人業務適正性的體系整備相關事項，並包括主務省令所規定的其他事項。

3　獨立行政法人在獲得第一項批准後，應及時公佈其業務方法書。

（制定評價準則等）

第二十八條之二　總務大臣應制定關於第二十九條第一項中期目標、第三十五條之四第一項中長期目標、第三十五條之九第一項年度目標之策定指導方針，以及第三十二條第一項、第三十五條之六第一項及第二項、第三十五條之十一第一項及第二項評價指導方針，並將其通知主務大臣後予以公佈。

2　總務大臣在制定或更改前項指導方針時，應適當地反映綜合科學技術創新會議根據下一條規定所制定研究開發事務及業務相關指針草案內容，並事先徵求委員會的意見。

3　主務大臣應根據第一項的指導方針，制定第二十九條第一項中期目標、第三十五條之四第一項中長期目標及第三十五條之九第一項年度目標，並執行第三十二條第一項、第三十五條之六第一項及第二項、以及第三十五條之十一第一項及第二項評價。

（關於研究開發事務及事業相關事項指導方針草案的制定）

第二十八條之三　綜合科學技術創新會議應根據總務大臣要求，基於研究開發事務及業務特性，制定前條第一項指導方針中與研究開發事務及業務相關事項指導方針草案。

（評價結果處理等）

第二十八條之四　獨立行政法人必須將第三十二條第一項、第三十五條之六第一項或第二項，以及第三十五條之十一第一項或第二項評價結果，應適當地反映於第三十

條第一項中期計畫、第三十一條第一項年度計畫、第三十五條之五第一項中長期計畫、第三十五條之八中所提到年度計畫或第三十五條之十第一項事業計畫，並適當地反映到業務運營的改善中。同時，每年都應當公開評估結果的反映情況。

第二節　中期目標管理法人

（中期目標）

第二十九條　主務大臣應在三年以上五年以下期限內，為中期目標管理法人設定應達成業務運營目標（以下稱為「中期目標」），並指示該中期目標管理法人，同時公開發佈相關資訊。變更時亦同。

2 中期目標應具體規定以下事項。

一　中期目標期間（即主務大臣在前段所述期間範圍內指定期間。以下同）。
二　關於提供給國民的服務及其他業務品質提升相關事項。
三　關於業務運營效率化的事項。
四　關於財務內容改善的事項。
五　其他與業務運營相關的重要事項。

3 主務大臣擬定或變更中期目標時，應事先聽取該委員會之意見。

（中期計畫）

第三十條　中期目標管理法人接到前條第一項指示時，應根據中期目標，按照主務省令規定，制定實現該中期目標的計畫（以下稱為「中期計畫」），並需獲得主務大臣的認可。變更時亦同。

2 中期計畫應規定以下事項。

一　為實現提高向國民提供的服務及其他業務品質的目標應採取的措施。
二　為實現業務運營效率化的目標應採取的措施。
三　預算（包括人事費用的預算）、收支計畫及資金計畫。
四　短期借款的限額。
五　如有不必要的財產或預計將成為不必要財產，需制定該財產的處置計畫。
六　前項規定以外之重要財產擬移轉或抵押者，移轉或抵押之計畫。
七　盈餘資金之運用。
八　其他由主務省令規定的與業務運營相關的事項。

3　主務大臣在認為第一項所批准中期計畫在實施上不適合於前條第二款第二號至第五款所列事項適當且可靠執行時，可以命令對該中期計畫進行修改。

4　中期目標管理法人在獲得第一項批准後，應立即公佈其中期計畫。

　　　（年度計畫）

第三十一條　中期目標管理法人應在各事業年度開始前，依據前條第一項所批准中期計畫，按照主務省令規定，制定該事業年度業務運營計畫（以下稱為「年度計畫」），並需向主務大臣報備，同時公開發佈。變更時亦同。

2　關於中期目標管理法人最初事業年度的年度計畫，前項中提到的「每事業年度開始前，依據前條第一項所批准」應修改為「在其成立後最初中期計畫獲得前條第一項批准後，應立即進行」。

　　　（與各事業年度相關業務業績評價等）

第三十二條　中期目標管理法人在每個事業年度結束後，必須根據該事業年度屬於下列各項中哪一項，接受主務大臣評價，具體事項如下：

一　除第一項和第三項所列事業年度外，該事業年度業務實際情狀。

二　作為中期目標期間最後一個事業年度的前一個事業年度，該事業年度業務實際情狀，以及在中期目標期間結束時預計業務實際情狀。

三　中期目標期間最後一個事業年度的業務實際情狀，以及中期目標期間業務實際情狀。

2　中期目標管理法人在接受前項評價時，應根據主務省令規定，在各事業年度結束後三個月內，向主務大臣提交一份報告，包括：包括第一項、第二項或第三項所規定事項，以及對這些事項進行自我評價結果，並同時公開發佈。

3　第一項評價應對同項第一款、第二款或第三款所規定事項進行綜合評定。在此情狀下，關於該事業年度的業務業績評價，必須對該事業年度中期計畫實施情狀進行調查和分析，並根據其結果進行評價。

4　主務大臣在進行第一項評價後，必須及時將該評價結果通知相關中期目標管理法人，並進行公開發佈。在此情狀下，如進行關於第二項所規定中期目標期間結束時預計業務業績評價，主務大臣應及時將該評價結果通知委員會。

5　委員會根據前項規定收到通知評價結果時，如認為有必要，應向主務大臣提出意見。

6　主務大臣基於第一項評價結果，如認為有必要，可以命令該中期目標管理法人

採取業務運營改進及其他必要的措施。

第三十三條及第三十四條削除

　　（中期目標期間結束時的審查與檢討）

第三十五條　主務大臣對第三十二條第一項第二款所規定中期目標期間結束時預計業務業績進行評價時，必須在中期目標期間結束前，審查該中期目標管理法人業務的持續性或組織的存續必要性，以及其業務和組織的整體情狀。基於該結果，主務大臣應採取必要措施，如業務廢止或移交、組織的廢止等。

2　主務大臣必須將前項規定審查結果，以及根據同項規定採取措施的詳細內容通知委員會，並予以公佈。

3　委員會認為有必要時，應就前項規定通知事項向主務大臣提出意見。

4　在前項情狀下，委員會可以就中期目標管理法人主要事務和業務的修改或廢止向主務大臣提出建議。

5　委員會依前項規定提出建議後，應將建議內容向內閣總理大臣報告並公佈。

6　委員會在提出第四項建議時，主務大臣應報告其基於該建議採取的措施及計畫採取的措施。

　　（向內閣總理大臣提出意見）

第三十五條之二　委員會在根據前條第四項規定提出建議時，如果認為特別必要，可以向內閣總理大臣提出意見，要求針對該建議事項根據《內閣法》（昭和二十二年法律第五號）第六條規定採取措施。

　　（糾正違法行為等）

第三十五條之三　主務大臣如發現中期目標管理法人或理事或職員，有或可能有違法行為違反本法、個別法律或其他法律法規的行為，或中期目標管理法人業務管理顯著缺乏正當性，且放任不管，明顯損害公共利益時，在其認為特別必要時，可命令中期目標管理法人或理事或職員採取必要措施，糾正上述行為或改善其業務管理。如果中期目標管理法人的行為或業務管理顯然會損害公共利益，主務大臣認為特別必要時，可命令中期目標管理法人採取必要措施，糾正這種行為或改善業務管理。

第三節　國立研究開發法人

（略）

第四節　行政執行法人

（略）

第四章　財務與會計

（事業年度）

第三十六條　獨立行政法人事業年度自每年四月一日開始，到翌年三月三十一日結束。

2　獨立行政法人第一個事業年度，儘管有前項規定，應自其成立之日起開始，並於翌年的三月三十一日結束（如獨立行政法人於一月一日至三月三十一日間成立，則至該度年三月三十一日止）。

（企業會計原則）

第三十七條　獨立行政法人之會計應依主務省令規定，原則上採用企業會計原則。

（財務報表等）

第三十八條　獨立行政法人應在每個事業年度結束後三個月內，編製貸借對照表、損益計算書、利益處理或損失處理文件，以及主務省令規定其他文件和附屬明細書（以下稱為「財務諸表」），應提交給主務大臣，並獲得其批准。

2　獨立行政法人依照前項規定提交財務諸表給主務大臣時，應同時附上由主務省令規定編製該事業年度事業報告書及依預算分類編製決算報告書，並附上財務諸表和決算報告書監察審計報告（對於依本條第一項規定需接受會計監察的獨立行政法人，還需附上會計監察報告，以下同）。

3　獨立行政法人經主務大臣批准第一項規定財務諸表後，應立即將財務諸表公告於官網，並將財務諸表、前項事業報告書、決算報告書及監察審計報告備置於各辦公處所，並根據主務省令規定期間，供一般社會民眾查閱。

4　獨立行政法人對於第一項附屬明細書及主務省令規定其他文件，可不依前項公告方式，改為下列方式之一進行公告：

一　在涉及事項的日報上公告。

二　電子公告（指使用電子信息處理組織或其他信息通信技術的方式，根據總務省令規定，使不特定多數人能夠獲得應公告內容的資訊）。

5　若獨立行政法人依前項規定採用電子公告，則應在主務省令規定期間內，持續進行該公告。

（會計監察人的審計）

第三十九條　獨立行政法人（除非其資本額及其他經營規模未達政令規定標準，以下同）必須對財務諸表、事業報告書（僅限與會計相關部分），以及決算報告書，除監事監督外，還必須接受會計監察人審計。在此情狀下，會計監察人必須根據主務省令規定，編制會計監察報告。

2 會計監察人可隨時查閱和複印下列文件，並可以要求法人高層（不包括監事）及員工提供與會計有關的報告：

一　會計帳簿或相關資料以書面形式製作，則應提供該書面文件。

二　會計帳簿或相關資料是通過電子記錄（指以電子方式、磁性方式或其他人類感知無法識別的方式製作的記錄，並用於電子電腦的資訊處理，按照總務省令規定的方式製作）形成的，則應以總務省令規定方法公示。

3 會計監察人為執行職責所需時，得要求獨立行政法人子法人提供會計相關報告，或者對獨立行政法人或其子法人的業務及財產狀況進行調查。

4 前項子法人在有正當理由時，可拒絕提供該報告或調查。

5 會計監察人在執行其職務時，不得聘用下列任何一類人員：

一　第四十一條第三項第一款或第二款所列人員。

二　依第四十條規定被任命為監察人的獨立行政法人或其子法人理事或職員。

三　根據第四十條規定，自己被選為會計監察人的獨立行政法人或其子法人中，從公認會計師（包括根據《公認會計師法》（昭和二十三年法律第百三號）第十六條第二項第五款規定的外國註冊會計師）或監察法人業務以外的業務中，接受持續性報酬的任何人。

（向監事報告）

第三十九條之二　會計監察人於執行職務時，如發現理事（不包括監事）在履行職務過程中有不正行為或違反本法、個別法或其他法令的重大事實，應立即向監事報告。

2 監事在認為必要的情狀下，可以要求會計監察人提供有關其監察報告，以便執行其職務。

（會計監察人的任命）

第四十條　會計監察人由主務大臣任命之。

（會計監察人資格等）

第四十一條　會計監察人必須是公認會計師或監察法人。

2 獲委任為會計監察人的監察法人，應從其成員中挑選一人履行會計監察人的職務，並通知該獨立行政法人。在此情狀下，不得選定第二項第二款所列人員。

3 下列人員不得擔任會計監察人。

一　根據《公認會計師法》規定，無法對財務報表進行監察者。

二　從被監察的獨立行政法人的子法人或其理事處，通過提供非審計業務的繼續報酬，或其配偶。

三　監察法人中，超過一半成員為前項所列人員的法人。

　　（會計監察人的任期）

第四十二條　會計監察人的任期至其選任日後，第一次結束事業年度的財務報表批准日為止。

　　（會計監察人的解任）

第四十三條　主務大臣在會計監察人符合下列情形之一時，可以解任其職位：

一　違反職務義務或怠忽職守。

二　有不適合擔任會計監察人的不當行為。

三　因身心健康問題，導致難以履行職務或無法勝任職務要求。

　　（利益和損失的處理）

第四十四條　獨立行政法人每一事業年度，在損益計算中若產生利潤，應首先彌補前一事業年度的虧損，若仍有剩餘，則該剩餘金額應作為積立金處理。但根據第三項規定，若用於同項規定用途，則不受此限制。

2 獨立行政法人每一事業年度，在損益計算中若產生虧損，應減少第一項規定的積立金，若仍然不足，則不足部分應作為繰越虧損金處理。

3 中期目標管理法人及國立研究開發法人若依照第一項規定有剩餘，則經主務大臣批准後，可以將全部或部分剩餘金額用於中期計畫（指根據第三十條第一項獲得批准同項中期計畫，若獲得根據該項後段規定變更批准，則為變更後的計畫，以下同）第二項第七款或中長期計畫（指根據第三十五條之五第一項獲得批准同項中長期計畫，若獲得根據該項後段規定變更批准，則為變更後的計畫，以下同）第三十五條之五第二項第七款所規定用途。

4 第一項規定儲備金處理，應根據個別法律規定。

（借款等）

第四十五條　獨立行政法人可以在中期目標管理法人中期計畫第三十條第二項第四款、國立研究開發法人的中長期計畫第三十五條之五第二項第四款或行政執行法人事業計畫（指經主務大臣第三十五條之十第一項獲得批准同項事業計畫，若經批准修改，則以修改後的計畫為準，以下同）第三十五條之十第三項第四款所規定短期借款限額範圍內，進行短期借款。但是在有正當理由情狀下，經主務大臣批准，可以超過該限額進行短期借款。

2 根據前項規定短期借款，必須在當該財務年度內償還。但若因資金不足無法償還，則僅限於無法償還金額，在經主務大臣批准後，可以進行借款再融資。

3 根據前項但書規定再融資的短期借款，必須在一年內償還。

4 除非個別法律另有規定，獨立行政法人不得進行長期借款或發行債券。

（財源措施）

第四十六條　政府得在預算範圍內，撥給獨立行政法人相當於其運作所需經費之全部或部分金額。

2 獨立行政法人在執行業務時，應注意根據前項規定所獲得交付金是由國民所繳納稅款及其他貴重財源所提供，並且應依照法令規定及中期目標管理法人之中期計畫、國立研究開發法人之中長期計畫或行政執行法人之事業計畫，努力使其適當且有效地使用。

（不需要的財產等繳納國庫）

第四十六條之二　獨立行政法人應對於不再需要的財產，並且與政府出資或支出（不包括金錢出資）相關財產（以下在本條中稱為「政府出資等相關的不要財產」），在發現後不遲延地，經主務大臣批准後，將該財產繳納至國庫。但若中期目標管理法人在中期計畫中訂定第三十條第二項第五款計畫、國立研究開發法人中長期計畫中訂定第三十五條之五第二項第五款計畫，或行政執行法人事業計畫中訂定第三十五條之十第三項第五款計畫，並按照這些計畫將該財產繳納至國庫，則不需要經主務大臣批准。

2 獨立行政法人可選擇不將政府出資等相關不要財產（不包括金錢。以下在本項及下項中同樣適用）繳納至國庫，而是經主務大臣批准，將該財產轉讓，並將因此產生收入額（如該財產的帳面價值超過收入金額時（下項中稱為「帳面超出額」），該金額不計入）存在，則不包括該超過額），在主務大臣確定基準範圍內，作為國庫納付金額。但若中期目標管理法人在中期計畫中訂定第三十

條第二項第五款計畫、國立研究開發法人中長期計畫中訂定第三十五條之五第二項第五款計畫，或行政執行法人事業計畫中訂定第三十五條之十第三項第五款計畫，並根據這些計畫將該金額繳納至國庫，則不需要經主務大臣批准。

3 前項情形中，因轉讓與政府出資等相關之不要財產所產生賬面價值有餘額時，則應不遲延地將超過額繳納國庫。但若有部分或全部金額不繳納國庫，並經主務大臣批准金額，則不適用此規定。

4 獨立行政法人根據第一項或第二項規定向國庫納付時，如果該納付涉及政府出資等相關不要財產是與政府出資相關，在主務大臣指定金額範圍內，該獨立行政法人資本金中與該納付相關政府出資等相關不要財產部分將視為沒有來自政府出資，且該獨立行政法人將根據該金額減少其資本金。

5 除前述各項規定外，有關政府出資等相關不要財產處理，所需其他事項由政令規定。

（不必要財產中民間等出資的退還）

第四十六條之三　獨立行政法人應對於不再需要資產，且該資產涉及來自政府以外投資（以下在本條中稱為「民間等出資不要資產」），經主務大臣批准後，應通知該出資者（以下在本條中簡稱為「出資者」），並根據主管部門的規定，要求其對該資產投資額提出全部或部分退款要求。然而，如果中期目標管理法人在中期計畫中訂定第三十條第二項第五款計畫、國立研究開發法人中長期計畫中訂定第三十五條之五第二項第五款計畫，或行政執行法人事業計畫中訂定第三十五條之十第三項第五款計畫，並根據這些計畫提出退款要求，則無需經主務大臣批准。

2 出資者在接到前項通知後，必須在通知日起一個月內提出退款要求。

3 獨立行政法人若接到前項退款要求，應迅速按照主務大臣指定基準，依據該基準範圍內金額，向出資者退款。退款金額不得超過該要求的資產金額（不包括金錢）。若根據計算金額無法退還全部持分，則應根據主務大臣規定金額退款部分持分。

4 若獨立行政法人按照前項規定進行退款，退款部分將從資本金中扣除，視為該部分投資不再存在，並應減少資本金。

5 若出資者未在第二項規定期限內提出退款要求，或者僅提出部分退款要求，則獨立行政法人對未提出退款要求部分不進行退款。

（盈餘資金運用）

第四十七條　獨立法人行政不得將業務上剩餘金進行運用，但下列情形不在此限。
一　購買國債、地方債、政府保證債券（指政府保證償還本金及支付利息的債券），以及其他由主務大臣指定有價證券。
二　將資金存入銀行或其他由主務大臣指定金融機構。
三　將資金進行信託，該信託需經（指根據《金融機構信託業務兼營等相關法律》（昭和十八年法律第四十三號）第一條第一項認可的信託業務金融機構運營。

（財產處分等限制）

第四十八條　獨立行政法人在處分除不要財產外重要財產時，若該財產屬於主管省令所規定範疇，必須事先取得主務大臣認可。但如果在中期目標管理法人、中長期計畫或行政執行法人事業計畫中，已經設定特定計畫（如第三十條第二項第六款、第三十五條之五第二項第六款或第三十五條之十第三項第六款所列計畫），且該計畫規定可根據這些計畫進行處分或提供擔保情形，則不受此限制。

（會計規程）

第四十九條　獨立行政法人開始營運時，應就與會計有關事宜制定規則，向主務大臣報備。變更時亦同。

（主務省令的授權）

第五十條　除本法律及其基於本法律制定政令中所規定內容外，與獨立行政法人財務及會計有關必要事項，由主務省令規定。

第五章　人事管理

第一節　中期目標管理法人及國立研究開發法人

（理事薪酬等）

第五十條之二　中期目標管理法人對其理事薪酬及退休金（以下稱為「薪酬等」）應考量該理事績效。

2　中期目標管理法人應制定理事薪酬等支付標準，並向主務大臣報告及予以公開。變更時亦同。

3　前項所述薪酬等的支付標準，應當考量國家公務員薪俸及退休金（以下稱為「薪俸等」）、民營企業董事報酬等、以及該中期目標管理法人業務實績和其他相關情狀。

（禁止理事兼職）

第五十條之三　中期目標管理法人之理事（非全職者除外）在任期間，除非經任命權者的批准，否則不得擔任營利性目的團體的理事，亦不得從事營利事業。

（有關其他中期目標管理法人理事及職員請求等規定）

第五十條之四　中期目標管理法人理事與職員（不包括兼職人員）（以下簡稱「中期目標管理法人理事與職員」），不得對密切關聯法人等提供或請求提供關於其他中期目標管理法人理事與職員資料，目的在於使該理事與職員於離職後或曾任該法人職位者進入密切關聯法人等職位。亦不得要求或請求將該名職員安置至密切關聯法人等職位。

2 前項規定有下列情狀時不適用：

一　曾從事基礎研究、福祉相關業務，或其他經政令規定需特別考量再就業的業務，亦或曾擔任此類業務之中期目標管理法人的理事與職員，若其進入與其業務密切相關的法人等職位，應視為符合該目的。

二　針對退休津貼合計計畫，將計畫中的職員安置至退休津貼合計法人等相關職位。

三　曾擔任大學等教育研究機構之研究職等職員，並專門從事研究工作，任期不超過十年者，若其受聘為中期目標管理法人的職員，且目的是安置至密切關聯法人等職位，則應視為符合該目的。

四　基於第三十二條第一項的評價結果（不包括該條第二項所規定的業務實績評價），若因中期目標管理法人業務縮減或內部組織合理化，導致職員實際上不再擁有組織決策權，並因此被迫離職，則可將其安置至密切關聯法人等職位。

五　根據第三十五條第一項規定所採取的措施，若預見將有超過政令規定人數的中期目標管理法人職員被迫離職，且已制定並經主務大臣認定的離職後就業援助計畫，則可依該計畫，將其他符合條件的中期目標管理法人職員安置至密切關聯法人等職位。

3 前兩項中的『密切關聯法人等』，是指與中期目標管理法人在資本、交易等方面具有密切聯繫的營利企業（包括：商業、工業、金融業及其他以營利為目的的私營企業），以及特定的非營利法人。非營利法人不包括國家、國際機構、地方政府、行政執行法人，以及依據《地方獨立行政法人法》（平成十五年法律第百十八號）第二條第二項規定的特定地方獨立行政法人。具體範圍由政令規定。

4 第二項第二款中所稱的『退休津貼合計法人等』，是指與中期目標管理法人的

事務或事業具有密切關聯的營利企業等。其中，由總務大臣指定的企業，其退休金規章（包括相當於退休金的給付）規定，若中期目標管理法人的負責人要求，該法人職員應繼續擔任該營利企業等的高層或員工，則其在中期目標管理法人的工作年限可與在該營利企業等的工作年限合併計算。

5　第二項第二款中所稱的『預定領取全額退休津貼之理事與職員』，是指因中期目標管理法人負責人的要求，為擔任退休津貼合計法人等（即前項所指的退休津貼合計法人等）之高層或員工而離職的中期目標管理法人職員。該職員在離職後，除特殊情況外，預定繼續在該退休津貼合計法人等就業，具體範圍由政令規定。

6　除第一項規定外，中期目標管理法人（以下稱『法人』）的理事與職員，不得從事或曾從事任何違反本法、個別法、其他法律法規、該法人訂定的業務方法書、第四十九條規定的規程或其他規則的職務行為（以下統稱『違反法律法規等行為』）。此外，法人理事與職員不得要求或依賴營利企業等法人的其他理事與職員，無論是在離職後或曾擔任該法人職位時，將其任命至該營利企業等的職位。

　　（關於在職期間與違反法律法規有關求職行為規定）

第五十條之五　中期目標管理法人的理事與職員，不得因自身從事或曾從事違反法令等行為，或因促使其他理事與職員從事違反法令等行為，而向營利企業等要求或承諾在離職後就任該營利企業等職位。

　　（關於再就業者違反法律法規等要求通知）

第五十條之六　中期目標管理法人的理事與職員，在收到以下要求或請求時，應依據政令規定，向該中期目標管理法人的負責人報告其情況。

一　曾擔任中期目標管理法人的理事與職員並已離職者（以下稱『再就業者』），在離職後兩年內，不得對其離職前五年內於該法人內部組織中擔任主務省令所定職位之理事與職員，提出與該中期目標管理法人及營利企業等之間締結買賣、租賃、承包等契約，或涉及《行政程序法》（平成五年法律第八十八號）第二條第二款所規定之處分事務（僅限涉及該中期目標管理法人業務部分）之要求或請求，亦不得從事任何違反法令等行為。

二　除前項規定外，曾擔任中期目標管理法人的理事或管理監督職位之再就業者，在離職後兩年內，不得對該中期目標管理法人的理事與職員提出與契約等事務相關的違反法令等行為之要求或請求。

三　除前二項規定外，再就業者不得參與涉及該中期目標管理法人與其現擔任職位之營利企業等之間的契約，或該中期目標管理法人對該營利企業等所作的《行政程序法》第二條第二款所規定之處分事務，並不得基於自身在該法人內的決策職權，提出涉及違反法令等行為的要求或請求。

　　　（向中期目標管理法人負責人報告）

第五十條之七　中期目標管理法人的理事與職員（不包括依第五十條之四第五項規定，預定領取退休金的理事與職員），若承諾在離職後就職於營利企業等，應依政令規定的方式，迅速向中期目標管理法人的負責人報告政令規定事項。

2　收到前項報告的中期目標管理法人負責人，應當從確保該法人業務公正性角度，採取人事管理措施，確保該報告職員履行職務時的適當性。

　　　（中期目標管理法人負責人應採取措施等）

第五十條之八　中期目標管理法人的負責人，若認為理事與職員有違反第五十條之四至前條規定之行為，應對其進行監督，並採取必要措施，以確保該法人遵守相關規定。

2　收到第五十條之六報告的中期目標管理法人負責人，在認為報告中要求或請求事實存在時，必須採取必要措施，確保有效制止與該要求或請求相關法令等違法行為。

3　中期目標管理法人負責人應當每年總結第五十條之六規定及前兩項措施內容，並按照政令規定，向主務大臣報告。

　　　（授權政令）

第五十條之九　關於實施第五十條之四至前條規定所需的相關程序，由政令規定。

　　　（職員薪資等）

第五十條之十　中期目標管理法人的職員薪酬應綜合考量其工作表現。

2　中期目標管理法人應制定職員薪酬等支付標準，並將其提交給主務大臣備案，同時予以公開。變更時亦同。

3　前項薪酬等支付標準應考量以下因素制定：適用於國家公務員《一般職員薪酬法》（昭和二十五年法律第九十五號）的薪酬等，民間企業員工薪酬等，該中期目標管理法人業務實際情況，職員職務特性、雇傭形態，以及其他相關因素。

　　　（適用於國立研究開發法人）

（略）

第二節　行政執行法人

（略）

第六章　雜則

　　　（報告與檢查）

第六十四條　主務大臣認為為施行本法所必需時，可以要求獨立行政法人報告其業務，以及資產和債務情狀，或可要求其職員進入獨立行政法人辦公室，對業務情況、帳簿、檔案文件，以及其他必要物品進行檢查。

2 根據前項規定，職員進行入內檢查時，必須攜帶並向相關人員出示證明其身份證件。

3 第一項規定入內檢查許可權，不應理解為犯罪偵查而授予許可權。

第六十五條　削除

　　　（解散）

第六十六條　獨立行政法人解散事宜由其他法律另行規定。

　　　（和財務大臣的協議）

第六十七條　主務大臣在以下情狀下必須與財務大臣進行協商。

　一　根據第二十九條第一項規定擬定或變更中期目標時。

　二　根據第三十五條之四第一項規定擬定或變更中長期目標時。

　三　根據第三十五條之九第一項規定擬定或變更年度目標時。

　四　根據第三十條第一項、第三十五條五第一項、第三十五條十第一項、第四十五條第一項但書或第二項但書，或第四十八條規定擬進行批准時。

　五　根據第四十四條第三項規定擬進行批准時。

　六　根據第四十六條之二第一項、第二項或第三項但書，或第四十六條之三第一項規定擬進行批准時。

　七　根據第四十七條第一款或第二款規定擬進行指定時。

　　　（主務大臣等）

第六十八條　本法中主務大臣及主務省令由個別法規定。

第七章　罰則

第六十九條　符合以下各項之一者，處以三年以下有期徒刑或不超過一百萬日元罰

金。企圖、命令、故意容忍、教唆或協助進行以下各項規定行為者，亦同。

一　在沒有正當理由之情狀下，違反第五十三條第三項規定拒絕作證或證言者。

二　根據第五十四條第二項規定，作為證人被傳喚卻作虛假陳述者。

三　根據第五十四條第二項規定，作為證人被傳喚而無正當理由不應答，或在根據該項規定被要求提交檔或其影本時無正當理由不應答者。

四　根據第五十四條第二項規定，被要求提交檔案或其影本時提交虛假內容或副本者。

五　拒絕、妨礙或回避根據第五十四條第三項規定進行檢查，或對詢問不作陳述，或作虛假陳述者（不包括在同條第一項所適用的國家公務員法第十八條之三第一項調查的理事或曾任理事者）。

第六十九條之二　違反第五十三條第一項規定洩露秘密者，處以一年以下有期徒刑或不超過五十萬日元罰金。

第七十條　若不按照第六十四條第一項規定進行報告，或作虛假報告，或拒絕、妨礙或回避根據該項規定檢查，則該獨立行政法人中違反行為的理事與職員處以不超過二十萬日元罰金。

第七十一條　在符合以下各項之一情狀下，違反行為獨立行政法人理事應被處以二十萬日元以下罰金。

一　依據本法規定需要主務大臣授權或批准，但尚未獲得授權或批准情狀下。

二　根據本法規定向主務大臣或內閣總理大臣進行申報的情狀下，未進行通知或作虛假通知時。

三　根據本法規定進行公示情狀下，未進行公示或作虛假公示時。

四　違反第九條第一項政令規定而未辦理登記時。

五　妨礙根據第十九條第五項或第六項或第三十九條第三項規定進行調查時。

六　違反第三十條第三項、第三十二條第六項、第三十五條之三（包括第三十五條的八所適用之情狀）、第三十五條之五第三項、第三十五條之六第九項、第三十五條之十第四項或第三十五條之十二規定而未遵從主務大臣命令時。

七　未提交根據第三十二條第二項、第三十五條之六第三項或第四項，或第三十五條之十一第三項或第四項之規定報告書，或未在報告書中記載應記載事項，或作虛假記載而提交報告書時。

八　違反第三十八條第三項規定而未備置財務報表、業務報告、決算報告或監察審

計報告，或未提供查閱時。

九　違反第四十七條規定而運用業務上剩餘資金時。

十　未按照第五十條之八第三項（包括在第五十條的十一所適用之情狀）或第六十條第一項規定進行報告，或作虛假報告時。

2　獨立行政法人之子法人理事如妨礙依第十九條第七項或第三十九條第三項規定所進行之調查，處以二十萬日元以下之罰款。

第七十二條　違反第十條規定者，處十萬日元以下之罰款。

附　則

（施行日期）

第一條　本法自內閣法部分修正法（平成十一年法律第八十八號）施行之日起施行。

（關於名稱使用限制過渡措施）

第二條　在本法實施時，當前已在其名稱中使用「獨立行政法人」字樣的法人，關於第十條規定，在本法實施後六個月內不適用。

（授權政令）

第三條　除前條規定外，本法實施過程中所需過渡措施由政令規定。

（國家無息貸款等）

第四條　國家得於預算範圍內，將屬於《關於利用出售日本電信電話株式會社股份所得資金促進社會基礎設施建設之特別措施法》（昭和六十二年法律第八十六號）第二條第一項第二款所規定之設施建設費用資金，全部或部分暫時借予獨立行政法人，並得於預算範圍內無息貸與該資金。在此情形下，第四十五條第四項之規定不適用。

2　前項國家貸款之償還期限為五年（含不超過兩年之寬限期），其具體期限由政令規定。

3　除前項規定外，貸款之償還方式、提前償還及其他與償還相關事項，均由政令規定。

4　國家依前項規定向獨立行政法人提供貸款時，應對該貸款所對應之設施整備提供補助，補助內容為在貸款償還時，以相當於償還金額之資金進行支付。

5　獨立行政法人依第一項規定接受無息貸款，並依第二項及第三項規定提前償還貸款時（不包括政令所規定之情形），前項規定視同於償還期限屆滿時進行償還。

III 附件四：日本獨立行政法人國立美術館個別法

獨立行政法人國立美術館法
平成十一年法律第 177 號

平成 28 年 4 月 1 日施行
国立研究開発法人放射線医学総合研究所法部分修正法（平成二十七年法律第五十一號）

目錄
第一章 總則（第一條 - 第五條）
第二章 董事及職員（第六條 - 第十條）
第三章 業務等（第十一條 - 第十三條）
第四章 雜項（第十四條）
第五章 懲罰條款（第十五條）
附則

第一章　總則

（目的）

第一條　本法旨在規定獨立行政法人國立美術館的名稱、目的及業務範圍等相關事項。

（名稱）

第二條　依據本法及《獨立行政法人通則法》（一九九〇年法律第百三號，以下稱為「通則法」）規定設立，《通則法》第二條第一項中規定獨立行政法人名稱為「獨立行政法人國立美術館」。

（國立美術館的目的）

第三條　獨立行政法人國立美術館（以下簡稱「國立美術館」）目的是通過設立美術館，收集、保存與美術（包括：電影，以下同）相關的作品及其他資料，並提供社會民眾參觀，同時進行相關調查研究，以及開展教育和推廣等活動，以促進藝術及其他文化發展。

（中期目標管理法人）

第三條之二　國立美術館為《通則法》第二條第二項所規定中期目標管理法人。

（事務處）

第四條　國立美術館的主要辦事處設於東京。

　　（資本金額）

第五條　國立美術館資本金額應根據附則第五條第二項規定，由政府出資的金額。

2 政府認為有必要時，得在預算範圍內向國立美術館追加出資。

3 政府認為有必要時，即使不受前項規定限制，仍可將土地、建築物及其他土地附屬物，以及附屬於建築物的工作設施（以下稱為「土地等」）作為出資標的，向國立美術館追加出資。

4 國立美術館根據前兩項或附則第六條第一項規定接受政府出資時，應以該出資額增加其資本金。

5 政府根據第三項規定將土地等作為出資標的時，其價值應以出資日的現行市價為基準，並由評價委員進行評估後確定。

6 前項評價委員的組成及其他與評價相關必要事項，由政令規定。

第二章　理事及職員

　　（理事）

第六條　國立美術館設有理事長及兩名監事作為理事，其中理事長為其負責人。

2 國立美術館可設三名以內的理事作為理事。

　　（理事的職責及權限等）

第七條　理事根據理事長指示，協助理事長掌管國立美術館業務。

2 《通則法》第十九條第二項中由個別法律規定的高級官員為理事。但未設理事時，由監事擔任。

3 在前項但書情狀下，依據通則法第十九條第二項規定，代理或履行理事長職務的監事在此期間不得履行監事的職務。

　　（理事的任期）

第八條　理事的任期為四年。

　　（理事喪失資格特別規定）

第九條　儘管有《通則法》第二十二條規定，符合政令規定的教育公務人員可擔任兼職理事或監事。

2 關於國立美術館兼任理事及監事的解任，適用《通則法》第二十三條第一項規定，

該條款中「前條」應解釋為「前條及獨立行政法人國立美術館法第九條第一項」。

　　（理事及職員的地位）

第十條　國立美術館的高層管理人員及職員，在適用刑法（明治四十年法律第四十五號）及其他罰則時，應視為依法從事公務的職員。

第三章　業務等

　　（業務的範圍）

第十一條　國立美術館為實現第三條所述目的，開展以下業務：

一、設置美術館。

二、收集和典藏美術作品及其他與藝術相關的資料，並提供給社會民眾鑑賞。

三、進行與前項所述任務相關的調查與研究。

四、收集、整理及提供與第二項所述任務相關的資訊和資料。

五、舉辦與第二項業務相關的講座、出版物的發行及其他教育與普及事業。

六、將第一項所設置的美術館用於促進藝術及其他文化的事業。

七、針對第二項至第五項業務，對美術館及其他類似設施的職員進行培訓。

八、應美術館及其他類似機構的要求，就上述第二至第五項所述任務提供協助和建議。

九、執行與前述各項業務附帶的任務。

　　（儲備金的處置）

第十二條　國立美術館在依《通則法》第四十四條第一項或第二項進行中期目標期間（以下稱「中期目標期間」）最後一個事業年度整理後，若存在儲備金，則可在文部科學大臣批准的金額範圍內，依《通則法》第三十條第一項獲得批准，將該金額用於下一個中期目標期間的中期計畫（若依同項後段規定獲得變更批准，則為變更後的計畫）中第十一條所規定的業務財源。

2　文部科學大臣在進行前款規定批准時，須與財務大臣協商。

3　國立美術館在第一項規定儲備金額中扣除經批准金額後，若仍有剩餘，則必須將剩餘金額上繳國庫。

4　除前三款規定外，有關繳納金額的繳納手續及其他與儲備金處理相關必要事項，由政令規定。

（美術相關作品處置等限制）

第十三條　文部科學大臣在國立美術館欲轉讓將其所有美術相關作品（僅限於《通則法》第三十條第二項第五號所規定財產、同項第六號所規定重大財產、通則法第四十六條之二第一項所規定的政府出資等的非必要財產，或《通則法》第四十八條所規定重大財產。以下同）作為擔保提供時，若認定該轉讓或作為擔保提供有助於該美術相關作品的保存與活用，則方可根據《通則法》第三十條第一項、第四十六條之二第一項或第二項及第四十八條規定予以批准。

第四章　雜則規章

（主務大臣等）

第十四條　關於國立美術館的《通則法》中所指的主務大臣及主管省令，分別為文部科學大臣及文部科學省令。

第五章　罰則

第十五條　如出現以下任一情況，實施違法行為的國立美術館高級官員將被處以不超過二十萬日元的罰款：

一、從事第十一條所規定業務以外的業務時。

二、在第十二條第一項規定須經文部科學大臣批准的情況下，未獲得批准時。

附則

（施行日期）

第一條　本法律自平成十三年一月六日起施行。

（職員的交接等）

第二條　國立美術館成立時，現為政令規定之文部科學省轄下機關職員，除另有辭職令，於國立美術館成立之日，將自動成為國立美術館的相應職員。

第三條　在國立美術館成立時，依前條政令規定的機關職員，繼續擔任國立美術館職員（以下稱「繼任職員」）。若該人員在成立日前，已根據《子女津貼法》（昭和四十六年法律第七十三號）第七條第一項（包括：附則第六條第二項、第七條第四項或第八條第四項適用情況）獲得認證，且符合子女津貼或特例給付等支付條件，則視為已由市町村長（包括：特區區長）依同法第七條第一項認定。此時，該人員的子女津貼或特例給付等將不受同法第八條第二項限制，並自國立美術館成立日前所屬月份的次月起開始支付。

（國立美術館職員團體的過渡措施）

第四條　國立美術館設立時，現依《國家公務員法》（昭和二十二年法律第百二十號）第百八條之二第一項規定設立之職員團體，若其成員過半數為繼任職員，則該職員團體應轉為適用《國營企業及特定獨立行政法人勞動關係法》（昭和二十三年法律第二百五十七號）之勞動組織。在此情形下，若該職員團體具法人資格，則應轉為法人形式之勞動組織。

2 依前項規定，成為法人形式之工會組織，應自國立美術館設立之日起六十日內，取得勞動委員會之證明，證明其符合《勞動組合法》（昭和二十四年法律第百七十四號）第二條及第五條第二項之規定，並於主要辦公地點完成登記註冊。若未能於期限內完成上述兩項要求，該工會組織於六十日期限屆滿時自動解散。

3 根據第一項規定，成為工會的組織，必須在國立美術館成立之日起六十日內，才適用《勞動組合法》第二條但書（僅限於與第一號相關的部分）規定。在此之前，該部分規定不適用。

（權利義務的繼承等）

第五條　國立美術館成立時，關於第十一條規定業務，現由國家擁有的權利和義務中的政令所規定部分，由國立美術館在其成立時繼承。

2 根據前項規定，國立美術館繼承國家擁有的權利和義務時，繼承的權利涉及的土地、建築物及其他財產，政令所規定的部分的總價值，相當於政府向國立美術館出資的金額。

3 根據前項規定，由政府出資的財產的價值，應以國立美術館成立當天的市場價格為基準，由評價委員進行評價。

4 前項的評價委員及其他與評價相關事項，由政令規定。

第六條　除前條規定外，政府應在國立美術館成立時，將正在建設中的建築物等（指建築物及其附屬建築物，以下同）根據政令規定，追加出資給國立美術館。

2 根據前項規定，政府出資的建築物等的價值，應以出資當天的市場價格為基準，由評價委員進行評價。

3 前項的評價委員及其他與評價相關的事項，由政令規定。

（國有財產的無償使用）

第七條　國家得於國立美術館設立時，依附則第二條政令之規定，允許國立美術館無償使用目前由其他機構使用之國有財產，以供其運用。

（授權政令）

第八條　除附則第二條至前條規定的事項外，與國立美術館的設立相關的其他必要過渡措施及本法律實施所需的過渡措施，將由政令規定。

國家圖書館出版品預行編目（CIP）資料

文化中介之於文化菱形：從日本國立美術館看臺灣的藝術教育拓展 /
游逸伶著. -- 初版. -- 高雄市：巨流圖書股份有限公司, 2025.04
　　面；　公分
　　ISBN 978-957-732-728-4(平裝)

1.CST: 文化政策 2.CST: 文化行政 3.CST: 藝術教育

541.29　　113019492

文化中介之於文化菱形：
從日本國立美術館看臺灣的藝術教育拓展

作　　　者	游逸伶
發　行　人	楊曉華
封 面 設 計	黃士豪
內 文 排 版	黃士豪

出　版　者　巨流圖書股份有限公司
　　　　　　802019 高雄市苓雅區五福一路 57 號 2 樓之 2
　　　　　　電話：07-2265267
　　　　　　傳真：07-2233073
　　　　　　購書專線：07-2265267 轉 236
　　　　　　E-mail：order1@liwen.com.tw
　　　　　　LINE ID：@sxs1780d
　　　　　　線上購書：https://www.chuliu.com.tw/

臺北分公司　100003 臺北市中正區重慶南路一段 57 號 10 樓之 12
　　　　　　電話：02-29222396
　　　　　　傳真：02-29220464

法 律 顧 問　林廷隆律師
　　　　　　電話：02-29658212

刷　　　次　初版一刷‧2025 年 4 月
定　　　價　880 元
I　S　B　N　978-957-732-728-4（平裝）

版權所有，翻印必究
本書如有破損、缺頁或倒裝，請寄回更換